LIDS V6
Die neue GIS-Generation...

Wachstum & Verbreitung

Die Anforderungen an Ihr Versorgungsnetz wachsen. Transparenz und Aussagekraft sind gefordert.

Um Ihr Versorgungsnetz heute für die Anforderungen von morgen fit zu machen, müssen Sie den Überblick behalten. Das Geoinformations-Sytem LIDS™ von BERIT liefert Ihnen auf Knopfdruck alle relevanten Informationen über Ihr Netz. Deshalb setzen bereits über 250 Unternehmen auf BERIT-Technologie. Viele tausend Kilometer Leitungsnetze und Millionen von Netzobjekten werden mit LIDS™ dokumentiert und verwaltet. Und es werden täglich mehr. Mit unserem Partner in Ihrer Nähe zeigen wir Ihnen gerne, wie unsere innovative Technologie auch bei Ihnen zur Entfaltung kommt. Fordern Sie uns!

LIDS V6
Die neue GIS-Generation...

www.berit.com
Info-Telefon:
D: (+49) 0621-878 05 0
CH: (+41) 061-816 99 99

BERIT®
...mehr als eine Lösung

BERIT GmbH (Deutschland) • Mundenheimer Straße 55 • D - 68219 Mannheim • info@berit.de
BERIT AG (Schweiz) • Netzibodenstrasse 33 • CH - 4133 Pratteln(Basel) • info@berit.ch

ESRI

Ihre Anforderungen sind so vielfältig wie die Welt – unsere Lösungen auch

ArcGIS – Raum für Lösungen

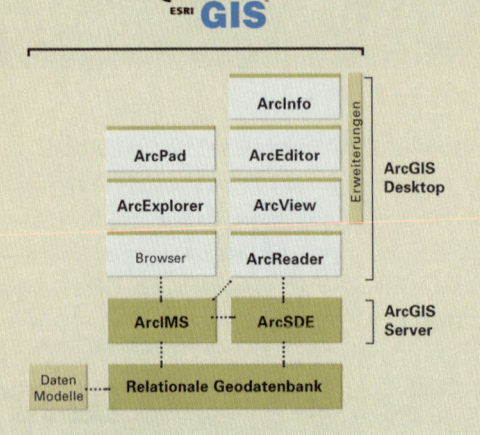

ArcGIS ist ein durchgängiges und modular ausbaubares System von Desktop- und Server-Produkten. Diese Technologie weist den Weg in eine neue Generation Geografischer Informationssysteme.

ArcGIS orientiert sich an den Standards der Informationstechnologie. Dies eröffnet dem Anwender größte Flexibilität und Offenheit.

Ob an einfachen Auskunftssystemen im Web, im mobilen Einsatz oder am professionellen Arbeitsplatz: ArcGIS ist die ideale Grundlage für eine moderne Lösung.

ESRI Geoinformatik GmbH
Ringstraße 7
D-85402 Kranzberg
Telefon +49 (0) 81 66-6 77-0
Telefax +49 (0) 81 66-6 77-111
info@ESRI-Germany.de
http://ESRI-Germany.de

ESRI Geoinformatik AG
Beckenhofstrasse 72
CH-8006 Zürich
Telefon +41 (0) 1-360 24 60
Telefax +41 (0) 1-360 24 70
info@ESRI-Suisse.ch
http://ESRI-Suisse.ch

Buhmann/Wiesel
GIS-Report 2002

Autoren

Prof. Erich Buhmann
Jahrgang 1955, studierte Landespflege an der Fachhochschule Weihenstephan und Landscape Architecture an der State University of New York. Seit 1985 im Bereich Landschaftsinformationssysteme in Forschung und Lehre, Landesverwal+tung sowie in privaten Planungsbüros tätig. In diesen Tätigkeiten wiederholt mit der Notwendigkeit der Marktbeobachtung als Grundlage für Systementscheidungen konfrontiert. So unter anderem am Institut für Städtebau und Landesplanung der Universität Karlsruhe sowie Mitarbeit beim Aufbau von landesweiten GIS-Systemen in den Bundesländern Rheinland-Pfalz und Bayern in den Jahren 1987 bis 1993.

Seit 1995 Professor für Landschaftsinformatik an der Hochschule Anhalt in Bernburg, Leitung des Forschungsbereiches Landschaftsinformatik und des englischsprachigen Studienganges Master of Landscape Architecture.

Freiberuflich seit 1997 Partner im Landschaftsarchitekturbüro ATELIER BERNBURG mit zunehmenden Schwerpunkt im Bereich GIS-Consulting.

Dr. Joachim Wiesel
Jahrgang 1947, studierte Vermessungswesen an der Universität Karlsruhe. Seit 1974 Lehre und Forschung auf den Gebieten Photogrammetrie, Digitale Bildverarbeitung, Fernerkundung und Geoinformationssysteme. Seit 1990 Mitarbeit an der Entwicklung des Umweltinformationssystems Baden-Württemberg.

Derzeit Akademischer Oberrat am Institut für Photogrammetrie und Fernerkundung der Universität Karlsruhe und verantwortlich für den Bereich „Geoinformatik". Autor zahlreicher Veröffentlichungen zu Themen der Photogrammetrie, digitalen Bildverarbeitung, Fernerkundung und Geoinformatik.

Impressum

Alle in diesem Buch enthaltenen Angaben wurden nach bestem Wissen erstellt und von den Autoren mit größtmöglicher Sorgfalt überprüft. Gleichwohl sind inhaltliche Fehler nicht vollständig auszuschließen. Daher erfolgen die Angaben ohne jegliche Verpflichtung oder Garantie des Verlages, der auch keinerlei Verantwortung und Haftung für etwaige inhaltliche Unrichtigkeiten übernimmt.

Autoren:	Prof. Erich Buhmann, Dr. Joachim Wiesel
Wissenschaftl. Mitarbeiter an der Hochschule Anhalt (FH):	Heiko Schrenner, Matthias Jähne, Michael Eckert sowie im Sekretariat Frau Anke Friedrich
Herausgeber:	Bernhard Harzer Verlag GmbH Westmarkstr. 59/59a 76227 Karlsruhe Tel.: 0721/94402-0 Fax: 0721/94402-30 E-Mail: Info@Harzer.de
Bearbeitung:	Bernhard Krebs

Bibliographische Information der Deutschen Bibliothek:

Die Deutsche Bibliothek verzeichnet diese Publikation in der Deutschen Nationalbiografie; detaillierte bibliografische Daten sind im Internet über http://dnb.ddb.de abrufbar

Dieses Werk einschließlich aller seiner Teile ist urheberrechtlich geschützt. Jede Verwertung außerhalb der engen Grenzen des Urheberrechtsgesetzes ist ohne Zustimmung des Verlages unzulässig und strafbar. Dies gilt insbesondere für Vervielfältigungen, Übersetzungen, Mikroverfilmungen und die Einspeicherung und Verarbeitung in elektronischen Systemen.

© Bernhard Harzer Verlag GmbH, Karlsruhe 2002

Druck und Verarbeitung:
Greiserdruck GmbH & Co. KG, Karlsruher Str. 22, 76437 Rastatt
Gedruckt auf chlorfrei gebleichtem Sulfid- und chlorarm gebleichtem Sulfad-Zellstoff, säurefreiem Papier.

ISBN 3-9803128-8-7
ISSN 1618-8055

...Supra schnell
...Mega günstig !

HARZER

Bernhard Harzer Verlag GmbH
Westmarkstraße 59/59 a
D-76227 Karlsruhe
Telefon ++49 (0)721 944 02 0
Fax ++49 (0)721 944 02 30
E-Mail: Info@harzer.de
www.harzer.de
www.gis-report.de
www.gis-germany.de

Erschließen Sie sich die digitale GIS-Welt !!

gis-report-news***
...der aktuelle E-Mail-Newsletter

www.gis-germany.de

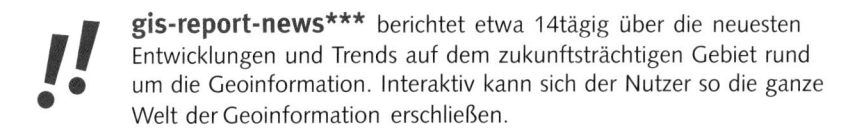

gis-report-news*** berichtet etwa 14tägig über die neuesten Entwicklungen und Trends auf dem zukunftsträchtigen Gebiet rund um die Geoinformation. Interaktiv kann sich der Nutzer so die ganze Welt der Geoinformation erschließen.

gis-report-news*** berichtet kurz und knapp aus und über die GIS-Branche, über Produktneuheiten, Anwender-Empfehlungen, und Veranstaltungstermine. Dabei werden Meldungen sowohl aus der Wirtschaft, von Hochschulen, von amtlichen Stellen und von den Verbänden einbezogen.

gis-report-news*** liefert stets aktuelle und wertvolle Tipps für Mitarbeiter und Entscheidungsträger in der öffentlichen Verwaltung, für alle GIS Interessierte in der Versorgungswirtschaft, Umweltplanung, Land- und Forstwirtschaft, in der Wasser- und Immobilienwirtschaft, im Business, in der Aus- und Fortbildungsowie für alle Anbieter von Hardware, Software, Daten und Dienstleistungen.

gis-report-news*** möchte die Nutzer nicht mit Informationen überfrachten, sondern zeitsparend einen kompakten und möglichst ballaststoffarmen Informationsdienst bieten, der über die wesentlichen Nachrichten und Produktinnovationen berichtet.

gis-report-news*** ist unabhängig und dient auch als ständige aktuelle Ergänzung für die Print- und Internetversion des im Bernhard Harzer Verlag jährlich erscheinenden Referenzhandbuchs und Marktführers „Buhmann/Wiesel: GIS-Report".

gis-report-news*** kann über E-Mail: info@harzer.de formlos bestellt werden.

GIS & Mapping Solutions

Als innovativer Partner steht Leica Geosystems allen GIS Anwendern mit Lösungen für die 3D Datenerfassung, sowie der Analyse und Visualisierung geografischer Daten zur Seite.

Mit der jüngsten Integration von ERDAS und LH Systems haben wir unsere Lösungsangebote auf vier GIS Bereiche erweitert: Lösungen für die Photogrammetrische Datenerfassung, Fernerkundungsappliaktionen, GPS/GIS Lösungen und Katasterlösungen. Unsere Sensoren, Datenerfassungssysteme, Workstations und Softwareanwendungen ermöglichen es unseren Kunden, Geografische Datenbanken schnell, effektiv und sicher aufzubauen.

Für die Erstellung Topografischer Karten, Land- und Forstwirtschaftliche Anwendungen, aber auch in Versorgungsunternehmen und der Industrie werden unsere Systeme und Sensoren erfolgreich eingesetzt.

Die Produktbreite, die einfache Benutzung und die hohe Datenkompatibilität unserer Systeme helfen Ihnen eine unübertroffene Produktivität zu erreichen.

ERDAS
geographic imaging made simple™

LH Systems

Leica Geosystems GmbH Vertrieb, Milastr. 2, 10437 Berlin,
Tel. 0 30/44 02 13 0, Fax 0 30/44 02 13 21, www.gis.leica-geosystems.com

Leica Geosystems

Inhaltsverzeichnis

Vorwort		11
Geleitwort des DDGI		17
1.	**Einführung**	19
1.1	Aktuelle Fragen an die GIS-Industrie	20
1.2	Technische Trends im GIS-Umfeld	25
1.3	GIS-Ausbildung und GIS-Preis in der Umweltplanung	33
1.4	GIS-Termine im deutschsprachigen Raum	41
1.5	GIS-Einführungsliteratur	41
1.6	GIS-Einführungen in Organisationen	45
2.	**Software**	47
2.1	Erläuterungen zu den GIS-Softwareübersichten	47
2.2	Tabellen: GIS-Softwareübersicht nach Kategorien, einschl. „Top Ten"	51
	- Kategorie GIS	52
	- Kategorie Desktop-GIS	60
	- Kategorie Internet-GIS	72
	- Sonstige GIS-Kategorien	84
2.3	Übersicht: Ausgewählte GIS-Softwarebeschreibungen	174
3.	**Daten**	227
3.1	Einführung in Geodaten	227
3.2	Verfügbarkeit von Geodaten	233
3.3	Erläuterungen zu den ÜbersichtenGIS-Themenkarten	236
3.4	Tabelle: GIS-Themenkarten und Vertriebsmerkmale	237
4.	**Firmen und Anbieter**	267
4.1	Übersicht Softwareanbieter mit Produkte	267
4.2	Übersicht GIS-Datenanbieter	272
4.3	Übersicht GIS-Dienstleistung und Beratung	275
4.4	Ausgewählte Firmenprofile	276
5.	**Adressen**	356
5.1	Adressenverzeichnis öffentlicher Sektor	356
5.2	Adressenverzeichnis privater Sektor	360
5.3	Adressenverzeichnis Eurogi-Dachverbände	372
6.	**Glossar**	375
Impressum		4

Komplexe Aufgaben erfordern intelligente Lösungen.

Wir haben sie!

Bentley Systems bietet Kommunen, Stadtwerken und Abwasserverbänden integrierte Planungs- und Verwaltungslösungen, um alle Bereiche wie Wasser/Abwasser, Verkehrswegeplanung und -management, Stadtplanung und Facility Management abzudecken. Auch über den Einsatz von Internet- sowie Intranet-Lösungen. Bentley führt CAD und GIS Technologien zu intelligenten Gesamtlösungen zusammen und erleichtert Ihnen so Ihre tägliche Arbeit. Wir sind Mitglied des OpenGIS Konsortiums und der GITA und verstehen Ihre Bedürfnisse. Mit Bentley sind Sie immer auf der sicheren Seite. Besuchen Sie uns auf **www.bentley.de/branchenloesungen**, rufen Sie uns an oder sprechen Sie mit Ihrem lokalen Bentley Partner.

BENTLEY

Bentley Systems Germany GmbH: +49-(0)89-96 24 320
Bentley Systems Austria: +43-(0)2233-536 53; Bentley Systems Switzerland: +41-(0)56-48 340 20

© 2002 Bentley Systems, Incorporated. Bentley und das "B" Bentley Logo sind eingetragene Warenzeichen von Bentley Systems, Incorporated oder Bentley Software, Inc. in den USA und anderen Staaten. OpenGIS ist eingetragenes Warenzeichen des OpenGIS Konsortiums, Inc. in den USA und anderen Staaten. BAA010150-1/0004 9/02

OpenGIS MEMBER

RIB
SOFTWARE AG

Richtungsweisend in Bausoftware seit 1961

Optimal Kommunal

Kanalsanierung, Liegenschaften, Verkehrswegeplanung, Gebäude und deren infrastrukturelle, technische und kaufmännische Aspekte – das Aufgabenfeld ist breit gefächert und fordert entsprechenden Verwaltungsaufwand. Die integrierten Softwarelösungen von RIB helfen Ihnen, Ihre Organisationsstrukturen effektiv zu optimieren und Einsparungspotenziale gewinnbringend zu nutzen.
Wir bieten Ihnen maßgebende Komplettlösungen für:

- Kanalkataster und Infrastruktur-Information mit STRATIS®
- Digitaler Planungsordner in STRATIS® mit **eVIT**
- Individuelles Gebäudeinformations-System mit ARRIBA®*FM*
- Integriertes Liegenschaftskataster mit kaRIBik®
- Ausschreibung, Vergabe, Abrechnung mit ARRIBA®*planen*
- Gebäudeaufmaß und -Planung mit ARRIBA®*CA3D*

WEITERE INFORMATIONEN UNTER:

www.rib.de

RIB Software AG

Vaihinger Straße 151
70567 Stuttgart
Telefon: 07 11/78 73 - 0
Telefax: 07 11/78 73 - 204
info@rib.de

GIS – TOPOBASE™ – Der Geodatenserver auf Ihrem PC.

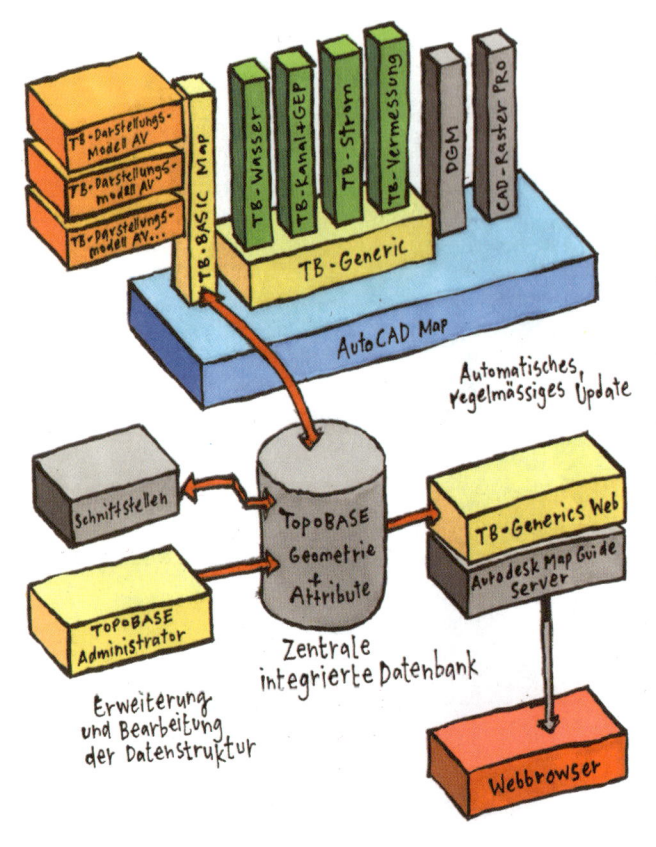

Der offene GeoDatenserver TOPOBASE™ ist die ideale GIS-Plattform für die zentrale Verwaltung von Sachdaten: schnell, flexibel, bedienerfreundlich und kostengünstig. TOPOBASE™ läuft auf Rechnern unterschiedlicher Hersteller. Die weitgehend hardwareunabhängige, ORACLE basierte Datenbank speichert alle Daten – Geometrie und Attribute – mit ORACLE Spatial nach den Spezifikationen von OpenGIS.

Fachschalen für Fernwärme, Kanalnetze, Wasser, Strom, Gas, Grünflächen, Vermessung, Raumplanung, Zivilschutz und viele andere Anwendungen stützen sich auf die etablierte Datenbank TOPOBASE™ – nicht zuletzt dank der bedienerfreundlichen Oberfläche, die eine globale Datennutzung im Intra- und Internet erlaubt.

TOPOBASE™

autodesk authorized systems center GIS • ORACLE Certified Solution Partner • OpenGIS MEMBER

c-plan® C-PLAN GmbH • Marktstraße 42 • D-71711 Steinheim/Murr • Tel. +49 (0)7144 80 12 0 • Fax +49 (0)7144 80 12 80 • www.c-plan.com • vertrieb-de@c-plan.com

L&W Zürich

Vorwort

Ein stabiler GIS Markt, aber immer noch ein Insiderbegriff!

„GIS-Techniken verbreiten sich in großer Geschwindigkeit, der Begriff GIS bleibt aber ein Insiderbegriff" hatten wir im Vorwort des GIS Report 2001 formuliert. Nun, GIS-Techniken verbreiten sich weiterhin und erreichen mittlerweile Konsumenten und Schulen – zugegeben, die weltwirtschaftliche Gesamtsituation hat auch den GIS-Markt deutlich abgebremst, aber es kann noch von Wachstum gesprochen werden. Die Intergeo 2002 ist zum Beispiel eine der wenigen Messen im deutschsprachigen Raum, die erneut einen Zuwachs an Ausstellerfläche melden kann.

Der „Insiderbegriff" GIS wird zwar häufig benutzt, aber was GIS ausmachen könnte, verstehen immer noch wenige von denen, die davon profitieren könnten. Sichtbar ist ja nur die Grafik und nicht was dahinter steckt, und schöne Grafikprogramme sind doch nichts besonderes....
Um das Verständnis für GIS zu verbessern und die Öffentlichkeit zu sensibilisieren, muss GIS als Technik im Schulunterricht verstärkt verwendet werden. Dazu ist preiswerte – ja sogar kostenlose – Software von Nöten und die Schulung der Geographielehrer sollte auch nicht vergessen werden. „Verkrüppelte", d.h. funktional verstümmelte Programme, helfen hier nicht. Vielleicht sollte sich die Industrie an dem Konzept der Firma „Microimages" orientieren, die ihr Produkt „TNT" als „TNTlite" bei vollem Funktionsumfang – aber limitierter Projektgröße für Ausbildungszwecke kostenlos via Internetdownload verfügbar macht. Die hohen Kosten von GIS-Softwareprodukten für Schulen verhindert derzeit eine breite GIS-Ausbildung. Deutlich verstärkt werden sollten im deutschsprachigen Raum auch Aktivitäten wie die der Firma ESRI, die im Rahmen des GIS Days Kooperationen mit Schulen eingehen und mit Schulbuchverlagen zusammenarbeiten.

So wird der GIS Report 2002 wohl wieder in erster Linie eine Marktübersicht für diejenigen sein, die mit der GIS-Welt vertraut sind. Für diese „Insider" sind die Ergebnisse auch wieder spannend. Keiner von uns hat in der täglichen Arbeit eine Übersicht über das gesamte Angebot im Bereich „D A CH" (Deutschland, Österreich und Schweiz). Im GIS Report kann auch die Situation der „anderen Systemwelten", also der Welten mit denen man nicht arbeitet, nicht kooperiert, und auch die speziellen Situationen in den jeweiligen anderen Regionen und Geschäftsfeldern nachgespürt werden.

Die Hauptzielgruppe des GIS Reportes sollen aber die „GIS-Einsteiger", die „GIS-Upgrader", die „GIS-Umsteiger" sein. Für diese haben wir wiederum ein Einführungskapitel zusammengestellt und am Ende des GIS Report eine Glossar der wichtigsten Begriffe beigefügt. Zur Förderung des GIS-Preises in der Umweltplanung stellen wir im Einführungskapitel auch die preisgekrönten Arbeiten des GIS-Preises in der Umweltplanung kurz vor.

Der GIS Report bemüht sich für die wichtigen GIS- Komponenten „Software" „Daten", und „Firmen" eine jährliche Übersicht über das Angebot für den deutschsprachigen Raum zu geben. Hierfür werden einmal im Jahr die Erhebungen des GIS Report als Nachschlagewerk in Printform herausgegeben.

Neben einem gezielten Versand an interessierte Fachkreise und Partner des Verlages und der Hochschule Anhalt (FH) wird der GIS-Report jährlich auf den zentralen GIS-Messen kostenlos abgegeben. Darüber hinaus ist der GIS-Report über den Bernhard Harzer Verlag zu beziehen.

Für viele sind die aktuellen GIS-Adressen und die URL-Angaben der Servicebroschüre, die mit einer Auflage von 6000 Exemplaren gedruckt wird und nach dem Druck immer schon bald vergriffen ist, die wichtigste Information.

Halbjährlich aktuell sind daher die kontinuierlichen Erhebungen für den GIS-Report unter

www.gis-report.de

auch im Internet bei der Hochschule Anhalt (FH) abzurufen.

Geschafft! Die problemlose Erfassung, Dokumentation, Planung und Verwaltung aller Geodaten.

Leichte Anpassbarkeit an unternehmensspezifische Bedürfnisse und eine komfortable Bedienung liefern bei unserem geografischen Informationssystem GRIPS das ideale Arbeitsumfeld für ein effizientes Datenmanagement. Die Vorteile liegen buchstäblich auf der Hand: Kostenreduktion, Effizienzsteigerung und mehr Entscheidungssicherheit.

Weitere GRIPS-Pluspunkte sind hohe Integrationsfähigkeit in bestehende Datenmodelle, unternehmensweite Datennutzung und eine schnelle, gewinnbringende Produktivität für Systemeinsteiger.

GRIPS. Wir schaffen Transparenz.

POPPENHÄGER GRIPS GMBH
Pfalzbahnstraße 20 · 66538 Neunkirchen
Tel. (0 68 21) 24 06-0 · Fax (0 68 21)24 06-1 17
E-Mail: info@grips.de · http://www.grips.de

Hier finden interessierte Anbieter auch die Formblätter, um ihre eigenen Produktinformationen der GIS-Report-Redaktion einreichen zu können.

Um das Angebot vergleichbar zu machen, bilden wir jeweils Kategorien und erheben wichtige Schlüsselkriterien. Um den gesamten Markt abzudecken, sind alle Grundeinträge für die Anbieter gebührenfrei. Finanziert wird der GIS-Report im wesentlichen durch die Anzeigen und die Forschungseigenleistung des Lehrgebietes Landschaftsinformatik der Hochschule Anhalt (FH). Den Anzeigenkunden sei für ihr steigendes Interesse am GIS-Report gedankt. Dieses Werbeengagement ermöglicht den Autoren und dem Verlag eine kontinuierliche Aufbereitung des GIS-Marktes.

Die Autoren sind somit im Vergleich mit anderen Markterhebungen frei vom Einfluss der Industrie und bemühen sich, ihrem wissenschaftlichen Auftrag so gewissenhaft wie möglich gerecht zu werden. Mit diesem Konzept ist es möglich, das gesamte GIS-Angebot im deutschsprachigen Raum als Serviceleistung für die breite Zielgruppe darzustellen.

An dieser Stelle soll der GIS-Industrie im privaten und öffentlichen Sektor für die bereitwillige Zuarbeit gedankt werden. Wir sind für die zahlreichen – teilweise sehr kritischen - Anregungen aus der GIS-Industrie sehr dankbar und können somit unsere Kriterien kontinuierlich fortschreiben.

Hinter dem GIS-Report steht natürlich vor allem das große Engagement seiner Bearbeiter an der Hochschule Anhalt (FH) und im Verlag. An der Hochschule Anhalt (FH) zeichnet Heiko Schrenner für die Entwicklungsarbeiten an der Datenbank verantwortlich, während dieses Jahr die Recherche von Matthias Jähne geleitet wurde. Bei der redaktionellen Überarbeitung unterstützte uns im Büro des Masterstudienganges dieses Jahr Frau Anke Friedrich. Im ATELIER BERNBURG half Ingo Voigt wieder alle Texte noch einmal für den Verlag aufzubereiten.

Auf der Seite des Verlages kommt wiederum eine große Anerkennung dem Fachjournalisten Bernhard Krebs für sein langjähriges Engagement zu. Am Ende der Kette alle anderen Verzögerungen während des Endlayoutes musste er wieder alles kompensieren. Die Endredaktion stand dieses Jahr ganz unter dem Einfluss des Engagements der Mitarbeiter für die Hochwasserhilfe an Elbe und Mulde. Hier muss die Leistung von Herrn Schrenner hervorgehoben werden. Nach drei Wochen Einsatz beim THW hat er noch die Energie aufgebracht die restlichen Datenbankauszüge für diese Ausgabe zu bearbeiten.

Zahlreiche Kollegen und Mitarbeiter in unserem beruflichen Umfeld haben uns bis zur Drucklegung dieser sechsten Ausgabe unterstützt und begleitet. Ihnen allen herzlichen Dank zum Verständnis für diese Arbeit, die wiederum mit unserer beruflichen Haupttätigkeit in Einklang zu bringen war. Insbesondere möchten wir unseren Ehepartnern und Kindern für die Nachsicht entgangener gemeinsamer Familienzeit danken.

Trotz sorgfältigster Recherche ist auch diese Ausgabe nicht vor Fehlangaben oder Fehlerteufeln gefeit. Die Bewertung und Auswertung der Angaben sowie deren Prüfung durch entsprechende Praxisvorgaben muss der Leser selbst, oder dessen Berater, vornehmen. Wir bitten um Anregungen und Kritik zur gewünschten Qualität und zum Umfang der zukünftigen GIS-Reporte aus der Sicht des Lesers.

INTERGEO®
Kongress und Messe der Geodäsie und Geoinformation

*Kongress und Fachmesse –
Der weltweit größte Branchentreff für:*

Geodäsie
Geoinformation
Landmanagement

Netzplanung mit Geoinformations-Systemen
•
Mobile GIS / Internet
•
Location Based Services

16.-18. Oktober 2002
Frankfurt a. M. · Messegelände

**Fachmesse
Exhibition**
HINTE Messe-
und Ausstellungs-GmbH
Griesbachstraße 10
D-76185 Karlsruhe
Tel. ++49 (0)721/93133-0
Fax ++49 (0)721/93133-710
info@hinte-messe.de
www.intergeo.de

**Kongress
Conference**
Örtlicher
Vorbereitungsausschuss
Kongress-Sekretariat
Herr Lothar Hecker
Stadtvermessungsamt Frankfurt
Braubachstraße 15
D-60311 Frankfurt
Tel. ++49 (0)69/212-44630
Fax ++49 (0)69/212-44377
intergeo2002@stadt-frankfurt.de
www.intergeo2002.de

DVW

| LAND MANAGEMENT | KOMMUNEN | TELEKOMS | VERSORGER |

SICAD

UNITED GIS OF EUROPE

In einem Gebiet ist man sich in Europa schon lange einig: Bei der Auswahl des Geographischen Informationssystems. Versorger, Kommunen, Behörden, Industrie und Telekoms in ganz Europa arbeiten erfolgreich mit SICAD – dem offenen GIS, das die Standards setzt. Praxiserprobt und weit verbreitet. Mit kurzen Einführungszeiten und durchgängigem Datenaustausch zu Office- und Fachanwendungen. Schnell an individuelle Wünsche anzupassen und problemlos im Update. Und natürlich voll internetfähig. Wir informieren Sie gern!

SICAD®
GEOMATICS

www.sicad.de

Fahren Sie mit IAC auf die Geodaten-Autobahn

PolyGIS ist ein geographisches Informationssystem auf der Basis von Windows,

- **multinutzerfähig**
- **schnell**
- **hybrid**
- **skalierbar**

Wir machen Geodaten schnell nützlich

POLYGIS®
Geographisches Informationssystem

IAC mbH Leipzig
Karl-Heine-Straße 99 · 04229 Leipzig
Telefon: (03 41) 49 12 250
Fax: (03 41) 49 12 262
E-Mail: info@iac-leipzig.de
Internet: www.iac-leipzig.de

Geobasisdaten vom GIS-Spezialisten

Raster- und Vektordaten:
ATKIS-Basis-DLM-Daten
Amtliche Topographische Karten
Orthophotos
Digitale Geländemodelle
Stadtplanwerk
Straßendaten
Geocodierte Adressdaten

unsere Leistungen:
Entzerrung von Rasterdaten
Georeferenzierung
Geocodierung
Transformation
Clipping
Konvertierung
und vieles mehr . . .

Portal für Geodaten & Geoservices
www.geodaten-online.de

con terra

con terra GmbH
Martin-Luther-King-Weg 24
D-48155 Münster
02 51.74 74-0
02 51.74 74-100
conterra@conterra.de
www.conterra.de

Go for Geo
Nutzerverband DDGI + Hüthig

Deutscher Dachverband für Geoinformation e.V.

Jetzt **natürliches Mitglied** in einem starken Verband werden

■ Ihre Vorteile:
- kostenloser Bezug der Zeitschrift GeoBIT/ GIS als Fachorgan des DDGI
- 10% Rabatt auf alle Wichmann-Bücher und CD-ROMs
- Informationsvorsprung bei branchenrelevanten Ereignissen und Entwicklungen
- kostenloser Bezug des GIS-Reports aus dem Bernhard Harzer Verlag
- aktive Mitgestaltung der Verbandsarbeit für die GI-Branche

■ Informationsanforderung

☐ **Ja**, ich möchte natürliches Mitglied werden, bitte schicken Sie mir die entsprechenden Unterlagen zu.

☐ Ich bin bereits GeoBIT/ GIS-Abonnent.

☐ Bitte senden Sie mir das kostenlose Verlagsverzeichnis des Herbert Wichmann Verlages zu.

Ich bin zusätzlich daran interessiert, mit meinem Unternehmen im Rahmen einer
☐ ordentlichen Mitgliedschaft
☐ Sponsoren-Mitgliedschaft
dem DDGI e.V. beizutreten. Bitte übersenden Sie mir entsprechende Informationen.

Titel:	
Vorname:	Telefon:
Name:	Fax:
Straße:	E-Mail:
PLZ - Ort:	Internet:

an Telefax: +49 (0) 3 31 - 2 88 - 17 03

Deutscher Dachverband für Geoinformation e.V.
Hauptgeschäftsstelle
c/o GeoForschungsZentrum Potsdam
Telegrafenberg A3
D- 14473 Potsdam
Telefon: +49 (0) 3 31 - 2 88 - 16 81
Internet: http://www.ddgi.de

Geleitwort des DDGI

Der GIS-Report hat sich zu einer Standardübersicht für die Geoinformationswirtschaft entwickelt und trägt dazu bei, dass Anbieter und Nutzer von Geoinformation zueinander finden. Auch in diesem Jahr lässt der zunehmende Umfang des Reports und seine kompetente Marktanalyse erkennen, dass Geoinformation immer mehr zu einer unverzichtbaren Grundlage für die entstehende Informations- und Wissensgesellschaft wird.

Ein wichtiger Prozess, der die Entwicklung der Informations- und Wissensgesellschaft begleitet, ist der Aufbau von Geodaten-Infrastrukturen. Die Debatte zur Großen Anfrage der CDU/CSU-Frakton „Nutzung von Geoinformationen in der Bundesrepublik Deutschland" im Deutschen Bundestag (Februar 2001) und die Verabschiedung eines Entschließungsantrages hat ein deutliches Signal gesetzt, das den Aufbau von Geodaten-Infrastrukturen positiv beeinflusste. Das Signal wurde besonders in den neuen Bundesländern wahrgenommen, in denen der Aufbau von Geodaten-Infrastrukturen ein zentrales Thema geworden ist.

Die Nutzung der Wirtschaftspotentiale von Geodaten ist allerdings ein komplexer Prozess. Durch den Aufbau von Geodaten-Infrastrukturen soll ein umfassendes, aktuelles Angebot öffentlicher und privater Geodaten verfügbar gemacht werden. Für die vielfältigen Anwendungsfelder muss dieses Wirtschaftsgut erst in komplexen Veredelungsprozessen aufbereitet und erschlossen werden. Erfahrungen zeigen, dass neue Wertschöpfungsprozesse durch dynamische, flexible Innovationsnetzwerke aus Anwendern, Beratungs- und Software-Unternehmen, sowie Behörden und Forschungseinrichtungen besonders wirkungsvoll gestaltet und umgesetzt werden können.

Innovationsnetzwerke wollen Awareness für neue Anwendungsfelder schaffen und die Entwicklung eines organisatorischen und atmosphärischen Rahmens für komplementäre Kooperationen und Geschäftsmodelle fördern. Darüber hinaus können diese Netzwerke wirkungsvoll dazu beitragen, die Wirtschafts- und Anwenderinteressen beim Aufbau von Geodaten-Infrastrukturen einzubringen. Der DDGI wird sich in diesem dynamischen Umfeld auch weiterhin mit Nachdruck der Entwicklung von positiven Rahmenbedingungen für die Geoinformationswirtschaft widmen.

Ein Grundsatz der Informations- und Wissensgesellschaft besagt, dass Daten und Informationen ein wichtiger Rohstoff sind. Bislang fehlte jedoch eine konkrete Umsetzung für Verfahren, wie die Qualität von Geodaten überprüft werden kann. Aus Mitgliedern des DDGI bildete sich eine privatwirtschaftliche Initiative, um eine Institution für die Geodaten-Qualitätsprüfung ins Leben zu rufen und ein Prüflabor für Geodaten aufzubauen. Die Gesellschaft zur Zertifizierung von Geoinformationen (GZGI) ist als weltweit erstes Unternehmen für die Geodaten-Qualitätsprüfung akkreditiert. Der Deutsche Akkreditierungsrat (DAR) bestätigte, dass das Unternehmen Prüfungen und Zertifizierungen konform zu internationalen Standards durchführt.

Mit der Akkreditierung der GZGI ist ein Meilenstein auf dem Wege des DDGI zur Schaffung von Transparenz über Geodaten-Produkte erreicht worden. Damit wurde die Vorraussetzung für die Entstehung eines wirklichen Marktes für Geodaten/Geoinformationen und eine breite, branchenübergreifende Anwendung geschaffen. Kunden können zertifizierte Geodaten-Produkte ohne Spezialwissen nach Qualitäts- und Kostenkriterien auswählen. Der DDGI erwartet von dieser Pionierleistung ein beschleunigtes Wachstum für den Geodatenmarkt.

Dr. rer. nat. Joachim Wächter
Präsident des DDGI

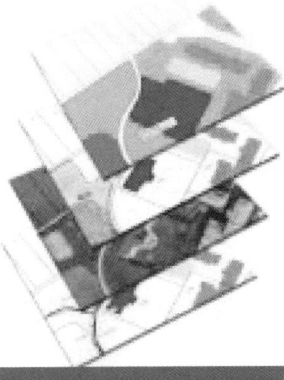

Kuhlmann/Markus/Theurer
CAD und GIS in der Stadtplanung
Ein Leitfaden zum effizienten Einsatz

HARZER

Bernhard Harzer Verlag GmbH
Westmarkstraße 59/59 a
D-76227 Karlsruhe
Telefon ++49 (0)721 944 02 0
Fax ++49 (0)721 944 02 30
E-Mail: Info@harzer.de
www.harzer.de
www.gis-report.de
www.gis-germany.de

NEU!

Der Praxis-Leitfaden für den kommunalen GIS-Einstieg

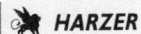

- Kuhlmann/Markus/Theurer
- **CAD und GIS in der Stadtplanung**
- **Ein Leitfaden zum effizienten Einsatz**
- Etwa 144 Seiten, zahlreiche Abbildungen und Tabellen, Kartoniert,
- EUR 19,80 / SFR 32,80
- (ISBN 3-9803128-6-0) **Kostenlose Leseprobe anfordern bei: info@harzer.de**

Zielsetzung der Autoren ist es, vor allem kommunalen Entscheidungsträgern, aber auch allen interessierten PlanerInnen einen Leitfaden an die Hand zu geben, der ihnen eine konkrete Hilfestellung und Anregungen zur Einführung von Geoinformations-Systemen GIS und CAD aufzeigt.

Dieses Buch beschreibt die notwendigen Voraussetzungen, Rahmenbedingungen und Auswirkungen beim Einsatz neuer Techniken und zeigt in sieben konkreten Schritten, was bei der Einführung von GIS und CAD in der räumlichen Planung beachtet werden sollte. Teure Fehlinvestitionen können damit vermieden werden.

Die Autoren sind erfahrene Praktiker und haben diesen Leitfaden verfasst, weil sie davon überzeugt sind, dass nur so Lösungen erreicht werden, die dem Anwender effiziente und sinnvolle Softwarewerkzeuge bieten.

Aus dem Inhalt:

Einführung in das Thema / Aufgaben und Prozesse beschreiben und analysieren / Einsatzbereiche von IuK-Technologien in der Planung / Datengrundlagen und Informationsquellen erheben und zuordnen / Die Werkzeuge im Bereich CAD und GIS kennen lernen / Ziele und Visionen für den GIS-Einsatz entwickeln, Unnötiges/Unmögliches vom Notwendigen abgrenzen / Ein GIS-Konzept erarbeiten – Schritt für Schritt / Investitions- und Folgekosten kalkulieren / Umsetzung – Schritt für Schritt / Rahmenbedingen schaffen – Organisation, Personal, Schulung, Ergonomie, Hardware / Auseinandersetzung mit der Realität / Anhang: Begriffserklärungen, Literaturempfehlungen, Web-Adressen, Arbeitskreise / Veranstaltungen / Lieferanten von Hardware, Software, Dienstleistungen.

1. Einführung

Mit dem GIS-Report 2002 liegt Ihnen diese Marktübersicht des deutschen GIS-Marktes zum siebten mal vor. Im Bereich der „GIS-Software" beschreiben wir nun bereits rund 700 Produkte von genau 150 Softwareanbietern in 10 verschiedenen Leistungskategorien. Auch wenn zur Drucklegung schon wieder die nächsten GIS-Produkte angekündigt sind, sollte die Softwareübersicht im GIS-Bereich somit relativ vollständig sein. Im Bereich „GIS-Daten" bemühen wir uns, eine Übersicht über die Verfügbarkeit von GIS-Daten im deutschsprachigen Raum zu geben. Wir freuen uns, auch dieses Jahr wieder mehr „GIS-Dienstleistungsfirmen" vorstellen zu können, auch wenn hier immer noch Firmen fehlen.

Ziel des GIS-Reports ist eine möglichst vollständige und vergleichende Übersicht über das Angebot an GIS-Programmen, digitalen Karten und über GIS-Dienstleistungsunternehmen. Die Vollständigkeit verlangt eine Beschränkung auf die wichtigsten Kriterien der jeweiligen Leistungsbeurteilung. Als jährlicher Report soll dieser eine Orientierung im dynamischen Markt erlauben. In der Broschüre sind Entscheidungskriterien zu allen wesentlichen am Markt beobachteten GIS-Produkten des deutschsprachigen Raumes zusammengetragen. Die Angaben der Firmen wurden hierbei von den Autoren auf Grund langjähriger Fachkenntnis so weit möglich auf Plausibilität geprüft und verifiziert. Die Entwicklung des Marktes erfordert hierbei eine fortlaufende Anpassung der zu erfassenden Schlüsselkriterien. Die siebte Auflage des GIS-Report für das Jahr 2002 war mehr denn je von einer großen Dynamik, geprägt. Eine Reihe von marktgestaltenden Firmen haben fusioniert. Im Bereich von Internetprodukten und im Bereich von Fachschalen stehen wir der lange erwarteten explosionsartigen Vermehrung von Produkten gegenüber.

Wir haben uns daher entschlossen die Angaben ständig zu erfassen und unmittelbar im Internet unter www.GIS-Report.de vorzuhalten. Dies soll die Papierform des Marktführers aktuell ergänzen, wird diese aber nicht ersetzten. Dank der hervorragenden Unterstützung der Anbieter haben wir es auch in dieser Ausgabe geschafft, mit den GIS-Marktdaten eine aktuelle Bestandsaufnahme des deutschsprachigen Marktes in übersichtlicher Form zusammenzustellen. Beeinträchtigt wird die Vollständigkeit der Vertriebsangaben leider durch den sehr unterschiedlichen Zugang der Distributoren im Bereich „D A CH" zu diesen Angaben.

Im nun folgenden ersten Kapitel haben wir sowohl aktuelle Diskussionen zur technischen GIS-Entwicklung als auch Einführungshilfen zur Orientierung von Einsteigern zusammengetragen.

1.1. Fragen an die GIS-Industrie

Im Berichtszeitraum hat sich der GIS-Markt stetig in viele Bereiche ausgebreitet. Im *Kapitel 1.2* versuchen wir die technischen Grundlagen hierzu zusammen zu stellen. Vorangestellt sei in diesem Kapitel eine aktuelle Diskussion mit Vertretern der Industrie zu dem sehr vielfältigen Anwendungssegment „Kommune".

Im Rahmen unserer Serie „Fragen an die GIS-Industrie" haben wir für diese Ausgabe des GIS-Reports auf dem ACS-Fachkongresses 2001, am 9.11.2001 auf der Frankfurter Messe eine Podiumsdiskussion mit Spitzenvertretern der deutschsprachigen GIS-Industrie zum folgenden Thema durchgeführt:

OpenGIS-Lösungen für die Datenintegration in der Kommune
-Podiumsdiskussion mit Vertretern der GIS-Industrie.

Zu der Podiumsdiskussion konnten neben den Moderatoren Prof. Erich Buhmann, Hochschule Anhalt (FH) und Prof. Dr. Bernd Streich, Universität Kaiserslautern vier Spitzenvertreter der GIS-Softwareindustrie als Diskussionsteilnehmer gewonnen werden (von links, nach rechts, Bild: ACS):

- Herr **Michael Sittard**, Geschäftsführer ESRI Geoinformatik GmbH
- Herr **Michael Schönstein**, Product Manager GIS, EMEA Autodesk
- Herr **Frank Havers**, Leiter Marketing, Smallworld GE GIS
- Herr **Armin Hoff**, Intergraph, (Deutschland) GmbH, Geschäftsbereich GIS

Die Auseinandersetzung mit Geographischen Informationssystemen wurde im ACS-Fachkongress 2001 – die ACS ist die jährlich in Frankfurt von den Architektenkammern veranstaltete Fachmesse für Computeranwendung im Bauwesen - nun zum zweiten mal auf eine besondere Art und Weise geführt. Unter der für ACS-Besucher bekannten Moderatoren Prof. Erich Buhmann, Hochschule Anhalt (FH), Bernburg und Prof. Dr. Bernd Streich, Universität Kaiserslautern diskutierten vier Vertreter der Geschäftsleitung von führenden deutschen GIS-Systemhäusern über die technischen Trends zur Datenintegration in der Kommune.

Noch sprechen Kollegen, aus der Stadtplanung nicht von GIS-Anwendung, obwohl Sie eigentlich schon immer dazu gezwungen sind, raumbezogenen Daten anzuordnen - und das ist nun einmal mit Sicherheit GIS. GIS-Anbieter sind somit im vertikalen Markt Bauwesen und Stadtplanung auf der ACS zunehmend vertreten. Alles, was der Architekt neu konstruiert, wird mit CAD-Systemen erstellt und es sollte relativ leicht sein, alle diese Elemente, die ich heute in der Planung benutze, später auch mit GIS-Werkzeugen nachnutzen zu können.

Um die Zusammenarbeit der verschiedenen CAD- und GIS-Lösungen in den verschiedenen Geschäftsbereichen zu verbessern, ist die OGC, das Open GIS Consortium als Internationaler Zusammenschluss von Herstellern und Anbietern von Geographischen Informationssystemen, Geodatenanbietern und Datenbankentwicklern bereits 1994 gegründet worden. In drei Themen- und Strategiebereichen soll eine bessere „Interoperabilität" erreicht werden:

- **Open Geodata Model zur Harmonisierung der Datensicht**
- **Open GIS - Information Community Model zur Harmonisierung der semantischen Sichten in den Applikationswelten**
- **Open-GIS-Service Architecture soll grundsätzliche Dienste zur Verarbeitung bereit stellen.**

In der Expertendiskussion sollten die Perspektiven der Umsetzung dieser „offenen" Systemlösungen für die deutsche Planungspraxis hinterfragt werden. Innerhalb der Kommunen ist der Austausch unter den zahlreichen Fachämter mit den jeweils spezifischen Fachanwendungen davon abhängig. Zu diesen Ämter gehören in der Regel: Stadtvermessungsamt (Kataster), Gartenamt (Baum- und Grünflächenkataster), Tiefbauamt (Anbindung Kanal- und Straßenbaudaten), Stadtplanungsamt (Flächennutzungs- und Bebauungsplan, Baugrundstücksreserven, Kleinräumige Gliederung, Übersichtspläne), Amt für Umwelt und Natur (Bodenschutz, Flächenrecycling, Umwelttechnische Auswertung, Naturschutz). Weiterhin betroffen ist die Informationsaufbereitung der Ämter nach außen für die Bürger und der Datenaustausch mit den Dienstleistern der Kommune, wie dem Stadtplaner.

Die Antwort auf drei vorgegebenen Fragen stellten eine realistische Momentaufnahme der Situation mit der sich die GIS-Beauftragten in den Kommunen konfrontiert sehen dar und sollen hier in Auszügen wiedergegeben werden:

Frage 1:
Welche Software Ihres Hauses erlaubt die Integration von heterogenen Daten/Informationen der kommunalen Fachbehörden? Nennen Sie bitte einen entsprechenden Referenzkunden. In wieweit sind die Anforderungen des OpenGIS-Consortiums erfüllt?

Schönstein, Autodesk:
Das Produkt Autodesk MapGuide erfüllt die Anforderungen der OpenGIS Spezifikationen. Das Geometriemodell – spezifiziert nach „Abstract Specification" wird unterstützt. Die Nutzung von Koordinatensystemen basiert auf der „OpenGIS? Well Know Text (WKT) Representation".
Als Referenzkunden können die Städte Hamburg, Frankfurt und Pforzheim genannt werden. Als GIS-Internet-Lösungen können folgende Live Adressen für interaktive Pläne genannt werden:

http://www.citymaps-online.de,
http://had.bafg.de/had/had.thm,
http://www.salzburg.com/altstadt-shopping-----.

Sittard, ESRI:
Die Firma ESRI hat maßgeblich an den Entwicklungen und Empfehlungen des OGC (OpenGIS Consortium) mitgewirkt. Die Produktzertifizierung findet auf der Basis von ‚simple features' statt;

19 Produkte der Firma ESRI sind auf diese Weise bislang bereits zertifiziert. Für Kommunen gibt es indes keine Standardlösungen, sondern stets nur Speziallösungen. ESRI ist in diversen Kommunen Deutschlands hieran beteiligt. Langjährige Pioniere stellen beispielsweise die Umweltbehörde Hamburg und Bozen dar.

Hoff, Intergraph:
INTERGRAPH ist Gründungsmitglied sowie „Principal Member" des Open GIS Consortiums (OGC) und setzt sich seit den OGC-Anfängen 1993/1994 für OpenGIS ein. INTERGRAPH hat sich dabei auf der politischen Ebene des OGC immer dagegen ausgesprochen, offene GIS über die Einführung eines weiteren GIS-Datenformats anzustreben. Mittlerweile besteht im OGC Einigkeit, dass der Weg zu OpenGIS über die Bereitstellung des offenen Datenzugangs und über eine dokumentierte Schnittstelle für frühere, heutige und zukünftige Datenquellen führt.

Die Kommunikation von GIS unterschiedlichster Hersteller, die unter Berücksichtigung der Spezifikationen des OGC entwickelt wurden, ist heute Realität. Die Datenhaltung erfolgt konsequent in relationalen Datenbanken, die wie Microsoft Access, Microsoft SQL Server und Oracle Industriestandards darstellen.

Aus der Vielfalt der Referenzen sei hier die hessische Universitätsstadt Gießen hervorgehoben. Die Stadt forderte eine auf Standards basierende, offene und zukunftssichere Technologie zur Sicherstellung der Kommunikation aller Geodaten der Kommunen. Von der Datenerfassung und –integration über die Pflege bis zur Präsentation und Auswertung sollten alle Prozesse bedient werden.

Zwischenzeitlich treffen alle Ämter auf Grundlage derselben aktuellen und hochgenauen Informationen ihre Entscheidungen und wickeln ihr Tagesgeschäft ab. Der Sprung vom ämterübergreifenden Informationssystem zu webbasierten Auskünften und Diensten für den Bürger steht bevor. Auch hier werden die OGC Spezifikationen zum Tragen kommen.

Havers, Smallworld:
Die Hauptaufgabe aller für die Kommunen in Frage kommenden Systeme in der Datenintegration. Es geht darum, aus komplexen Daten Informationen zu extrahieren und diese bei Bedarf für beliebige Anwendungen zur Verfügung zu stellen. Wichtig ist außerdem die medienbruchfreie Zurverfügungstellung von Information. Insgesamt spricht Smallworld sich für eine Pluralität von GIS aus. Durch die Internet/Intranet-Technologie findet ohnehin eine Datenhomogenisierung statt.

Als kommunale Referenzkunden können zahlreiche Kommunen genannt werden. Die wohl bekannteste Smallworld–Referenz im kommunalen Bereich über zahlreiche Fachämter hinweg ist die Stadt Heidelberg.

Frage 2:
Nennen Sie bitte Konzepte und Referenzen für die Einbindung von GIS in das Work-Flow-Management-System in der Kommune

Sittard, ESRI:
Kommunale Lösungen setzten immer individuelle Lösungskonzepte voraus Dies gilt insbesonders für Workflow-Systeme, die die Firma ESRI, in Kooperation mit anderen Softwareentwicklern – SAP oder ORACLE – entwickelt. ESRI verfolgt dabei ein ‚Business Warehouse'-Konzept.
Bemerkenswert ist der Hinweis aus der Sicht der Firma ESRI, dass die Entwicklung von neuen Organisationskonzepten in den Kommunen, bei denen die Potentiale des Computereinsatzes Berücksichtigung finden, jetzt an vielen Stellen derzeit anlaufen.

Hoff, Intergraph:
Basis der INTERGRAPH GeoMedia Produktlinie ist die Komponenten-Technologie, wie sie durch die Object Management Group (OMG) mit CORBA, aber vor allem für die „PC-orientierte Welt" durch Microsoft unter dem Namen OLE COM unter Windows eingeführt wurde. Diese Komponenten-Technologie ist optimal geeignet, einer dramatischen Verbreitung der Nutzung von Geo-Informationssystemen und der geocodierten Informationen zu dienen und damit GIS-Daten mit beliebigen Anwendungs-, Sach- und Fachdaten verschiedenster heterogener Quellen in einer Anwendung zu integrieren und über das

Internet zu publizieren. Genau das sind die Anforderungen der Kommunen. Realität ist die heterogene Daten- und Systemwelt der kommunalen Fachbehörden, die historisch gewachsen und teilweise emotional verankert ist.

Die Komponententechnologie bietet eine hervorragende Voraussetzung für die Integration von GIS im Workflow-Management. Die Suche nach tatsächlich installierten Systemen, die beide Themen miteinander verbinden, lässt allerdings den Schluss zu, dass man in den deutschen Kommunen keine Integration anstrebt. Dies mag einerseits an der komplexen Aufgabenstellung, andererseits an noch nicht ausreichender Awareness liegen.

Lösungen, die INTERGRAPH im kommunalen Umfeld realisiert, sind beispielsweise das digitale Rathaus und die telematische Stadt Herzogenaurach. Hier werden unterschiedlichste Datenquellen und Fachschalen zusammengefasst, integriert und visualisiert. Die innerhalb der GIS-Welt visualisierten Daten und Informationen werden durch die Mitarbeiter der Stadt in Reports oder andere Office-Dokumente integriert und erleichtern dadurch die täglichen Verwaltungsprozesse.

Frage 3:
Wo stehen wir heute: ein GIS-System für die Kommune oder – dank Open GIS-Komponenten – beliebig viele GIS-Systeme je Kommune?

Nennen Sie bitte kommunale Beispiele mit erfolgreichen Zusammenspiel ihrer GIS-Produkte mit anderen GIS-Systemen.

Schönstein, Autodesk:
Vorhandene Investitionen müssen uneingeschränkt genutzt werden können. Die Verwaltung, Auskunft und Präsentation von Geodaten sollte über unterschiedliche Systeme entweder offline oder in LAN zur Verfügung stehen. Als Beispiele können hier die Kommunalen Informationssysteme der Stadt Hamburg und Stadt Frankfurt genannt werden. Als Beispiel, das Statement der Stadt Hamburg, Amt für Geoinformation und Vermessung: „Produkte und Geodaten für Hamburg müssen bedarfsgerecht als allgemein verfügbare Infrastruktur bereitgestellt werden!"

Wichtig ist hier auch eine einfache, skalierbare und schnelle Implementierung der Lösung, unabhängig der Integration von vorhandenen Datenstrukturen. Die Lösung sollte folgende Leistungen bieten. Erweiterung der gesamten Inhalte um Fachdatenbestände anderer Behörden Kombination mit den vorhandenen Meta Daten Katalogen.

Hoff, Intergraph:
Ein GIS für die ganze Kommune – die Idealvorstellung für einen GIS-Hersteller, sofern die Kommune das eigene GIS verwendet. Die Realität sieht anders aus. Die Kommunen haben gewachsene Strukturen, die sich im Laufe der Zeit entlang der speziellen Anforderungen der Ämter entwickelt haben. Sowohl hinsichtlich der Daten als auch der Systeme finden sich heterogene Welten.

Und genau hier liegt der Ansatz für die Kommunen zur Optimierung von Prozessen und zur Effizienzsteigerung durch offene und interoperable Systeme. Das Potenzial ist immens. Dennoch ist es keine leichte Aufgabe, die vorliegenden Einzelinteressen im Sinne eines offenen Ansatzes zu bündeln. OGC liefert aber genau dafür gute Argumentationshilfen.

Erfahrungsgemäß ist keiner auf Anhieb bereit, „sein" GIS aufzugeben und sich einer einheitlichen, meist verordneten Lösung anzuschließen. Sofern „sein" System die Spezifikationen des OGC erfüllt, ist er auf der sicheren Seite, denn die Integration ist z.B. durch die INTERGRAPH Datenserver-Technologie problemlos möglich.

Beispiele hierfür finden sich in vielen Kommunen Deutschlands. Exemplarisch für Österreich möchte ich Linz und Klagenfurt anführen.

Da im Jahr 2002 die INTERGEO nur wenige Wochen vor der ACS in den Frankfurter Messehallen stattfindet, wird die Fortführung dieser Fragen an die GIS- Industrie zu GIS in den Kommunen auf der ACS erst im November 2003 fortgeführt. Entsprechende Kommunen mit den Fachämtern Stadtplanung und Vermessung und Ihren GIS-Anbietern sollen zu einem Erfahrungsbericht eingeladen werden.

Spezielle Hilfestellung zum Thema GIS-Einführung in Kommunen finden Sie unter den Terminen für GIS-Veranstaltungen (Kap. 1.4), GIS-Einführungsliteratur (Kap. 1.5) und unter den Anmerkungen zu GIS-Einführungen in Organisationen (Kap.1.6). Neutrale Berater sollten Sie zudem unter den GIS- Dienstleistern (Kap. 4.4.) finden.

1.2 Technische Trends im GIS-Umfeld

Datenhaltung

Die Haltung, Speicherung und Verarbeitung von Geometriedaten in kommerziellen relationalen oder objekt-relationalen Datenbanksystemen ist mittlerweile Stand der Technik. Dateiorientierte Geometriedatenhaltung spielt nur noch aus Kostengründen in kleineren Projekten eine Rolle.

Obwohl in DBMS, wie z.B.
Ingres (www.ingres.com) oder
Postgresql (www.postgresql.org)

schon seit Jahren die Technik zum räumlichen Verwalten von Geodaten vorhanden ist, hat erst das Engagement von Oracle (www.oracle.com) zu einer Wende in der GIS-Industrie geführt. Alle wesentlichen Datenbanksysteme bieten mittlerweile Erweiterungen dieser Art an, die jedoch technisch unterschiedlich realisiert wurden:

IBM DB2 (www.ibm.com/software/data/spatial),
Informix (spatial.informix.com),
Oracle(otn.oracle.com/products/oracle9i/datasheets/spatial/spatial)
Sybase (www.sybase.com)
Microsoft SQL Server (www.microsoft.com)
oder als OO-DBMS
Objectstore (www.odi.com)

Was gewinnt ein Anwender durch Einsatz dieser Technik?

Geodaten können blattschnittfrei im DBMS gespeichert werden. Alle Transaktions- und Sicherungs- und Administrationsmechanismen des DBMS wirken auch für die Geodaten. Durch dokumentierte Schnittstellen (z.B. SQL oder Call-Level-Interface) ist der Zugriff auf den Geodatenbereich auch über Netzwerke möglich. Klienten können räumliche Abfragen an den Geodatenserver delegieren und deshalb leichtgewichtig konzipiert werden. Unterschiedliche Referenzsysteme und Projektionen werden vom Server berücksichtigt und Daten „on the fly" transformiert.
Die meisten heutigen Geodatenerweiterungen verwalten Vektordaten, die ersten Rasterdatensysteme sind aber bereits verfügbar oder angekündigt.

Komponententechnik

Eine weitere wichtige Entwicklung aus der kommerziellen Softwareproduktion ist die Komponententechnik. Software wird aus vorgefertigten sich selbst beschreibenden Programmbausteinen mittels spezieller Entwicklungssysteme zusammengesetzt. Die Komponenten werden in binärer Form von ihren Entwicklern angeboten, der Quellcode ist für ihre Verwendung nicht erforderlich.

Gängige Komponententechniken sind z.B. COM (Component Object Model) von Microsoft oder JavaBeans von SUN Microsystems. Anwendungen basierend auf solchen Komponenten werden in Programmiersprachen, wie Visual Basic, C++, C# oder Java geschrieben. Die von Microsoft neu eingeführte .NET Architektur geht ebenso wie Java dazu über, hardwareunabhängige Komponenten herzustellen, die auf den unterschiedlichsten Endgeräten (Handhelds, PCs, Server) mittels eines speziellen Laufzeitsystems ablaufen und mit Web-Protokollen miteinander kommunizieren können.

Die Komponentenhersteller richten sich mit ihren Angeboten nicht an Endanwender, sondern an Entwickler, die ausgewählte GIS-Funktionalität in allgemeine Geschäftsanwendungen integrieren wollen. Das Benutzen von Komponenten erlaubt es den Entwicklern, nur die unbedingt nötigen Funktionen in eine Anwendung einzubauen, sie somit schlanker und schneller als ein monolithisch aufgebautes System zu machen. Viele GIS-Software-Hersteller bieten Komponenten meist für die Microsoft-Welt aber auch für Java-Umgebungen an.

Interoperabilität

Der Begriff der Interoperabilität im GIS-Umfeld ist stark von den Aktivitäten des Open GIS Consortium (OGC - www.opengis.org) geprägt. Im »Open GIS Guide« der OGC wird Interoperabilität als »ability for a system or components of a system to provide information portability and interapplication, cooperative process control« definiert. Das heißt, dass interoperable Systeme mehr leisten als heutige bloße Datenkonverter. Vorstellbar ist, dass ein Desktop-GIS des Herstellers **A** auf einen Vektor-Geodatenserver

Internet GIS

**für ArcView 3 und ArcGIS 8
ab 499.- EUR** zzgl. MwSt.

ImageMapper
in mehr als 40 Ländern im Einsatz

oder mit ArcIMS

Nutzen Sie unser
Application Service Providing
zu monatl. Mietpreisen und
lassen Sie Ihre Anwendung
bei uns hosten

**weiterhin im Angebot
alle ESRI Produkte**

**alta4 Geoinformatik AG
www.alta4.de**

---

des Herstellers **B** und den Rasterdatenserver des Herstellers **C** und den Webserver eines Herstellers **D** zugreift. Dies würde einem Endanwender oder Systemintegrator die Möglichkeit geben, Bausteine für seine Zwecke optimiert aus den Angeboten verschiedener Softwarehersteller auszuwählen.

Das Ziel von OGC ist, die Konformität von Produkten seiner Mitglieder zu den entsprechenden Implementierungsspezifikationen (Simple Features - Zugriff auf räumliche Objekte, Gridded Coverages - Zugriff auf Rasterdaten, Catalog Services - Katalogdienste, Web Services – Zugriff auf Geodaten via Webserver) zu prüfen und entsprechende Zertifikate auszustellen.

Leider ist bisher noch kein einziges Client-Produkt (z.B. Desktop-GIS) als konform zertifiziert worden, nur ORACLE Spatial, IBM DB2 Spatial Extender und ESRI SDE als Serverprodukte haben diese Prüfung bisher erfolgreich bestanden.

Wichtig ist festzuhalten, dass das OGC der wesentliche Motor aller Standardisierungsbemühungen (außer für Datenformate) im GIS-Markt ist. Nahezu die komplette GIS-Industrie ist OGC-Mitglied und arbeitet aktiv am Standardisierungsprozess mit. Jedoch ist nicht zu erwarten, dass die Vision der unbegrenzten Interoperabilität bald Wirklichkeit wird...

3D-Visualisierung

3D-Darstellungen sind in Systemen für die Geowissenschaften, Planung, Architektur - um nur einige zu nennen - unverzichtbar. Nur wenige der klassischen GIS-Softwarepakete leisten dies aber bisher. Darüber hinaus dringen 3D-Techniken auch auf dem Wege des Internet in Anwendungen vor. Neben proprietären Techniken scheint nach langem Entwicklungsstillstand VRML bzw. X3D (web3d.org/vrml/x3d.htm) wieder an Gewicht zu gewinnen, aber auch Java-3D sollte als Entwicklungsplattform für verteilte 3D-Anwendungen beobachtet werden.

Datenvertrieb

Der Datenvertrieb im Internet ist eine wichtige Aufgabe, die es in der nächsten Zukunft zu lösen gilt. Verschiedene Problembereiche können identifiziert werden:

1. Kataloge
- wie findet ein potentieller Kunde Datensätze mit bestimmten Eigenschaften? Suchmaschinen? Zentrale Verzeichnisse?

2. Datenbeschreibungen
- wie müssen Eigenschaften von Daten beschrieben werden (auch in mehreren Sprachen), dass sie von Interessenten aus den unterschiedlichsten Fachdisziplinen gefunden werden können?

3. Zahlungssysteme
- wie können die unterschiedlichen Kundengruppen (Firmen, öffentlicher Sektor, Privatpersonen) Geodaten online bestellen, bezahlen und übertragen?

4. Ist es möglich, auch kleine Datenmengen zu erwerben ? (z.B. nur die Grenze einer Gemeinde)

5. Wie steht es mit abgeleiteten Daten? Kann man z.B. statt eines DGM auch daraus berechnete Größen einkaufen?

Wahrscheinlich wird es nur möglich sein, über wenige (besser nur eines) Web-Portale den Markt zu erschließen. Da das Einrichten, Füllen mit Daten und Betreiben eines erfolgreichen Web-Portals für den Geodatenmarkt eine kostspielige Anfangsinvestition im Bereich mehrerer Millionen Euro sein wird, kommen nur Konsortien bzw. Arbeitsgemeinschaften privater und öffentlicher Anbieter als Betreiber in Frage. Diese Lösung würde mehrere der o.g. Probleme lösen und für alle Anbieter im Geodatenmarkt Vorteile bieten.

Konsumentenprodukte

Wie fließt GIS-Technik in Produkte für Nichtspezialisten ein?

Auskunftssysteme als Internetanwendung sind sicher an erster Stelle zu nennen: Suche nach Hotels, Werkstätten usw. mit Kartenausgabe sind schon heute verfügbar. Routenfinder und Telefonauskunft mit einer Kartenausgabe der Adresse des Gesprächspartners sind gängige Praxis.

Erfolge im Bereich des Business-Mapping für Nichtspezialisten hängen wesentlich davon ab, wie einfach die Software zu nutzen ist und wie vollständig und von welcher Qualität die mitgelieferten Datensätze sind. Auch der Update-Service und gute Angebote von kompatiblen Datensätzen sind von entscheidender Bedeutung für den Erfolg von Produkten wie z.B. Microsoft Mappoint 2002.

GIS und Internet

Das Internet als weltweites Kommunikationsmedium mit mehreren hundert Millionen Nutzern Ende 2001 (jeder zweite deutsche Haushalt hat derzeit einen Internetzugang) und rasant wachsend, spielt im GIS-Umfeld eine wichtige Rolle:

- Es dient der Kommunikation zwischen Anbietern und Nutzern (Support, Bugfixing, Werbung, Vertrieb).

- Internetprotokolle und Browser werden als Komponenten in GIS-Client/Server-Lösungen eingesetzt (Web Services).

- Nutzer tauschen sich über Probleme und deren Lösungen in Diskussionsforen (Newsgroups) aus.

- Stellenvermittlung.

- Die Quelle für Public Domain Software.

- Eine Quelle für freie Geodaten (in europäischen Ländern sind keine vorhanden).

- Kontaktadressen von Firmen, Instituten und Behörden.

- Zugriff auf Literaturdatenbanken.

- Zugriff auf Zeitschriften.

Seit der Zugang zu den verschiedenen Internetdiensten (Elektronische Post/mail, Dateitransfer/ftp, interaktives Terminal/telnet, Diskussionsforen/netnews, Hypertext/html) über einheitliche, sehr leicht zu bedienende Client-Software (den World-Wide-Web-Browsern), angeboten wird, ist er jedem Anwender mit entsprechender technischer Ausrüstung geöffnet: Ein PC mit MS-Windows, einem WWW-Browser (z.B. der Netscape Communicator oder der Microsoft Internet Explorer), TCP/IP Software, einem Modem und der Zugangsberechtigung bei einem Internet-Provider (z.B. AOL, freenet, Arcor, DFN, T-Online, 1&1 u.v.a.) genügt zum Einsteigen.

Aufgrund der großen Bedeutung von Internet im GIS-Umfeld können Sie die aktuelle Version des GIS-Reports unter

www.gis-report.de

abrufen. Anbieter finden dort auch alle Dokumente für die Angaben zu ihren Produkten und Dienstleistungen.

Einige hilfreiche URLs (Universal Ressource Locator) als Einstieg zum Stöbern nach Informationen zum Thema GIS findet man unter der Homepage des DDGI unter:

www.ddgi.de

mit zahlreichen Verweisen auf GIS-relevante Themen.

Die URL www.freegis.org

enthält viele Links zu freier Software und frei verfügbaren Daten rund um GIS.

Die URL sunsite.berkeley.edu/GIS/NEWINDEX.HTM mit dem Titel „GIS Internet Directories" - leider nicht mehr gepflegt und deshalb etwas veraltet - bietet sich ebenfalls als Startpunkt für die Suche nach GIS und Verwandtem an.

Mehrere Startpunkte sind deshalb sinnvoll, da die Pflege der Listen sehr zeitaufwendig ist; nicht alle Hyperlinks sind auf dem neuesten Stand und zeigen deshalb manchmal ins Leere.

Erschließt sich über den Einstieg in die genannten Seiten nicht die gewünschte Information, bieten sich verschiedene Strategien zur Suche an:

WWW-Anbieter im amerikanischen Raum sind häufig über Adressen wie www.FIRMA.com zu finden, z.B.: www.intergraph.com.
Außerhalb der USA stößt man eher auf Namen der Art: www.sni.de (SNI in Deutschland) oder www.pci.on.ca (PCI Inc. in Ontario/Canada).

Führt auch das nicht zum Erfolg, kann man sich einer der Suchmaschinen bedienen, die z.B. vom Web-Browser angeboten werden. Sie durchsuchen regelmäßig Millionen von WWW-Seiten nach Schlüsselwörtern, verschlagworten und liefern deshalb innerhalb weniger Sekunden Trefferlisten an.

Alle GIS-Anbieter betreuen Ihre Kunden zunehmend über Internet. Für viele GIS-Programme gibt es Diskussionsforen, in denen sich die jeweiligen Anwender über die vielen Einzelprobleme der Anwendung des jeweiligen Programms austauschen.

Als weitere Informationsquellen sind die verschiedenen Interessenverbände, Regierungs- und Normungseinrichtungen zu nennen, die unter folgenden URLs direkt aufgerufen werden können:

www.ddgi.de
Deutscher Dachverband für Geoinformation e.V.

www.imagi.de
Interministeriellen Ausschusses für Geoinformationswesen (IMAGI)

www.eurogi.org
European Umbrella Organisation for Geographical Information

www.eurogeographics.org
EuroGeographics represents Europe's National Mapping Agencies working for the European Geographic Information Infrastructure.

www.isotc211.org
ISO TC211 Geographic Information/Geomatics

www.opengis.org
OpenGIS Inc

www.gis-report.de
Aktueller Gis-Report mit allen Dokumenten für die Datenmeldung

Web-Mapping/Web-GIS

Außer für die rein statische Informationsseitensammlung, kann man die WWW-Architektur, bestehend aus WWW-Server und WWW-Client (Browser) auch als Client/Server-Rahmen für den Direktzugriff auf Geo- und Sachdaten verwenden. Dieser Ansatz bietet zahlreiche Vorteile gegenüber einer herkömmlichen monolithischen GIS-Architektur.

So braucht man auf dem Anwenderarbeitsplatzrechner keine spezielle GIS-Software mehr zu installieren, sondern nur noch einen geeigneten WWW-Browser. Der administrative Aufwand (Installation, Updates usw.) wird stark verringert. Alle größeren Softwareanbieter liefern Internetlösungen, die sich jedoch in der Architektur teilweise erheblich unterscheiden. Wenn wir davon ausgehen, daß die grundsätzliche Darstellungsarchitektur eines GIS so aussieht:

Je nach der Leistungsfähigkeit der Server, der Clienten und der Kommunikationskanäle in einer Client-/Serverumgebung unterscheiden wir:

1. Thin Client/Fat Server - der Client besitzt keinerlei Fähigkeiten, außer daß er vorgenerierte Bilder (Images) anzeigen kann (z.B. GIF-Bilder). Der Client kann nur Bilder darstellen, wie es nahezu alle WWW-Browser können. Funktionen, wie Zoomen, Verschieben, Darstellungsattribute ändern usw. werden vollständig vom Server ausgeführt. Auf der Clientenseite sind keinerlei Zusätze (Plugins, Applets) erforderlich.

2. Medium Client/Medium Server - der Client kann mit Darstellungselementen (Display Elements) umgehen. Er ist in der Lage aus Darstellungselementen Bilder zu erzeugen (Rendern). Damit kann er z. B. Zoomen, Farbcodierungen und Darstellungsprioritäten ändern, Symbole erzeugen. Die Darstellung wird interaktiv, der Server von allen Renderoperationen entlastet. Damit der Client diese Aufgabe ausführen kann, muß der WWW-Browser erweitert werden. Dies kann in Form von Plugins, ActiveX-Controls oder Java-Applets erfolgen.

3. Fat Client/Thin Server - der Client hat einen direkten Zugriff auf die Geodatenquelle. Neben allen vorgenannten Operationen kann der Client außerdem Abfragen (Queries) auf die Geodatenquelle absetzen. Auch für diesen Fall gilt, dass der WWW-Browser des Client durch entsprechende Software erweitert werden muss. Die Funktion des Servers beschränkt sich auf die eines Geodatenserver (Datenbankserver).

Die Vor- und Nachteile der einzelnen Lösungswege sind die, dass bei einem Thin Client die Interaktivität stark eingeschränkt ist, jede Neugenerierung (z. B. Verschiebung) des Bildes erfordert Serveraktivitäten. Bei belasteten Servern kann dies zu Wartezeiten führen, die erheblich über den von Nutzern tolerierten Werten liegen (ca. ein bis zwei Sekunden).
Der Vorteil ist, dass Nutzer keine Plugins installieren oder auf das Laden von Active/X-Komponente bzw. Java-Applets warten müssen. Für einfache Auskunftssysteme, die nur wenig Interaktionen erfordern (z.B. einfache Routenplanung) und nur über einen Kommunikationskanal geringer Kapazität verfügen, ist eine solche Lösung gut geeignet.

Im zweiten Fall wird der Server erheblich von der Handhabung der Interaktionsereignisse entlastet. Der Client kann auf der Basis der bereits ausgewählten Geoobjekte (Features) diese lokal darstellen und Darstellungsattribute verändern. Unmittelbare Reaktionen des Systems auf Benutzerinteraktionen sind möglich, da sie lokal ausgeführt werden. Zur Initialisierung eines solchen Systems müssen jedoch Softwarekomponenten zum Clienten übertragen werden. Dies geschieht zwar automatisch (z.B. Java-Applet), kostet jedoch einmalig einige Sekunden bis zu einigen Minuten Zeit - je nach Übertragungsbandbreite. Die Hauptaufgabe eines Systems dieses Typs ist die eines Berichts-/Auskunftssystems mit höheren Ansprüchen an die Darstellungsqualität, komplexe Abfragen und Interaktionen sind möglich.

Im dritten Fall stellt der Client ein beinahe vollständiges GIS-Software-System dar. Nur die eigentliche Datenbank verbleibt auf dem Server. Die räumliche Suche wird vom Clienten formuliert und als Auftrag an den Server geschickt. Die selektierten Geoobjekte werden im Client verwaltet und bearbeitet. Die dazu nötigen herunterzuladenden Softwarekomponenten sind meist größer als im Fall Zwei. Das System ist deshalb eher für eine Intranetanwendung geeignet. Da die Geoobjekte sich unter Kontrolle des Client befinden, sind auch Datenänderungen und Datengenerierung (z.B. Digitalisierung) möglich. Systeme dieser Leistungsklasse werden mittelfristig bei größeren GIS-Installationen die Desktop-GIS der jetzigen Generation ablösen.

Wie kann ein Web-Browser um die für GIS-Anwendungen nötigen Fähigkeiten erweitert werden?

1. Installation von Browser-Plugins auf jedem Klientenrechner

2. Nutzung von Active-X Controls, die über das Netz bezogen und automatisch auf dem lokalen Rechner installiert werden

3. Nutzung von Java in Form von Applets

4. Java WebStart

Lösung 1 hat den großen Nachteil, dass auf jedem Klientenrechner zusätzliche Software händisch installiert werden muss, dies bedeutet erhöhte Folgekosten und dass die Anwendung nur auf den von den Plugins unterstützten Rechnern und Browsern läuft.

Lösung 2 erfordert keine manuelle Installation der Software auf dem Klientenrechner, hat aber ebenfalls den Nachteil der Rechner- und Browserabhängigkeit und zusätzliche Sicherheitsprobleme.

Die Lösungen 3 und 4 erfordern ebenfalls keine manuelle Installation auf dem Klientenrechner, aber das Vorhandensein einer anwendungskonformen JVM (Java Virtuellen Maschine) im Web-Browser. Dies ist bei aktuellen Versionen der marktführenden Browser (Microsoft Internet Explorer, Netscape Navigator, Hot Java) gegeben. Vorteil der Varianten 3 und 4 ist, dass Anwendungen weitgehend rechnerunabhängig (von Betriebssystem und Hardware) sind - also auch auf Webterminals oder PDAs laufen können.

Ein Beispiel für eine solche Anwendung (WWW-UIS des Umwelt- und Verkehrsministeriums Baden-Württemberg im Rahmen des Forschungsvorhabens GLOBUS - Umweltinformationssystem Baden-Württemberg) findet man unter der URL:

www.ipf.uni-karlsruhe.de/globus/

Dort sind weitere Hypertextlinks zu GIS und Umwelt aufgelistet.

Da die Web Mapping Technik noch relativ jung ist, sind heutige Systeme noch nicht ganz so leistungsfähig, wie die seit vielen Jahren verfügbaren und stetig weiterentwickelten Desktop GIS. Durch den dramatischen Umbruch in der Unternehmensdatenverarbeitung in Richtung Inter-/Intranet und Web-Services, werden Desktop-Systeme von Web-basierten Systemen zunehmend verdrängt. Komplexe Auskunftsfunktionen mit leistungsfähigen räumlichen Abfragen auf der Basis von Geodatenservern sind heute schon realisiert und wirtschaftlich vernünftig. Editier-Funktionen sind in ersten Anwendungen (z.B. http://www.regionalplan-interaktiv.de) auch über das Internet verfügbar.

Eine wesentliche Schwäche der heutigen WEB/HTML Architektur ist die Beschränkung von Inhalten auf Text und Rasterbilder. Mit der Einführung der XML-basierenden SVG (Simple Vector Graphics) wird es jedoch möglich sein, qualitativ hochwertige Vektorgrafik und skalierbare Textfonts innerhalb von Webseiten darzustellen. Heutige Webbrowser unterstützen SVG jedoch noch nicht befriedigend (Plugins sind nötig). Es kann jedoch erwartet werden, dass bald Browser mit integrierter SVG-Unterstützung verfügbar sein werden (z.B. Mozilla: www.mozilla.org).

Die stark angestiegene Zahl von Nennungen in der Kategorie „Internet-GIS" zeigt, dass die Industrie diesen technischen Trend vorrangig in Produkte umsetzt. Für die GIS-Industrie eröffnen sich somit Chancen, neue Anwendungsfelder für GIS-Technik zu erschließen.

Location Based Services - ein Zustandsbericht

Welche Verfahren zum Bestimmen des Orts von mobilen Endgeräten gibt es?

Wir müssen zwischen Verfahren unterscheiden, die netzbasiert sind und in der Regel nur eines Softwareupdates der Endgeräte bedürfen und Endgeräte-basierten Verfahren, die neue Endgeräte erfordern.

Die Mobilfunkbetreiber können für ein Gerät nur die Funkzelle identifizieren, in die sich das Telefon eingebucht hat. Diese Zellen sind unterschiedlich groß - in ländlichen Gebieten einige Kilometer, in Ballungsräumen wenige hundert Meter. In größeren Zellen kann man allerdings die Ortbarkeit verbessern, indem die (bekannte) Laufzeit von Signalen vom Gerät zur Basisstation verwendet wird. Dieses Verfahren heißt Timing Advance (TA). Misst man jetzt auch noch die Laufzeitunterschiede zu verschiedenen Basisstationen simultan (Enhanced Observed Time Difference- E-OTD), so lassen sich Positionierungsgenauigkeiten bis ca. +/- 50m erreichen. Höhere Genauigkeiten lassen sich mit mit Mobilgeräten erreichen, die zusätzlich mit GPS ausgerüstete sind. Mittlerweile können verschiedene Hersteller (z.B. Nokia, Palm, Panasonic) solche Geräte bereits liefern, die in der +/- 10-Meter Genauigkeitsklasse agieren. Problematisch sind jedoch die bekannten Nachteile: Direkte Sicht zu den Satelliten ist nötig und der relativ hoher Stromverbrauch. Sie funktionieren also z.B. nicht in Gebäuden oder anderen abgeschatteten Flächen.

Abhilfe soll hier Assisted GPS(A-GPS) schaffen. Es basiert auf Differential GPS und benutzt zusätzlich Ortungsinformation aus dem Funknetz, wie z.B. E-OTD. Diese Technik ermöglicht Genauigkeiten im Meter-Bereich und funktioniert auch in Gebäuden. Das kommende UMTS-Netz (Mobilfunk der 3. Generation) (www.umts-forum.org) wird nach Angaben der zukünftigen Anbieter ab Ende 2003 ebenfalls Positionierungsgenauigkeiten im Bereich von wenigen Metern ermöglichen.

Im japanischen Mobilfunkmarkt sind webfähige Mobiltelefone mit integrierten Kameras bereits erfolgreich in Betrieb - mit ihnen lässt sich in Karten blättern und Nutzer können sich mit ihrer Hilfe in japanischen Großstädten orientieren. Wegen der besonderen Verhältnisse in Japan sind solche Dienst dort mehr als nützlich - ob sie sich jedoch in Europa und den USA durchsetzen werden, muss noch abgewartet werden. Um die geplanten Dienste entwickeln zu können, sind auf der Seite der Geodaten als unverzichtbare Basis jedoch noch einige Hausaufgaben zu erledigen:

Allein in Deutschland gibt es ca. 20 Millionen Anschriften, deren Koordinaten auf etwa einen Meter genau bekannt sein müssten. Dazu kommen einige Hunderttausend wichtige Ortspunkte, wie z.B. Flughäfen, Behörden, Hotels, Tankstellen, Krankenhäuser, Bahnhöfe, Haltepunkte, Arztpraxen, Schulen und so weiter.

Für private Anwendungen im E-Commerce wäre es darüber hinaus mehr als hilfreich, wenn die Koordinaten von Filialgeschäften, Kinos oder Restaurants verfügbar wären.Solche Datensätze in einheitlicher Qualität und mit wohldefinierten Formaten, die ausserdem noch zuverlässig gepflegt werden (die Welt verändert sich dauernd...), sind bisher selbst in Deutschland nicht verfügbar. Hier ist die Geodaten-Industrie gefragt!

Ohne diese Grundlagen wird es schwer sein, Location Based Services als nützliche Technik einzuführen.

Nachdem im GIS-Report 2001 noch LBS als etwas utopisch klingende Zukunftsvision beschrieben wurde, beginnt die Industrie (z.B. in Japan) mit der Einführung der Technik.
Wegen der hohen finanziellen Lasten der Mobilfunkunternehmen auf Grund der teuren UMTS-Lizenzen, ist nicht damit zu rechnen, dass netzbasierte Navigationssysteme eingeführt werden. Vielmehr erscheinen endgerätebasierte Lösungen attraktiv - miniaturisierte GPS-Empfänger sind kostengünstig, die Aussicht auf ein europäisches Satellitennavigationssystem (Galileo) verbessert die Verfügbarkeit und Mobilfunkkunden müssen neue Endgeräte kaufen...

Die große Hoffnung der Mobilfunkindustrie auf Wiederbelebung des stagnierenden Marktes liegt in Location Based Services (LBS). Hier glaubt man den entscheidenden Zusatznutzen für den den Endkunden zu schaffen, den dieser auch bereit sein wird zu bezahlen.

1.3 GIS – Ausbildung und GIS-Preis in der Umweltplanung

Für die erfolgreiche Implementierung von Geographischen Informationssystemen sind entsprechend qualifizierte Mitarbeiter von zentraler Bedeutung. Auch wenn der Zugang zu modernen GIS-Programmen aufgrund zunehmender grafischer Benutzeroberflächen heute freundlicher ist, müssen Projektleiter neben dem klassischen fachlichen Hintergrund umfangreiches kartographisches, methodisches und Datenbankwissen mitbringen. Von Absolventen vieler klassischer Berufe, wie der Landschaftsplanung, der Raum- und Umweltplanung, der Kartographie und der Geodäsie wird heute eine GIS-Zusatzqualifikation erwartet. Für diese GIS-Zusatzqualifikation geben zahlreiche Lehrpläne nur unzureichend Raum und sind die Hochschulen sowohl technisch als auch personell oft nur schlecht ausgestattet.

Diesen Pferdefuß in der GIS-Ausbildung unseres naturwissenschaftlichen Nachwuchses hat die GIS-Industrie erkannt und bietet zunehmend Unterstützung durch preiswerte Campuslizenzen und kostenlose personelle Unterstützung bei der Durchführung von Produktschulungen an Hochschulen an. Eine weitere Initiative der deutschen GIS-Industrie ist die Finanzierung des Nachwuchspreises „GIS in der Umweltplanung", der von der Hochschule Anhalt seit 1998 jährlich ausgelobt wird.

Der Nachwuchspreis wird international für die Disziplinen der Landschafts-, Stadt-, Raum- und Umweltplanung und deren verwandten Disziplinen ausgeschrieben. Die Arbeiten können in deutscher oder englischer Sprache eingereicht werden. Die Teilnehmer müssen im Jahr der Einreichung noch an einer Hochschule eingeschrieben sein. Den Sponsoren Bentley, Computer Works, ESRI, INTERGRAPH, Leica Geosystems und Widemann Systeme sei an dieser Stelle ausdrücklich für die langfristige finanzielle Ausstattung des Wettbewerbes gedankt. Weiterhin bedanken wir uns herzlich für die Unterstützung des DDGI, der Fachverlage Bernhard Harzer und Herbert Wichmann, und sowie des Umweltbundesamtes, UBA, des Bundesamtes für Naturschutz BfN und des Bundes Deutscher Landschaftsarchitekten BDLA. Den Messegesellschaften HINTE Messe, der ACS-Messe und dem AGIT Team sind wir dankbar für kostenfreie Ausstellungsflächen. Ein besonderer Dank gilt natürlich dem Engagement der ehrenamtlichen Preisrichter.

Ziel des jährlich ausgelobten Wettbewerbs „GIS in der Umweltplanung" ist es, die GIS-Ausbildung an den Hochschulen im Bereich der Umweltplanung zu fördern und zugleich die Vielfalt der möglichen Anwendungen von GIS in der Umweltplanung aufzuzeigen. Anhand von Fragestellungen aus der Planungspraxis sollen die Teilnehmer möglichst innovative Anwendungsfelder für Geographische Informationssysteme zeigen und entwickeln.

Die Verleihung der Preise wird am Freitag, den 18. Oktober 2002, auf der INTERGEO in Frankfurt a.M. im Rahmen des Geodatenforums des DDGI stattfinden. Im Anschluss daran werden die Arbeiten auf verschiedenen Messen ausgestellt. Die Beiträge des diesjährigen GIS-Wettbewerbes sowie weitere Informationen zur Preisgerichtssitzung und zu den Auslobungsunterlagen können auch unter http://www.gis-preis.de abgerufen werden.

GIS-Preis 2002

Der Wettbewerb wurde bereits zum fünften Mal ausgelobt und stand unter dem allgemein gehaltenen Motto „Geografische Informationssysteme in der Umweltplanung". Das Preisgericht setzte sich wie folgt zusammen:

Dipl.-Ing. Adrian Hoppenstedt,
Präsident BDLA (Vorsitz)

Prof. Erich Buhmann,
Landschaftsarchitekt BDLA, Hochschule Anhalt (FH) (Auslober)

Prof. Dr. Beate Jessel,
Universität Potsdam

Dipl.-Ing. Andreas Lienhard,
Landschaftsarchitekt HTL, Uster

Prof. Dr. Christian L. Krause,
RWTH Aachen

Dipl.-Ing. Bernt Krämer,
Landschaftsarchitekt BDLA, Hannover

Dr. sc. tech. Sigrid Hehl-Lange,
ETH Zürich

Prof. Dr. Andreas Muhar,
BOKU, Wien

Prof. Dr. Bernd Streich,
Universitäten Bonn und Kaiserslautern

Prof. Dr. Josef Strobl,
Universität Salzburg

Prof. Dr. Kai Tobias,
Universität Kaiserslautern,
BDLA Fachsprecher Landschaftsplanung

Dipl.-Ing. Stefan Wirz,
Landschaftsarchitekt BDLA, Hannover

Die Preisrichter, die zur Sitzung verhindert waren, konnten sich anhand der geforderten Web-Präsentationen vorab im Internet ein Bild über die Arbeiten machen und ihre Voten somit einbringen.

Als Gast nahm John Nicholson von der Utah State Universität zur Preisgerichtstagung im Rahmen der Internationalen Konferenz „GIS in Environmental Planning" (siehe auch GeoBIT-Sonderausgabe GIS 6/2002, S. 46) teil. Die Jury wählte aus den eingereichten Arbeiten sechs aus, von denen je drei mit einem zweiten Preis in Höhe von 1000 Euro und drei mit einem dritten Preis in Höhe von 500 Euro ausgezeichnet wurden. Alle ausgezeichneten Arbeiten zeichnen sich durch sehr große Stärken aus, haben aber auch jeweils kleine Schwächen, sodass kein klarer erster Preis vergeben wurde.

2. Preis
(1.000 €)
Matthias Rös

GIS-gestützte Analyse der Massenvermehrung der Forleule (Panolis flammea, Noctuidae, Lepidoptera) des Jahres 2000 im Amt für Forstwirtschaft (AfF) Müllrose

Fachlich methodischer Ansatz

Die Forleule ist ein gefürchteter Forstschädling, der in regelmäßigen Abständen Kiefernbestände heimsucht. Matthias Rös ermittelte in seiner Arbeit, wie sich die Faktoren auf die Gradation der Forleule in Kiefernforsten auswirken: Laubwaldnähe, Habitatfragmentierung und Standortfaktoren. Dafür verband er die Datenbanken Datenspeicher Wald (DSW) und die Daten der Winterbodensuche (WBS) mit der digitalisierten Forstgrundkarte (FGK) des AfF Müllrose.

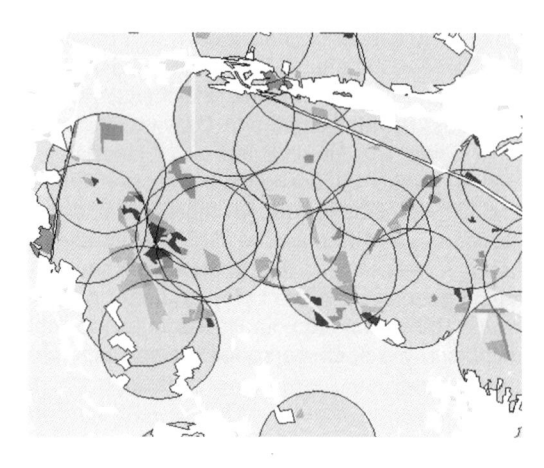

Abb. 1: In den Puffern 1 und 2 ist die Gradation tendenziell stärker als in 5 und 6, da die Flächen unfragmentiert sind und entfernt vom Waldrand liegen. Es wurde ein Index entwickelt, der die Fragmentierung aufgrund des Verhältnisses

So konnten biotische und abiotische Parameter aus der DSW mit den aus der WBS gewonnenen Befallsdaten in einen Raumzusammenhang gestellt werden.

Lösungsweg und verwendete Software

In ESRI ArcView wurden die 287 Befallsdaten in Abhängigkeit der Parameter visualisiert, die vier Befallsklassen mit einem Radius von 1000 Meter gepuffert (Erweiterungen: demotools, xtools, geoprocessing). Die Puffer wurden mit der FGK verschnitten (Bild 1) und liegen in zwei Strukturen vor: a – die Puffer jeder Befallsklasse bilden eine Fläche; b – jeder Puffer einer Befallsklasse bildet eine Fläche. Die mit ArcInfo aufgebaute Struktur b war für die Berechnung der Fragmentierung notwendig

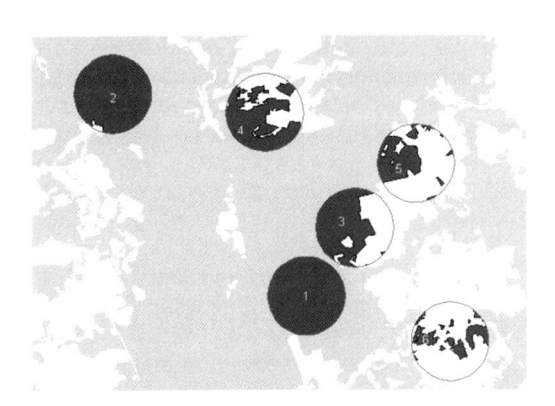

Abb. 2: Puffer der kritischen Befallsklasse - für die Berechnung der Flächenanteile geht die farbige Fläche nur einmal in die Bewertung ein, für die Berechnung der Habitatfragmentierung bleibt jeder Puffer erhalten

Beschreibung der Ergebnisse

Als Ergebnis zeigte sich, dass in der Nähe von Laubwäldern der Befall der Kiefernreinbestände geringer (Bild 1), in unfragmentierten, vom Waldrand entfernten Beständen stärker. Die Standortparameter zeigten dagegen weniger eindeutige Trends. Aus den Ergebnissen ergeben sich Ableitungen für Waldumbaustrategien sowie Risikoabschätzungen für Gradationen nach dem Waldumbau.

2. Preis
(1.000 €)
Michael Winkler

GIS-basierte Flächenentwicklungsanalyse von fünf europäischen Großstädten und deren Visualisierung auf der Basis digitaler Datenbestände

Fachlich methodischer Ansatz

Siedlungsflächen haben in den vergangenen Jahrzehnten erheblich zugenommen. Ihr Anteil wächst in den Kern- und Umlandzonen der Städte selbst in Gebieten mit rückläufigen Einwohnerzahlen und einer stagnierender Wirtschaft. Eine der Hauptaufgaben der Stadtentwicklungs- und Raumforschung muss es daher sein, Verstädterungsprozesse zu analysieren und darzustellen. Michael Winkler zeigt, welche Möglichkeiten Satelliten- und Luft-bildmaterial zur einheitlichen und retrospektiven Flächennutzungs- und -bedeckungskartierung bietet. Anschließende GIS-Analysen ermöglichen quantitative, raumbezogene Aussagen zur Flächennutzungsentwicklung.

Lösungsweg und verwendete Software

Aufbauend auf den Daten des EU-Projektes „MURBANDY" untersuchte Winkler die europäischen Städte Bilbao, Bratislava, Dresden, Lyon und Palermo auf ihre urbanen Flächenentwicklungen in den letzten 50 Jahren. Die Arbeiten zur Flächennutzungs- und Verkehrsinfrastrukturentwicklung, die Berechnung des Zerklüftungsgrades von Siedlungsräumen und die Analysen zur Standorttypisierung neuer Siedlungsflächen bildeten die Hauptteile der Arbeit. Letztere nutzten neuartige Indikatoren zur Beschreibung der Siedlungsstruktur und ihrer Entwicklung.

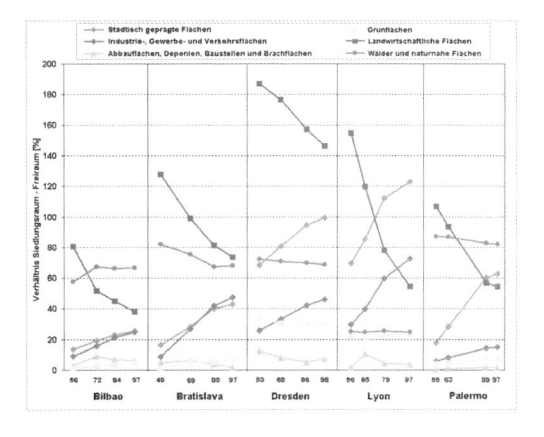

Abb. 1: Entwicklung der Flächennutzung (Hauptklassen)

Die Analysen und Präsentation der Ergebnisse erfolgte mit ArcView GIS 3.2 und Arc/INFO 8.0 sowie MS Access und Excel. Zur Herstellung der Karten nutzte Winkler Macromedia Freehand 9 und verwendete für den zeitlichen, räumlichen und thematischen Vergleich der komplexen Daten neue Visualisierungsmethoden.

Beschreibung der Ergebnisse

Zu den wichtigsten Ergebnissen zählt, dass nach einem starken Anstieg der Siedlungsfläche im Kernraum aller Städte sich diese Dynamik in den 90er Jahren deutlich abschwächte, während sie im Umland anhält. Bezüglich der Flächennutzungsentwicklung konnte Winkler keine signifikanten Unterschiede zwischen den west- und osteuropäischen Städten feststellen, wohl aber im Ausbau der Verkehrsinfrastruktur.

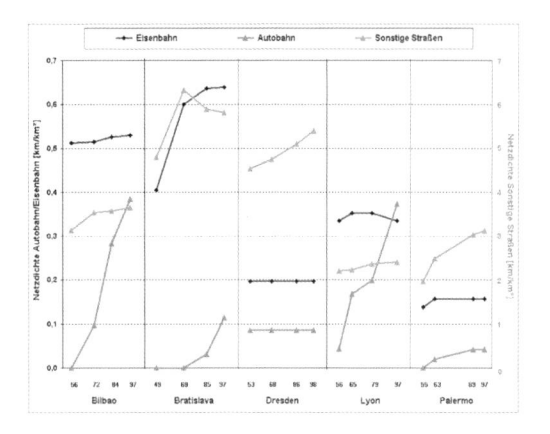

Abb. 2: Entwicklung der Verkehrsnetzdichte

3. Preis
(500 €)
Michael Schwab

Grube Reden - 3D-Animation eines Bergbaufolgekonzepts

Fachlich methodischer Ansatz

Das angestrebte Endergebnis sollte eine Präsentation in Form eines kurzen Filmes (höchstens 15 Min.) sein, der plattformunabhängig gezeigt werden kann und die Ergebnisse einer Studienarbeit sowohl vor fachkundigem als auch fachfremdem Publikum verdeutlichen sollte. Im konkreten Fall handelte es sich hierbei hauptsächlich um einen Ortsrat sowie Vertreter des Landkreises und weitere Träger öffentli-cher Belange. Da der zeitliche Aufwand zur Darstellung aller geplanten Maßnahmen zu groß ausgefallen wäre, wurden vier Teilbereiche bearbeitet, die als besonders interessant, beispielhaft und ausreichend unterschiedlich galten und zur Umsetzung in 3D geeignet waren.

Lösungsweg und verwendete Software

Für die Bearbeitung kamen folgende Computerprogramme zur Anwendung:

- Für die gesamten neu zu erstellenden Konstruktionszeichnungen wurde auf eine Vorbereitung in AutoCAD verzichtet und von vornherein 3D Studio Max R2 benutzt.

- 3D Studio wurde zudem für das anschließende Rendern eingesetzt.

- Die Bearbeitung der verwendeten Maps (Texturen) erfolgte mit Adobe Photoshop.

Grundlage für die Umsetzung in die „dritte Dimension" waren Ergebnisse studentischer Entwürfe an der Universität Kaiserslautern. Der Titel des Entwurfes lautete „Grube Reden Integriertes Entwicklungsprojekt Neunkirchen/Schiffweiler". Der Entwurf wurde in Zusammenarbeit zweier Lehrgebiete, bei dem sowohl die regionale Einbindung des Konzeptes, als auch auf die Objektplanung bis zur Detaillierung im Maßstab 1:1.000 bearbeitet wurde.

Beschreibung der Ergebnisse

Als sehr zeitaufwendig stellte sich die Einarbeitung in 3D Studio Max dar. In diesem Zusammenhang sind auch die erheblichen Renderzeiten, zum Beispiel bei Spiegelungen, zu nennen. Für 25 Sekunden können so bis zu 105 Stunden bei hoher Polygonanzahl (hervorgerufen durch Bäume mit „echten" Blättern) vergehen, die man in seine Zeitplanung mit einberechnen muss.
Kamerafahrten sind im Voraus nur schwer zu überprüfen. Ein gewisser Überraschungseffekt und nicht selten auftretende Enttäuschung und erneutes Rendern sind Teil der Arbeit.

- Ein paar Eckdaten zum Rendern:
Auflösung: 720x405 Bildpunkte (24bit) bei 25 Bildern pro Sekunde, entspricht dem PAL-Studioformat im Verhältnis 16:9.

Der Jury hat der Ansatz des Wechsels des Maßstabes zwischen Regional- und Detailplanung und somit die beispielhafte 3D Visualisierung von Konzepten, die aus der Topographie entwickelt wurden sehr beeindruckt.

Abb. oben und unten: Die planerische Intension in diesem Bereich der Bergbaufolgelandschaft „Grube Reden" war, die Topographie der bereits vorhandenen Erdtrassen aufzugreifen und zu Japangärten mit verschiedenen Themen zu gestalten.

3. Preis
(500 €)
Daniel Jenny

„GIS-basierte 3D-Landschaftsvisualisierungen in der Eingriffsregelung"

Fachlich methodischer Ansatz

Gemäß Naturschutzgesetz ist das Schutzgut Landschaftsbild im Rahmen der Eingriffsregelung gleichberechtigt zum Schutz des Naturhaushaltes in die Verfahrensschritte einzubeziehen. Die sich ständig verbessernden Bedingungen hinsichtlich digitaler Datenverarbeitung sowie der Geodaten selber legen es in diesem Zusammenhang nahe, eine vorhandene Datenbasis sowohl für GIS-analytische Zwecke als auch für deren gleichzeitige dreidimensionale Visualisierung zu nutzen. Solange die herkömmlichen Geoinformationssysteme allerdings keine (photo-) realistischen 3D-Darstellungen ermöglichen, wird hierfür ein GIS-basierter Landschaftsgenerator benötigt. Für den Planer ergeben sich dabei völlig neue Möglichkeiten um die durch ein Vorhaben hervorgerufenen Beeinträchtigungen sowie die anzunehmende Entwicklung von Maßnahmen zur landschaftsgerechten Wiederherstellung und Neugestaltung anschaulicher prognostizieren und visualisieren zu können, zumal diese im Gegensatz zu herkömmlichen Fotomontagen lagegenau in Art und Dimension verortet werden können. Geplante Eingriffe und Maßnahmen können im Wechsel mit den GIS-analytischen Werkzeugen und der nach-folgenden 3D-Visualisierung im Hinblick auf Planungsvarianten und Entwicklungsstadien optimiert werden und, eine transparente Dokumentation vorausgesetzt, im Verfahrensablauf als sinnvolle Entscheidungshilfe eingesetzt werden.

Lösungsweg und verwendete Software

Der Landschaftsgenerator „Visual Nature Studio" der Firma 3D Nature bietet den Vorteil direkt auf bestehende Geo- und Objektplanungsdaten zugreifen zu können. Insbesondere vorhandene Geoinformation in ESRI-Dateiformaten, die für viele naturschutzspezifische Aspekte vorliegen, sowie in der Objektplanung gängige Formate (DXF oder 3D-Studio) können nach der analytischen Verarbeitung im GIS durch lesenden Direktzugriff in den gebräuchlichen Projektionen gut integriert und visualisiert werden. Hierbei bilden digitale Aufnahmen von echten Pflanzen und Strukturen die Rendergrundlage für die auf den Geo-Attributen basierenden, photorealistischen Visualisierungen. Insbesondere bei den Vegetationsparametern sind sehr detaillierte Einstellungen bzgl. Zusammensetzung, Höhe und Verteilung, bzw. Dichte möglich. Die GIS-analytische Bearbeitung der Daten erfolgte überwiegend in ArcView.

Abb. 1: Visualisierung des Ist-Zustandes (vor dem Eingriff)

Beschreibung der Ergebnisse

Um im Hinblick auf Vollständigkeit realistische Ergebnisse erzielen zu können, sind allerdings detaillierte Biotop- bzw. Realnutzungsdaten sowie entsprechende technische Planungsdaten der baulichen Eingriffe notwendig, die dann in der Fußgängerperspektive von beliebig vielen repräsentativen Blickstandpunkten aus visualisiert werden können. Stehen solche Daten zur Verfügung, können Visualisierungen in Form von Einzelbildern, Panoramen oder Filmen einen wichtigen Beitrag zur Planung und Vermittlung deren Inhalte leisten. Sie sollen und können allerdings nicht die fachliche Herleitung, Bewertung und Entscheidungsfindung innerhalb des Planungsprozesses ersetzen.

Abb. 2: Visualisierung des Eingriffsobjektes (Autobahntrasse in Dammlage)

3. Preis
(500 €)
Matthias Pietsch

Methode zur Analyse der Freiraumversorgung am Beispiel der Stadt Stendal

Fachlich methodischer Ansatz

Am Beispiel der Stadt Stendal (ca. 38.000 Einwohner) sollte auf der Grundlage der GIS-Daten, die aus der GIS-gestützten Bearbeitung des Landschaftsplanes in Stendal zur Verfügung standen, eine Methode entwickelt und angetestet werden, die die alters- und nutzungsspezifische Freiraumversorgung analysieren lässt. Dabei beruht die Analyse auf den allgemein zugänglichen Freiräumen (z.B. Parks, Grünflächen) unter Berücksichtigung altersspezifischer Aktionsradien (z.B. Schulkinder bis 12 Jahre 400m) sowie den Flächenansprüchen auf der Grundlage anerkannter Richtwerte (z.B. Richtlinie Goldener Plan, Landschaftsprogramm Berlin, Landschaftsprogramm Hamburg).

Lösungsweg und verwendete Software

Mittels einer Netzwerkanalyse auf der Grundlage des aufbereiteten Straßen- und Wegenetzes wurden damit die Aktionsradien für sechs unterschiedliche Anspruchsgruppen abgeleitet. Für jede spezifische Nutzergruppe konnte mittels Verschneidung der erreichbaren Freiräume das Freiraumangebot ermittelt werden. Die Gegenüberstellung des jeweiligen Bedarfs und des erreichbaren Angebots mittels räumlicher Selektion erlaubt die Ableitung des jeweiligen Versorgungsgrades.
Die Überlagerung dieser altersbezogenen Analyseergebnisse mit anschließender Aggregierung über eine Bewertungsmatrix ergibt Bereiche mit Unter-, Teil- bzw. Vollversorgung in den bewohnten Bereichen. Auf der Grundlage des Flächennutzungsplans in Ergänzung des Landschaftsplans und aktueller Luftbilder wurden Freiraumtypen selektiert, die die flächenhafte Versorgung darstellen. Die Nutzeransprüche konnten aus den Stadtteilen in Überlagerung mit den Altersklassen der Einwohner ermittelt werden. Auf der Grundlage des aufbereiteten Wegenetzes wurden alters- und nutzerbedingte Aktionsradien sowie die Versorgung berechnet.
Die EDV-technische Umsetzung der notwendigen Arbeitsschritte erfolgte mit Hilfe des Desktop-GIS ArcView 3.2 und dem ArcView Network-Analyst von ESRI auf einem Standard-PC des Studenten.

Beschreibung der Ergebnisse

Im Ergebnis hat die vorliegende Methode gezeigt, das anhand der vorliegenden GIS-Daten in Verbindung mit einem qualifizierten Flächennutzungs- und Landschaftsplan eine derartige Analyse durchgeführt werden kann. Entgegen einer reinen Pufferberechnung um vorhandene Freiräume lassen sich mittels der angewendeten Netzwerkanalyse Barrieren berücksichtigen, sowie die realen Verhältnisse modellieren.

Abb. 1: Erreichbarkeit allgemein zugänglicher Freiräume (hellgrau) im Abstand von 1.000m (schraffiert)

Die Ergebnisse sind durch das Einspeisen aktueller statistischer Daten zur Bevölkerungsstruktur kontinuierlich fortschreibbar ohne erhebliche Aufwendungen zur Datenneuerfassung durchführen zu müssen. Die Berücksichtigung der altersspezifischen Freiraumansprüche und Aktionsradien ermöglicht eine vorsorgende Freiraumplanung, die sich kontinuierlich den Bedürfnissen der Bevölkerung anpassen, vorausschauend und damit langfristige Finanzierungskonzepte entwickeln lässt. Damit ist die Zuordnung von Freiräumen zu den jeweiligen Bedarfsflächen möglich.

Abb. 2: Altersbezogene Freiraumversorgung der Stadt Stendal (grau = vollversorgt; hellgrau = teilversorgt, dunkelgrau = unterversorgt)

3. Preis
(500 €)
Susanne Böhm, Marc Gasper, Markus Lang, Michael Lübke, Peter Zeile

Interaktiver Flächennutzungsplan Mainz

Fachlich methodischer Ansatz

Bei der multimedialen Aufbereitung des Flächennutzungsplanes Mainz, lag das Hauptaugenmerk auf der interaktiven Bedienung von Planwerk und Textteil. Darüber hinaus sollte der, für einen Laien sehr komplexe Flächennutzungsplan dergestalt aufgearbeitet werden, dass sowohl Bürger als auch öffentliche Träger und potentielle Investoren schnell und unkompliziert für sie interessante Informationen erhalten und die Kommune die Kosten für eine klassische Vervielfältigung sparen kann. Folgende Rahmenbedingungen für den zu erstellenden FNP-Prototyp mussten hierbei beachtet werden:
- Hoher Informationsgehalt und inhaltliche Darstellung wie in der Originalfassung des FNP
- Gewährleistung der Webtauglichkeit durch möglichst kleine Datenpakete
- Geografische Daten im Internet ohne teure GIS-Lösung verfügbar zu machen
- Plattformunabhängiger Betrieb in einen HTML-Browser unter Verwendung von gängigen Plug-Ins (Acrobat Reader, Shockwave).

Lösungsweg und verwendete Software

Als geeignete Lösung empfahl sich eine Mixtour an verschiedenen, Softwarekomponenten. Große Textteile des Erläuterungsbericht des FNP werden mit Adobe Acrobat bearbeitet und mit Hilfe des Acrobat Readers in den Browser eingebunden..
Die Bearbeitung des Planwerks erfolgt über einen Editor (Macromedia Dreamweaver) html-basiert, in der Kartendetaillierung wird Macromedia Flash eingesetzt. Durch den Vorgang des Slicens (in Adobe Photoshop) wird die im Postscript-Format vorliegende FNP-Karte gekachelt und in handhabbare Teilstücke zugeschnitten. Der Betrachter hat die Möglichkeit aus dieser groben Übersicht im Gesamtplan einen Teilbereich auszuwählen. Wird eine Kachel angeklickt, so öffnet sich ein Flash-Film, der eine detaillierte Betrachtung des Gebietes zulässt. Durch Überfahren einer Fläche mit dem Cursor

können die der Fläche entsprechende Basisinformationen (Größe, Lage, usw.) unmittelbar abgerufen werden. Um weitere Informationen zur Gebietsausweisung und Charakter des Gebietes zu erhalten, kann die Fläche angeklickt werden, wodurch ein Acrobat Reader Fenster geöffnet wird. Damit in den Randbereichen liegende Flächen nicht abgeschnitten und unvollständig dargestellt werden, ist es möglich, Kacheln jeweils um die Hälfte ihrer Breite zu erschieben.

Beschreibung der Ergebnisse

Mit Hilfe der oben genannten Tools wurde das Ziel, kleine, webtaugliche Datenpakete herzustellen, erreicht. Das Format der Flash-Filme erlaubt eine einfache und kompakte Handhabbarkeit des Datenrohmaterials sowie des fertigen Prototyps. Weiterhin erlaubt die Anzahl vieler kleiner Flash-Filme eine unkomplizierten Änderung. Durch die multimediale Ausrichtung der Programmauswahl standen große Animations- und Interaktionsmöglichkeiten zu Verfügung und wurden dementsprechend auch umgesetzt. Durch das Slicen der Karte des Flächennutzungsplanes entstanden überschaubare und gut zu bedienende Kartenausschnitte. Jede angewählte Teilfläche im Flächennutzungsplan enthält datenbankähnliche Informationen. Auf grafische Nachbearbeitungen des Planwerkes konnte durch die eingesetzten Tools weitgehend verzichtet werden. Außerdem kann auf eine relativ teure GIS-Lösung zur Präsentation im Netz verzichtet werden. Es besteht die Möglichkeit der offline Betrachtung der Inhalte von CD aus.

Die Arbeiten wurden bereits zur AGIT im Juni 2002 in Salzburg gezeigt und werden auf dem Stand der Anhalt University of Applied Sciences auf der INTERGEO in der Zeit vom 16 bis 18. Oktober in Frankfurt ausgestellt. Die ehrgeizigen jungen GIS Preisträger können zur Preisverleihung am Freitag, den 18. Oktober um 12:00 auf dem Geodatenforum des DGGI persönlich gesprochen werden. Während der ACS-Messe vom 20. bis 22. November werden die Arbeiten noch einmal in der Messe Frankfurt zu sehen sein. Hochschu-len können die Wanderausstellung anschließend kostenfrei über die Hochschule Anhalt (FH) anfordern.

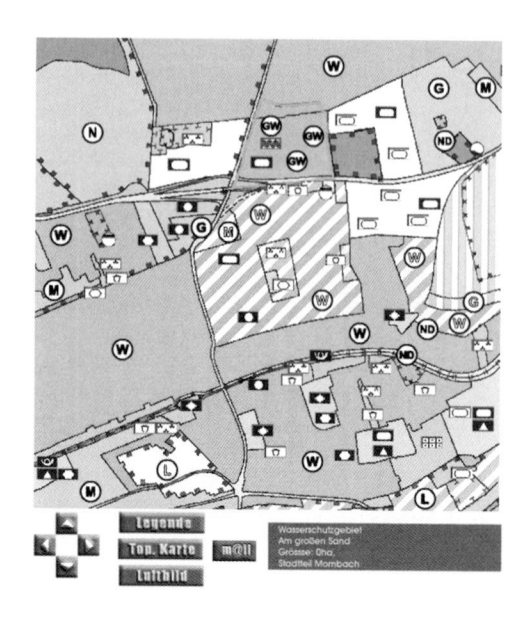

Abb. 1: Interaktiver FNP-Mainz-Flash-gestütztes Navigationsinterface im Planzeichenmodus

Abb. 2: Interaktiver FNP-Mainz Überblendung im Orthofotomodus

Siehe zur nächsten Auslobung das Poster in diesem GIS-Report. Die Auslobungsunterlagen für 2003 sind unter www.gispreis.de abrufbar.

1.4 GIS-Termine im deutschsprachigen Raum

Es gibt viele Organisationen, Veröffentlichungen und Anwender, die Ihnen helfen können, GIS und seine Anwendungsmöglichkeiten zu verstehen.

Eine jeweils aktuelle Liste von Konferenzen und Ausstellungen in aller Welt finden Sie in den unten erwähnten GIS-Fachzeitschriften und Magazinen, wie *Der Vermessungsingenieur*, *AVN*, *GIS Europe* oder *GeoBIT* und den genannten www-Adressen, wie

www.gis-report.de

oder

www.ipf.uni-karlsruhe.de

Besonders soll auf die uns zum Zeitpunkt der Drucklegung bekannten Messen und Veranstaltungen im deutschsprachigen Raum hingewiesen werden

- 20. - 22. November 2002,
  ACS Computersysteme im Bauwesen,
  Frankfurt/M.
  www.acs-show.de

- 12. - 19. März 2003
  CeBIT, Hannover
  www.cebit.de

- 8. - 11. April 2003
  Österreichischer Geodätentag, Wels
  www.ovg.at/oegtwels

- 20. - 22. Mai 2003
  KomCom, Mannheim
  www.komcom.de

- 2. - 4. Juli 2003
  AGIT 2003, Salzburg
  www.agit.at

- 17. - 19. September 2003
  Intergeo, Hamburg
  www.intergeo.de

1.5 GIS-Einführungsliteratur

- *Ausgewählte Einführungsliteratur*

Aronoff, S. (1989):
Geographic Information Systems: A Management Perspective. WDL Publications, Ottawa/Ontario.

Asch, K. (Hrsg.) (1999):
GIS (Geoinformationssysteme) in Geowissenschaften und Umwelt. Springer Verlag GmbH&Co KG, Berlin.

Bartelme, N. (2000):
Geoinformatik - Modelle, Strukturen, Funktionen. Dritte, erweiterte und aktualisierte Auflage. Springer Verlag Berlin, Heidelberg

Bähr, H.-P.; Vögtle, Th.(Hrsg.)(1999):
GIS for Environmental Monitoring, Schweizerbart, Stuttgart.

Behr, F.-J. (2000):
Strategisches GIS-Management - Grundlagen und Schritte zur Systemeinführung, Herbert Wichmann Verlag, Heidelberg

Bernhardsen, T. (1995):
Geographic Information Systems.
GeoInformation International, Cambridge.

Bill, R. (1999):
Grundlagen der Geo-Informationssysteme.
Band 1: Hardware, Software und Daten.
Herbert Wichmann Verlag, Heidelberg.

Bill, R. (1999):
Grundlagen der Geo-Informationssysteme.
Band 2: Analysen, Anwendungen und neue Entwicklungen.
Herbert Wichmann Verlag, Heidelberg.

Bill, R.; Zehner, M. (2001):
Lexikon der Geoinformatik.
Herbert Wichmann Verlag, Heidelberg.

Blaschke, Th. (Hrsg.) (1999):
Umweltmonitoring und Umweltmodellierung. GIS und Fernerkundung als Werkzeug einer nachhaltigen Entwicklung.
Herbert Wichmann Verlag, Heidelberg

Bonham-Carter, G.F. (1994):
Geographic Information Systems for Geoscientists: Modelling with GIS.
Pergamon Press.

Braun, G.; Buzin, R.; Wintges, Th.:
GIS und Kartographie im Umweltbereich.
Herbert Wichmann Verlag, Heidelberg.

Breunig, M. (2001):
On the Way to Component-based 3D/4D Geoinformation Systems.
Springer Verlag GmbH &CO KG, Berlin

Buhmann; Bachhuber; Schaller (Hrsg.) (1996):
ArcView. GIS Arbeitsbuch.
Herbert Wichmann Verlag, Heidelberg.

Buhmann,E.; Nothhelfer, U.; Pietsch, M. (Hrsg.)(2002): Trends in GIS and Virtualization in Environmental
Planning and Design. Herbert Wichmann Verlag, Heidelberg.

Burrough, P.A. (1993):
Principles of Geographical Information Systems for Land Ressources Assessment.
Oxford University Press, 2. Aufl., Oxford.

Buziek, Gerd (Hrsg.) (1995):
GIS in Forschung und Praxis.
Verlag Konrad Wittwer, Stuttgart.

Demers, Michael, N. (1997):
Fundamentals of Geographic Information Systems.
John Wiley & Sons Inc., New York.

Deutsche Gesellschaft für Kartographie, AK Kartographie und Geo-Informationssyteme,
Grünreich, Dietmar (Hrsg.) (1997):
GIS und Kartographie im multimedialen Umfeld, Grundlagen, Anwendungen und Entwicklungstrends, Kartographische Schriften, Band 2. Kirschbaum Verlag, Bonn.

Dickmann, F.; Zehner, K. (2001):
Computerkartographie und GIS.
Westermann Schulbuchverlag, Braunschweig.

ESRI (1998):
Understanding GIS: The ARC/INFO Method, 2. Auflage für V7.0,
GeoInformation International, Cambridge.

Fally, M.; Strobl, J (Hrsg.) (2001).:
Business Geographics.
Herbert Wichmann Verlag, Heidelberg.

Göpfert, W. (1991):
Raumbezogene Informationssysteme. 2. Aufl.
Herbert Wichmann Verlag, Heidelberg.

Goodchild, M.F. & Kemp, K.K. (1990):
NCGIA GIS Core Curriculum,
National Center for Geographic Information and Analysis, University of California, Santa Barbara.

Grimshaw, D. (1994):
Bringing GIS into Business.
GeoInformation International, Cambridge.

Gröger, G. (2000):
Modellierung raumbezogener Objekte und Datenintegrität in GIS.
Herbert Wichmann Verlag, Heidelberg.

GTZ GmbH (Hrsg.:)(1994):
GTZ-Leitfaden Geographische Informationssysteme. Einsatz in Projekten der Technischen Zusammenarbeit.
Gesellschaft für Technische Zusammenarbeit, Abt. 425, Eschborn

Günther, O. (1998):
Environmental Information Systems.
Springer Verlag .GmbH&Co KG, Berlin.

Haines-Young, R.; Green, D. (1994):
Landscape Ecology and GIS.
Taylor & Francis Publishing, London.

Herrmann, Ch.; Asche, H. (Hrsg.) (2001):
Web.Mapping 1.
Herbert Wichmann-Verlag, Heidelberg.

Hoppe, W.; Mantyk, R.; Schomakers, J. (1997):
WinCAT als GeoDesk.
Herbert Wichmann-Verlag, Heidelberg.

Hutchinson, S. (2000):
Inside ArcView GIS, 3rd Ed.,
Onword Press & Intl. Thomson Pub.

Huxhold, W.E. (1991):
An Introduction to Urban Geographic Information Systems.
Oxford University Press, Oxford.

KGSt (Kommunale Gemeinschaftsstelle für Verwaltungsvereinfachung) (1994):
Raumbezogene Informationsverarbeitung in Kommunalverwaltungen.
KGSt Bericht 12/1994, Köln.

Kilchenmann, A.; Schwarz-von Raumer, H.-G. (Hrsg.) (1998) :
GIS in der Stadtentwicklung.
Springer Verlag .GmbH&Co KG, Berlin.

Kloos, H. W. (1990):
Landinformationssysteme in der öffentlichen Verwaltung - Ein Handbuch der Nutzung grundstücks- und raumbezogener Datensammlungen für Umweltschutz, Städtebau, Raumordnung und Statistik.
Schriftenreihe Verwaltungsinformatik Bd. 7. Heidelberg.

Kuhlmann, Ch.; Markus, F.; Theurer, E. (2002):
CAD und GIS in der Stadtplanung.
Bernhard Harzer Verlag, Karlsruhe.

Leiberich, P. (Hrsg.),(1997):
Business mapping im Marketing.
Herbert Wichmann Verlag, Heidelberg.

Liebig, W. (2001):
Desktop GIS mit Arcview -GIS.
Herbert Wichmann-Verlag, Heidelberg.

Linder, W. (1999):
Geo-Informationssysteme.
Springer Verlag .GmbH&Co KG, Berlin.

Longley, P. & Clarke, G. (1995):
GIS for Business and Service Planning.
GeoInformation International, Cambridge.

Maguire, D.; Goodchild, M & Rhind, D.W. (Hrsg.) (1991):
Geographic Information Systems, Principles and Applications (Vol. I: Principles; Vol. II: Applications).
Longman Publishing, Cambridge.

Masser, I. & Blakemore, M. (Hrsg.)(1991):
Handling Geographical Information: Methodology and Potential Applications.
Longman Publishing, Cambridge.

Molenaar, M. (1998):
Introduction to the Theory of Spatial Object Modelling for GIS. Research Monographs in GIS, ISBN 0-7484-0774-X

Müller, J.-C.; Lagrange, J.P. & Weibel, P. (1995):
GIS and Generalization: Methodology and Practice.
Taylor & Francis Publishing, London.

Muhar, Andreas, (1992):
EDV-Anwendungen in Landschaftsplanung und Freiraumgestaltung,
Eugen Ulmer, Stuttgart.

Neteler, M.; Mitasova, H. (2002):
Open Source GIS: A Grass GIS Approach.
Kluwer Academic Publishers

Olbrich, G. u.a. (2002):
Desktop Mapping. Grundlagen und Praxis in Kartographie und GIS.
Springer Verlag, Heidelberg.

Osterheld; Spielberg (Hrsg.) (1997):
Anwendungen und Projekte mit INTERGRAPH's GIS. GIS-Arbeitsbuch.
Herbert Wichmann Verlag, Heidelberg.

Parsons, Ed (1994):
The Essential Guide to GIS. GeoInformation International,
307 Cambridge Science Park, Cambridge

Raper, J. & Green, N. (1994):
GISTutor2. GeoInformation International, Cambridge.
(Lernsoftware für MS-Windows oder Apple Macintosh).

Rhind, D. & Counsey, H. (1990):
Understanding Geographic Information Systems.
Taylor & Francis Publishing, London.

Rigaux, P.; Voisard, A. (2001):
Introduction to Spatial Databases.
Morgan Kaufmann.

Saurer, H.; Behr, F.-J. (1997):
Geographische Informationssysteme.
Eine Einführung.
Wissenschaftliche Buchgesellschaft, Darmstadt.

Seuß, M.; Seuß, R. (2002):
GeoMedia - GIS-Arbeitsbuch.
Herbert Wichmann Verlag, Heidelberg.

Shekar, S.; Chawla, S. (2002):
Spatial Databases.
Prentice Hall.

Star, J. & Estes, J. (1990):
Geographic Information Systems:
An Introduction.
Prentice-Hall, Englewood Cliffs.

Strobl/Dollinger (Hrsg.), (1998):
Angewandte geographische Informationsverarbeitung,
Herbert Wichmann Verlag, Heidelberg.

Tomlin,C. D. (1990):
Geographic Information Systems and
Cartographic Modeling,
Prentice Hall Inc., Englewood Cliffs,
New Jersey.

Universität Hannover, AIDA -Institut für Architekturinformatik und Darstellung,
Teil 1, Marktübersicht
Bausoftware 1999, - AVA - Fachprogramme - Tragwerksplanung - Datensammlungen.

Universität Hannover, AIDA - Institut für Architeckturinformatik und Darstellung,
Teil 2, Marktübersicht
Bausoftware 1999, - CAD - Facility Management - Haustechnik.

Wiesel, J. (1997):
Umweltinformationssysteme im WWW am Beispiel der graphischen Dienste des WWW-UIS. In: GIS und Kartographie im multimedialen Umfeld, Grundlagen, Anwendungen und Entwicklungstrends.
Kartographische Schriften, Band 2.
Kirschbaum Verlag, Bonn.

Zagel, B. (Hrsg.) (2000):
GIS in Verkehr und Transport.
Herbert Wichmann Verlag, Heidelberg.

- *Ausgewählte GIS Fachzeitschriften*

AVN - Allgemeine Vermessungs-Nachrichten.
Herbert Wichmann Verlag, Heidelberg.
10 Ausgaben pro Jahr.(www.huethig.de)

Business Geographics.
GIS World Inc., Fort Collins, USA.
6 Ausgaben pro Jahr. (www.geoplace.com).

Cartography and Geographic Information Science.
4 Ausgaben pro Jahr. (www.acsm.net)

Der Vermessungsingenieur.
Zeitschrift des VDV. 6 Ausgaben pro Jahr
(www.vdv-online.de)

Geobit/GIS
Herbert Wichmann Verlag, Heidelberg.
12 Ausgaben pro Jahr.(www.huethig.de)

GeoInformatics.
P.O. Box 231, 8300 AE Emmeloord,
Niederlande. 8 Ausgaben pro Jahr.
(www.geoinformatics.com)

Geo Info Systems.
Aster Publishing Company, USA.
10 Ausgaben pro Jahr.
(www.geoinfosystems.com).

GEOEurope.
GIS Europe Inc., Niederlande.
10 Ausgaben pro Jahr.
(www.geoplace.com)

GEO Asia-Pacific.
GIS World Inc., Fort Collins, USA.
6 Ausgaben pro Jahr.
(www.geoplace.com).

GEOWorld.
GIS World Inc., Fort Collins, USA.
6 Ausgaben pro Jahr.
(www.geoplace.com).

International Journal of Geographical Information Science.
Taylor and Francis, London, New York, Philadelphia.
8 Ausgaben pro Jahr
(www.gisarena.com/gisarena/journals.html)

Journal of Geographic Information and Decision Analysis.
Online-Zeitschrift.
(www.geodec.org)

PFG - Photogrammetrie, Fernerkundung, Geoinformation.
Organ der Deutschen Gesellschaft für Photogrammetrie und Fernerkundung e.V. E. Schweizerbart'sche Verlagsbuchhandlung, Stuttgart.
7 Ausgaben pro Jahr.
(www.schweizerbart.de)

ZfV. Zeitschrift für Vermessungswesen.
Herausgeber: Deutscher Verein für Vermessungswesen (DVW) e.V.,
Wißner-Verlag GmbH,
Augsburg (www.dvw.de/zfv)

• E-Mail-Newsletter
gis-report-news***
Bernhard Harzer Verlag, Karlsruhe
Etwa 30 Ausgaben pro Jahr
(www.harzer.de; www.gis-germany.de)

1.6 GIS-Einführung in Organisationen

Der Einzug von GIS in allen Organisationen ist weiter im Vormarsch. GIS-Arbeitsplätze sind in allen Gebietskörperschaften zumindest partiell-fachlich eingeführt. Bei größeren oder kleineren Kommunen, in den Planungs- und Wasserwirtschaftsverbänden, den Landesämtern und Regionalplanungsämtern, den Kreisverwaltungen gibt es keine GIS-freien Räume mehr. Dem steht gegenüber, das es aber kaum eine Gebietskörperschaft gibt, in der all das, was heute als technologisch im Sinne von GIS-Synergien denkbar wäre, auch schon in der Anwendung ist. Grundsätzlich sind viele Grundkartenwerke in allen Maßstäben heute als GIS-Datum erhältlich, sodass der fachübergreifende Aufbau von organisationsweiten GIS-Systemen wirtschaftlich nahe liegt.

Es besteht daher ein großer Entscheidungsdruck für die Verantwortlichen, nun die „richtige" GIS-Lösung für die gesamte Organisation im größeren Umfang einzuführen. Aufgrund zunehmender „Interoperabilität" unserer führenden GIS-Systeme und der Entwicklungswerkzeuge können unterschiedliche GIS-Familien miteinander kombiniert werden. Voraussetzung hierzu ist die Auswahl von international kompatiblen GIS-Komponenten.

Hatten wir noch vor wenigen Jahren die Diskussion „nur **eine** GIS-Lösung für **eine** Organisation", wird heute aufgrund der vielfachen speziellen fachlichen GIS-Lösungen diskutiert: „**jedem seine eigene GIS-Lösung**". Es ist offensichtlich, dass wir, wenn wir Synergien von GIS-Datennutzung, Erfahrungsaustausch im Wissen von GIS-Betrieb, -Entwicklung und -Anwendung erreichen wollen, einen Weg dazwischen empfehlen.

In Anlehnung an die einschlägige Literatur schlagen wir aufgrund unserer GIS-Praxis und -Entwicklungserfahrung für die weitere GIS-Einführung folgendes schrittweises Vorgehen vor:

1. Phase:
Kontinuierliche Marktorientierung: GIS-Report, GIS-Fachmessen, firmenneutrale GIS-Fachzeitschriften und Fortbildungsseminare

2. Phase:
Bildung einer GIS-Arbeitsgruppe
Bestellung eines firmenneutralen GIS-Beraters

3. Phase:
Erarbeitung einer Anforderungsanalyse mit Mengengerüst

4. Phase:
Entwicklung eines Systemkonzepts für die weitere stufenweise GIS-Einführung im Rahmen des IT-Konzeptes der Organisation

5. Phase:
Teil-Systemauswahlen nach Vorauswahl mit Hilfe von Benchmark-Tests

6. Phase:
Weitere Vorgehensweise: Pilotvorhaben, Entwicklung und schrittweise Umsetzung eines GIS-Datenkonzeptes, GIS-Anwendergruppen, etc.

Entscheidend ist, das mit dem externen firmenneutralen GIS-Berater durchgehend die massiven Entscheidungsbeeinflussungen der GIS-Anbieter abgeblockt werden. Jede Teilsystementscheidung muss auf der Basis des wirtschaftlichen und technischen Produktvergleiches geschehen. Es darf keine Entscheidung ohne Leistungsvergleich, etwa aus politischen Gründen geben. Die GIS-Entscheidungen sind Teile der IT-Entscheidungen. Die IT-verantwortlichen, die meist aus anderen EDV-Bereichen kommen, müssen hier dem neutralen GIS-Berater und nicht nur den GIS-Anbietern hinzuziehen. Von jedem GIS- und CAD-System das langfristige Investitionssicherheit garantiert, kann erwartet werden, das es mit anderen marktrelevanten Systemen zusammenarbeiten kann. Für jedes Teil-System gibt es mindestens zwei konkurrierende leistungsgleiche Angebote. Es darf daher nicht sein, das es aufgrund der Unkenntnis des Marktes zu Entscheidungen ohne Preis-Leistungsvergleich kommt.

Marktübersichten, wie der GIS-Report, erleichtern hierbei insbesondere die Vorauswahl für die jeweiligen Anwendungen nach softwarebezogenen Kriterien. Marktübersichten bieten kompakte Informationen für den potentiellen Anwender in folgenden Bereichen:

- Programmübersicht, Leistungsumfang, Eignung

- Anforderungen der Programme an die Hardware

- Kosten der Programme, mögliche Anbieter

Marktübersichten, wie der GIS-Report stellen neben den einschlägigen Fachmessen und Fachveranstaltungen (siehe auch 1.4 GIS-Termine im deutschsprachigen Raum) einen wichtigen Teil der nicht ausschließlich von Firmen geprägter Marktorientierung. Die Leistungsfähigkeit, Erfahrung, Verläßlichkeit des Programmanbieters können jedoch im Rahmen von Marktübersichten nicht ausreichend behandelt werden.

Die wesentlichen Grenzen von Marktübersichten können wie folgt zusammengefaßt werden:

- Starke Zeitgebundenheit – jährliche Fortschreibung nötig

- Bedingte Vollständigkeit – nur bekanntere Anbieter, die ihre Programme den Anforderungen entsprechend und fristgemäß beschreiben

- Eingeschränkte Bewertungsmöglichkeit – keine ausreichend differenzierte Betrachtung umfassender leistungsfähiger zu nur sehr begrenzter GIS-Produkte

Die Auswertung von Marktübersichten stellen daher nur den Ausgangspunkt für die o.g. Phasen der weiteren GIS-Systemauswahl dar.

2. Software

2.1 Erläuterungen zu den GIS-Softwareübersichten

Im GIS-Report 2002 liegen Ihnen dieses Jahr knapp 700 Kurzbeschreibungen von im deutschsprachigen Bereich der Schweiz, in Österreich und Deutschland, im Vertrieb gerne kurz als „D A CH-Region" bezeichnet, angebotenen GIS-Softwareprodukten vor.

Die Gesamtanzahl der eingereichten Beschreibungen hat sich noch einmal deutlich gegenüber der letzten Ausgabe erhöht. Die Akzeptanz unseres Reports im deutschsprachigen GIS-Markt ist somit vollständig, so dass Sie kaum ein Produkt vermissen werden.

Der Großteil der Entwicklungen konzentriert sich auch weiterhin auf die großen Anwenderfamilien. Da diese Mutterhäuser jedoch die Anwendungsentwicklung zunehmend auf Partnerfirmen verlagern, bleibt die Gesamtanzahl der GIS-Programmanbieter relativ hoch. So können wir trotz einiger Marktkonzentrationen doch wieder Produktangaben von genau 150 Anbietern aufnehmen.

In der im *Kapitel 2.2* aufgelisteten Tabellen „GIS-Softwareübersicht" konnte jeder Anbieter sein Softwareprodukt einbringen. Die Aufnahme in diese Übersicht ist kostenfrei, so dass die Tabelle den gesamten deutschsprachigen GIS-Markt widerspiegelt. Wir haben uns bemüht, allen uns bekannten Herstellern Fragebögen zukommen zu lassen, um sie in diese Übersicht aufnehmen zu können. Die Angaben der Hersteller wurden, so weit dies die langjährige Kenntnis dieses Softwaremarktes ermöglicht, auf Plausibilität geprüft. Unverständliche Angaben wurden, wo möglich, mit dem Anbieter abgeklärt. Trotz dieser Sorgfalt können allen Beteiligten - zuweilen hartnäckige - Fehler unterlaufen. Bitte haben Sie hierfür Verständnis und informieren Sie uns, wenn Ihnen Ungereimtheiten auffallen oder wichtige Produkte fehlen. Wir werden Ihnen als Dankeschön für Hinweise immer den nächsten aktuellen GIS-Report auf unsere Kosten zusenden.

In den in *Kapitel 2.3* ausgewählten GIS-Softwarebeschreibungen sind rund 25 GIS-Softwareprodukte mit ihrem größeren Funktionsumfang auf jeweils zwei Seiten umfangreicher zusammengestellt. In Form einer vergleichbaren systematischen Kurzdarstellung stehen in dieser Darstellung die Beschreibung der Softwarefunktionen im Vordergrund. In dieser „ausgewählten" umfangreicheren Form sollten alle marktbestimmende Produkte dargestellt werden. Da dieser Eintrag aber für die Anbieter mit einen Druckkostenbeitrag verbunden ist, ist die Auswahl für die Autoren noch nicht vollständig genug. Wir freuen uns, dass wir jedes Jahr weitere Anbieter von umfangreichen GIS-Lösungen in diese ausführlicheren Darstellungen aufnehmen können und hoffen auch hier zunehmend alle marktführenden GIS-Programme in angemessenem Umfang vergleichend vorstellen zu können.

Um diese Fülle an unterschiedlichsten Softwareprodukten für den Anwender halbwegs vergleichbar darstellen zu können, gehen wir im Wesentlichen wie folgt vor:

1) Bildung von möglichst eindeutigen Softwarekategorien, die jeweils ein vergleichbares Leistungsspektrum darstellen:

je nach Umfang:

- GIS
- Desktop-GIS
- Business-Map-GIS

oder nach technischer Charakteristik:

- CAD-GIS, sowie
- GIS-Fachschale
- Internet-GIS
- GIS-Komponenten
- GIS-Ergänzung
- Geo-Datenserver
- Mobile-GIS

2) Auswahl von wenigen relevanten Schlüsselkriterien für die Softwarebeschreibung

Die GIS-Softwarekategorien:

Wesentliche Voraussetzung zum Verständnis der folgenden Übersicht ist die **Definition der GIS-Softwarekategorien**. Jeder Hersteller musste sein GIS-Programme in **einen** dieser Kategorien zuordnen.

GIS:

Geographisches Informationssystem bzw. Geo-Informationssystem, verwaltet räumliche Informationen. Es erlaubt die Ablage, Abfrage, Auswertung und Verknüpfung kartographischer Daten.

GIS-Programm mit voller GIS-Funktionalität, wie Flächenverwaltung und Analyse, oft auch als Professional GIS bezeichnet (z. B. ArcGIS bzw. ARC/INFO, GeoMedia Professional, SMALL-WORLD Core Saptial Technology, SICAD/open, ALK-GIAP)

Desktop-GIS:

ein GIS-Programm mit interaktivem GUI und reduzierter GIS-Funktionalität, überwiegend zur Visualisierung von GIS-Daten (z. B. ArcView GIS, MapInfo Professional, SICAD/Spatial Desktop, GeoMedia)

CAD-GIS:
ein GIS-Programm mit umfangreichen GIS-Applikation auf der Basis eines CAD-Programms (z.B. AutoCAD Map, MicroStation GeoGraphics)

Internet-GIS:

ein GIS-Programm für Client-Server GIS-Anwendung, die mit einem Web-Browser als Benutzer-Frontend über Internet-Protokolle auf einen Applikationsserver zugreift (z. B. GeoMedia WebMap, Autodesk MapGuide, Mapinfo MapXtreme/J, ArcIMS)

Business-Map-GIS:

ein GIS-Programm als einfaches kartographisches Werkzeug mit geringen GIS-Funktionen (z. B. Microsoft MapPoint)

Mobile-GIS:

ein GIS-Programm für den mobilen Einsatz auf einem Pencomputer entwickelte GIS-Software mit dem Schwerpunkt der Datenerfassung und –aktualisierung (z. B. ArcPad)

Geodatenbank-Server:

Verwaltet Geoobjekte in einem kommerziellen DBMS und stellt Geooperatoren über eine dokumentierte und von Anwendungsentwicklern nutzbare Schnittstelle zur Verfügung - (z. B. Mapinfo SpatialWare, ESRI Spatial Data Engine, Autodesk MapGuide, IBM geoManager).

GIS-Komponentensoftware:

eine GIS-Softwareentwicklungs-Umgebung (z. B. C-Bibliothek, Active-X Controls, Java Beans, CORBA-Objekte), mit deren Hilfe spezifische GIS-Anwendungen entwickelt werden können (z. B. MapObjects, MapX)

GIS-Ergänzung:

Programm-Module, wie Konverter, Bildverarbeitung, Simulation die ergänzend zu GIS-Programmen entwickelt wurden (z. B. ENVI/IDL, CAD. DIA.ESP, Sound PLAN, NuLoc)

GIS-Fachschale und Applikationen:

Programmerweiterung von GI-Systemen einer Berufsgruppe zu einer Fachapplikation (z. B. SMALLWORLD Fachschale Strom, Ingenieurbüro Dr.-Ing. Stein, AGIS GeoAS-Baum)

Die von dem Hersteller geforderte eindeutige Zuordnung der Produkte ist weitgehend zufriedenstellend. Bei der Betrachtung der einzelnen Produktgruppen sind immer wieder Grenzfälle zu diskutieren.
Aufgeschlüsselt nach diesen GIS-Softwarekategorien sind in diesem Jahr gegenüber 2001 folgende Anzahl von Softwarebeschreibungen im GIS-Report aufgenommen:

Anzahl beschriebener GIS-Softwareprodukte nach Kategorien

Kategorie	2001	2002
GIS	57	43
Desktop-GIS	42	55
Internet GIS	31	60
CAD-GIS	57	54
Business-GIS	11	15
Mobile-GIS	7	14
GIS-Komponenten	26	26
GIS-Ergänzungen	143	189
GIS-Fachschalen/Appl.	128	192
Geo-Datenbankserver	14	13

Im Vergleich mit dem Vorjahr ist eine deutliche Zunahme des Internet GIS-Angebotes und eine große Zunahme an der Verfügbarkeit von GIS-Fachschalen, Applikationen und GIS-Ergänzungsprodukten zu verbuchen. Auch wenn letztgenannter Zuwachs zum Teil der wachsenden Akzeptanz des GIS-Report geschuldet ist, ist er doch sehr beachtlich.

Wir bedanken uns bei den Herstellern für die umfangreiche Weitergabe dieser Marktdaten. Jedes der größeren Systemhäuser ist - aus der Unternehmensphilosophie heraus - Marktführer eines jeweiligen Segmentes. In den von uns gewählten Kategorien kann sich dies anders darstellen. Trotz dieser Gefahr unterstützen die im deutschsprachigen Raum tätigen GIS-Anbieter die Marktbeobachtung durch den GIS-Report auch durch die Weitergabe der jeweiligen Vertriebsangaben. Die laufende Anpassung der Beschreibung eines sich ändernden Marktes wird sich logischerweise in den nächsten Jahren fortsetzen, um der gewünschten Markttransparenz gerecht zu werden.

Wir geben grundsätzlich die uns eingereichten Zuordnungen und Vertriebsangaben der GIS-Industrie wieder. Für die Beurteilung der Marktbedeutung eines Produktes ist der Leser oder sein Berater gefordert, diese Angaben zu hinterfragen. Die Autoren des GIS-Reportes vertrauen auf die Selbstkontrolle des Marktes, die auch gegenüber den letzten Jahren zunehmend greift.

Entscheidend für die Marktbeurteilung ist zunächst die Einordnung eines Programmes in die Produktkategorien. Hierbei ist die Sicht des jeweiligen Produktbeauftragten aus einem CAD-Systemhaus eine andere, als die Einschätzung eines klassischen GIS-Anbieters.

Hauptgrundlage für die eigenen Marktbeurteilungen in den jeweiligen Kategorien sollten die jeweiligen „Seats" im deutschsprachigen Raum sein. Obwohl die jeweiligen GIS-Kategorien durch Softwareprodukte eines gewissen Leistungsspektrums charakterisiert sind, die sich auch durch eine vergleichbare Preisspanne auszeichnen, kann die Wertschöpfung eines „seats" in einer Kategorie doch sehr schwanken.

Ein großer Einfluss auf den von den Firmen erzielten Marktwert im Bereich GIS liegt auch in der Art der jeweils betreuten Kunden. Ein GIS-Anbieter, der hauptsächlich Großkunden betreut, muss ihnen für mehrere hundert Lizenzen wesentlich geringere Gebühren/Seat anbieten, als ein Anbieter, der Einzellizenzen verkauft.

Die Schlüsselkriterien für die GIS-Softwareübersicht

Wie beschrieben, haben wir in erster Linie versucht, möglichst eindeutige Kategorien von Programmen mit vergleichbarem Leistungsspektrum zu bilden. Zu den Schlüsselkriterien für die Ersteinschätzung der GIS-Software innerhalb dieser Kategorien gehören

- Vertriebsmerkmale
- Allgemeine Softwarecharakteristika
- Anwendungsmerkmale
- Kurzbeschreibung

Vertriebsangaben:

Erstinstallation, Seats, Kunden, Kosten:

Zunächst stehen zwei Fragegruppen zur Marktbedeutung der jeweiligen Produkte. Das Jahr der Erstinstallation in Kombination mit der Anzahl der lizenzierten Arbeitsplätze (international als „seats" bezeichnet) im internationalen und im deutschsprachigen Raum lässt einige Rückschlüsse auf den Marktdurchsatz einer Software zu. Ein Produkt, das schon lange auf dem Markt ist, muss hierbei allerdings nicht in jedem Fall ein gutes sein, da es auch zunehmend sehr gute moderne Programme gibt. In der Regel benötigt aber auch ein gutes neues Produkt eines Herstellers mit großen Entwicklungskapazitäten einige Jahre zur völligen Marktreife.
Als weiteres Kriterium der Marktbedeutung wurde in diesem GIS-Report auch zusätzlich die Anzahl der Kunden weltweit und im deutschsprachigen Raum angegeben. Erstmals haben wir in der Gesamttabelle die Kosten einer funktionsfähigen Mindestausstattung und der Endausstattung in Tausend DM (TDM) angegeben.

Softwarekategorie

Die Definition der Kategorie, die je Produkt nur einmal genannt werden konnte, wurde bereits weiter oben erläutert

Plattform

Grundsätzlich wird nicht mehr zwischen den Rechnerplattformen Workstation und Personalcomputer unterschieden. Als Kriterium sind hier jedoch Angaben zu den möglichen Betriebssystemen aufgenommen.

Umfang der Software

Wir unterscheiden zunächst allgemein zwischen

- **Eigenständige Lösung:**
  Eigenständiges CAD- bzw. GIS-Softwareprodukt

- **Applikation:**
  Umfangreiche Softwareapplikation für eine Branche, die auf ein Standardprodukt wie AutoCAD oder MicroStationaufsetzt. Die jeweilige Applikation wird unter „Weitere Merkmale" aufgeführt.

Datenformat

Hier finden Sie Angaben zur Unterstützung der beiden GIS-Hauptdatenformate Vektor und Raster.

Datenbankschnittstellen

Als vorgegebenes Kriterium wurden die Standarddatenbanken mit häufiger Nennung vorgegeben. Weitere Nennungen sind in den nebenstehenden Kurztexten wiedergegeben.

Anwendungsschwerpunkte

Hier wurden wesentliche Anwendungsschwerpunkte als Kategorie vorgegeben, um dem Leser eine rasche Suche zu ermöglichen. Weitere Anwendungsschwerpunkte der Anbieter sind in den Kurzbeschreibungen wiedergegeben.

Sonstige Angaben zu Applikationen, Systemtypen und Plattformen / Kurzbeschreibung

Neben dem Produktnamen finden Sie zunächst die „sonstigen Angaben", soweit hier jeweils eine freie Eingabe erfolgte. Es folgt dann eine stichpunktartige Kurzbeschreibung mit ergänzende Charakteristika der Software.

2.2 Tabellen: GIS-Softwareübersicht nach Kategorien, einschließlich „Top Ten"

Zum besseren Vergleich innerhalb der einzelnen Kategorien haben wir die Übersichtstabellen für die Produkte der Kategorien GIS, Desktop GIS und Internet GIS dieses Jahr als Auszug der großen GIS-Softwareübersicht vorab zusammengestellt.

Wir bilden zunächst diese drei GIS-Kategorien ab und fügen dann eine immer noch ziemlich umfangreiche Tabelle für die anderen Kategorien bei.

Kategorie GIS

Vor der eigentlichen tabellarischen Übersicht der „Professionellen GIS Produkte" haben wir hier diejenigen mit den meisten „seats" im deutschsprachigen Raum zusammengestellt.

GIS PROFESSIONAL		SEATS 2002		Kunden 2002	
Software	Anbieter	D, A, CH	weltweit	D, A, CH	weltweit
GeoMedia Professional	INTERGRAPH	19.000	165.000	3.800	51.000
ArcGIS / ArcInfo	ESRI	14.000	180.000	5.400	100.000
SICAD/open	SICAD GEOMATICS	12.000	16.000	1.000	1.000
SMALLWORLD Core Spatial Technology	GE Network Solutions	10.000	30.000	450	900
ERDAS IMAGINE	GEOSYSTEMS	3.750	55.000	500	31.000
CUBIS/POLIS	Dr.-Ing. Stein Ingenieurbüro	2.780	2.780	90	
TOPOBASE/ TOPODAT	c-plan Ingenieur-Software gmbh	2.513	3.028	490	800
ResPublica	GISquadrat	2.498	2.560	617	715
DAVID	ibR Ges. für Geoinformation mbH	2.200	2.200	440	440
PolyGIS	IAC mbH	2.100	2.100	545	545
MicroImages TNTlite	GIS Team	2.000	35.000	1.500	25.000

In der Kategorie „Professional GIS" wird in dieser Übersicht deutlich, wie wenig GIS-Produkte im deutschsprachigen Raum doch wirklich zu den Marktführern gehören. Elf Produkte sind bereits über 2.000 mal installiert, während nur vier Produkte bereits 10.000 „seats", also Arbeitsplätze, verkauft haben. Gegenüber dem Vorjahr stellt sich im Kerngeschäft nur eine mäßig-kontinuierliche Marktentwicklung dar – sowohl weltweit, als auch im Bereich D A CH.

GIS-Softwareübersicht — GIS

Software	Anbieter	Erstinstallation	Versionsnummer	Seats weltweit	Seats D, A, CH	Kunden weltweit	Kunden D, A, CH	Kosten ab Tausend-EURO	Kosten bis Tausend-EURO	GIS	Desktop-GIS	Internet-GIS	CAD-GIS	Business-GIS	Mobil-GIS	GIS Ergänzung	GIS-Komponente	GIS-Fachschale & Appl.	Geo-Datenbankserver	Windows (32-bit)	Unix	Eigenständige Software	Applikation	Vektor	Raster
2GIS PRO	Screen Paper Communication GmbH	1999								◆										◆		◆		◆	◆
AED-GIS	AED Graphics AG	1987	1.5	1700	1700	450	450	2	30,6	◆										◆	◆	◆		◆	◆
ArcGIS	ESRI	2001	8.1.2	60000	4000	4000	1500			◆										◆	◆	◆		◆	◆
ArcInfo	ESRI	1982	8.1	180000	10000	100000	5400			◆										◆	◆	◆		◆	◆
Augustus 10	CAP GEMINI ERNST & YOUNG	1998	Augustus					5	50	◆										◆		◆		◆	◆
BASYS	Barthauer Software	1997	L.E.O	1200		800		40,5		◆										◆		◆		◆	◆
CADdy++ GeoMedia	IVC AG	2000	4.0	1200				5,1		◆										◆		◆		◆	◆
CUBIS/POLIS	Dr.-Ing. Stein Ingenieurbüro	1989		2780	2780			90		◆										◆	◆	◆		◆	◆
DAVID	ibR Ges. für Geoinformation mbH	1989	3.60	2200	2200	440	440			◆										◆	◆	◆		◆	◆
eCognition	CGI Systems GmbH	2000	2.0	160	50	100	40	14		◆										◆		◆		◆	◆
ER Mapper	UEFFING UMWELT CONSULT	1990	6.1	20000	500	15000	400	6	12	◆										◆		◆		◆	◆
ERDAS IMAGINE	GEOSYSTEMS	1979	8.5	55000	3750	31000	500	3,3	17	◆										◆	◆	◆		◆	◆

© Buhmann/Wiesel: GIS-Report 2001, Bernhard Harzer Verlag, Karlsruhe

GIS GIS-Softwareübersicht

Int DB	Oracle	Intene Datenbank	MS-SQL-Server	Informix	sonstige	Facility Management	Umwelt- u. Naturschutz	Ver- u. Entsorgung	Telekommunikation	Auskunftssysteme	Kartographie	Marketing	Logistik	Vermessung u. Kataster	Verkehrsplanung	Raum- und Bauleitplanung	Applikation zu, Kurzbeschreibung, sonstige Systemtypen und Plattformen
♦	♦	♦	♦			♦	♦	♦	♦	♦				♦	♦		**2GIS PRO:** Basis GIS, kombinierbar mit ESRI ArcObjects/ArcInfo
♦	♦			♦	♦		♦	♦	♦	♦				♦			**AED-GIS:** Erfassung, Bearbeitung und Verwaltung von Daten mit Raumbezug, GIS-Datenbank
♦	♦	♦	♦	♦	♦	♦	♦	♦	♦	♦	♦	♦	♦	♦	♦	♦	**ArcGIS:** professionelles GIS, Produktfamilie bestehend aus: ArcInfo, ArcEdition u. ArcView (8.1)
♦	♦	♦	♦	♦	♦	♦	♦	♦			♦	♦		♦			**ArcInfo:** universelles "Professional GIS" für Stand-Alone- oder Client/Server-Betrieb
	♦	♦			♦	♦	♦	♦	♦	♦				♦		♦	**Augustus 10:** interaktives raumbezogenes GIS mit Planung, Bestandsverwaltung, Analyse u. Auswertung
		♦	♦			♦	♦	♦		♦	♦			♦			**BASYS:** GIS mit Anbindung an CAD-Systeme, Stand alone oder als Geodaten-Server
	♦	♦	♦				♦			♦	♦				♦	♦	**CADdy++ GeoMedia:** GIS-Lösung m. zahlr. FS zum Verwalten, Planen und Publizieren v. Geodaten unterschiedl. Herkunft
	♦		♦			♦		♦	♦	♦	♦			♦			**CUBIS/POLIS:** GIS für Energieversorgung und Kommunen, Industrie, Workflow-Management, Inter-/Intranet
♦	♦	♦		♦			♦			♦	♦			♦			**DAVID:** GIS, kommunales GIS, Kataster-Lösungen, ALK-Erfassung, ALKIS, Flurbereinigung
	♦																**eCognition:** Objektorient. Bildanalyse zur automatisierten Auswertg. hochaufgelöster Luft- und Satellitenbilder
							♦			♦							**ER Mapper:** ER Mapper analysiert Musterdaten und erstellt daraus Karten
♦	♦						♦	♦	♦		♦			♦			**ERDAS IMAGINE:** professionelle Softwarelösung für Raster- u. Vektordaten in Fernerkundung, Photogrammetrie und GIS, Raster-GIS

© Buhmann/Wiesel: GIS-Report 2001, Bernhard Harzer Verlag, Karlsruhe

GIS-Softwareübersicht

Software	Anbieter	Erstinstallation	Versionsnummer	Seats weltweit	Seats D,A,CH	Kunden weltweit	Kunden D,A,CH	Kosten ab T-EURO	Kosten bis T-EURO	GIS	Desktop-GIS	Internet-GIS	CAD-GIS	Business-GIS	Mobil-GIS	GIS Ergänzung	GIS-Komponente	GIS-Fachschale & Appl.	Geo-Datenbankserver	Windows (32-bit)	Unix	Eigenständige Software	Applikation	Vektor	Raster
G/Technology (GRM)	INTERGRAPH	2000								◆										◆				◆	◆
Geomatica - EASI/PACE	CGI Systems GmbH	1984	8.2	12000	400	3000	100	3.5	30	◆										◆	◆	◆		◆	◆
GeoMedia Professional	INTERGRAPH	1998	5.0	165000	19000	51000	3800	11.5		◆										◆		◆		◆	◆
GEONIS expert	GEOCOM Informatik	1995		300	280	220	210	14.3	25.5	◆										◆			◆	◆	◆
GEOPOINT	GEOSYSTEM SA	1979	3.47	150	3	150	10	3	8	◆													◆	◆	
GICAD (PWS-GIS)	POWERSOFT R. PIAN	1991	6.0	91	21	2		2.5	20	◆										◆		◆	◆	◆	◆
GRASS	GRASS Entwickler-Team	1984	5.0	30000	500	50000	700	0	0	◆										◆	◆	◆		◆	◆
GRIPS	POPPENHÄGER GRIPS GmbH	1985	GRIPS-C		430		240	10		◆										◆	◆	◆	◆	◆	◆
IBM GTiS - GeoGPG	IBM	1991	IBM geo					4.51	6.764	◆												◆	◆	◆	◆
INFOCAM	Leica Geosystems AG	1987	V6.1	200	50	100		7.65	20.4	◆												◆	◆	◆	◆
InterNETZ	Fichtner Consulting & IT	1992		250		50	45	60		◆										◆			◆	◆	◆
Internetz	GISA	1996	3.7.2	16		9		21.9	57.9	◆										◆			◆	◆	◆

© Buhmann/Wiesel: GIS-Report 2002, Bernhard Harzer Verlag, Karlsruhe

GIS

GIS-Softwareübersicht

Datenbankschnittstellen						Anwendungsschwerpunkte											Applikation zu, Kurzbeschreibung, sonstige Systemtypen und Plattformen
Int DB	Oracle	Intene Datenbank	MS-SQL-Server	Informix	sonstige	Facility Management	Umwelt- u. Naturschutz	Ver- u. Entsorgung	Telekommunikation	Auskunftssysteme	Kartographie	Marketing	Logistik	Vermessung u. Kataster	Verkehrsplanung	Raum- und Bauleitplanung	
	♦	♦						♦	♦								**G/Technology (GRM):** Datenbankgetriebenes, unternehmensübergreifend einsetzbares GIS/NIS mit SAP-CRM-Anbindung
	♦						♦										**Geomatica - EASI/PACE:** Umfangreiche Fernerkundungs/Geomatics-Software mit GIS- und Kartografie-Tools, sonst. Plattform: Linux
♦	♦	♦	♦	♦	♦	♦	♦	♦	♦	♦	♦	♦	♦	♦		♦	**GeoMedia Professional:** Modellierung, Erfassung, Editierung u. Management von Geodaten in Standard-RDBMS
♦	♦		♦		♦	♦		♦	♦	♦				♦			**GEONIS expert:** Applik. zu Arc GIS 8.1 oder microstation, Modular ausbaubare GIS-Lösungen für Ver- u. Entsorgung, sowie Vermessung und Kataster
♦							♦			♦				♦		♦	**GEOPOINT,** sonst. Plattform: DOS
♦	♦	♦					♦		♦					♦			**GICAD (PWS-GIS):** Applik. zu SDE (optinal), Network Information System: NIS mit Schnittstelle zu verschiedenen Fachschalen
♦							♦	♦	♦	♦	♦			♦	♦		**GRASS:** Open Source GIS mit Raster-,Vektor-,Punktdatenfunktionalität, Bild, 3D-Voxelverarbg. u. Visualisierg, sonst. Plattform: Linux, Mac OSX, iPAQ
	♦	♦						♦						♦		♦	**GRIPS:** GEO-Informationssystem mit Fachschalen für Ver- u. Entsorgungsunternehmen und Kommunen, NIS
	♦					♦		♦	♦					♦		♦	**IBM GTiS - GeoGPG:** Basissoftware zur graphisch-interaktiven Erfassung und Bearbeitung von Geo-Daten, sonst. Plattform: AiX
	♦				♦		♦	♦		♦				♦			**INFOCAM:** multifunktionales GIS für interdisziplinäre Anwendungen mit Schwerpunkt Katastervermessung, sonst. Plattform: Open VMS
	♦	♦						♦	♦								**InterNETZ:** Leitungsdokumentation, Gasnetz, Wassernetz, Fernwärmenetz, Stromnetz u. Abwassernetz
					♦			♦									**Internetz:** Applik. zu Microstation, auf Fachschalen basierendes GIS der Firma Intergraph für Ver- und Entsorger

© Buhmann/Wiesel: GIS-Report 2002, Bernhard Harzer Verlag, Karlsruhe

GIS-Softwareübersicht

Software	Anbieter	Erstinstallation	Versionsnummer	Seats weltweit	Seats D,A,CH	Kunden weltweit	Kunden D,A,CH	Kosten ab Tausend-EURO	Kosten bis Tausend-EURO	GIS	Desktop-GIS	Internet-GIS	CAD-GIS	Business-GIS	Mobil-GIS	GIS Ergänzung	GIS-Komponente	GIS-Fachschale & Appl.	Geo-Datenbankserver	Windows (32-bit)	Unix	Eigenständige Software	Applikation	Vektor	Raster
LIDS V6	BERIT	1991		1800	1600	300	300	0,92	30,6	♦										♦		♦		♦	♦
MicroImages TNTlite	GIS Team	1997	6.6	35000	2000	25000	1500	0	0	♦										♦	♦	♦		♦	♦
MicroImages TNTmips	GIS Team	1988	6.6	6000	110	5000	80	6,7	8,7	♦										♦	♦	♦		♦	♦
Moskito GIS	Moskito GIS GmbH	1996	2.20	400	400	20	20	7,7	12,75	♦										♦		♦		♦	♦
PARIS	Systemhaus HEMMINGER	1996			250		86	6	30	♦										♦		♦		♦	♦
PC ArcInfo	ESRI	1986	4.0	40000	1400	30000	1100				♦									♦		♦		♦	
PIA	Forstware	1985		152	132			1,25	8,75	♦										♦	♦	♦		♦	♦
PolyGIS	IAC mbH	1992	8.5	2100	2100	545	545	0,5	8	♦										♦		♦		♦	♦
ResPublica	GISquadrat	1995	4.0	2560	2498	715	617	0,51	17,86	♦										♦			♦	♦	♦
RoSy	M.O.S.S.	1984	V 5.2.0	1800	1800	165	165	8,2		♦										♦	♦	♦		♦	♦
SICAD/open	SICAD GEOMATICS	1993		16000	12000	1000	1000	17,5		♦										♦	♦	♦		♦	♦
SMALLWORLD Core Spatial Technology (GIS	GE Network Solutions	1990		30000	10000	900	450			♦										♦	♦	♦		♦	♦

© Buhmann/Wiesel: GIS-Report 2002, Bernhard Harzer Verlag, Karlsruhe

GIS — GIS-Softwareübersicht

Int DB	Oracle	Intene Datenbank	MS-SQL-Server	Informix	sonstige	Facility Management	Umwelt- u. Naturschutz	Ver- u. Entsorgung	Telekommunikation	Auskunftssysteme	Kartographie	Marketing	Logistik	Vermessung u. Kataster	Verkehrsplanung	Raum- und Bauleitplanung	Applikation zu, Kurzbeschreibung, sonstige Systemtypen und Plattformen
		♦	♦			♦	♦	♦	♦	♦							**LIDS V6:** Applik. zu MicroStation, Netzinformationssystem für alle Sparten der Ver- und Entsorgung, Datenmodell "Industrie", NIS
♦	♦	♦	♦	♦	♦		♦	♦			♦	♦					**MicroImages TNTlite:** nur in Objektgröße eingeschränkte kostenlose Liteversion des Profi-GIS und Bildverarbeitung TNTmips, sonst. Plattform: MacOS, LINUX
♦	♦	♦	♦	♦	♦		♦	♦		♦	♦	♦		♦		♦	**MicroImages TNTmips:** hybrides GIS, vollständige Integration von Vektordaten und Bildverarbeitung, 3D-Modellierung, 3D-Visualisierung, sonst. Plattform: MacOS, LINUX
♦	♦	♦	♦				♦	♦			♦			♦		♦	**Moskito GIS:** GIS zur effektiven Erfassung, Analyse und Präsentation, Anwenderkonfigurierbar und automatisierbar
								♦	♦	♦	♦	♦	♦			♦	**PARIS:** objektorientiertes GIS mit Bibliotheken für Strom, Gas, Wasser, Fernwärme, Abwasser u. Telekommunik., NIS
♦							♦	♦	♦					♦	♦		**PC ArcInfo:** leistungsfähiges, kostengünstiges Vektor-GIS unter Windows und Windows NT
♦	♦	♦	♦	♦	♦	♦					♦	♦				♦	**PIA**
♦	♦	♦	♦		♦		♦	♦		♦	♦			♦	♦	♦	**PolyGIS:** Branchenorientierte, internetfähige GIS-Lösung zur effektiven Nutzung großer Geodatenmengen
	♦	♦	♦		♦		♦	♦						♦	♦	♦	**ResPublica:** Applik. zu GeoMedia, modulare Gesamtlösung für die Planung, Analyse u. Verwaltung raumbezogener Kommunaldaten
	♦	♦	♦				♦	♦	♦	♦				♦			**RoSy:** Verwaltung und Bearbeitung von Grafiken, Raster-, Vektor- und Sachdaten, Datenerfassung
	♦	♦		♦	♦	♦	♦	♦	♦	♦	♦			♦	♦	♦	**SICAD/open:** offenes, skalierbares, internetfähiges GIS-Vollsystem
♦	♦	♦	♦		♦		♦	♦	♦	♦	♦	♦	♦	♦		♦	**SMALLWORLD Core Spatial Technology (GIS:** Geograf. Infosystem mit versionsverwalteter Datenhaltung, hybrider Datenverarbeitung, sonst. Plattform: LINUX

© Buhmann/Wiesel: GIS-Report 2002, Bernhard Harzer Verlag, Karlsruhe

GIS-Softwareübersicht

Software	Anbieter	Erstinstallation	Versionsnummer	Seats weltweit	Seats D, A, CH	Kunden weltweit	Kunden D, A, CH	Kosten ab Tausend-EURO	Kosten bis Tausend-EURO	GIS	Desktop-GIS	Internet-GIS	CAD-GIS	Business-GIS	Mobil-GIS	GIS Ergänzung	GIS-Komponente	GIS-Fachschale & Appl.	Geo-Datenbankserver	Windows (32-bit)	Unix	Eigenständige Software	Applikation	Vektor	Raster
TERRA-Tools	SAG EL CGIT	1997	2.0	20	20	1	1	10	100	◆										◆			◆	◆	◆
TOPOBASE/ TOPODAT	c-plan Ingenieur-Software gmbh		TOPOBA	3028	2513	800	490	2,5	25	◆										◆	◆	◆		◆	◆
Umwelttchnische Untersuchungen	UMGIS Informatik GmbH	2000			11		3	2	6	◆										◆			◆	◆	◆
VISA 32	GIS Project	1986	3.0	55	50	30	25	0,75	3,1	◆										◆		◆		◆	◆
WinGIS	PROGIS	1993	WinGIS 2	3000	250			1,5	3,9	◆										◆		◆		◆	◆
WW I	Hydrotec GmbH	1998		15	15	3	3	5	90	◆														◆	◆
YADE	SRP Ges. f. Stadt- u. Regionalplang. mbH	1990	5.2	380				4,5	9,5	◆										◆		◆		◆	◆

© Buhmann/Wiesel: GIS-Report 2002, Bernhard Harzer Verlag, Karlsruhe

GIS-Softwareübersicht

Int DB	Oracle	Intene Datenbank	MS-SQL-Server	Informix	sonstige	Facility Management	Umwelt- u. Naturschutz	Ver- u. Entsorgung	Telekommunikation	Auskunftssysteme	Kartographie	Marketing	Logistik	Vermessung u. Kataster	Verkehrsplanung	Raum- und Bauleitplanung	Applikation zu, Kurzbeschreibung, sonstige Systemtypen und Plattformen
	♦						♦			♦	♦			♦			**TERRA-Tools:** Applik. zu Microstation, GIS Applikation für Industriestandorte
♦	♦	♦				♦		♦	♦	♦				♦		♦	**TOPOBASE/ TOPODAT:** Auf dem offenem Geodatenserver TOPOBASE basieren zahlreiche Fachschalen für EVU's u. Kommunen.
	♦		♦				♦										**Umwelttchnische Untersuchungen:** Applik. zu Geomedia, Caddy++Geo Media, Grundwassermessstellen, Sondierungen, Messlisten, Richtwerte, Analysen
♦	♦					♦	♦			♦	♦			♦			**VISA 32:** hybride, umfangreiche Funktionen z. B. Rasterbilddarstellung, benutzerspezifische Eingabemasken
	♦	♦	♦	♦	♦		♦			♦	♦			♦			**WinGIS:** Hybrides GIS, offenes System in Bezug auf Datenbanken u. Grafiken, zahlreiche Schnittstellen, einf. Bed.
	♦	♦					♦			♦	♦						**WW I:** Applik. zu ArcView, Wasserwirtschaftliches Informationssystem
♦	♦			♦		♦	♦	♦	♦					♦			**YADE:** Voll-Gis mit redundanzfreiem Datenmodell: ALK-Verarbeitung, ALB-Auskunft Liegenschaftsmanagement

© Buhmann/Wiesel: GIS-Report 2002, Bernhard Harzer Verlag, Karlsruhe

Kategorie Desktop-GIS

DESKTOP GIS		SEATS 2002		Kunden 2002	
Software	Anbieter	D, A, CH	weltweit	D, A, CH	weltweit
ArcView GIS 3.3	ESRI	30.000	1.000.000		
GeoMedia	INTERGRAPH	25.000	290.000	5.100	62.000
MapInfo Professional	MapInfo	k.A.	300.000		
GAUSZ	RWE Systems Applications	20.000	20.000	100	
SICAD Spatial Desktop	SICAD GEOMATICS	6.000	10.000	1.000	1.000
FUGAWI	GPS GmbH	3.000	10.000	3.000	10.000
INGRADA	Softplan Informatik GmbH	2.600	2.700	760	780
visor	megatel GmbH	2.100	2.100	560	
TRIAS (R)	TRIAS GmbH	2.000	2.000	500	
GRIPSinfo	POPPENHÄGER GRIPS GmbH	1.200		200	
DAVID-GeoAuskunft	ibR Ges. für Geoinformation mbH	1.100	1.100	150	150
METROPOLY MapWork	Geobyte Software	1.000	1.000	10	10
GemGIS Easy	SynerGIS Informationssysteme GmbH	831	831		

In der Gruppe der Desktop-GIS Produkte ist, im Vergleich zu den Professional GIS-Produkten ein deutliches Wachstum zu vermerken. Erstmals hat mit ArcView ein GIS-Produkt weltweit die Millionengrenze überschritten – weltweite Vertriebszahlen, die im CAD-Bereich schon vor Jahren erreicht wurden. Leider hat uns wiederum eines der in dieser Gruppe führenden Produkte keine Zahlen für den deutschsprachigen Raum nennen können.

Wir haben dieses Produkt daher analog der weltweiten Stellung eingereiht (was, wie wir wissen für den deutschsprachigen Raum nicht zutreffen muss). Es wird sehr deutlich, wie klein der deutschsprachige Markt im Verhältnis zu dem weltweiten Markt ist. Auch in dieser verbreiteten GIS-Kategorie wird der hiesige Markt von nur drei bis vier Produkten bestimmt.

Es ist auf die unterschiedliche Leistungsstärke der Produkte zu verweisen. In dem einen oder anderen Fall könnte eines der o.g. Produkte auch in der Kategorie „Business-GIS" eingeordnet werden. Wir geben hier die Selbsteinschätzung der Anbieter wieder und weisen auf mögliche Grenzfälle hin.

GIS-Softwareübersicht — Desktop-GIS

Software	Anbieter	Erstinstallation	Versionsnummer	Seats weltweit	Seats D,A,CH	Kunden weltweit	Kunden D,A,CH	Kosten ab Tausend-EURO	Kosten bis Tausend-EURO	GIS	Desktop-GIS	Internet-GIS	CAD-GIS	Business-GIS	Mobil-GIS	GIS Ergänzung	GIS-Komponente	GIS-Fachschale & Appl.	Geo-Datenbankserver	Windows (32-bit)	Unix	Eigenständige Software	Applikation	Vektor	Raster
AgroView	GAF	2000	AgroView					0,79	1,27		♦									♦		♦		♦	♦
ArcView GIS 3.3	ESRI	1992	3.3	1000000		30000					♦									♦	♦	♦		♦	♦
ArcView Kommunal	team heese AG	1996			250		137	2,5	4		♦									♦	♦		♦	♦	♦
DAVID-GeoAuskunft	ibR Ges. für Geoinformation mbH	1995	3.60	1100	1100	150	150				♦									♦	♦		♦	♦	♦
DEPOS	IABG	1997						9	30		♦									♦			♦	♦	♦
FUGAWI	GPS GmbH	1996	F3-3.0.1.	10000	3000	10000	3000	0,3	5		♦									♦		♦		♦	♦
GAUSZ	RWE Systems Applications	1993	3.0	20000	20000		100	1,75			♦									♦		♦	♦	♦	♦
GemGIS Easy	SynerGIS Informationssysteme GmbH	1994	4.2	831	831			1,02	1,352		♦									♦			♦	♦	♦
GemGIS View	SynerGIS Informationssysteme GmbH	1994	4.2	818	810			1,02041	3,06122		♦									♦			♦	♦	♦
Geo Statistical Analyst	ESRI	2001	1,0								♦									♦		♦			
GeoAS - Das GeoInformationssystem	AGIS GmbH Frankfurt am Main	1996	4.2	475		50		1,5			♦									♦			♦	♦	♦

© Buhmann/Wiesel: GIS-Report 2002, Bernhard Harzer Verlag, Karlsruhe

Desktop-GIS — GIS-Softwareübersicht

Datenbankschnittstellen						Anwendungsschwerpunkte											Applikation zu, Kurzbeschreibung, sonstige Systemtypen und Plattformen
Int DB	Oracle	Intene Datenbank	MS-SQL-Server	Informix	sonstige	Facility Management	Umwelt- u. Naturschutz	Ver- u. Entsorgung	Telekommunikation	Auskunftssysteme	Kartographie	Marketing	Logistik	Vermessung u. Kataster	Verkehrsplanung	Raum- und Bauleitplanung	
◆																	**AgroView:** Software für Feldmanagement, Flächenvermessung, Antragstellung
◆	◆	◆	◆	◆	◆	◆	◆	◆	◆		◆	◆		◆		◆	**ArcView GIS 3.3:** "easy-to-use" Desktop-GIS, programmierbar mit Avenue, zahlreiche Erweiterungen verfügbar
		◆						◆									**ArcView Kommunal:** Applik. zu ArcView GIS, Kommunales Auskunftssystem mit Kanal-, Wasser- und Konstruktionsfachschale, sonst. Plattform: MacOS
◆	◆	◆					◆	◆	◆					◆			**DAVID-GeoAuskunft:** Geo-Auskunft für die öffentliche Verwaltung
◆	◆	◆	◆			◆	◆	◆									**DEPOS:** Applik. zu ArcView GIS, Informations- u. Managementsystem für Deponien mit MS ACCESS - Datenbank
◆										◆	◆	◆					**FUGAWI:** Moving Map für GPS Navigation + Ortung
	◆	◆	◆	◆	◆	◆								◆		◆	**GAUSZ:** GIS-Auskunftssystem mit Sachdatenanbindung und Zeichnungsergänzung
	◆		◆			◆	◆	◆						◆		◆	**GemGIS Easy:** GIS-Abfrage + Auswertung, themat. Kartierung, Abfragezentrale, Integrator für Anbindung Datenbanken
◆	◆	◆				◆	◆	◆		◆	◆			◆		◆	**GemGIS View:** Applik. zu ArcView, flex.GIS-Erfass.,-Analyse,-Auswert,themat.Kartier.,Abfragezentrale,Integrator f.Anb.(Datenbanken)
◆	◆	◆	◆	◆		◆	◆	◆	◆	◆	◆	◆	◆	◆	◆	◆	**Geo Statistical Analyst:** Applik. zu Arc GIS, Oberflächenmodellierung basierend auf fortgeschrittenen Methoden der Statistik
◆	◆	◆	◆	◆	◆	◆	◆	◆	◆	◆	◆	◆	◆	◆	◆	◆	**GeoAS - Das GeoInformationssystem:** Applik. zu MapInfo Prof., GeoAS-Das Informationssystem erweiterbar mit vielen Fachschalen, zahlreiche GIS-Manager u. Werkzeuge

© Buhmann/Wiesel: GIS-Report 2002, Bernhard Harzer Verlag, Karlsruhe

GIS-Softwareübersicht — Desktop-GIS

Software	Anbieter	Erstinstallation	Versionsnummer	Seats weltweit	Seats D,A,CH	Kunden weltweit	Kunden D,A,CH	Kosten ab Tausend-EURO	Kosten bis Tausend-EURO	GIS	Desktop-GIS	Internet-GIS	CAD-GIS	Business-GIS	Mobil-GIS	GIS Ergänzung	GIS-Komponente	GIS-Fachschale & Appl.	Geo-Datenbankserver	Windows (32-bit)	Unix	Eigenständige Software	Applikation	Vektor	Raster
GeoAS - Das Informationssystem	AGIS GmbH Frankfurt am Main	1996						1,7			◆									◆				◆	◆
GeoAS - Desktop	AGIS GmbH Frankfurt am Main	2000	4.2					0	1,94		◆									◆			◆	◆	◆
GeoAS - info (Auskunft)	AGIS GmbH Frankfurt am Main	1997	4.2			100			1,5		◆									◆				◆	◆
GeoAS - project	AGIS GmbH Frankfurt am Main	1997	4.2			120		0	3,47		◆									◆			◆	◆	◆
GeoBroker Analyst	ESG	2000	01.02	50	50	3	3	0,6			◆									◆			◆	◆	◆
GEO-ISY	team heese AG	1999		180		60		0	0,5		◆									◆		◆		◆	
GEOmatrics	DISTEFORA Navigation GmbH	2000						0,99			◆									◆		◆		◆	
GeoMedia	INTERGRAPH	1997	5.0	290000	25000	62000	5100	2,2			◆									◆		◆		◆	◆
GEONIS user	GEOCOM Informatik	2001		10	10	5	5	2,55	6,12		◆									◆			◆	◆	◆
GEOROVER	GAF	2002	GEOROV					1,5			◆									◆		◆		◆	
GISx (hoch x)	GEOGRAT	2001	GISx (hod	20	20	7		0,7	4		◆													◆	◆
GRAPPA	Graphservice	1996	V2.1.5	350	350	10	10	1,02			◆									◆			◆	◆	◆

© Buhmann/Wiesel: GIS-Report 2002, Bernhard Harzer Verlag, Karlsruhe

Desktop-GIS   GIS-Softwareübersicht

Int DB	Oracle	Intene Datenbank	MS-SQL-Server	Informix	sonstige	Facility Management	Umwelt- u. Naturschutz	Ver- u. Entsorgung	Telekommunikation	Auskunftssysteme	Kartographie	Marketing	Logistik	Vermessung u. Kataster	Verkehrsplanung	Raum- und Bauleitplanung	Applikation zu, Kurzbeschreibung, sonstige Systemtypen und Plattformen
♦	♦	♦	♦					♦	♦					♦			**GeoAS - Das Informationssystem:** Applik. zu MapInfo Professional, (Kommunales) Informationssystem, erweiterbar durch viele Fachschalen
♦	♦	♦	♦	♦	♦	♦	♦	♦	♦					♦		♦	**GeoAS - Desktop:** Applik. zu MapInfo Professional, GeoAS-Plattform für Dienstleister inkl. GIS Manager + MapPlot (MapCAD optional)
♦	♦	♦	♦	♦	♦	♦	♦	♦	♦	♦	♦	♦	♦	♦		♦	**GeoAS - info (Auskunft):** Applik. zu MapInfo Professional, Plattform für Auskunftsarbeitsplätze für GeoAS
♦		♦	♦	♦	♦	♦	♦	♦	♦	♦	♦	♦	♦	♦		♦	**GeoAS - project:** Applik. zu MapInfo Prof., Plattform für Vollarbeitsplätze für GeoAS
	♦	♦								♦							**GeoBroker Analyst:** Applik. zu Geobroker Archiver, Bild- u. Hö-verarbeitung, Richtfunkplang., Eloka-Bedrohung, takt. u. operat. Lagedarstellung/-bearb.
										♦							**GEO-ISY:** Kommunales Auskunftssystem für die Liegenschaftskarte (ALK) und das Liegenschaftsbuch (ALB)
		♦												♦	♦		**GEOmatrics:** Routen- und Gebietsplaner mit Datenbank- und GPS-Schnittstelle
	♦	♦	♦	♦		♦	♦	♦	♦	♦	♦			♦		♦	**GeoMedia:** Integration, Analyse und Darstellung von Daten aus verschiedensten heterogenen Quellen
♦	♦		♦			♦	♦	♦	♦		♦			♦			**GEONIS user:** Applik. zu Arc View 8.1, Abfrage- u. Analysesystem f. Ver- u. Entsorgung sowie Kataster als Ergänzung zu GEONIS expert
♦																	**GEOROVER:** Geologische Kartensoftware mit GPS Unterstützung auf der Grundlage von Fernerkundungsdaten
♦	♦							♦	♦	♦	♦			♦			**GISx (hoch x):** Java-basiertes Auskunfts- und Datenerfassungssystem
♦	♦	♦		♦	♦			♦	♦	♦	♦	♦	♦	♦			**GRAPPA:** Applik. zu MapInfo Prof., dezentrale Auskunft aus ALK-, ATKIS- u.a. Fachdatenbanken

© Buhmann/Wiesel: GIS-Report 2002, Bernhard Harzer Verlag, Karlsruhe

GIS-Softwareübersicht — Desktop-GIS

Software	Anbieter	Erstinstallation	Versionsnummer	Seats weltweit	Seats D,A,CH	Kunden weltweit	Kunden D,A,CH	Kosten ab Tausend-EURO	Kosten bis Tausend-EURO	GIS	Desktop-GIS	Internet-GIS	CAD-GIS	Business-GIS	Mobil-GIS	GIS Ergänzung	GIS-Komponente	GIS-Fachschale & Appl.	Geo-Datenbankserver	Windows (32-bit)	Unix	Eigenständige Software	Applikation	Vektor	Raster
GRIPSinfo	POPPENHÄGER GRIPS GmbH	1997		1200		200		2		♦										♦		♦		♦	♦
IBM GTiS - geoInterface	IBM	1996	IBM geoIn					0,86	1,554	♦										♦			♦	♦	♦
ILWIS	Wököck Geotechnik	1989	ILWIS 3.0	4200	100	2400	80	1,9		♦										♦		♦		♦	♦
IMP GeoWeb-GIS - Auskunft über Intranet	IMP GmbH	2000				2		0,51		♦										♦			♦	♦	♦
INGRADA	Softplan Informatik GmbH	1994	INGRADA	2700	2600	780	760	0,5	25	♦										♦		♦	♦	♦	♦
Instra	Ingenieurbüro Feiler, Blüml, Hänsel	1993				90	90			♦										♦			♦	♦	♦
InterTRIAS	TRIAS GmbH	1991	V 3.00	2000	2000	500		2,5	8	♦										♦		♦		♦	♦
IP Linfo	Infraplan Syscon GmbH	1997	3.0		500		120			♦										♦		♦	♦	♦	♦
Klärschlammkataster	BT-GIS Benndorf Technologie	1998						1,53		♦										♦			♦	♦	♦
LaFIS	GAF	1999	LaFIS 2.1							♦										♦		♦		♦	♦
LISA	Heinrich Heine Universität	1991	2.2	500	200	250	180	1,6	2,6	♦										♦		♦		♦	♦
Magellan Auskunftssystem CubiC-View	geoinform AG	1997	V.3					0,65	1,27	♦										♦		♦		♦	♦

© Buhmann/Wiesel: GIS-Report 2002, Bernhard Harzer Verlag, Karlsruhe

Desktop-GIS — GIS-Softwareübersicht

Int DB	Oracle	Intene Datenbank	MS-SQL-Server	Informix	sonstige	Facility Management	Umwelt- u. Naturschutz	Ver- u. Entsorgung	Telekommunikation	Auskunftssysteme	Kartographie	Marketing	Logistik	Vermessung u. Kataster	Verkehrsplanung	Raum- und Bauleitplanung	Applikation zu, Kurzbeschreibung, sonstige Systemtypen und Plattformen
	◆	◆					◆	◆						◆	◆		**GRIPSinfo:** Auskunfts-GIS für öffentliche Verwaltungen und Ver- und Entsorgungsunternehmen
	◆			◆	◆	◆	◆	◆	◆	◆				◆			**IBM GTiS - geoInterface:** Applik. zu IBM DB2, auf dem IBM GTiS Datenmodell basierende objektorientierte GIS-Plattform für PCs+Handhelds, sonst. Plattform: OS/2/ MVS
◆							◆	◆		◆				◆			**ILWIS:** Dektop-GIS mit umfangreicher Funkt., Vektor, Raster, Fernerkundung, DGM's, Georeferenzierung u.v.m-
	◆	◆				◆	◆	◆	◆	◆	◆	◆	◆	◆	◆	◆	**IMP GeoWeb-GIS - Auskunft über Intranet:** Applik. zu MapInfo Prof., GeoAS, Intranet-Auskunftssystem auf Basis von GeoAS und aller verfügbaren FS, benutzerdefiniert erweiterbar
	◆	◆	◆			◆	◆	◆						◆	◆	◆	**INGRADA:** Applik. zu HHk- und Autodesk Produkten, Ämterübergreifendes Geographisches Informationssystem für Kommunen, Versorgungsbetriebe, Ingenieurb.
	◆	◆	◆	◆										◆			**Instra:** Applik. zu MapInfo Prof., interaktive Straßenanalyse, Straßendatenbank und Straßenzustandsvisualisierung
◆	◆	◆					◆	◆		◆	◆			◆			**InterTRIAS:** Umweltdatenbanken, LIS,Gewässermanagm.,Baum-, Gewerbeabfallkataster,digit. Signatur u. Kryptographie
	◆	◆	◆			◆	◆	◆	◆	◆	◆	◆	◆	◆			**IP Linfo:** Applik. zu MapObjects, GIS Viewer
	◆	◆		◆			◆			◆				◆			**Klärschlammkataster:** Applik. zu SICAD/SD, Auskunft für Klärschlammaufbringung mit Informat. zu Wasserschutzgeb.,Gefahrstoffe,Müllablagerungen
	◆		◆														**LaFIS:** InVeKo6-GIS-System gemäß VO (EWG) 1593/00
							◆				◆			◆			**LISA:** Schwerpunkt Rasterdaten, u.a. DGM, Bildentzerrung, Mosaike. Zusatzpaket Digitale Photogrammetrie
	◆	◆	◆							◆							**Magellan Auskunftssystem CubiC-View:** Spartenübergreifendes Auskunftssystem mit DXF-Import und ALB-Anbindung

GIS-Softwareübersicht — Desktop-GIS

Software	Anbieter	Erstinstallation	Versionsnummer	Seats weltweit	Seats D, A, CH	Kunden weltweit	Kunden D, A, CH	Kosten ab Tausend-EURO	Kosten bis Tausend-EURO	GIS	Desktop-GIS	Internet-GIS	CAD-GIS	Business-GIS	Mobil-GIS	GIS Ergänzung	GIS-Komponente	GIS-Fachschale & Appl.	Geo-Datenbankserver	Windows (32-bit)	Unix	Eigenständige Software	Applikation	Vektor	Raster
MapInfo mi Aware	MapInfo										♦														
MapInfo Professional	MapInfo	1986	6.5	300000							♦									♦		♦	♦	♦	♦
MartViewer 3.0	GfK Marktforschung GmbH / DataGis GbR	1998	3.0	50	50	13	13	10			♦									♦		♦	♦	♦	♦
METROPOLY MapWork	Geobyte Software	1998	2.30	1000	1000	10	10	1,125			♦									♦			♦	♦	♦
METROPOLY ThemKart	Geobyte Software			150	150	2	2	0,563			♦									♦		♦	♦	♦	♦
MicroImages TNTatlas	GIS Team	1988	6.6	5000	1000	0	0				♦									♦	♦	♦		♦	♦
MicroStation GeoOutlook	Bentley Systems Germany	1997	MicroStat	400	30	20		1,1			♦									♦		♦		♦	♦
Network Analyst	ESRI	1997	1.0 b	50000	600	40000	500				♦									♦	♦		♦	♦	♦
PC Map	RIWA	1978	10.5	800	800	500		1,3	6,4		♦									♦		♦		♦	♦
Power@Geo	Screen Paper Communication GmbH	1999	3.4					0,15	2,5		♦									♦		♦		♦	♦
PRO INFO	Kirchner EDV-Service Bremen	1992	2002	400	280	150	100	1,5	2		♦									♦		♦		♦	♦
rmINFO/Utility	rmDATA	2000	3.0		150		100	0,8			♦												♦	♦	♦

© Buhmann/Wiesel: GIS-Report 2002, Bernhard Harzer Verlag, Karlsruhe

Desktop-GIS — GIS-Softwareübersicht

Int DB	Oracle	Intene Datenbank	MS-SQL-Server	Informix	sonstige	Facility Management	Umwelt- u. Naturschutz	Ver- u. Entsorgung	Telekommunikation	Auskunftssysteme	Kartographie	Marketing	Logistik	Vermessung u. Kataster	Verkehrsplanung	Raum- und Bauleitplanung	Applikation zu, Kurzbeschreibung, sonstige Systemtypen und Plattformen
																	MapeInfo mi Aware
♦	♦	♦				♦	♦	♦	♦	♦	♦	♦	♦	♦	♦	♦	**MapInfo Professional:** geograph. Analyse- und Darstellungsprogramm für Einzelplatz- und Client/Server-Umgebung
♦	♦	♦										♦		♦			**MartViewer 3.0:** Applik. zu MapInfo, Intelligente Software für die Standortplanung, Filialnetzoptim., Kleinräumige Zielgruppenanalyse
		♦						♦	♦		♦						**METROPOLY MapWork:** Applik. zu METROPOLY SPATIAL SERVER, Desktop Mopping Software mit GIS und CAD Funktionalität
		♦					♦				♦	♦	♦				**METROPOLY ThemKart** Applik. zu MapWork,
♦	♦	♦	♦	♦			♦	♦		♦	♦	♦	♦			♦	**MicroImages TNTatlas:** kostenlose Softw. z. Anzeige v. digit. Kartenwerken u. Atlanten mit Hyperindex-Struktur, GPS-Einbind., Elektronischer Atlas, sonst. Plattform: MacOS, LINUX
♦	♦	♦	♦								♦						**MicroStation GeoOutlook:** Paket z. Abfrage, Analyse u. Visualisierung von Geo-Daten, eng m. Microstation GeoGraphics verknüpft
♦	♦	♦	♦	♦		♦	♦	♦	♦	♦	♦	♦	♦	♦		♦	**Network Analyst:** Applik. zu ArcView GIS, Analyse von Netzwerken, Berechnung von optimalen Wegen, Tourenplanung u.a. Verteilungsfunktionen
		♦						♦	♦		♦	♦	♦			♦	**PC Map:** Anwendungen für ALK/ALB, Kanal, Wasser, Strom, Gas u. kommunale Informationssysteme
♦	♦	♦		♦						♦		♦					**Power@Geo:** Schnelles Basis Gis, das auch auf Rechnern mit geringer Leistung sehr gut läuft, ergonom. Bedienung, sonst. Plattform: Linux ab 2003
♦	♦	♦	♦	♦			♦	♦		♦				♦			**PRO INFO:** Hybrides Desktop-GIS mit umfangreichen Fachapplikationen
					♦			♦			♦			♦			**rmINFO/Utility:** GIS Auskunftsoftware für beliebige CAD und GIS Daten

GIS-Softwareübersicht — Desktop-GIS

Software	Anbieter	Erstinstallation	Versionsnummer	Seats weltweit	Seats D, A, CH	Kunden weltweit	Kunden D, A, CH	Kosten ab Tausend-EURO	Kosten bis Tausend-EURO	GIS	Desktop-GIS	Internet-GIS	CAD-GIS	Business-GIS	Mobil-GIS	GIS Ergänzung	GIS-Komponente	GIS-Fachschale & Appl.	Geo-Datenbankserver	Windows (32-bit)	Unix	Eigenständige Software	Applikation	Vektor	Raster
SICAD Spatial Desktop	SICAD GEOMATICS	1995	Version 5	10000	6000	1000	1000	2			♦									♦		♦		♦	♦
Tools für MapInfo	Ingenieurbüro Feiler, Blüml, Hänsel	1993			150		150				♦									♦			♦		
TopoL	GEG	1994	6.5	1700	700	1050	350	1	4		♦									♦		♦		♦	♦
TRIAS (R)	TRIAS GmbH	1991	V.2.11	2000	2000	500		2,5	8		♦									♦		♦		♦	♦
visor	megatel GmbH	1992	2002	2100	2100	560		1,02			♦									♦	♦	♦		♦	♦
WEGA-GDM	M.O.S.S.	1999	V 2.2.2	80		3	3	11			♦									♦		♦		♦	♦
WinMAP	PROGIS	1993	2000	2500	200			0,99			♦									♦		♦		♦	♦

© Buhmann/Wiesel: GIS-Report 2002, Bernhard Harzer Verlag, Karlsruhe

Desktop-GIS   GIS-Softwareübersicht

	Datenbankschnittstellen						Anwendungsschwerpunkte											Applikation zu, Kurzbeschreibung, sonstige Systemtypen und Plattformen
	Int DB	Oracle	Intene Datenbank	MS-SQL-Server	Informix	sonstige	Facility Management	Umwelt- u. Naturschutz	Ver- u. Entsorgung	Telekommunikation	Auskunftssysteme	Kartographie	Marketing	Logistik	Vermessung u. Kataster	Verkehrsplanung	Raum- und Bauleitplanung	
		♦	♦		♦	♦	♦	♦			♦	♦	♦		♦	♦	♦	**SICAD Spatial Desktop:** Desktop-GIS für Auskunft, Analyse und Präsentation von Geodaten am Arbeitsplatz
	♦	♦	♦	♦	♦			♦			♦	♦					♦	**Tools für MapInfo:** Applik. zu MapInfo Prof., Erweiterung der Funktionalität von MapInfo
♦		♦						♦	♦		♦	♦	♦	♦	♦		♦	**TopoL:** hybrides GIS mit topologischem Datenmodell und umfangreichen Funktionen
♦	♦	♦						♦	♦		♦	♦					♦	**TRIAS (R):** Umweltschutzinformationssystem, Liegenschaftskataster, Kanal u. ALB, Gewässer- und Gebührenmanagement
♦	♦	♦	♦	♦	♦		♦	♦	♦	♦					♦	♦		**visor:** hybrides GIS zur Raster- und Vektorgraphikverarbeitung, sonst. Plattform: MacOS
	♦	♦		♦								♦					♦	**WEGA-GDM:** Geo-Dokumenten-Management System zum Verwalten von Daten mit oder ohne Ortsbezug + Sachdaten
♦	♦	♦	♦	♦	♦			♦	♦	♦				♦		♦	**WinMAP:** Professionelle Viewerversion von WinGIS, insbes. für den Buisnessbereich zur Visualis. von Inform.

© Buhmann/Wiesel: GIS-Report 2002, Bernhard Harzer Verlag, Karlsruhe

Kategorie Internet-GIS

Endlich, es gibt genügend Internet GIS-Angebote um eine Tabelle der Vertriebsstärksten Produkte zu erstellen:

INTERNET GIS (ohne Applikationen)		Server 2002	Seats 2002		Kunden 2002	
Software	Anbieter	D, A, CH	D, A, CH	weltweit	D, A, CH	weltweit
Autodesk MapGuide	AUTODESK GmbH		5.000		100	
Terra GIS	Wenninger Systems GmbH	100	10.000	10.000	10.000	10.000
SICAD Internet Suite	SICAD GEOMATICS		7.000	10.000	140	210
ArcIMS	ESRI	600	1.200		600	
GeoMedia WebMap/ WebMap Professional	INTERGRAPH	117		1.500	100	1.200
MapXtreme for Windows / Java	MapInfo		k.A.			
GRAPPA / Online	Graphservice		1.500	1.500	7	7
Active JAVA BEANS Map	LUTUM + TAPPERT		1.000	1.000	10	10
METROPOLY MapWeb Java Applet	Geobyte Software		650	650	2	2
InterGIS	OSC		600	600		
GISeye	BT-GIS Benndorf Technologie		500		10	
LIDS iView	BERIT		300	300	150	150
GeoServer	AED Graphics AG		300	300	25	25

In dieser Tabelle haben wir auf die zahlreichen sehr erfolgreichen Applikationen basierend auf Autodesk MapGuide, GeoMedia WebMap und dgl. verzichtet um eine Marktübersicht über die Internet-Kernprodukte zu ermöglichen. Wie im Vergleich mit der nachfolgenden zweitseitigen Tabelle ersichtlich, sind manche Applikationen stärker verkauft, als die Angaben der Distributoren über die Lizenzangaben der jeweiligen Kernprodukte dies eigentlich vermuten lassen. Da für die Marktbedeutung der
Internet-GIS Produkte in erster Linie die Anzahl der Serverlizenzen wichtig wäre, haben wir uns sehr um diese bemüht. Der Zugriff auf diese Angaben ist den jeweiligen Leitern des Marketings derzeit aber oft nur über die weltweiten Lizenzen möglich, sodass wir hier nur eine sehr unvollständige erste Übersicht wiedergeben können.

Die Reihenfolge der Nennung erfolgt hier völlig unverbindlich aufgrund der eigenen Einschätzung des Marktes. Erfreulich ist auf jeden Fall die Dynamik mit der sich einige Produkte hier durchsetzten und durchaus über openGIS Standards eine hohe Integrationswirkung in Unternehmen mit unterschiedlichen GIS- und CAD-Plattformen haben.

Die Gesamtanzahl der im folgenden beschriebenen Internet-GIS Programmen hat bereits jeweils die Anzahl der Professionellen GIS und der Desktop GIS Programme überholt.

GIS-Softwareübersicht — Internet-GIS

Software	Anbieter	Erstinstallation	Versionsnummer	Seats weltweit	Seats D,A,CH	Kunden weltweit	Kunden D,A,CH	Kosten ab Tausend-EURO	Kosten bis Tausend-EURO	GIS	Desktop-GIS	Internet-GIS	CAD-GIS	Business-GIS	Mobil-GIS	GIS Ergänzung	GIS-Komponente	GIS-Fachschale & Appl.	Geo-Datenbankserver	Windows (32-bit)	Unix	Eigenständige Software	Applikation	Vektor	Raster
Active JAVA BEANS Map	LUTUM + TAPPERT	1998	2.2	1000	1000	10	10	10				♦								♦	♦	♦		♦	
ALK-Online	TERRADATA & Co	2001	1.009	100		4	1	2				♦								♦		♦			
ArcIMS	ESRI	1999	3.1	1200		600						♦								♦	♦	♦		♦	♦
Auskunft und Analyse online u. mobil	WGI mbH	2000		1000		5						♦								♦			♦	♦	♦
Autodesk MapGuide	AUTODESK GmbH	1996		5000	100			15	30			♦								♦		♦		♦	♦
BMS - Baustellenmanagement	Dr.-Ing. Stein Ingenieurbüro	2000		150	150							♦								♦		♦		♦	♦
BONUS GeoWeb, BONUS ZAK	SAG EL CGIT	1997		40		15	6	50				♦								♦	♦	♦	♦	♦	
DAVID GeoMedia WebMap	ibR Ges. für Geoinformation mbH	1999	4.x									♦										♦		♦	♦
disy Cadenza	disy Informationssysteme GmbH	1997										♦								♦	♦	♦		♦	♦
disy GISterm	disy Informationssysteme GmbH	1997	2.6									♦								♦	♦	♦		♦	♦
disy Map Server	disy Informationssysteme GmbH	2001										♦								♦	♦	♦		♦	♦
D-Mapper	DIALOGIS GmbH	1996		15	10			1,53	7,66			♦								♦	♦		♦	♦	♦

© Buhmann/Wiesel: GIS-Report 2002, Bernhard Harzer Verlag, Karlsruhe

Internet-GIS — GIS-Softwareübersicht

Int DB	Oracle	Intene Datenbank	MS-SQL-Server	Informix	sonstige	Facility Management	Umwelt- u. Naturschutz	Ver- u. Entsorgung	Telekommunikation	Auskunftssysteme	Kartographie	Marketing	Logistik	Vermessung u. Kataster	Verkehrsplanung	Raum- und Bauleitplanung	Applikation zu, Kurzbeschreibung, sonstige Systemtypen und Plattformen
	◆	◆		◆						◆	◆						**Active JAVA BEANS Map:** Java-Applet für die thematische Kartographie mit ZoomIn, ZoomOut und Daten-Popup
	◆	◆		◆												◆	**ALK-Online:** ALB- und ALK-Auskunft für Behörden und Vermessungsstellen, Intranet, Internet, sonst. Plattform: 1.009
	◆									◆							**ArcIMS:** neueste Generation der ESRI Internet Map Server. Java basiert. Entwerfen u. Erstellen von Websites.
									◆					◆			**Auskunft und Analyse online u. mobil:** Applik. zu Smallworld GIS, Auskunft, Analyse u. Erfassung integr. Netz- bzw. Betriebsmitteldaten mit der Internettechnologie
◆	◆	◆	◆		◆	◆	◆	◆	◆	◆	◆	◆	◆	◆	◆	◆	**Autodesk MapGuide:** Visualisierung, Abfrage und Auswertung von Vektordaten über das Inter- oder Intranet
	◆	◆						◆	◆							◆	**BMS - Baustellenmanagement:** Koordination der Baustellen im öffentlichen Raum
	◆		◆				◆	◆						◆			**BONUS GeoWeb, BONUS ZAK:** Applik. zu SICAD/open, Benutzeroberfläche für Netzdokumentation / Abrechnungssystem Erfassung
	◆							◆		◆	◆			◆			**DAVID GeoMedia WebMap:** Internetlösung zur DAVID-GeoDB (ALKIS)
	◆	◆	◆	◆	◆	◆	◆	◆	◆	◆	◆	◆	◆	◆	◆	◆	**disy Cadenza:** Integrationsplattform für Meta-, Geo- und Sachdaten; siehe www..disy.net
◆	◆	◆	◆	◆	◆	◆	◆	◆	◆	◆	◆	◆	◆	◆	◆	◆	**disy GISterm:** Leistungsfähiges Intranet-GIS zusammen mit disy-MapServer; siehe www.disy.net, sonst. Plattform: Java-Plattformen
◆	◆	◆	◆	◆	◆	◆	◆	◆	◆	◆	◆	◆	◆	◆	◆	◆	**disy Map Server:** WMT-konformer Map Server für das Internet, siehe www.disy.net/mapserver, sonst. Plattform: Java-Plattform
	◆	◆	◆							◆			◆	◆			**D-Mapper:** Interaktive Applets zur Erstellung benutzerfreundl. Kartenvisualisierungen im Browser (SQL-fähig)

© Buhmann/Wiesel: GIS-Report 2002, Bernhard Harzer Verlag, Karlsruhe

GIS-Softwareübersicht — Internet-GIS

Software	Anbieter	Erstinstallation	Versionsnummer	Seats weltweit D,A,CH	Kunden weltweit D,A,CH	Kosten ab/bis Tausend-EURO	GIS	Desktop-GIS	Internet-GIS	CAD-GIS	Business-GIS	Mobil-GIS	GIS Ergänzung	GIS-Komponente	GIS-Fachschale & Appl.	Geo-Datenbankserver	Windows (32-bit)	Unix	Eigenständige Software	Applikation	Vektor	Raster
eMarket	PTV AG	1999	1.0			15			♦								♦		♦	♦	♦	♦
Fachdatenmanager Intranet/Internet 2.0	con terra	2001	2.0a	6	6	7,5			♦								♦			♦	♦	♦
GAUSZ/web	RWE Systems Applications	1998				7,5 / 15			♦								♦	♦	♦	♦	♦	♦
GeoBroker Web Server	ESG	2001	01.00			29 / 69			♦								♦		♦			
GeoMedia WebMap/ WebMap Professional	INTERGRAPH	1998	5.0	1500	150	1200 / 100 / 16,5			♦								♦		♦	♦	♦	♦
GEONIS web	GEOCOM Informatik	2001		10	10	3 / 3 / 7,65 / 15,3			♦											♦	♦	♦
GeoServer	AED Graphics AG	2000	4.0	300	300	25 / 25 / 7,65 / 30,6			♦								♦	♦	♦		♦	♦
GIS4all	METTENMEIER GmbH	2000							♦											♦	♦	
GISeye	BT-GIS Benndorf Technologie	1998		500	10				♦								♦	♦	♦		♦	♦
Gisquadrat WebSolutions	GISquadrat	1999	3.0	38000	21000	76 / 42 / 30,61 / 112			♦								♦			♦	♦	♦
GRAPPA / Online	Graphservice	1999	V 3.0	1500	1500	7 / 7			♦								♦	♦	♦		♦	♦
HTML ImageMapper für ArcGIS	alta4 Geoinformatik	2001	8.2	100	30	70 / 20 / 0,6			♦								♦			♦	♦	♦

© Buhmann/Wiesel: GIS-Report 2002, Bernhard Harzer Verlag, Karlsruhe

Internet-GIS — GIS-Softwareübersicht

Datenbankschnittstellen						Anwendungsschwerpunkte											Applikation zu, Kurzbeschreibung, sonstige Systemtypen und Plattformen
Int DB	Oracle	Intene Datenbank	MS-SQL-Server	Informix	sonstige	Facility Management	Umwelt- u. Naturschutz	Ver- u. Entsorgung	Telekommunikation	Auskunftssysteme	Kartographie	Marketing	Logistik	Vermessung u. Kataster	Verkehrsplanung	Raum- und Bauleitplanung	
	◆									◆	◆						**eMarket:** Applik. zu Map & Market, Komponente zur Visualisierung von Planungen
	◆		◆							◆							**Fachdatenmanager Intranet/Internet 2.0:** Applik. zu ArcView GIS 3.X / FDM 1.4, Der FDM I/I 2.0 stellt Fkt. des FDM für AV GIS beliebig vielen Anwendern zur Verfügung
			◆			◆	◆	◆	◆	◆				◆			**GAUSZ/web:** Java-basierende Webserver-Lösung für GIS-Auskunftssysteme
	◆									◆							**GeoBroker Web Server:** Web-basierte Recherche, Bestellung u. Download von Geodaten mit Hilfe von Standard Web-Browsern
◆	◆	◆	◆	◆	◆	◆	◆	◆	◆	◆				◆	◆	◆	**GeoMedia WebMap/ WebMap Professional:** Sichtung und Analyse von GIS-Daten im Internet/Intranet ohne GIS-Kenntnisse des Users, sonst. Plattform: SUN
◆	◆						◆	◆		◆				◆			**GEONIS web:** Applik. zu Arc IMS, Internet-/ Intranet - Abfragesystem als Ergänzung zu GEONIS expert mit maßstäblicher Plotoption
	◆	◆		◆				◆	◆	◆				◆			**GeoServer:** Bereitstellung von Geodaten und -diensten in Intra- und Internet
										◆							**GIS4all:** Applik. zu Smallworld GIS, Interaktive Nutzung von Geodaten über Internet / Intranet
◆	◆	◆		◆	◆			◆	◆	◆				◆			**GISeye:** GISeye ist ein Intra-/Internet-Auskunftssystem für Fachapplikationen jeder Art., sonst. Plattform: LINUX, IRIX
	◆		◆	◆				◆	◆	◆				◆			**Gisquadrat WebSolutions:** Applik. zu GeoMedia WebMap, Gisquadrat WebSolutions: web-basierende GIS-Gesamtlösungen
◆	◆	◆			◆		◆	◆	◆	◆	◆	◆	◆	◆			**GRAPPA / Online:** webbasierendes GIS zur Auskunft über Standard-Browser, sonst. Plattform: V3.0
							◆		◆	◆				◆	◆		**HTML ImageMapper für ArcGIS:** Applik. zu ArcGIS, Imagemap-basierte Lösung zur Online-Veröffentlichung von interaktiven GIS-Karten für ArcGIS

© Buhmann/Wiesel: GIS-Report 2002, Bernhard Harzer Verlag, Karlsruhe

GIS-Softwareübersicht — Internet-GIS

Software	Anbieter	Erstinstallation	Versionsnummer	Seats weltweit	Seats D,A,CH	Kunden weltweit	Kunden D,A,CH	Kosten ab Tausend-EURO	Kosten bis Tausend-EURO	GIS	Desktop-GIS	Internet-GIS	CAD-GIS	Business-GIS	Mobil-GIS	GIS Ergänzung	GIS-Komponente	GIS-Fachschale & Appl.	Geo-Datenbankserver	Windows (32-bit)	Unix	Eigenständige Software	Applikation	Vektor	Raster
HTML ImageMapper für ArcView GIS	alta4 Geoinformatik	1999	3.1	300	80	280	75	0,5				◆								◆			◆	◆	◆
imap	Dr.-Ing. Stein Ingenieurbüro	1999										◆								◆			◆	◆	
INGRADA web	Softplan Informatik GmbH							0,5	25			◆								◆				◆	◆
InterGIS	OSC	1998	1.5	600		600						◆								◆	◆	◆		◆	◆
Internetconverter CUBIS/POLIS	Dr.-Ing. Stein Ingenieurbüro	1998										◆								◆			◆	◆	◆
IP ALK / ALB f. ArcIMS	Infraplan Syscon GmbH			1000		1000						◆								◆			◆		
JaGo	Iat/Ion Fitzke, Fretter, Poth	2001	0.6.5			1	8					◆											◆	◆	◆
Joda / Mapserver	Screen Paper Communication GmbH	1999	2.2									◆								◆	◆		◆	◆	◆
K Connect / Kmap	KISTERS AG	2001						5				◆								◆	◆	◆			
LIDS iView	BERIT	1997	2.0	300	300	150	150					◆								◆		◆		◆	◆
LIVEMAP	LIVEMAP	1999		5	4	3	3					◆								◆			◆	◆	◆
Map for Fun	CWSM GmbH	2002	Map for F	1		1		15,3				◆								◆			◆	◆	◆

© Buhmann/Wiesel: GIS-Report 2002, Bernhard Harzer Verlag, Karlsruhe

Internet-GIS — GIS-Softwareübersicht

Int DB	Oracle	Intene Datenbank	MS-SQL-Server	Informix	sonstige	Facility Management	Umwelt- u. Naturschutz	Ver- u. Entsorgung	Telekommunikation	Auskunftssysteme	Kartographie	Marketing	Logistik	Vermessung u. Kataster	Verkehrsplanung	Raum- und Bauleitplanung	Applikation zu, Kurzbeschreibung, sonstige Systemtypen und Plattformen
							♦		♦	♦	♦	♦				♦	**HTML ImageMapper für ArcView GIS:** Applik. zu ArcView GIS, Imagemap-basierte Lösung zur Online-Veröffentlichung von interaktiven GIS-Karten für ArcView GIS
♦								♦	♦		♦	♦					**imap:** WEB basierende Softwarelösung für online Präsentation der Kommunen und der Wirtschaft
♦	♦	♦					♦	♦		♦				♦	♦	♦	**INGRADA web:** Applik. zu Autodesk-Produkten, Browserbasierendes GIS-das moderne Auskunftssystem für Kommunen, Städte und Versorgungsunternehmen
♦	♦	♦	♦		♦					♦				♦			**InterGIS:** ALB-ALK Auskunft, Bodenrichtwerte Online CD, Digitale Karte, Map-Server, Fachschalen, Konverter
♦	♦	♦					♦	♦	♦	♦	♦			♦			**Internetconverter CUBIS/POLIS:** Applik. zu Autodesk MapGuide, zur Konvertierung beliebiger GIS-Daten für Web-Anwendungen
♦	♦	♦						♦		♦				♦		♦	**IP ALK / ALB f. ArcIMS:** Applik. zu ESRI ArcIMS, Browser-basierte ALK / ALB-Auskunft
	♦				♦		♦		♦								**JaGo:** erlaubt die Realisierung von verteilten GIS-Applikationen deren Schnittstellen am OGC ausger. Sind
♦	♦	♦	♦		♦					♦							**Joda / Mapserver:** Applik. zu Power@GEO, Flex., interakt. Java Applet, ü. d. Daten angezeigt u. modif. werden können m. zentr. Kartendienst., sonst. Plattform: Linix
♦	♦	♦	♦	♦	♦		♦										**K Connect / Kmap:** Internet-Kartenserver mit skalierbarer vertiefter Datenbankauskunft zu Geoobjekten
♦								♦	♦								**LIDS iView:** Datenabfrage u. Analyse über WEB Oberfläche (Inter- und Intranet)
♦	♦	♦	♦								♦						**LIVEMAP:** Applik. zu Mapguide / Autodesk, Konzeption, Entwicklung und Betreuung v. Web-GIS-Applik. (Active X, Plugin, Java oder Servlet-Based)
♦											♦						**Map for Fun:** Applik. zu MapGuide, Touristikinfosystem Land Brandenburg zur Urlaubsplanung unterschiedlichster Kategorien

© Buhmann/Wiesel: GIS-Report 2002, Bernhard Harzer Verlag, Karlsruhe

GIS-Softwareübersicht — Internet-GIS

Software	Anbieter	Erstinstallation	Versionsnummer	Seats weltweit	Seats D,A,CH	Kunden weltweit	Kunden D,A,CH	Kosten ab Tsd-EURO	Kosten bis Tsd-EURO	GIS	Desktop-GIS	Internet-GIS	CAD-GIS	Business-GIS	Mobil-GIS	GIS Ergänzung	GIS-Komponente	GIS-Fachschale & Appl.	Geo-Datenbankserver	Windows (32-bit)	Unix	Eigenständige Software	Applikation	Vektor	Raster
MapGuideCity	team heese AG	1998	MapGuid	200	200	2	2	5	20			♦								♦		♦		♦	♦
MapInfo Discovery	MapInfo	2002	1.0									♦								♦			♦	♦	♦
MapXtreme for Windows	MapInfo	1997	3.0									♦								♦	♦		♦	♦	♦
MapXtreme Java Edition	MapInfo	1999	4.0									♦								♦	♦		♦	♦	♦
METROPOLY MapWeb Java Applet	Geobyte Software	2000	2.x	650	650	2	2	0,9				♦								♦	♦	♦		♦	♦
Neapoljs	AGIS GmbH Frankfurt am Main	1999	2.0			50		17,8				♦								♦	♦	♦	♦	♦	♦
Neapoljs	TYDAC AG, Bern, Schweiz	1999				20	16	5	10,5			♦								♦				♦	♦
NetRIS	GISA	1999	3.2	170		2	15	20				♦								♦			♦	♦	♦
Plinius	euro GIS IT-Systeme GmbH	2000		40	40	20	20	0,7				♦								♦			♦	♦	♦
rmINFO Viewer / Web	rmDATA	2000	2.5	70	70	20	20	7				♦								♦			♦	♦	♦
SICAD - UT - WEB	SICAD GEOMATICS	1997		1100	1000	120	110	9				♦								♦	♦		♦	♦	♦
SICAD Internet Suite	SICAD GEOMATICS	1998		10000	7000	210	140	5				♦								♦	♦	♦		♦	♦

© Buhmann/Wiesel: GIS-Report 2002, Bernhard Harzer Verlag, Karlsruhe

Internet-GIS — GIS-Softwareübersicht

Int DB	Oracle	Intene Datenbank	MS-SQL-Server	Informix	sonstige	Facility Management	Umwelt- u. Naturschutz	Ver- u. Entsorgung	Telekommunikation	Auskunftssysteme	Kartographie	Marketing	Logistik	Vermessung u. Kataster	Verkehrsplanung	Raum- und Bauleitplanung	Applikation zu, Kurzbeschreibung, sonstige Systemtypen und Plattformen
										♦				♦			**MapGuideCity:** Applik. zu Autodesk MapGuide, Browser basierte Intranet ALK/ALB Auskunft, Themenumfassung, erweiterbar (FNIP; Rasterbilder)
♦	♦							♦	♦	♦		♦					**MapInfo Discovery:** Applik. zu MapInfo Professional, Verteilung dynamischer Karten aus MapInfo Professional. Out of the Box Lösung.
♦	♦	♦		♦	♦	♦	♦	♦	♦	♦	♦	♦	♦	♦		♦	**MapXtreme for Windows:** Applik. zu Web-Server, Applikationsserver zur Bereitstellung von Karten und Sachdaten im Internet und Intranet
♦	♦	♦		♦	♦	♦	♦	♦	♦	♦	♦	♦	♦	♦		♦	**MapXtreme Java Edition:** Applik. zu Web-Server, Applikationsserver zur Bereitstellung von Karten und Sachdaten im Internet und Intranet
	♦	♦			♦			♦						♦	♦		**METROPOLY MapWeb Java Applet:** Applik. zu METROPOLY SPATIAL SERVER, MapWeb ist ein Java Applet, das als Browser Frontend f. die Visualisg. v. Geodaten eingesetzt wird
♦	♦	♦				♦	♦	♦	♦	♦	♦			♦		♦	**Neapoljs:** Applik. zu MapServer, MapXtreme, ArcIms, Neapoljs-Internet-Mapping auf Plattform von MapServer, MapXtreme oder ArcIms
♦	♦	♦	♦			♦	♦	♦	♦		♦			♦		♦	**iNeapoljs:** Applik. zu Arc IMS + MapXtreme + MapServer, iNeapoljs ist Front-End u. datenbankbasierte Entw.-umgeb. Für den interaktiven Web-Gis-auftritt, sonst. Plattform: Linux
	♦							♦						♦			**NetRIS:** Applik. zu GeoMedia Web Map, Geografische Auskunftslösung für GIS-Daten mit SAP-Schnittstelle
	♦													♦			**Plinius:** Applik. zu Map Guide, Baumkataster mit statisch integrierter Sicherheitsabschätzung und grafischer Auskunft
♦	♦	♦						♦	♦		♦						**rmINFO Viewer / Web:** Applik. zu Autodesk MapGuide, GIS-Auskunftssoftware für grundstücks- u. leitungsbezogene Daten
♦	♦		♦	♦				♦	♦					♦	♦		**SICAD - UT - WEB:** Applik. zu SICAD/open, GIS Vollsystem für Integrationslösungen im Netzmanagement
♦	♦		♦	♦		♦	♦	♦	♦	♦	♦			♦	♦		**SICAD Internet Suite:** modulare GIS-Internetlösung für stationäre und mobile Anwendungen

© Buhmann/Wiesel: GIS-Report 2002, Bernhard Harzer Verlag, Karlsruhe

GIS-Softwareübersicht — Internet-GIS

Software	Anbieter	Erstinstallation	Versionsnummer	Seats weltweit	Kunden D, A, CH	Kunden weltweit	Kosten ab Tausend-EURO	Kosten bis Tausend-EURO	GIS	Desktop-GIS	Internet-GIS	CAD-GIS	Business-GIS	Mobil-GIS	GIS Ergänzung	GIS-Komponente	GIS-Fachschale & Appl.	Geo-Datenbankserver	Windows (32-bit)	Unix	Eigenständige Software	Applikation	Vektor	Raster
SQL View	Fichtner Consulting & IT	2000		130	4		12,5				◆								◆	◆	◆		◆	◆
Störungsmanagement	Dr.-Ing. Stein Ingenieurbüro	2000		25	25						◆								◆		◆		◆	◆
Terra GIS	Wenninger Systems GmbH	2000	V 2.5	10000	10000	10000	7,95	20			◆								◆		◆	◆	◆	◆
terraCatalog	con terra	2001	1.2	3	3		5				◆							◆	◆	◆	◆	◆	◆	◆
Themenbrowser Intranet MapServer	Gfl	2000	1.1	7	7		7,5	8			◆								◆			◆	◆	
TNT Server	GIS Team	1999	3.0	1000	10	1000	6,15	6,15			◆								◆		◆		◆	◆
Troja	euro GIS IT-Systeme GmbH	2000		80	80	35	35	1,5			◆								◆			◆	◆	◆
Viecon Publisher	Bentley Systems Germany		Viecon P				13,5				◆								◆		◆		◆	◆
Web Office	SynerGIS Informationssysteme GmbH	2001	2.0	5	5	5	14,8	40			◆											◆	◆	◆
WEB-DD	Baral - Geohaus Consulting AG	1997		5000	5000	50	1,02	5,1			◆								◆	◆	◆	◆	◆	◆
WEGA - MARS	M.O.S.S.	2000	V 2.2.1		50	4	7,5				◆								◆	◆	◆		◆	◆
where2dig	PLEdocingrada*	2001									◆								◆				◆	◆

© Buhmann/Wiesel: GIS-Report 2002, Bernhard Harzer Verlag, Karlsruhe

Internet-GIS   GIS-Softwareübersicht

	Datenbankschnittstellen						Anwendungsschwerpunkte											Applikation zu, Kurzbeschreibung, sonstige Systemtypen und Plattformen
Int DB	Oracle	Intene Datenbank	MS-SQL-Server	Informix	sonstige	Facility Management	Umwelt- u. Naturschutz	Ver- u. Entsorgung	Telekommunikation	Auskunftssysteme	Kartographie	Marketing	Logistik	Vermessung u. Kataster	Verkehrsplanung	Raum- und Bauleitplanung		
♦							♦	♦	♦	♦	♦			♦			**SQL View:** Geodaten -Viewing und Analyse direkt aus Oracle für Client und Web, sonst. Plattform: LINUX	
	♦	♦						♦	♦								**Störungsmanagement:** Erfassung und Ablaufsteuerung von Störungsmeldungen	
	♦						♦	♦		♦	♦			♦	♦		**Terra GIS** Applik. zu Navigation, Webmapping,	
	♦			♦						♦						♦	**terraCatalog:** Applik. zu ArcIms, Internetbasierte Client/Server Anw. Zum Aufbau, Pflege u. Recherche von Metadaten über Georessourcen, sonst. Plattform: LINUX	
							♦	♦		♦				♦			**Themenbrowser Intranet MapServer:** Applik. zu ArcView, Internet-Map-Server für ArcView 3x	
♦	♦	♦	♦	♦	♦		♦	♦		♦	♦			♦		♦	**TNT Server:** Internet-Geodatenserver, Ausgabe über Standardbrowser u. Java-Applet	
	♦	♦								♦							**Troja:** Applik. zu MapGuide, Bidirektionale Schnittstelle zwischen MapGuide u. dem ALB-System Kolibri	
	♦	♦	♦	♦						♦							**Viecon Publisher:** Server-basierende Applikation zum Veröffentlichen von CAD und GIS-Daten über das Internet	
	♦		♦							♦							**Web Office:** Applik. zu ArcIMS (ESRI), Mapserver incl. HTML-ALB ohne plugin, liest shp + ArcSDE, Anbindung lokaler Datenbanken möglich	
	♦	♦	♦			♦	♦	♦						♦			**WEB-DD:** Applik. zu SICAD-Internet-Suite, Management-Programm für GIS im Internet	
	♦	♦		♦	♦			♦						♦			**WEGA - MARS:** Visualisierung u. Auswertung von HYBRIDEN Daten im Intra- u. Internet via OGC-Schnittstellen	
	♦	♦	♦					♦	♦								**where2dig:** Web-Lösung zur Prozessautomatisierung bei der rechtsverbindlichen Beauskunftung von Leistungstrassen	

© Buhmann/Wiesel: GIS-Report 2002, Bernhard Harzer Verlag, Karlsruhe

GIS-Softwareübersicht   sonstige

Software	Anbieter	Erstinstallation	Versionsnummer	Seats weltweit	Seats D, A, CH	Kunden weltweit	Kunden D, A, CH	Kosten ab Tausend-EURO	Kosten bis Tausend-EURO	GIS	Desktop-GIS	Internet-GIS	CAD-GIS	Business-GIS	Mobil-GIS	GIS Ergänzung	GIS-Komponente	GIS-Fachschale & Appl.	Geo-Datenbankserver	Windows (32-bit)	Unix	Eigenständige Software	Applikation	Vektor	Raster
3D Analyst	ESRI	1998	1.0 a/8.1.	30000	1400	24000	700									♦				♦	♦		♦	♦	♦
Abfragen zu GeoMedia	Fichtner Consulting & IT							0,45										♦		♦			♦		
ActiveMap	LUTUM + TAPPERT	1995	3.1	20000		20000		1						♦						♦			♦	♦	♦
Address Mapper	AGIS	1999	V.1.53		15		10	1,02						♦						♦		♦		♦	
Aggregationsmerker	ITS Informationstechnik Service	1998																♦		♦	♦		♦		
AGISCAD	AGIS				10		10	3	7				♦							♦			♦	♦	
Agro Survey	EFTAS Fernerkundung	2000	1.6					0,6	1									♦		♦			♦	♦	♦
ALK / ATKIS-Reader	geoVAL Informationssysteme	1996	ALK/ATKI	400		300		1,79	4,59								♦			♦		♦		♦	
ALK/ALB-Auskunft (GIS)	GreenLab	1998			90		20	0,8	1,5									♦		♦				♦	♦
ALK/ALB-Auskunft (Viewer)	GreenLab	2001						0,8	1,2									♦		♦				♦	♦
ALK/ATKIS-Reader	ESRI	1995	2.0 a	350	350	250	250	1,25										♦		♦			♦	♦	
ALKCONN	Hansa Luftbild/ ICF GmbH	1992						3,3	6,1									♦		♦	♦	♦		♦	

© Buhmann/Wiesel: GIS-Report 2002, Bernhard Harzer Verlag, Karlsruhe

GIS-Softwareübersicht

sonstige

Int DB	Oracle	Interne Datenbank	MS-SQL-Server	Informix	sonstige	Facility Management	Umwelt- u. Naturschutz	Ver- u. Entsorgung	Telekommunikation	Auskunftssysteme	Kartographie	Marketing	Logistik	Vermessung u. Kataster	Verkehrsplanung	Raum- und Bauleitplanung	Applikation zu, Kurzbeschreibung, sonstige Systemtypen und Plattformen
	♦	♦	♦	♦	♦	♦	♦	♦	♦	♦	♦	♦	♦	♦		♦	**3D Analyst:** Applik. zu ArcView GIS, Arc GIS, Erstellung, Visualisierung u. Analyse von 3D-Daten
																	Abfragen zu GeoMedia: Applik. zu GeoMedia, Add-On's zur Erweiterung von GeoMedia um benutzerdefinierte Abfragen
♦	♦	♦	♦	♦	♦			♦	♦	♦	♦	♦					**ActiveMap:** Applik. zu Mapping OCX, integriert geographische Komponenten in ein Informationssystem
	♦	♦				♦			♦	♦		♦	♦	♦			**Address Mapper:** Geokodierung und Abgleich von Adress-Datenbanken. Adressensuche in Intra- und Internetapplikation
♦								♦						♦			**Aggregationsmerker:** Applik. zu SMALLWORLD GIS, Freies Setzen von Bemerkungstext mit optionaler Zuweisung beliebiger Fachschalenobjekten
								♦		♦				♦		♦	**AGISCAD:** Applik. zu AutoCAD, Übernahme von Vermessungsdaten, GPS
							♦		♦								**Agro Survey** Applik. zu ArcView / ArcGIS,
								♦	♦		♦					♦	**ALK / ATKIS-Reader:** Umstzung amtlicher Vermassungsdaten für ArcView 3 und ArcGIS 8
										♦							**ALK/ALB-Auskunft (GIS):** Applik. zu ArcView, GIS-Schnittstelle zur ALB-Verwaltung TERRA-ALB
♦	♦	♦								♦							**ALK/ALB-Auskunft (Viewer):** Auskunftskomponen für ALK zur ALB-Verwaltung
			♦					♦	♦		♦			♦		♦	**ALK/ATKIS-Reader:** Applik. zu ArcView GIS, Visualisierung und Abfrage von ALK/ATKIS-Daten über EDBS in ArcView, Schnittstelle
						♦		♦	♦	♦				♦			**ALKCONN:** bidirektionale Umsetzung von ALK-GIAP-(Ent)Ladeformat nach und von Microstation DGN, Schnittstelle

© Buhmann/Wiesel: GIS-Report 2002, Bernhard Harzer Verlag, Karlsruhe

GIS-Softwareübersicht   sonstige

Software	Anbieter	Erstinstallation	Versionsnummer	Seats weltweit	Seats D, A, CH	Kunden weltweit	Kunden D, A, CH	Kosten ab Tausend-EURO	Kosten bis Tausend-EURO	GIS	Desktop-GIS	Internet-GIS	CAD-GIS	Business-GIS	Mobil-GIS	GIS Ergänzung	GIS-Komponente	GIS-Fachschale & Appl.	Geo-Datenbankserver	Windows (32-bit)	Unix	Eigenständige Software	Applikation	Vektor	Raster
AMSYS	Graphservice	1989	V2.1.1			6	6											◆		◆			◆	◆	◆
Arbor 3.0 Baumkataster	ribeka.com	1996	Arbor 3.0	100	100	2	4											◆		◆		◆		◆	◆
Arbor 3.0 Baumkataster	ribeka.com	1996	Arbor 3.0	100	100	2	4											◆		◆		◆		◆	◆
Arc SDE (Spatial Data Engine)	ESRI	1999	8.1	25000	1200	250													◆	◆	◆	◆		◆	◆
ARCAVS	ESRI	1995			40											◆				◆		◆		◆	
ArcCadastre	Leica Geosystems AG	2002						12,75	17,86									◆		◆			◆	◆	◆
ARCEDBS	ESRI	1992	5.0	200	200	110	110										◆			◆	◆		◆	◆	
ArcExplorer	ESRI	1997	2.0, 3.1 J	1000000	50000	1000000	50000										◆			◆		◆		◆	◆
ArcFLUR	GreenLab	2000	1.11		7			8,6	8,6									◆		◆				◆	◆
ArcGPS	COMMUNICATION & NAVIGATION	1995				0,5	5									◆				◆		◆		◆	
ArcPad	ESRI	2000	6.0	3000	3000	0,5									◆					◆		◆		◆	◆
ARCSICAD	ESRI	1991	7.0	80	80	80	80											◆		◆	◆		◆		

© Buhmann/Wiesel: GIS-Report 2002, Bernhard Harzer Verlag, Karlsruhe

GIS-Softwareübersicht

sonstige

Int DB	Oracle	Intene Datenbank	MS-SQL-Server	Informix	sonstige	Facility Management	Umwelt- u. Naturschutz	Ver- u. Entsorgung	Telekommunikation	Auskunftssysteme	Kartographie	Marketing	Logistik	Vermessung u. Kataster	Verkehrsplanung	Raum- und Bauleitplanung	Applikation zu, Kurzbeschreibung, sonstige Systemtypen und Plattformen
	◆			◆				◆									**AMSYS:** Applik. zu geoGPG, GIS-Applikation für Aufgaben im Bereich Stadtentwässerung
	◆	◆					◆										**Arbor 3.0 Baumkataster:** Baumkataster, Auswertung, mobile Datenerfassung, Befunde, Massnahmen, Berichte,
	◆	◆					◆										**Arbor 3.0 Baumkataster:** Baumkataster, mobile Datenerfassung, Befunde, Massnahmen, Berichte, Auswertung
◆	◆		◆	◆	◆	◆	◆	◆	◆	◆	◆	◆	◆	◆		◆	**Arc SDE (Spatial Data Engine):** Räuml. Verwaltung u. Analyse von Geodaten in RDBMS, Client-/Server-Architektur, Seats inkl. Connects, sonst. Plattform: OS2
														◆		◆	**ARCAVS:** Schnittstelle zw. INTERLIS den Daten der amtl. Vermessung (AVS) in der Schweiz u. ArcInfo, Schnittstelle
◆	◆		◆	◆	◆	◆				◆	◆			◆			**ArcCadastre:** Applik. zu ESRI ArcGIS, Itegrale Lösung für die Erfassung, Verarbeitung, Verwaltung und Nutzung v. Verm.- u. Katasterdaten
◆								◆	◆		◆						**ARCEDBS:** Schnittstelle zur bidirektionalen Umsetzung zwischen EDBS- u. ArcInfo Coverage-Format, Schnittstelle
							◆	◆	◆	◆	◆	◆	◆	◆		◆	**ArcExplorer:** kostenl. Internet-fähiger Browser (z.B. ArcIMS-Dienste) zur Visualisierung u. Abfrage von GIS-Daten
																	ArcFLUR: Applik. zu ArcView GIS, Interaktive, parameterbeeinflußte Bewegung und Neugliederung von Flächenstrukturen. (Flurneuordnung)
◆							◆	◆	◆		◆	◆					**ArcGPS:** GPS-for-GIS Darenerfassungssystem
			◆				◆	◆	◆	◆	◆	◆	◆	◆		◆	**ArcPad:** GIS für Einsatz auf tragbaren Minicomputer, Datenerfassung -Fortführung, GPS-Anbindung optional, sonst. Plattform: CE
◆							◆	◆	◆		◆			◆			**ARCSICAD:** Schnittstelle zur bidirektionalen Umsetzung zw. SQD- und ArcInfo Coverage-Format, Schnittstelle

© Buhmann/Wiesel: GIS-Report 2002, Bernhard Harzer Verlag, Karlsruhe

GIS-Softwareübersicht sonstige

Software	Anbieter	Erstinstallation	Versionsnummer	Seats weltweit	Seats D, A, CH	Kunden weltweit	Kunden D, A, CH	Kosten ab Tausend-EURO	Kosten bis Tausend-EURO	GIS	Desktop-GIS	Internet-GIS	CAD-GIS	Business-GIS	Mobil-GIS	GIS Ergänzung	GIS-Komponente	GIS-Fachschale & Appl.	Geo-Datenbankserver	Windows (32-bit)	Unix	Eigenständige Software	Applikation	Vektor	Raster
ASKO-Lader	ITS Informationstechnik Service	1998											♦							♦	♦		♦		
ATKIS/ALK-Manager	GfI	1999	2.1	25		25		3,69					♦										♦	♦	
Außenanlagenkataster	sofion AG																	♦						♦	
AUTARK	Gebig GIS mbH	1998		170	74	6	5	12,5					♦							♦					♦
AutoCAD Land Development Desktop R2	AUTODESK GmbH			40000		840		12,65			♦											♦			
Autodesk Map 5	AUTODESK GmbH	1996	Release 5	170000		12000		5,4	15		♦									♦		♦		♦	♦
AutoTerrain	EDO-Software	1995		600		600		4	4		♦									♦			♦	♦	
BahnSoft	Hansa Luftbild/ ICF GmbH	1992	4.1	55		40		4,3	5,1									♦		♦			♦	♦	
BaSYS - Indirekteinleiter	Barthauer Software	1999	6.14					4,94											♦	♦		♦		♦	♦
BaSYS - Plan Abwasser	Barthauer Software	1993	6.14	850		850		3,97										♦					♦	♦	♦
BaSYS - Plan Wasser	Barthauer Software	1997	6.14	350		350		3,815										♦		♦			♦	♦	♦
BaSYS - View Wasser	Barthauer Software	1998	6.1	56	56	21	21	6,3										♦						♦	♦

© Buhmann/Wiesel: GIS-Report 2002, Bernhard Harzer Verlag, Karlsruhe

sonstige   GIS-Softwareübersicht

Datenbankschnittstellen							Anwendungsschwerpunkte												Applikation zu, Kurzbeschreibung, sonstige Systemtypen und Plattformen
Int DB	Oracle	Intene Datenbank	MS-SQL-Server	Informix	sonstige	Facility Management	Umwelt- u. Naturschutz	Ver- u. Entsorgung	Telekommunikation	Auskunftssysteme	Kartographie	Marketing	Logistik	Vermessung u. Kataster	Verkehrsplanung	Raum- und Bauleitplanung	
♦								♦						♦			**ASKO-Lader:** Applik. zu SMALLWORLD GIS, Einlesen von ASCII-Koordinatendateien mit autom. Erzeugung von Punkt-, Linien- und Flächenobjekten
	♦	♦						♦		♦							**ATKIS/ALK-Manager:** Applik. zu ArcView 3.x, ALK- und ATKIS-Daten-Umsetzung, Management und Visualisierung
♦	♦	♦	♦			♦	♦			♦	♦		♦			♦	**Außenanlagenkataster:** Applik. zu SMALLWORLD GIS, Dokumentation, Verwaltung und Pflege von wohnbaulichen Anlagen und Grünanlagen
♦	♦	♦	♦	♦	♦					♦							**AUTARK:** Applik. zu Standard DMS, Auskunfts- u. Archivierungssystem für technische Ämter
♦	♦	♦		♦		♦	♦	♦		♦				♦		♦	**AutoCAD Land Development Desktop R2:** Präzisionswerkzeug für die Erstellung, Pflege und Analyse von dreidimensionalen Gebäudemodellen.
♦	♦	♦	♦	♦		♦	♦	♦	♦		♦			♦		♦	**Autodesk Map 5**
														♦		♦	**AutoTerrain:** Applik. zu AutoCAD, Erdbau u. Visualisierung, DGM-Grundlage für andere AutoCAD oder 3D-Studio Applikationen
														♦		♦	**BahnSoft:** Applik. zu MicroStation, Programm zur Digitalisierung und Fortführung von Bahnhofs- und Streckenplänen der DB AG
	♦	♦					♦	♦		♦							**BaSYS - Indirekteinleiter:** Verw. v. Indirekteinleitern, länderspezif. Vorschriften, automat. Terminkontrolle, Visualisierung
♦	♦	♦						♦		♦				♦		♦	**BaSYS - Plan Abwasser:** Applik. zu Autocad Map, datenbankgestützte Planung/Erfassung von Kanalnetzen in Autocad Map
	♦	♦						♦		♦				♦			**BaSYS - Plan Wasser:** Applik. zu AutoCAD Map, Datenbankgestützte Planung / Erfassung von Wasserversorgungsnetzen im AutoCAD Map
♦	♦	♦					♦	♦		♦	♦			♦			**BaSYS - View Wasser:** Applik. zu ArcView, Kommunales GI-System basierend auf ArcView, Fachschale Wasserversorgung

© Buhmann/Wiesel: GIS-Report 2002, Bernhard Harzer Verlag, Karlsruhe

GIS-Softwareübersicht — sonstige

Software	Anbieter	Erstinstallation	Versionsnummer	Seats weltweit	Seats D, A, CH	Kunden weltweit	Kunden D, A, CH	Kosten ab Tausend-EURO	Kosten bis Tausend-EURO	GIS	Desktop-GIS	Internet-GIS	CAD-GIS	Business-GIS	Mobil-GIS	GIS Ergänzung	GIS-Komponente	GIS-Fachschale & Appl.	Geo-Datenbankserver	Windows (32-bit)	Unix	Eigenständige Software	Applikation	Vektor	Raster
Bemaßungskomponente	Fichtner Consulting & IT	1998		15		3		0,45									◆			◆			◆	◆	
Bemaßungs-Konstruktions-Editor	METTENMEIER GmbH							0,92								◆				◆	◆		◆		
Bemaßungs-Profi	METTENMEIER GmbH							1,53								◆				◆	◆		◆		
BGRUND	EDO-Software	1995	Ni4		30		30	1,5								◆				◆		◆	◆	◆	
BGrund-Reader für GeoMedia	CISS TDI	1999			45		10	2,8								◆				◆		◆		◆	
Bodenschutz und Flächenrecycling	UMGIS Informatik GmbH	2000			11		4	2	8									◆		◆			◆	◆	◆
Bodenzustandskataster	UMGIS Informatik GmbH	2000			2		2	2	6										◆	◆			◆	◆	◆
BPLAN	BT-GIS Benndorf Technologie	1996			30		15	4,3										◆		◆	◆			◆	◆	◆
Business Manager	ESRI	2002	1.0		10		10							◆									◆	◆	◆
CADdy	I.V.C. AG	1984		61000	49000			6,45												◆		◆		◆	◆
CADdy Kanalplanung	I.V.C. AG	1991		1400	1200	9		14					◆							◆			◆	◆	◆
CADdy Leitungsplanung	I.V.C. AG	1991		1350	1200	5		9,5					◆							◆			◆	◆	◆

© Buhmann/Wiesel: GIS-Report 2002, Bernhard Harzer Verlag, Karlsruhe

GIS-Softwareübersicht

sonstige

Int DB	Oracle	Intene Datenbank	MS-SQL-Server	Informix	sonstige	Facility Management	Umwelt- u. Naturschutz	Ver- u. Entsorgung	Telekommunikation	Auskunftssysteme	Kartographie	Marketing	Logistik	Vermessung u. Kataster	Verkehrsplanung	Raum- und Bauleitplanung	Applikation zu, Kurzbeschreibung, sonstige Systemtypen und Plattformen
							◆							◆			**Bemaßungskomponente:** Applik. zu GeoMedia, Ermöglicht es, beliebige GeoMedia-Komponenten mit Bemaßungen unterschiedl. Art zu versehen.
			◆				◆										**Bemaßungs-Konstruktions-Editor:** Applik. zu SMALLWORLD GIS, Bemaßungen komfortabel konstruieren
				◆			◆										**Bemaßungs-Profi:** Applik. zu SMALLWORLD GIS, komfortable Erweiterung des Standard-Bemaßungseditors
								◆	◆	◆	◆			◆		◆	**BGRUND:** Applik. zu AutoCAD, Schnittstelle zw. BGRUND-Daten aus ALK-BW und DXF-Format mit Link auf Sachdaten
								◆	◆	◆	◆			◆	◆	◆	**BGrund-Reader für GeoMedia:** Applik. zu Intergraph GeoMedia, BGrund-Reader für GeoMedia
◆	◆							◆									**Bodenschutz und Flächenrecycling:** Applik. zu Geomedia, Caddy++Geo Media, Verwaltung von bodenschutzflächen gemäß BBodSchG+BBodSchV
◆	◆							◆									**Bodenzustandskataster:** Applik. zu Geomedia, Caddy++Geo Media, Bodenzustandskataster gemäß Kartieranleitung 4 (KA4) der BBodSchV
	◆		◆													◆	**BPLAN:** Applik. zu SiCAD/open, Bebauungsplanung nach Planz V90 mit Schnittstelle für 3D Modul, sonst. Plattform: V2.2
	◆					◆	◆	◆	◆	◆	◆	◆	◆	◆	◆	◆	**Business Manager:** Applik. zu Arc View GIS, Geomarket.-Werkzeug, das alle Vorzüge eines reinen Geomarket. Tools mit einem Desktop GIS verbindet
	◆							◆		◆	◆			◆			**CADdy:** CAD-Basis für unterschiedlichste Anwendungslösungen
◆	◆							◆		◆				◆			**CADdy Kanalplanung:** Applik. zu CADdy, Fachapplikation für Kanalplaner und kommunale Anwendungen
◆	◆							◆		◆				◆			**CADdy Leitungsplanung:** Applik. zu CADdy, Fachapplikation für Leitungsplaner und Versorger (Wasser)

© Buhmann/Wiesel: GIS-Report 2002, Bernhard Harzer Verlag, Karlsruhe

GIS-Softwareübersicht — sonstige

Software	Anbieter	Erstinstallation	Versionsnummer	Seats weltweit	Seats D,A,CH	Kunden weltweit	Kunden D,A,CH	Kosten ab Tausend-EURO	Kosten bis Tausend-EURO	GIS	Desktop-GIS	Internet-GIS	CAD-GIS	Business-GIS	Mobil-GIS	GIS Ergänzung	GIS-Komponente	GIS-Fachschale & Appl.	Geo-Datenbankserver	Windows (32-bit)	Unix	Eigenständige Software	Applikation	Vektor	Raster
CADdy Vermessung	I.V.C. AG	1986		9750	8600			6	18				♦							♦			♦	♦	♦
CADdy++ GEO Vermessung	I.V.C. AG	2000	4.0					14,4	26,9				♦							♦				♦	♦
CARD/1 CARDPLOT	IB&T	1985	7.7					1,3	2,3									♦		♦		♦		♦	♦
CARD/1 Bahnplanung	IB&T	1985	7.7															♦		♦		♦		♦	♦
CARD/1 Kanalkataster	IB&T	2001	7.7															♦		♦		♦		♦	♦
CARD/1 Kanalplanung	IB&T	1985	7.7					2,5	22,5									♦		♦		♦		♦	♦
CARD/1 Straßenplanung	IB&T	1985	7.7															♦		♦		♦		♦	♦
CARD/1 Vermessung	IB&T	1985	7.7					1	17,5									♦		♦		♦		♦	♦
CARD/1 Weichenkataster	IB&T	2001	7.7															♦		♦		♦		♦	♦
Case Viewer	METTENMEIER GmbH																♦			♦	♦		♦	♦	
CASOB	aadiplan int'l	1985		600	500			3,3	9,95								♦			♦			♦	♦	
CDA-Generator	GISCAD			30	30	30	30	980											♦	♦			♦		

© Buhmann/Wiesel: GIS-Report 2002, Bernhard Harzer Verlag, Karlsruhe

GIS-Softwareübersicht

Int DB	Oracle	Intene Datenbank	MS-SQL-Server	Informix	sonstige	Facility Management	Umwelt- u. Naturschutz	Ver- u. Entsorgung	Telekommunikation	Auskunftssysteme	Kartographie	Marketing	Logistik	Vermessung u. Kataster	Verkehrsplanung	Raum- und Bauleitplanung	Applikation zu, Kurzbeschreibung, sonstige Systemtypen und Plattformen
		◆			◆		◆	◆			◆			◆		◆	**CADdy Vermessung:** Applik. zu CADdy, Berechnungen/Meßdatentransfer, Kartierung/Digitalisierung, DGM/Erdmassenberechnung u.a.
	◆	◆	◆								◆			◆			**CADdy++ GEO Vermessung** Applik. zu CADdy++ GEO ▢ edia,
◆								◆	◆		◆					◆	**CARD/1 CARDPLOT:** Grafisch-interaktives CAD-System zur klassischen Erstellung und Bearbeitung von Zeichnungen
◆															◆		**CARD/1 Bahnplanung:** graf.-interakt. CAD-System für die integr. Planung von Trassen schienengebundener Verkehrsmittel
	◆							◆									**CARD/1 Kanalkataster:** CAD-System zur Bestandsdokumentation von Kanalnetzen
◆								◆									**CARD/1 Kanalplanung:** graf.-interakt. CAD-System für die integr. Planung von Kanalisations- und Entwässerungseinrichtungen
◆															◆		**CARD/1 Straßenplanung:** graf.-interakt. CAD-System für die integr. Plang. v. Straßenverkehrswegen und zur Bauabrechnung
◆														◆			**CARD/1 Vermessung:** graf.-interakt. CAD-System für die Ingenieur- und Katastervermessung
	◆													◆			**CARD/1 Weichenkataster:** graf. Interakt. CAD-Systm zur Bestandsdokumentation von Weichen für Schienennetzbetreiber
							◆										**Case Viewer:** Applik. zu Smallworld GIS, Analysierung von Smallworld - Datenmodellen
◆							◆				◆						**CASOB:** CASOB ist ein theodolitengestütztes digitales 3D-Lasermesssystem zur Baubestandserfassung, tachymetergest. Aufmaßsystem
◆																	**CDA-Generator:** Applik. zu CD-Atlas 25, Tool zur Georeferenzierung von Rasterdaten zur anschließenden Integration in die CD-Atlas-Software, sonst. Plattform: 1.5

© Buhmann/Wiesel: GIS-Report 2002, Bernhard Harzer Verlag, Karlsruhe

GIS-Softwareübersicht — sonstige

Software	Anbieter	Erstinstallation	Versionsnummer	Seats weltweit D, A, CH	Kunden weltweit D, A, CH	Kosten ab Tausend-EURO bis Tausend-EURO	GIS	Desktop-GIS	Internet-GIS	CAD-GIS	Business-GIS	Mobil-GIS	GIS Ergänzung	GIS-Komponente	GIS-Fachschale & Appl.	Geo-Datenbankserver	Plattform Windows (32-bit)	Unix	Umfang Eigenständige Software	Applikation	Format Vektor	Raster
CD-Atlas 25	GISCAD	1998	V.3,62	1500 / 1500	1400 / 1400	149 / 1500				◆							◆		◆		◆	◆
CD-ATLAS ALK-ARCHIV	GISCAD	2001	3.62	3 / 3		20				◆							◆				◆	◆
chart Extension@ for ArcView GIS	B.U.I	1999	1.1	45 / 25	45 / 25	0,5 / 1							◆				◆	◆	◆		◆	
CISwitch	CISS TDI	2000				6,4							◆				◆	◆			◆	
CITRA	CISS TDI	1992		200	100	2,55 / 30,6							◆				◆	◆	◆		◆	
COMPANY-WEB	ITS Informationstechnik Service	1999											◆				◆	◆				
Config. Manager	METTENMEIER GmbH					1,28							◆				◆	◆		◆		
Conic GIS	METTENMEIER GmbH	1999	4.2	1000 / 25	100 / 10	0,46 / 3,37						◆					◆				◆	◆
CUBIS/POLIS EVU	Dr.-Ing. Stein Ingenieurbüro	1989		2300	2300								◆				◆	◆		◆	◆	◆
CUBIS/POLIS Kommunal	Dr.-Ing. Stein Ingenieurbüro	1989		350	350								◆				◆	◆		◆	◆	◆
Data Manager	GreenLab	1997		15 / 15	5	1,2 / 2,4							◆				◆			◆	◆	◆
DATAflor CAD V6	DATAflor	1995		1720 / 1410	950 / 840	0,5 / 11,22				◆							◆				◆	◆

© Buhmann/Wiesel: GIS-Report 2002, Bernhard Harzer Verlag, Karlsruhe

GIS-Softwareübersicht — sonstige

Int DB	Oracle	Intene Datenbank	MS-SQL-Server	Informix	sonstige	Facility Management	Umwelt- u. Naturschutz	Ver- u. Entsorgung	Telekommunikation	Auskunftssysteme	Kartographie	Marketing	Logistik	Vermessung u. Kataster	Verkehrsplanung	Raum- und Bauleitplanung	Applikation zu, Kurzbeschreibung, sonstige Systemtypen und Plattformen
♦							♦	♦	♦	♦	♦	♦			♦		**CD-Atlas 25:** Kartenviewer mit integr. TK25N, Vektor- und Sachdatenmodul integriert, Windows-Basisfunktionalität
																	CD-ATLAS ALK-ARCHIV: Applik. zu CD-ATLAS, Netzwerkfähiges Kartenarchiv und Kartenviewer f. große Datenbestände hierarchische Kartennavigation
							♦	♦	♦		♦					♦	**chart Extension@ for ArcView GIS:** Applik. zu ArcView, Erzeugung komplexer graphik-basierter Diagramme im View/Layout von ArcView
♦	♦																**CISwitch:** Applik. zu Smallworld, CITRA-Smallworld-Datenmodell-Generator
	♦		♦			♦	♦	♦	♦					♦			**CITRA:** allgemeine Datenschnittstelle zwischen GIS- und CAD-Systemen
♦								♦		♦				♦			**COMPANY-WEB:** Applik. zu SMALLWORLD GIS, Dienstlg. z. Erstellg. einer Auskunftsoberfl. auf Basis der SMALLWORLD Active-x-Controls f. Unterne.
							♦	♦									**Config. Manager:** Applik. zu Smallworld GIS, Tool zur Generierung von Editoren in Form von Benutzeroberflächen für Smallworld GIS
♦						♦	♦	♦	♦	♦				♦		♦	**Conic GIS:** Applik. zu Smallworld GIS, Mobile GIS für Auskunft, Wartung, Instandhaltung und mobile Datenerfassung.
	♦	♦						♦	♦	♦				♦			**CUBIS/POLIS EVU:** Applik. zu CUBIS/POLIS, zur Erfassung und Auswertung techn. Daten für Ver- und Entsorger
	♦	♦				♦	♦		♦	♦	♦					♦	**CUBIS/POLIS Kommunal:** Applik. zu CUBIS/POLIS, für die kommunale Anwendung wie z.B. ALK/ALB, Kanal, B-Plan usw.
										♦							**Data Manager:** Applik. zu ArcView GIS, systematische Verwaltung großer Datenmengen und deren Navigation
♦	♦	♦	♦	♦	♦		♦	♦						♦		♦	**DATAflor CAD V6:** Applik. zu AutoCAD (MAP) 2000, Objektorientierte Lösung mit DGM, GIS und Datenbankschnittstellen

© Buhmann/Wiesel: GIS-Report 2002, Bernhard Harzer Verlag, Karlsruhe

GIS-Softwareübersicht — sonstige

Software	Anbieter	Erstinstallation	Versionsnummer	Seats weltweit	Seats D, A, CH	Kunden weltweit	Kunden D, A, CH	Kosten ab Tausend-EURO	Kosten bis Tausend-EURO	GIS	Desktop-GIS	Internet-GIS	CAD-GIS	Business-GIS	Mobil-GIS	GIS Ergänzung	GIS-Komponente	GIS-Fachschale & Appl.	Geo-Datenbankserver	Windows (32-bit)	Unix	Eigenständige Software	Applikation	Vektor	Raster
DATAflor Survey	DATAflor	2000		120	110	90	80	0,51	0,51				◆							◆				◆	
DAVID-GeoDB	ibR Ges. für Geoinformation mbH	1995	3.60	100	100	50	50												◆	◆	◆	◆		◆	◆
DAVID-PenGIS	ibR Ges. für Geoinformation mbH	1999	3.60	120	120	10	10								◆					◆		◆		◆	◆
Delta - Analyzer	METTENMEIER GmbH															◆				◆	◆		◆	◆	
Deponieverwaltung	UMGIS Informatik GmbH	2001		2		2		2	6									◆		◆			◆	◆	◆
Desktop-Saver	ITS Informationstechnik Service	1999														◆				◆	◆		◆		
DET - Datenerfassungstool	ITS Informationstechnik Service	1999														◆				◆	◆				
Detail Browser	Fichtner Consulting & IT	1997		500		15		0,5								◆				◆			◆		
DFK/SQD Reader für MapInfo	CISS TDI	2000						2,8										◆		◆		◆		◆	
DFK/SQD-Reader für GeoMedia	CISS TDI	1999		10		5		2,8	3,57									◆		◆		◆		◆	
DGK5	BT-GIS Benndorf Technologie	1997	V1.3	10		5		5,9										◆		◆	◆		◆	◆	◆
DGN2CARD/1	Hansa Luftbild/ ICF GmbH	1995						1,5										◆		◆		◆		◆	

© Buhmann/Wiesel: GIS-Report 2002, Bernhard Harzer Verlag, Karlsruhe

GIS-Softwareübersicht

sonstige

Int DB	Oracle	Intene Datenbank	MS-SQL-Server	Informix	sonstige	Facility Management	Umwelt- u. Naturschutz	Ver- u. Entsorgung	Telekommunikation	Auskunftssysteme	Kartographie	Marketing	Logistik	Vermessung u. Kataster	Verkehrsplanung	Raum- und Bauleitplanung	Applikation zu, Kurzbeschreibung, sonstige Systemtypen und Plattformen
◆							◆	◆			◆			◆		◆	**DATAflor Survey:** Applik. zu AutoCAD (MAP) 2000, Im- und Export beliebiger Punktsätze und Vermessungsdaten
◆	◆							◆	◆	◆				◆			**DAVID-GeoDB:** Geodaten-Server zum Geo-Informationssystem DAVID
◆	◆	◆						◆	◆	◆				◆			**DAVID-PenGIS:** Feldsystem zum Geo-Informationssystem DAVID der moderne Außendienst auf Pen-Computern
								◆									**Delta - Analyzer:** Applik. zu Smallworld GIS, Tool das die Möglichkeitenpalette bei der Arbeit mit dem Smallworld GIS erweitert
	◆		◆					◆									**Deponieverwaltung:** Applik. zu Geomedia, Caddy++Geo Media, Ablagerungsflächen, Verfüllfelder, Quadranten, Einbauliste, Stoffströme
								◆						◆			**Desktop-Saver:** Applik. zu SMALLWORLD GIS, Laden und Speichern aller GIS-Oberflächen zur Beschleunigung der Erfassung
◆								◆									**DET - Datenerfassungstool:** Applik. zu SMALLWORLD GIS, autom. Erzeug. u. gleichz. Bemaßung von Hausanschlüssen; vereinfachte Konstruktion; Schnelltasten; usw.
◆	◆	◆	◆	◆	◆			◆	◆							◆	**Detail Browser:** Applik. zu Field View, InterNETZ u. GeoMedia, Applikation zur Verknüpfung von Dokumenten mit geografischen Objekten aus dem GIS
								◆	◆	◆	◆			◆	◆		**DFK/SQD Reader für MapInfo:** Applik. zu MapInfo, DFK/SQD Reader für MapInfo
								◆	◆	◆	◆			◆			**DFK/SQD-Reader für GeoMedia:** Applik. zu Intergraph GeoMedia, DFK/SQD-Reader für GeoMedia
	◆		◆								◆						**DGK5:** Applik. zu SICAD/open, Fortführen d. DGK 1:5000; Erfassung, Bearbeitung, Modifikation DGK5 - Folien
											◆			◆			**DGN2CARD/1:** Schnittstelle zur Übersetzung von MicroStation-DGN nach CARD/1, sonst. Plattform: DOS

© Buhmann/Wiesel: GIS-Report 2002, Bernhard Harzer Verlag, Karlsruhe

GIS-Softwareübersicht — sonstige

Software	Anbieter	Erstinstallation	Versionsnummer	Seats weltweit	Seats D, A, CH	Kunden weltweit	Kunden D, A, CH	Kosten ab Tausend-EURO	Kosten bis Tausend-EURO	GIS	Desktop-GIS	Internet-GIS	CAD-GIS	Business-GIS	Mobil-GIS	GIS Ergänzung	GIS-Komponente	GIS-Fachschale & Appl.	Geo-Datenbankserver	Windows (32-bit)	Unix	Eigenständige Software	Applikation	Vektor	Raster
DIGIPLAN / AddPlan	SELB	1990	1.52	880	480	880	480	1,2												◆			◆	◆	
DISTRICT	MACON AG	1991		4000	4000			3					◆							◆			◆	◆	
DistrictManager2000	LUTUM + TAPPERT	1998	2.1	700	700			3					◆							◆		◆	◆	◆	
disy GISterm Framework	disy Informationssysteme GmbH	1997	2.6													◆				◆	◆	◆		◆	◆
Docfinder	grit GmbH	2000						10								◆				◆		◆			
Drivetime	MapInfo		6.1	100												◆				◆			◆	◆	
Durchleitungsmanagement	WGI mbH	2001																◆		◆			◆	◆	◆
Easymap 7.0	LUTUM + TAPPERT	1986	6.5	1500	1500			1,8					◆							◆		◆	◆	◆	
eCognition	DEFINIENS IMAGING GmbH	2000	eCognition	170	60	150	50	9,18	17,86							◆				◆		◆	◆	◆	◆
EDBS Import/Export	sofion AG	1993																	◆	◆	◆		◆	◆	
EDBS/ALK-Reader Fortführung für GeoMedia	CISS TDI	2000						3,57										◆		◆		◆	◆	◆	
EDBS/ALK-Reader für GeoMedia	CISS TDI	1999		500	300													◆		◆		◆	◆	◆	

© Buhmann/Wiesel: GIS-Report 2002, Bernhard Harzer Verlag, Karlsruhe

sonstige — GIS-Softwareübersicht

Int DB	Oracle	Interne Datenbank	MS-SQL-Server	Informix	sonstige	Facility Management	Umwelt- u. Naturschutz	Ver- u. Entsorgung	Telekommunikation	Auskunftssysteme	Kartographie	Marketing	Logistik	Vermessung u. Kataster	Verkehrsplanung	Raum- und Bauleitplanung	Applikation zu, Kurzbeschreibung, sonstige Systemtypen und Plattformen
♦														♦			**DIGIPLAN / AddPlan:** Applik. zu AutoCAD, Grundriß-Erfassung direkt vor Ort; integrierter Fehlerausweis und automatische Grundrißkorrektur
♦	♦							♦	♦		♦	♦	♦			♦	**DISTRICT**
♦	♦			♦				♦	♦			♦	♦				**DistrictManager2000:** Planung, Optimierung u. Kontrolle von Vertriebsgebieten
♦	♦	♦	♦	♦	♦	♦	♦	♦	♦	♦	♦	♦	♦	♦	♦	♦	**disy GISterm Framework:** Komponentenbasiertes Framework für Java-Anwendungsentwicklungen; siehe www.disy.net, sonst. Plattform: Java Plattformen
								♦	♦					♦			**Docfinder:** Applik. zu SICAD, AUTARK, Schnittstelle zwischen SICAD (SICAD GEOMATICS) und (AUTARK (GebigGIS)
								♦	♦				♦	♦			**Drivetime:** Applik. zu MapInfo Professional, Applikation zur kürzesten/schnellsten Wegberechnung u. Berechnung v. Isochronen u. Isodistanzen, sonst. Plattform: NT
								♦	♦								**Durchleitungsmanagement:** Applik. zu Smallworld GIS, Topogr., leitungstechnische und topologische Dokumentation der Gasnetzkarte mit Verwaltungsstruktur
♦		♦		♦				♦	♦			♦	♦				**Easymap 7.0:** auf Anforderungen in Marketing, Vertrieb, Controlling u. Statistik zugeschnittenes Desktop-Mapping, sonst. Plattform: Windows (16-Bit)
♦							♦				♦			♦			**eCognition:** Objektorientierte Bildanalyse zur automatischen Klassifikation hochaufgelöster Rasterdaten
♦	♦							♦	♦	♦				♦	♦	♦	**EDBS Import/Export:** Applik. zu SMALLWORLD GIS, Import von Daten der Automatisierten Liegenschaftskarte (ALK) im EDBS-Format
								♦	♦	♦	♦			♦		♦	**EDBS/ALK-Reader Fortführung für GeoMedia:** Applik. zu Intergraph GeoMedia, EDBS/ALK-Reader Fortführung für GeoMedia
								♦	♦	♦	♦			♦		♦	**EDBS/ALK-Reader für GeoMedia:** Applik. zu Intergraph GeoMedia, EDBS/ALK-Reader Fortführung für Intergraph GeoMedia

© Buhmann/Wiesel: GIS-Report 2002, Bernhard Harzer Verlag, Karlsruhe

GIS-Softwareübersicht — sonstige

Software	Anbieter	Erstinstallation	Versionsnummer	Seats weltweit	Seats D,A,CH	Kunden weltweit	Kunden D,A,CH	Kosten ab Tausend-EURO	Kosten bis Tausend-EURO	GIS	Desktop-GIS	Internet-GIS	CAD-GIS	Business-GIS	Mobil-GIS	GIS Ergänzung	GIS-Komponente	GIS-Fachschale & Appl.	Geo-Datenbankserver	Windows (32-bit)	Unix	Eigenständige Software	Applikation	Vektor	Raster
EDBS/ALK-Reader für MapInfo	CISS TDI	1998		50		20		2,8								♦				♦		♦		♦	
EDBS/ATKIS-Reader für GeoMedia	CISS TDI	2000						2,8								♦				♦		♦		♦	
EDBS/ATKIS-Reader für MapInfo	CISS TDI	2000						2,8								♦				♦		♦		♦	
Einfärbetool	METTENMEIER GmbH	2000														♦				♦	♦		♦	♦	
Einsatzzentrale	Screen Paper Communication GmbH	2001	2.1															♦				♦		♦	♦
EnFile	Fichtner Consulting & IT	1990	3.0	30	25	30	25	3,8												♦			♦	♦	
EnTuch	Fichtner Consulting & IT	1990	3.0	5		5		3												♦			♦	♦	
ESN Fachschale Gas, EGA	EnergieSysteme Nord																	♦		♦			♦	♦	♦
ESN Fachschale Strom, ESA	EnergieSysteme Nord																	♦		♦			♦	♦	♦
ESN Fachschale Wasser, EWA	EnergieSysteme Nord																	♦		♦			♦	♦	♦
ESN Modul ACF Assistent	EnergieSysteme Nord															♦				♦			♦	♦	♦
ESN Modul ALK-Schlüsselergänzungen	EnergieSysteme Nord															♦				♦			♦	♦	♦

© Buhmann/Wiesel: GIS-Report 2002, Bernhard Harzer Verlag, Karlsruhe

sonstiges GIS-Softwareübersicht

Int DB	Oracle	Intene Datenbank	MS-SQL-Server	Informix	sonstige	Facility Management	Umwelt- u. Naturschutz	Ver- u. Entsorgung	Telekommunikation	Auskunftssysteme	Kartographie	Marketing	Logistik	Vermessung u. Kataster	Verkehrsplanung	Raum- und Bauleitplanung	Applikation zu, Kurzbeschreibung, sonstige Systemtypen und Plattformen
							♦	♦	♦	♦		♦		♦		♦	**EDBS/ALK-Reader für MapInfo:** Applik. zu MapInfo, EDBS/ALK-Reader für MapInfo
							♦	♦	♦	♦		♦		♦		♦	**EDBS/ATKIS-Reader für GeoMedia:** Applik. zu Intergraph GeoMedia, EDBS/ATKIS-Reader für GeoMedia
							♦	♦	♦	♦		♦		♦		♦	**EDBS/ATKIS-Reader für MapInfo:** Applik. zu MapInfo, EDBS/ATKIS-Reader für MapInfo
								♦									**Einfärbetool:** Applik. zu Smallworld GIS, Gezieltes farbiges Darstellen von Sachverhalten in SmallWorld GIS
♦	♦	♦	♦		♦												**Einsatzzentrale:** Applik. zu ESRI oder Power@Geo, Situationsdarstellung u. Editor, datenbankgestützt, Einsatzleitzentr. u. -planung sowie Überwachung
♦														♦			**EnFile:** Applik. zu MicroStation, Fahrzeugsimulation
♦														♦			**EnTuch:** Applik. zu MicroStation, Fahrzeugsimulation und Kollisionsprüfung
								♦									**ESN Fachschale Gas, EGA:** Applik. zu GE Smallworld GIS, ESN Standardfachschale Gas; Praxisorientierte Applikation für kleine u. mittelgroße Unternehmen
								♦									**ESN Fachschale Strom, ESA:** Applik. zu GE Smallworld GIS, ESN Standardfachschale Strom; Praxisorientierte Applikation für kleine u. mittelgroße Unternehmen
								♦									**ESN Fachschale Wasser, EWA:** Applik. zu GE Smallworld GIS, ESN Standardfachschale Wasser; Praxisorientierte Applikation für kleine u. mittelgroße Unternehmen
								♦									**ESN Modul ACE Assistent:** Applik. zu GE Smallworld GIS, Erzeugte Objektsichtbarkeiten können in andere Anwendungen einfach übertragen werden.
								♦									**ESN Modul ALK-Schlüsselergänzungen:** Applik. zu GE Smallworld GIS, Automatische Vervollständigung der ALK-Hierarchie.

© Buhmann/Wiesel: GIS-Report 2002, Bernhard Harzer Verlag, Karlsruhe

GIS-Softwareübersicht   sonstige

Software	Anbieter	Erstinstallation	Versionsnummer	Seats weltweit	Seats D, A, CH	Kunden weltweit	Kunden D, A, CH	Kosten ab Tausend-EURO	Kosten bis Tausend-EURO	GIS	Desktop-GIS	Internet-GIS	CAD-GIS	Business-GIS	Mobil-GIS	GIS Ergänzung	GIS-Komponente	GIS-Fachschale & Appl.	Geo-Datenbankserver	Windows (32-bit)	Unix	Eigenständige Software	Applikation	Vektor	Raster
ESN Modul Ausgabeeditor	EnergieSysteme Nord															♦				♦			♦	♦	♦
ESN Modul Auskunft	EnergieSysteme Nord															♦				♦			♦	♦	♦
ESN Modul Detaildarstellung	EnergieSysteme Nord															♦				♦			♦	♦	♦
ESN Modul Dynamische Sichtbarkeiten	EnergieSysteme Nord															♦				♦			♦	♦	♦
ESN Modul Mobile Kartenauskunft	EnergieSysteme Nord															♦				♦			♦	♦	♦
ESN Modul Netzstatistik	EnergieSysteme Nord															♦				♦			♦	♦	♦
ESN Modul Rahmenkarte	EnergieSysteme Nord															♦				♦			♦	♦	♦
ESN Modul Vermessungimporter	EnergieSysteme Nord															♦				♦			♦	♦	♦
ESN Modul Versorgungsbereich	EnergieSysteme Nord															♦				♦			♦	♦	♦
ESN Modul Vertrieb	EnergieSysteme Nord															♦				♦			♦	♦	♦
ESN Modulpaket Administration	EnergieSysteme Nord															♦				♦			♦	♦	♦
ESN Modulpaket Fortführung	EnergieSysteme Nord		DES													♦				♦			♦	♦	♦

© Buhmann/Wiesel: GIS-Report 2002, Bernhard Harzer Verlag, Karlsruhe

sonstige GIS-Softwareübersicht

Datenbank-schnittstellen						Anwendungsschwerpunkte									Applikation zu, Kurzbeschreibung, sonstige Systemtypen und Plattformen
Int DB	Oracle	Intene Datenbank	MS-SQL-Server	Informix	sonstige	Facility Management	Umwelt- u. Naturschutz	Ver- u. Entsorgung	Telekommunikation	Auskunftssysteme	Kartographie	Marketing	Logistik	Vermessung u. Kataster	Verkehrsplanung / Raum- und Bauleitplanung	
								◆								**ESN Modul Ausgabeeditor:** Applik. zu GE Smallworld GIS, Per Knopfdruck kann über den Ausgabe-Editor eine beliebige Auswahl von Rahmenkarten geplottet werden
								◆								**ESN Modul Auskunft:** Applik. zu GE Smallworld GIS, Einfache Möglichkeit Informationen aus der Datenbank herauszuholen, ohne die Einzeleditoren zu öffnen
								◆								**ESN Modul Detaildarstellung:** Applik. zu GE Smallworld GIS, Einfache Darstellung von Planausschnittsvergrößerungen mit eindeutiger Zuordnung zum Ursprung.
								◆								**ESN Modul Dynamische Sichtbarkeiten:** Applik. zu GE Smallworld GIS, Einfache Anzeige best.Objekte, ohne das dies bei der Datenmodellierung berücksichtigt werden muss.
								◆								**ESN Modul Mobile Kartenauskunft:** Applik. zu GE Smallworld GIS, Eigenständiges System und lokales Informationswerkzeug für den Feld- oder Vor-Ort-Einsatz.
								◆								**ESN Modul Netzstatistik:** Applik. zu GE Smallworld GIS, Leicht bedienbare u. aussagekräftige Auswertungsmöglichkeit zur Erstellung von Statistiken.
								◆								**ESN Modul Rahmenkarte:** Applik. zu GE Smallworld GIS, Funktion zur automatischen Genierung ausgewählter Rahmenkarten mit autom. Benennung
								◆								**ESN Modul Vermessungimporter:** Applik. zu GE Smallworld GIS, Ermöglicht den einfachen Austausch mit anderen Datenbanken. Einfacher Import externer Files.
								◆								**ESN Modul Versorgungsbereich:** Applik. zu GE Smallworld GIS, Definition, Konfiguration, Berechnung und verschiedenfarbige Darstellung der Versorgungsbetriebe
								◆								**ESN Modul Vertrieb:** Applik. zu GE Smallworld GIS, Bereitstellung vertriebsrelevanter Informationen zu Gebäuden, Heizungsanlagen etc.
								◆								**ESN Modulpaket Administration:** Applik. zu GE Smallworld GIS, Modulpakete, die die Administration und die Arbeit mit dem GE Smallworld GIS erleichtern.
								◆								**ESN Modulpaket Fortführung:** Applik. zu GE Smallworld GIS, Modulpakete, die die Handhabung des GE Smallworld GIS erleichtern u. effizienter gestalten

© Buhmann/Wiesel: GIS-Report 2002, Bernhard Harzer Verlag, Karlsruhe

GIS-Softwareübersicht — sonstige

Software	Anbieter	Erstinstallation	Versionsnummer	Seats weltweit	Seats D, A, CH	Kunden weltweit	Kunden D, A, CH	Kosten ab Tausend-EURO	Kosten bis Tausend-EURO	GIS	Desktop-GIS	Internet-GIS	CAD-GIS	Business-GIS	Mobil-GIS	GIS Ergänzung	GIS-Komponente	GIS-Fachschale & Appl.	Geo-Datenbankserver	Windows (32-bit)	Unix	Eigenständige Software	Applikation	Vektor	Raster
ESN Modulpaket Komfort	EnergieSysteme Nord														◆					◆			◆	◆	◆
ESN Schnittstelle GE Smallworld GIS/LIS	EnergieSysteme Nord														◆					◆			◆	◆	◆
EVA Mobil	Dresden Geoinformationssystem Service	1999	V. 2.1	80		7		0.55	4.974						◆					◆		◆		◆	◆
Excel-Export	METTENMEIER GmbH	1999		30													◆			◆			◆		
Fachdatenmanager 1.4	con terra	1998	1.4a	350		35		3.7									◆			◆			◆	◆	◆
Fachschale - Abwasser	Dr.-Ing. Stein Ingenieurbüro	1989																◆		◆	◆		◆	◆	◆
Fachschale - ALB	Dr.-Ing. Stein Ingenieurbüro	1989																◆		◆	◆		◆	◆	◆
Fachschale - Bauleitplanung	Dr.-Ing. Stein Ingenieurbüro	1989																◆		◆	◆		◆	◆	◆
Fachschale - Fernwärme	Dr.-Ing. Stein Ingenieurbüro	1989																◆		◆	◆		◆	◆	◆
Fachschale - Gas	Dr.-Ing. Stein Ingenieurbüro	1989																◆		◆	◆		◆	◆	◆
Fachschale - Strassenbeleuchtung	Dr.-Ing. Stein Ingenieurbüro	1989																◆		◆	◆		◆	◆	◆
Fachschale - Strassenkataster	Dr.-Ing. Stein Ingenieurbüro	1989																◆		◆	◆		◆	◆	◆

© Buhmann/Wiesel: GIS-Report 2002, Bernhard Harzer Verlag, Karlsruhe

sonstige — GIS-Softwareübersicht

Int DB	Oracle	Intene Datenbank	MS-SQL-Server	Informix	sonstige	Facility Management	Umwelt- u. Naturschutz	Ver- u. Entsorgung	Telekommunikation	Auskunftssysteme	Kartographie	Marketing	Logistik	Vermessung u. Kataster	Verkehrsplanung	Raum- und Bauleitplanung	Applikation zu, Kurzbeschreibung, sonstige Systemtypen und Plattformen
								♦									**ESN Modulpaket Komfort:** Applik. zu GE Smallworld GIS, Modulpakete, die die Handhabung des GE Smallworld GIS erleichtern und verbessern.
								♦									**ESN Schnittstelle GE Smallworld GIS/LIS:** Applik. zu GE Smallworld GIS, Ergänzung der GIS-Objekte um die Sachdaten aus dem Liegenschaftsinformationssystem LIS
						♦	♦	♦	♦	♦				♦		♦	**EVA Mobil:** Software für mobile CAD- und GIS-Anwendungen; Erfassung, Verifizierung, Auskunft von Daten
										♦							**Excel-Export:** Applik. zu Smallworld GIS, Exportiert ausgewählte Daten von Smallworld GIS in MS-Excel
		♦					♦	♦		♦				♦		♦	**Fachdatenmanager 1.4:** Applik. zu ArcView GIS, Appl. zu ArcView GIS, Organisation und Verwaltung kommunaler Fachdaten/Metadatenmanagement, Datenmanagement
♦	♦							♦		♦	♦			♦			**Fachschale - Abwasser:** Applik. zu CUBIS/POLIS, zur Erfassung und Auswertung techn. Daten für Entsorger
♦	♦							♦		♦	♦			♦			**Fachschale - ALB:** Applik. zu CUBIS/POLIS, für die kommunale Anwendung ALB
♦	♦						♦			♦	♦			♦		♦	**Fachschale - Bauleitplanung:** Applik. zu CUBIS/POLIS, für die kommunale Anwendung Bauleitplanung
♦	♦							♦		♦	♦			♦			**Fachschale - Fernwärme:** Applik. zu CUBIS/POLIS, zur Erfassung und Auswertung techn. Daten für Fernwärme-Versorger
♦	♦							♦		♦	♦			♦			**Fachschale - Gas:** Applik. zu CUBIS/POLIS, zur Erfassung und Auswertung techn. Daten für Gasversorger
♦	♦							♦		♦	♦			♦			**Fachschale - Strassenbeleuchtung:** Applik. zu CUBIS/POLIS, für die kommunale Anwendung Strassenbeleuchtung
♦	♦							♦		♦	♦				♦		**Fachschale - Strassenkataster:** Applik. zu CUBIS/POLIS, für die kommunale Anwendung Strassenkataster

© Buhmann/Wiesel: GIS-Report 2002, Bernhard Harzer Verlag, Karlsruhe

GIS-Softwareübersicht — sonstige

Software	Anbieter	Erstinstallation	Versionsnummer	Seats weltweit	Seats D,A,CH	Kunden weltweit	Kunden D,A,CH	Kosten ab Tausend-EURO	Kosten bis Tausend-EURO	GIS	Desktop-GIS	Internet-GIS	CAD-GIS	Business-GIS	Mobil-GIS	GIS Ergänzung	GIS-Komponente	GIS-Fachschale & Appl.	Geo-Datenbankserver	Windows (32-bit)	Unix	Eigenständige Software	Applikation	Vektor	Raster
Fachschale - Strom	Dr.-Ing. Stein Ingenieurbüro	1989														◆				◆	◆		◆	◆	◆
Fachschale - Umwelt	Dr.-Ing. Stein Ingenieurbüro	1989														◆				◆	◆		◆	◆	◆
Fachschale - Wasser	Dr.-Ing. Stein Ingenieurbüro	1989														◆				◆	◆		◆	◆	◆
Fachschale ALB	sofion AG	1996																◆		◆	◆		◆	◆	◆
Fachschale Bauleitplanung	Moskito GIS GmbH	2001						0,51	2,55									◆		◆			◆	◆	◆
Fachschale Baum/Grünflächenkataster	sofion AG	1997																◆		◆	◆		◆	◆	◆
Fachschale Baumkataster	Moskito GIS GmbH	2001						0,51	2,55									◆		◆			◆	◆	◆
Fachschale Boden- u. Gewässergüte	Screen Paper Communication GmbH	1999													◆					◆			◆	◆	◆
Fachschale Einsatzzentrale	Screen Paper Communication GmbH	1999													◆					◆			◆	◆	◆
Fachschale Fernwärme	ITS Informationstechnik Service	1999																◆		◆	◆		◆		
Fachschale Friedhof	Moskito GIS GmbH	2001						0,51	2,55									◆		◆			◆	◆	◆
Fachschale Gas	GE Network Solutions																	◆		◆	◆		◆	◆	◆

© Buhmann/Wiesel: GIS-Report 2002, Bernhard Harzer Verlag, Karlsruhe

sonstige — GIS-Softwareübersicht

Int DB	Oracle	Intene Datenbank	MS-SQL-Server	Informix	sonstige	Facility Management	Umwelt- u. Naturschutz	Ver- u. Entsorgung	Telekommunikation	Auskunftssysteme	Kartographie	Marketing	Logistik	Vermessung u. Kataster	Verkehrsplanung	Raum- und Bauleitplanung	Applikation zu, Kurzbeschreibung, sonstige Systemtypen und Plattformen
	◆	◆						◆			◆	◆		◆			**Fachschale - Strom:** Applik. zu CUBIS/POLIS, zur Erfassung und Auswertung techn. Daten für Stromversorger
	◆	◆					◆	◆		◆	◆			◆			**Fachschale - Umwelt:** Applik. zu CUBIS/POLIS, für die kommunale Anwendung Umwelt
	◆	◆						◆		◆	◆			◆			**Fachschale - Wasser:** Applik. zu CUBIS/POLIS, zur Erfassung und Auswertung techn. Daten für Wasser-Versorger
◆	◆	◆	◆					◆						◆			**Fachschale ALB:** Applik. zu SMALLWORLD GIS, Bereitstellung und Abfrage von ALB-Daten im Sinne des automatisierten Liegenschaftskatasters
◆	◆	◆														◆	**Fachschale Bauleitplanung:** Applik. zu Moskito-GIS, Umsetzung der Planzeichenverordnung 1990, Routinen zur Planerstellung
◆	◆	◆	◆				◆	◆						◆		◆	**Fachschale Baum/Grünflächenkataster:** Applik. zu SMALLWORLD GIS, Dokumentation und Fortschreibung des Baum- u. Grünflächenbestandes sowie der Pflegemaßnahmen
◆	◆	◆					◆										**Fachschale Baumkataster:** Applik. zu Moskito-GIS, Erfassung und Fortführung des Baumbestandes, Pflegemaßnahmen etc.
◆	◆	◆	◆				◆	◆	◆	◆			◆	◆			**Fachschale Boden- u. Gewässergüte:** Applik. zu 2GIS Pro oder ESRI, Applikation zu 2GIS PRO zur Erstellung, Auswertung u. Visualisierung von Gütekarten
◆	◆	◆	◆			◆	◆	◆	◆	◆			◆	◆		◆	**Fachschale Einsatzzentrale:** Applik. zu 2GIS PRO oder ESRI, Applikation zu 2GIS PRO zur Einstzplanung und -führung.
◆								◆									**Fachschale Fernwärme:** Applik. zu SMALLWORLD GIS, Standartfachschale Fernwärme für die SMALLWORLD GIS
◆	◆	◆				◆				◆							**Fachschale Friedhof:** Applik. zu Moskito-GIS, Friedhofsverwaltung (Erfassung, Auswertung, Planausgabe)
◆	◆	◆	◆		◆			◆		◆	◆			◆			**Fachschale Gas:** Applik. zu SMALLWORLD GIS, Durchgängige Applikation für die Gaswirtschaft zur Unterstützung aller raumbezog. Geschäftsprozesse, sonst. Plattform: LINUX

© Buhmann/Wiesel: GIS-Report 2002, Bernhard Harzer Verlag, Karlsruhe

GIS-Softwareübersicht — sonstige

Software	Anbieter	Erstinstallation	Versionsnummer	Seats weltweit	Seats D,A,CH	Kunden weltweit	Kunden D,A,CH	Kosten ab Tausend-EURO	Kosten bis Tausend-EURO	GIS	Desktop-GIS	Internet-GIS	CAD-GIS	Business-GIS	Mobil-GIS	GIS Ergänzung	GIS-Komponente	GIS-Fachschale & Appl.	Geo-Datenbankserver	Windows (32-bit)	Unix	Eigenständige Software	Applikation	Vektor	Raster
Fachschale Gas	Moskito GIS GmbH	1996		5	5	2	2	0,51	2,55									◆		◆			◆	◆	
Fachschale Kanal	GE Network Solutions	1996														◆				◆	◆		◆	◆	◆
Fachschale Kataster ALK	sofion AG	1996																◆		◆	◆		◆	◆	◆
Fachschale Kataster VE	sofion AG	1996																◆		◆	◆		◆	◆	◆
Fachschale Kleinräumige Gliederung	sofion AG	1997																◆		◆	◆		◆	◆	
Fachschale Militärische Führung	Screen Paper Communication GmbH	1999															◆			◆			◆	◆	◆
Fachschale Strom	GE Network Solutions	1997																◆		◆	◆		◆	◆	◆
Fachschale Strom	Moskito GIS GmbH	1996		60	60	3	3	0,51	2,55									◆		◆			◆	◆	
Fachschale Wasser	GE Network Solutions	1997														◆					◆	◆		◆	◆	◆
Fachschale Wasser	Moskito GIS GmbH	1996		5	5	2	2	0,51	2,55									◆		◆			◆	◆	
Facility Management	Dr.-Ing. Stein Ingenieurbüro	2000		80	80													◆		◆	◆		◆	◆	◆
Fahrzeugortung	WGI mbH	2001															◆			◆			◆	◆	

© Buhmann/Wiesel: GIS-Report 2002, Bernhard Harzer Verlag, Karlsruhe

GIS-Softwareübersicht — sonstige

Int DB	Oracle	Intene Datenbank	MS-SQL-Server	Informix	sonstige	Facility Management	Umwelt- u. Naturschutz	Ver- u. Entsorgung	Telekommunikation	Auskunftssysteme	Kartographie	Marketing	Logistik	Vermessung u. Kataster	Verkehrsplanung	Raum- und Bauleitplanung	Applikation zu, Kurzbeschreibung, sonstige Systemtypen und Plattformen
♦	♦	♦						♦									**Fachschale Gas:** Applik. zu Moskito-GIS, Erhebung, Dokumentation u. Pflege von Leitungsnetzen der Gasversorgungswirtschaft
♦	♦	♦	♦	♦				♦	♦	♦				♦		♦	**Fachschale Kanal:** Applik. zu SMALLWORLD 3, Durchgängige Lösung für die Ver- u. Entsorgung zur Unterstützung aller raumbezog. Geschäftsprozesse, sonst. Plattform: LINUX
♦	♦	♦	♦					♦						♦			**Fachschale Kataster ALK:** Applik. zu SMALLWORLD GIS, Führung des ALK gemäß dem länderspezifischem OBAK und der Zeichenvorschrift (ZV-AUT)
♦	♦	♦	♦					♦	♦	♦				♦		♦	**Fachschale Kataster VE:** Applik. zu SMALLWORLD GIS, Verwaltung der Geobasisdaten für Ver- und Entsorgungsunternehmen
♦	♦	♦	♦					♦						♦		♦	**Fachschale Kleinräumige Gliederung:** Applik. zu SMALLWORLD GIS, Erfassung von Geobasisdaten der Raumbezugsebene (RBE) 5000 gemäß dem MERKIS-Konzept
♦	♦	♦	♦														**Fachschale Militärische Führung:** Applik. zu 2GIS PRO oder ESRI, Applikation zu 2GIS PRO zu militärischen Lagedarstellung und -planung.
♦	♦	♦	♦	♦				♦	♦	♦				♦			**Fachschale Strom:** Applik. zu SMALLWORLD 3, Durchgängige Applikation für die Stromversorgung z. Unterstützung aller raumbezog. Geschäftsprozesse, sonst. Plattform: LINUX
♦	♦	♦						♦									**Fachschale Strom:** Applik. zu Moskito-GIS, Dokumentation von Leitungsnetzen in der Stromwirtschaft
♦	♦	♦	♦					♦	♦	♦				♦			**Fachschale Wasser:** Applik. zu SMALLWORLD GIS, komplexe Applikation für die Wasserversorgung mit spezifischer Bemaßung, Symbolbibliothek u.a.
♦	♦	♦						♦									**Fachschale Wasser:** Applik. zu Moskito-GIS, Erhebung, Dokumentation u. Pflege von Leitungsnetzen der Wasserversorgungswirtschaft
	♦	♦				♦											**Facility Management:** Applik. zu CUBIS/POLIS, Facility Management
									♦	♦							**Fahrzeugortung:** Applik. zu Smallworld GIS, Anzeige akt. Fahrzeugdaten im GIS (mit GPS- u. GSM-Technik) zur Unterstützung der Einsatzsteuerung

© Buhmann/Wiesel: GIS-Report 2002, Bernhard Harzer Verlag, Karlsruhe

GIS-Softwareübersicht — sonstige

Software	Anbieter	Erstinstallation	Versionsnummer	Seats weltweit	Seats D, A, CH	Kunden weltweit	Kunden D, A, CH	Kosten ab Tausend-EURO	Kosten bis Tausend-EURO	GIS	Desktop-GIS	Internet-GIS	CAD-GIS	Business-GIS	Mobil-GIS	GIS Ergänzung	GIS-Komponente	GIS-Fachschale & Appl.	Geo-Datenbankserver	Windows (32-bit)	Unix	Eigenständige Software	Applikation	Vektor	Raster
Feature Manipulation Engine (FME)-Die S	AGIS GmbH Frankfurt am Main	1999	FME 2001	30		150		1	20,04							♦				♦		♦		♦	♦
Fehlersymbol	METTENMEIER GmbH	1996							0,56							♦				♦	♦			♦	♦
FemGIS ALK-Konverter	SynerGIS Informationssysteme GmbH	1998	div.	50	50	50	50	0,76531	1,68367							♦				♦		♦			♦
FPLAN	BT-GIS Benndorf Technologie	1995	V2.2						4,3									♦		♦		♦		♦	♦
FRAMME2ORACLE	Fichtner Consulting & IT	2001			5		5	20											♦	♦		♦	♦		♦
Freileitungsmanagement	SAG EL CGIT	1997		3	70	3	10	5	250									♦		♦		♦	♦	♦	♦
GBData	Gänger & Bruckner	2000			2		2	0,3	0,46							♦				♦		♦			
GDFARC	ESRI	1996		150	150											♦				♦	♦		♦	♦	
GemGIS Fachdatenbanken	SynerGIS Informationssysteme GmbH	1998		508	508			0,125	2,55102										♦	♦		♦			
GemGIS Pro	SynerGIS Informationssysteme GmbH	1994	4.3	203	203			2,29592	7,6506		♦									♦			♦	♦	♦
GemGIS PRO	team heese AG	2001	GemGIS					2,2	6,1		♦									♦			♦	♦	♦
GemGIS Tools	SynerGIS Informationssysteme GmbH	2000	2.0	129	129			0,22959	0,76531								♦			♦			♦	♦	

© Buhmann/Wiesel: GIS-Report 2002, Bernhard Harzer Verlag, Karlsruhe

GIS-Softwareübersicht — sonstige

Datenbankschnittstellen: Int DB, Oracle, Interne Datenbank, MS-SQL-Server, Informix, sonstige	Anwendungsschwerpunkte: Facility Management, Umwelt- u. Naturschutz, Ver- u. Entsorgung, Telekommunikation, Auskunftssysteme, Kartographie, Marketing, Logistik, Vermessung u. Kataster, Verkehrsplanung, Raum- und Bauleitplanung	Applikation zu, Kurzbeschreibung, sonstige Systemtypen und Plattformen
♦♦♦♦♦♦	♦♦♦♦♦♦♦♦♦♦	**Feature Manipulation Engine (FME)-Die S:** Voll konfigurierbare Schnittstelle für räumliche Daten. Konvertiert über 100 verschiedene Formate.
♦	♦	**Fehlersymbol:** Applik. zu Smallworld GIS, Objektklasse zur Dokumentation von Unklarheiten bei der Ersterfassung, Datenerfassung
	♦♦ ♦♦ ♦	**FemGIS ALK-Konverter:** länderspezif. ALK-Konverter DBS/BGrund/DFK/SQD nach dxf+shp, SICAD-Konverter konfigurierbar
♦ ♦	♦ ♦	**FPLAN:** Applik. zu SICAD/open, Erstellen und Fortführen eines Flächennutzungsplanes nach Planzeichenverordnung
♦	♦♦ ♦	**FRAMME2ORACLE:** Übersetzt FRAMME- und MGE-Daten nach Oracle-Spatial Inkrementell
♦♦	♦	**Freileitungsmanagement:** Applik. zu SICAD/open, Freileitungsmanagement - digitales System zur Trassierung und Dokumentation für Netze
♦	♦ ♦	**GBData:** Applik. zu WinGIS, Die GIS-Datenbank für WinGIS/WinMAP, Formularlayout, ODBC Zugriff, Projektverwaltung
♦	♦	**GDFARC:** Schnittstelle zwischen Geographic-Data-File Format (GDF) u. ArcInfo Coverage-Format, Schnittstelle
♦	♦ ♦ ♦	**GemGIS Fachdatenbanken:** kommunale Fach-DB wie ACB, B-Plan, Baum, Biotope, Friedhof, Jagd, Ökokonto, Straßenaufbruch,...
♦ ♦♦♦	♦♦♦ ♦	**GemGIS Pro:** Applik. zu Autodesk Map, Navigation in gr.Datenbeständen, konfig. Datenübernahme Cad to GIS to CAD (dwg/dxf/shp), Topologiebild
♦♦♦	♦ ♦ ♦	**GemGIS PRO:** Applik. zu Autodesk Map, integrierter vollwertiger GIS-Arbeitsplatz unter CAD
	♦ ♦ ♦	**GemGIS Tools:** Applik. zu GemGIS View + ArcViwe 3.x, Editier-, Konstruktions- und Bemaßungstools, Dokumentenverwaltung für GemGIS View + ArcView

© Buhmann/Wiesel: GIS-Report 2002, Bernhard Harzer Verlag, Karlsruhe

GIS-Softwareübersicht — sonstige

Software	Anbieter	Erstinstallation	Versionsnummer	Seats weltweit	Seats D, A, CH	Kunden weltweit	Kunden D, A, CH	Kosten ab Tausend-EURO	Kosten bis Tausend-EURO	GIS	Desktop-GIS	Internet-GIS	CAD-GIS	Business-GIS	Mobil-GIS	GIS Ergänzung	GIS-Komponente	GIS-Fachschale & Appl.	Geo-Datenbankserver	Windows (32-bit)	Unix	Eigenständige Software	Applikation	Vektor	Raster
Geo AS R Markt- und Messeverwaltung	Müller & Richter Informationssysteme	2001	4,2					0,29	1,95									♦		♦			♦	♦	♦
Geo AS R Grabenkataster	Müller & Richter Informationssysteme	2001	4,2					0,29	1,95									♦		♦			♦	♦	♦
Geo AS R Zelt- und Campingplatz	Müller & Richter Informationssysteme	2001	4,2					0,29	1,95									♦		♦			♦	♦	♦
Geo@Web.Server	LogiBall	1996			10		10	15	40										♦	♦	♦		♦	♦	♦
GEOadvert	infas GeoDaten	1990		60		60		10											♦	♦				♦	♦	♦
GeoArea	GEOGRAT	1989	GeoArea	172		80		3	10		♦									♦	♦	♦	♦	♦	♦
GeoAREA ALK/ALB	GEOGRAT	1990	V10	107		55		2,8	10									♦		♦	♦		♦	♦	♦
GeoAS - ALK/ALB	AGIS GmbH Frankfurt am Main	1997	4,2		250				0,51									♦		♦			♦	♦	♦
GeoAS - Altlasten	AGIS GmbH Frankfurt am Main	1999	4,2		5			0,25	1,7									♦		♦			♦	♦	♦
GeoAS - Bauantrag	AGIS GmbH Frankfurt am Main	1997	4,2		25			0,3	2									♦		♦			♦	♦	♦
GeoAS - Baulücken	AGIS GmbH Frankfurt am Main	1999	4,2		5			0,25	1,7									♦		♦			♦	♦	♦
GeoAS - Baum	AGIS GmbH Frankfurt am Main	1997	4,2		30			0,25	1,7									♦		♦			♦	♦	♦

GIS-Softwareübersicht

sonstige

Int DB	Oracle	Intene Datenbank	MS-SQL-Server	Informix	sonstige	Facility Management	Umwelt- u. Naturschutz	Ver- u. Entsorgung	Telekommunikation	Auskunftssysteme	Kartographie	Marketing	Logistik	Vermessung u. Kataster	Verkehrsplanung	Raum- und Bauleitplanung	Applikation zu, Kurzbeschreibung, sonstige Systemtypen und Plattformen
♦	♦	♦	♦	♦	♦	♦				♦			♦				**Geo AS R Markt- und Messeverwaltung:** Applik. zu Mapinfo Pro, AGIS Geo AS R, Reservierung von Standflächen, Interessenverwaltung, Logistikauskunft, Analyse
♦	♦	♦	♦	♦	♦		♦			♦							**Geo AS R Grabenkataster:** Applik. zu Mapinfo Pro, AGIS Geo AS R, Reinigungsüberwachung, Pflege- und Sanierungsauskunft, Analyse
♦	♦	♦	♦	♦	♦	♦				♦	♦						**Geo AS R Zelt- und Campingplatz:** Applik. zu Mapinfo Pro, AGIS Geo AS R, Raumgliederung, Stellflächenverwaltung, Nutzungszeitberechnung, Analyse
♦	♦		♦						♦	♦		♦	♦				**Geo@Web.Server:** Applik. zu SMALLWORLD GIS, Applikationsserver für raumbezogene Internet-/Intranetauskunftssysteme
♦	♦	♦	♦	♦	♦					♦	♦	♦	♦	♦	♦		**GEOadvert:** Applik. zu ArcView GIS, Instrument für Standortbewertung u. Vertriebscontrolling, z.B. hier: Einzelhandel
♦	♦	♦				♦	♦			♦						♦	**GeoArea:** Applik. zu AutoCAD u. FelixCAD, Planungs- und Katastersystem für GIS, NIS und KIS, sonst. Plattform: UNIX a. Anfrage
♦	♦	♦					♦	♦		♦	♦			♦			**GeoAREA ALK/ ALB:** Applik. zu AutoCAD, FelixCAD, Fachschale für Planung, Fortführung, Dokumentation und Auskunft im Bereich ALK, ALB, Liegenschaften, sonst. Plattform: UNIX auf Anfrage
♦	♦	♦	♦	♦	♦	♦	♦							♦			**GeoAS - ALK/ALB:** Applik. zu MapInfo Prof.,Geograf GIS, Kataster- u. Liegenschaftsverwaltung (Auswertung, Planausgabe), Integration von Fachdatenbanken
♦	♦	♦	♦	♦	♦		♦			♦				♦			**GeoAS - Altlasten:** Applik. zu MapInfo Prof., Altlastenkataster (Erfassung, Auswertung, Pflege)
♦	♦	♦	♦	♦	♦					♦				♦			**GeoAS - Bauantrag:** Applik. zu MapInfo Prof., Geograf GIS, Bauantragsverwaltung (Erfassung, Auswertung, Pflege)
♦	♦	♦	♦	♦	♦					♦				♦		♦	**GeoAS - Baulücken:** Applik. zu MapInfo Prof., Baulückenkataster (Erfassung, Pflege, Auskunft, Analyse, Vermarktung)
♦	♦	♦	♦	♦	♦					♦				♦			**GeoAS - Baum:** Applik. zu MapInfo Prof., Geograf GIS, Baumkataster (Erfassung, Auswertung, Pflege)

GIS-Softwareübersicht — sonstige

Software	Anbieter	Erstinstallation	Versionsnummer	Seats weltweit	Kunden D,A,CH weltweit	Kosten D,A,CH ab Tausend-EURO	Kosten bis Tausend-EURO	GIS	Desktop-GIS	Internet-GIS	CAD-GIS	Business-GIS	Mobil-GIS	GIS Ergänzung	GIS-Komponente	GIS-Fachschale & Appl.	Geo-Datenbankserver	Windows (32-bit)	Unix	Eigenständige Software	Applikation	Vektor	Raster
Geo AS R Markt- und Messeverwaltung	Müller & Richter Informationssysteme	2001	4,2			0,29	1,95									◆		◆			◆	◆	◆
Geo AS R Grabenkataster	Müller & Richter Informationssysteme	2001	4,2			0,29	1,95									◆		◆			◆	◆	◆
Geo AS R Zelt- und Campingplatz	Müller & Richter Informationssysteme	2001	4,2			0,29	1,95									◆		◆			◆	◆	◆
Geo@Web.Server	LogiBall	1996		10	10	15	40										◆	◆	◆		◆	◆	◆
GEOadvert	infas GeoDaten	1990		60	60	10												◆		◆		◆	◆	◆
GeoArea	GEOGRAT	1989	GeoArea	172	80	3	10									◆		◆	◆	◆	◆	◆	◆
GeoAREA ALK/ALB	GEOGRAT	1990	V10	107	55	2,8	10											◆	◆	◆		◆	◆	◆
GeoAS - ALK/ALB	AGIS GmbH Frankfurt am Main	1997	4,2	250		0,51												◆		◆		◆	◆	◆
GeoAS - Altlasten	AGIS GmbH Frankfurt am Main	1999	4,2	5		0,25	1,7											◆		◆		◆	◆	◆
GeoAS - Bauantrag	AGIS GmbH Frankfurt am Main	1997	4,2	25		0,3	2											◆		◆		◆	◆	◆
GeoAS - Baulücken	AGIS GmbH Frankfurt am Main	1999	4,2	5		0,25	1,7											◆		◆		◆	◆	◆
GeoAS - Baum	AGIS GmbH Frankfurt am Main	1997	4,2	30		0,25	1,7											◆		◆		◆	◆	◆

© Buhmann/Wiesel: GIS-Report 2002, Bernhard Harzer Verlag, Karlsruhe

sonstige — GIS-Softwareübersicht

Int DB	Oracle	Intene Datenbank	MS-SQL-Server	Informix	sonstige	Facility Management	Umwelt- u. Naturschutz	Ver- u. Entsorgung	Telekommunikation	Auskunftssysteme	Kartographie	Marketing	Logistik	Vermessung u. Kataster	Verkehrsplanung	Raum- und Bauleitplanung	Applikation zu, Kurzbeschreibung, sonstige Systemtypen und Plattformen
♦	♦	♦	♦	♦	♦	♦				♦			♦				**Geo AS R Markt- und Messeverwaltung:** Applik. zu Mapinfo Pro, AGIS Geo AS R, Reservierung von Standflächen, Interessenverwaltung, Logistikauskunft, Analyse
♦	♦	♦	♦	♦	♦	♦				♦							**Geo AS R Grabenkataster:** Applik. zu Mapinfo Pro, AGIS Geo AS R, Reinigungsüberwachung, Pflege- und Sanierungsauskunft, Analyse
♦	♦	♦	♦	♦	♦							♦	♦				**Geo AS R Zelt- und Campingplatz:** Applik. zu Mapinfo Pro, AGIS Geo AS R, Raumgliederung, Stellflächenverwaltung, Nutzungszeitberechnung, Analyse
	♦	♦		♦					♦	♦		♦	♦				**Geo@Web.Server:** Applik. zu SMALLWORLD GIS, Applikationsserver für raumbezogene Internet-/Intranetauskunftssysteme
♦	♦	♦	♦	♦	♦					♦	♦	♦	♦	♦		♦	**GEOadvert:** Applik. zu ArcView GIS, Instrument für Standortbewertung u. Vertriebscontrolling, z.B. hier: Einzelhandel
	♦	♦	♦			♦	♦			♦						♦	**GeoArea:** Applik. zu AutoCAD u. FelixCAD, Planungs- und Katastersystem für GIS, NIS und KIS, sonst. Plattform: UNIX a. Anfrage
	♦	♦	♦				♦	♦		♦	♦			♦			**GeoAREA ALK/ALB:** Applik. zu AutoCAD, FelixCAD, Fachschale für Planung, Fortführung, Dokumentation und Auskunft im Bereich ALK, ALB, Liegenschaften, sonst. Plattform: UNIX auf Anfrage
♦	♦	♦	♦	♦	♦		♦	♦		♦				♦		♦	**GeoAS - ALK/ALB:** Applik. zu MapInfo Prof., Geograf GIS, Kataster- u. Liegenschaftsverwaltung (Auswertung, Planausgabe), Integration von Fachdatenbanken
♦	♦	♦	♦	♦	♦		♦			♦				♦			**GeoAS - Altlasten:** Applik. zu MapInfo Prof., Altlastenkataster (Erfassung, Auswertung, Pflege)
♦	♦	♦	♦	♦	♦					♦				♦			**GeoAS - Bauantrag:** Applik. zu MapInfo Prof., Geograf GIS, Bauantragsverwaltung (Erfassung, Auswertung, Pflege)
♦	♦	♦	♦	♦	♦					♦				♦		♦	**GeoAS - Baulücken:** Applik. zu MapInfo Prof., Baulückenkataster (Erfassung, Pflege, Auskunft, Analyse, Vermarktung)
♦	♦	♦	♦	♦	♦		♦			♦				♦			**GeoAS - Baum:** Applik. zu MapInfo Prof., Geograf GIS, Baumkataster (Erfassung, Auswertung, Pflege)

© Buhmann/Wiesel: GIS-Report 2002, Bernhard Harzer Verlag, Karlsruhe

GIS-Softwareübersicht — sonstige

Software	Anbieter	Erstinstallation	Versionsnummer	Seats weltweit	Seats D,A,CH	Kunden weltweit	Kunden D,A,CH	Kosten ab Tausend-EURO	Kosten bis Tausend-EURO	GIS	Desktop-GIS	Internet-GIS	CAD-GIS	Business-GIS	Mobil-GIS	GIS Ergänzung	GIS-Komponente	GIS-Fachschale & Appl.	Geo-Datenbankserver	Windows (32-bit)	Unix	Eigenständige Software	Applikation	Vektor	Raster
GeoAS - Bauwerks- u. Brückenkataster	AGIS GmbH Frankfurt am Main	2000	4.2	5				0,31	2									♦		♦			♦	♦	♦
GeoAS - Bebauungsplan	AGIS GmbH Frankfurt am Main	1997	4.2	30				0,4	2,55									♦		♦			♦	♦	♦
GeoAS - Bodenrichtwerte	AGIS GmbH Frankfurt am Main	2000	4.2					0,25	1,7									♦					♦	♦	♦
GeoAS - Facility Management	AGIS GmbH Frankfurt am Main	2000	4.2	10				0,25	1,7									♦						♦	♦
GeoAS - Flächennutzungsplan	AGIS GmbH Frankfurt am Main	1997	4.2	30				0,4	2,55									♦		♦			♦	♦	♦
GeoAS - Friedhof	AGIS GmbH Frankfurt am Main	1997	4.2	50				0,4	2,55									♦		♦			♦	♦	♦
GeoAS - GAS	AGIS GmbH Frankfurt am Main	2001	4.2					0,255	1,73									♦		♦			♦	♦	♦
GeoAS - Gebäude	AGIS GmbH Frankfurt am Main	1999	4.2	5				0,25	1,7									♦		♦				♦	♦
GeoAS - Grün	AGIS GmbH Frankfurt am Main	1997	4.2	30				0,25	1,7									♦		♦			♦	♦	♦
GeoAS - Kanal	AGIS GmbH Frankfurt am Main	1997	4.2	80				0,4	2,5									♦		♦			♦	♦	♦
GeoAS - MapCAD	AGIS GmbH Frankfurt am Main	1997	4.2	220				0,51												♦			♦	♦	♦
GeoAS - MapPlot	AGIS GmbH Frankfurt am Main	1997	4.2	600				0,2									♦			♦			♦	♦	♦

© Buhmann/Wiesel: GIS-Report 2002, Bernhard Harzer Verlag, Karlsruhe

GIS-Softwareübersicht — sonstige

Int DB	Oracle	Intene Datenbank	MS-SQL-Server	Informix	sonstige	Facility Management	Umwelt- u. Naturschutz	Ver- u. Entsorgung	Telekommunikation	Auskunftssysteme	Kartographie	Marketing	Logistik	Vermessung u. Kataster	Verkehrsplanung	Raum- und Bauleitplanung	Applikation zu, Kurzbeschreibung, sonstige Systemtypen und Plattformen
♦	♦	♦	♦	♦	♦	♦		♦		♦				♦	♦	♦	**GeoAS - Bauwerks- u. Brückenkataster:** Applik. zu MapInfo Prof., Brücken- u. Bauwerkskataster (Erfassung, Auskunft, Pflege, Verwaltung, Planung)
♦	♦	♦	♦	♦	♦					♦				♦		♦	**GeoAS - Bebauungsplan:** Applik. zu MapInfo Prof., digitale Bebauungsplanung (Erfassung, Auswertung, Planausgabe)
♦	♦		♦	♦	♦					♦				♦		♦	**GeoAS - Bodenrichtwerte:** Applik. zu GeoAS - Das kommunale Geoinfosystem, Applik. zu MapInfo Prof., Bodenrichtwerte +Kaufpreissammlung (Erfassung, Auswertung, Planausgabe)
♦	♦	♦	♦	♦	♦	♦											**GeoAS - Facility Management:** Applik. zu MapInfo Prof., Facility-Management, Raum-/Inventarverwaltung (Erfassung, Auswertung, Planausgabe)
♦	♦	♦		♦	♦									♦		♦	**GeoAS - Flächennutzungsplan:** Applik. zu MapInfo Prof., digitale Flächennutzungsplanung (Erfassung, Auswertung, Planausgabe)
♦	♦	♦	♦	♦	♦									♦			**GeoAS - Friedhof:** Applik. zu GeoAS-Das kommunale Geoinfossystem, Grafische Datenbank für die Friedhofsverwaltung (Erfassung, Auswertung, Pflege)
♦	♦	♦	♦	♦	♦			♦									**GeoAS - GAS:** Applik. zu GeoAS-Das Kommunale Geoinfosystem, GeoAS-Gas Applik. zu MapInfo Prof.; Gasleitungsnetz (Erfassung, Auswertung; Planausgabe)
♦	♦	♦	♦	♦	♦	♦				♦				♦		♦	**GeoAS - Gebäude:** Applik. zu MapInfo Prof., Gebäudekataster (Erfassung, Pflege, Auskunft, Verwaltung)
♦	♦	♦	♦	♦	♦		♦			♦				♦			**GeoAS - Grün:** Applik. zu MapInfo Prof., Geograf GIS, Grünflächenkataster (Erfassung, Auswertung, Pflege)
♦	♦	♦	♦	♦	♦			♦		♦				♦			**GeoAS - Kanal:** Applik. zu MapInfo Prof., Kanalnetzkataster (Auswertung, Planausgabe, Datenimport, ISYBAU)
						♦	♦	♦	♦	♦	♦	♦	♦	♦			**GeoAS - MapCAD:** Applik. zu MapInfo Prof./ GeoAS, leistungsfähiges Werkzeug für Konstruktion und Bemaßung
						♦	♦	♦	♦	♦	♦	♦	♦	♦			**GeoAS - MapPlot:** Applik. zu MapInfo Prof./ GeoAS, leistungsfähiges Werkzeug für benutzerdefinierte Plan- u. Plotausgabe

© Buhmann/Wiesel: GIS-Report 2002, Bernhard Harzer Verlag, Karlsruhe

GIS-Softwareübersicht — sonstige

Software	Anbieter	Erstinstallation	Versionsnummer	Seats weltweit	Seats D,A,CH	Kunden weltweit	Kunden D,A,CH	Kosten ab Tausend-EURO	Kosten bis Tausend-EURO	GIS	Desktop-GIS	Internet-GIS	CAD-GIS	Business-GIS	Mobil-GIS	GIS Ergänzung	GIS-Komponente	GIS-Fachschale & Appl.	Geo-Datenbankserver	Windows (32-bit)	Unix	Eigenständige Software	Applikation	Vektor	Raster
GeoAS - Schutzgebiete	AGIS GmbH Frankfurt am Main	2000	4.2	5				0,25	1,7									◆		◆				◆	◆
GeoAS - Schutzgebiete	AGIS GmbH Frankfurt am Main	2000	4.2					0,25	1,7									◆		◆			◆	◆	◆
GeoAS - Spielplatz	AGIS GmbH Frankfurt am Main	2001	4.2		10			0,3	2									◆		◆			◆	◆	◆
GeoAS - Straßenaufbruch	AGIS GmbH Frankfurt am Main	1997	4.2		20			0,25	2									◆		◆			◆	◆	◆
GeoAS - Straßenbeleuchtung	AGIS GmbH Frankfurt am Main	2000	4.2		5			0,25	1,7									◆					◆	◆	◆
GeoAS - Strom	AGIS GmbH Frankfurt am Main	2000	4.2					0,25	1,7									◆					◆	◆	◆
GeoAS - Verkehrsschilder	AGIS GmbH Frankfurt am Main	1997	4.2		20			0,25	1,7									◆		◆			◆	◆	◆
GeoAS - Wasser	AGIS GmbH Frankfurt am Main	1997	4.2		30			0,25	3									◆		◆			◆	◆	◆
GeoAS Ökokonto	AGIS GmbH Frankfurt am Main	2001	4.2		10			0,3	2									◆		◆			◆	◆	◆
geoBaum	Graphservice	1997				4	4	0,51										◆		◆			◆	◆	
GeoBPLAN	CISS TDI	2000						4,08					◆							◆				◆	
GeoBroker Archiver	ESG	2000	01.02	40	40	3	3	19											◆				◆	◆	◆

© Buhmann/Wiesel: GIS-Report 2002, Bernhard Harzer Verlag, Karlsruhe

GIS-Softwareübersicht

sonstige

Int DB	Oracle	Intene Datenbank	MS-SQL-Server	Informix	sonstige	Facility Management	Umwelt- u. Naturschutz	Ver- u. Entsorgung	Telekommunikation	Auskunftssysteme	Kartographie	Marketing	Logistik	Vermessung u. Kataster	Verkehrsplanung	Raum- und Bauleitplanung	Applikation zu, Kurzbeschreibung, sonstige Systemtypen und Plattformen
♦	♦	♦	♦	♦	♦		♦			♦				♦		♦	**GeoAS - Schutzgebiete:** Schutzgebietskataster (Erfassung, Pflege, Auskunft, Analyse)
♦	♦	♦	♦	♦	♦		♦			♦				♦		♦	**GeoAS - Schutzgebiete:** Applik. zu GeoAs - Das kommunale Geoinfosystem, Applik. zu MapInfo Prof.; Planung, Verwaltung von Schutzgebieten (Erfassung, Auswertung, Planausgabe)
♦	♦	♦	♦	♦	♦					♦				♦			**GeoAS - Spielplatz:** Applik. zu MapInfoProf., Spielplatzkataster (Auswertung, Planausgabe, Datenimport)
♦	♦	♦	♦	♦	♦					♦				♦			**GeoAS - Straßenaufbruch:** Applik. zu MapInfo Prof., Geograf GIS, Straßenaufbruchsverwaltung (Erfassung, Auswertung, Planausgabe)
♦	♦	♦	♦	♦	♦	♦	♦			♦				♦		♦	**GeoAS - Straßenbeleuchtung:** Applik. zu MapInfo Prof., Straßenbeleuchtungskataster (Erfassung, Pflege, Auskunft, Analyse)
♦	♦	♦	♦	♦	♦			♦						♦			**GeoAS - Strom:** Applik. zu GeoAs - Das kommunale Geoinfosystem, Applik. zu MapInfo Prof., Stromleitungsnetz (Erfassung, Auswertung, Planausgabe)
♦	♦	♦	♦	♦	♦					♦				♦			**GeoAS - Verkehrsschilder:** Applik. zu MapInfo Prof., Geograf GIS, Verkehrsschilderverwaltung (Erfassung, Planausgabe)
♦	♦	♦	♦	♦	♦			♦		♦				♦			**GeoAS - Wasser:** Applik. zu MapInfo Prof., Wassernetzkataster (Auswertung, Planausgabe), Barthauer-Schnittstelle
♦	♦	♦	♦	♦	♦		♦			♦				♦			**GeoAS Ökokonto:** Applik. zu MapInfo Prof., Ökokonto (Auswertung, Planausgabe, Datenimport)
♦	♦	♦		♦		♦				♦							**geoBaum:** Applik. zu MapInfo Prof., Baumkataster mit integrierter Baumkontrolle
	♦						♦	♦		♦				♦			**GeoBPLAN:** Applik. zu Intergraph GeoMedia, Digitale Erstellung, Bearbeitung und Fortführung von Beobachtungsplänen mit Intergraph GeoMedia
♦	♦									♦							**GeoBroker Archiver:** Erfassung, Bestandsverwaltung, Recherche, Lieferung u. Verteilung von Geodaten im Netzwerk

© Buhmann/Wiesel: GIS-Report 2002, Bernhard Harzer Verlag, Karlsruhe

GIS-Softwareübersicht — sonstige

Software	Anbieter	Erstinstallation	Versionsnummer	Seats weltweit	Seats D, A, CH	Kunden weltweit	Kunden D, A, CH	Kosten ab Tausend-EURO	Kosten bis Tausend-EURO	GIS	Desktop-GIS	Internet-GIS	CAD-GIS	Business-GIS	Mobil-GIS	GIS Ergänzung	GIS-Komponente	GIS-Fachschale & Appl.	Geo-Datenbankserver	Windows (32-bit)	Unix	Eigenständige Software	Applikation	Vektor	Raster
GeoBroker Viewer	ESG		01.02	100	100	4	4	0,09										◆					◆	◆	◆
Geodatenserver	CISS TDI	2000						25,51											◆	◆	◆	◆		◆	
GEOfinanz	infas GeoDaten	1990			80		80	10										◆		◆			◆	◆	◆
GeoFlow	Graphservice	1995				4	4	6,12										◆					◆	◆	◆
GeoFNP	CISS TDI	2000						4,08									◆			◆				◆	
GEOfranchise	infas GeoDaten	1990			40		40	10										◆					◆	◆	◆
GeoGIS	GEOGRAT	1990	GeoGIS	1700	1690	470	1	25			◆									◆	◆	◆	◆	◆	◆
GEOgraf	HHK Datentechnik GmbH, Braunschweig	1984	2	12500	11000	1600	1500	3	75		◆									◆		◆		◆	◆
GEOgraFIS	HHK Datentechnik GmbH, Braunschweig	1999	2	350	350	100	100	2	15		◆									◆		◆	◆	◆	◆
geoGrün	Graphservice	1997				4	4	0,51										◆		◆			◆	◆	
GeoKart	GEOGRAT	1989	GeoKart	82	76	72	1	2					◆							◆	◆	◆	◆	◆	◆
geoKonst	Graphservice	1997		250	250	35	35											◆		◆			◆	◆	

© Buhmann/Wiesel: GIS-Report 2002, Bernhard Harzer Verlag, Karlsruhe

sonstige **GIS-Softwareübersicht**

Int DB	Oracle	Intene Datenbank	MS-SQL-Server	Informix	sonstige	Facility Management	Umwelt- u. Naturschutz	Ver- u. Entsorgung	Telekommunikation	Auskunftssysteme	Kartographie	Marketing	Logistik	Vermessung u. Kataster	Verkehrsplanung	Raum- und Bauleitplanung	Applikation zu, Kurzbeschreibung, sonstige Systemtypen und Plattformen
	♦	♦						♦	♦					♦			**GeoBroker Viewer:** Applik. zu GeoBroker Archiver, Georeferenz., Darstellung von Rechercheergebnissen, Overlayeditor, Symbolgenerator
	♦						♦	♦	♦	♦	♦			♦		♦	**Geodatenserver:** Integration von Daten verschiedener Ausgangsbestände, Verwaltung, nutzerorientierter Abgabe
♦	♦	♦	♦	♦	♦					♦	♦	♦	♦	♦	♦		**GEOfinanz:** Applik. zu ArcView GIS, Instrument für Standortbewertung u. Vertriebscontrolling, hier: Sparkassen
	♦			♦		♦		♦						♦			**GeoFlow:** Applik. zu geoGPG, Workflow-orientierte GIS-Applikation für die Versorgungssparten Gas, Wasser, Strom u. Fernwärme, NIS
	♦						♦	♦			♦			♦		♦	**GeoFNP:** Applik. zu Intergraph GeoMedia, Digitale Erstellung, Bearbeitung u. Fortführung von Flächennutzungsplänen mit Intergraph GeoMedia
♦	♦	♦	♦	♦	♦					♦	♦	♦	♦	♦			**GEOfranchise:** Applik. zu ArcView GIS, Instrument für Standortbewertung
	♦	♦					♦	♦	♦	♦				♦		♦	**GeoGIS:** Applik. zu AutoCAD u. FelixCAD, Planungs- und Katastersystem für GIS, NIS und KIS, sonst. Plattform: UNIX a. Anfrage
♦										♦	♦	♦		♦			**GEOgraf:** GEOgraf ist ein modulares Desktop CAD/GIS System für kleine bis große Datenmengen (> 1 Mio. Objekte)
♦	♦	♦	♦	♦	♦	♦	♦	♦	♦	♦				♦		♦	**GEOgraFIS:** GEOgraFIS ist ein vollständiges Bearbeitungspaket für eigene, neue und vorhandene Fachschalen
♦		♦				♦								♦			**geoGrün:** Applik. zu MapInfo Prof., Grünflächenkataster (Erfassung, Pflege, Auswertung)
	♦	♦									♦			♦			**GeoKart:** Applik. zu AutoCAD u. FelixCAD, Karten- u. Planentzerrung, Kartenblattzusammenführung, sonst. Plattform: UNIX a. Anfrage
♦		♦						♦	♦	♦	♦			♦			**geoKonst:** Applik. zu MapInfo Prof., umfangreiche MapInfo-Applikation für Konstruktion und Bemaßung

© Buhmann/Wiesel: GIS-Report 2002, Bernhard Harzer Verlag, Karlsruhe

GIS-Softwareübersicht — sonstige

Software	Anbieter	Erstinstallation	Versionsnummer	Seats weltweit	Seats D,A,CH	Kunden weltweit	Kunden D,A,CH	Kosten ab Tausend-EURO	Kosten bis Tausend-EURO	GIS	Desktop-GIS	Internet-GIS	CAD-GIS	Business-GIS	Mobil-GIS	GIS Ergänzung	GIS-Komponente	GIS-Fachschale & Appl.	Geo-Datenbankserver	Windows (32-bit)	Unix	Eigenständige Software	Applikation	Vektor	Raster
GEOmarkt	infas GeoDaten	1990			40		40		10									♦		♦			♦	♦	♦
Geomatica - Geogateway	CGI Systems GmbH	2001	8.2	200	45	200	40	0,5	0,9							♦				♦	♦	♦		♦	♦
Geomatica Orthoengine	CGI Systems GmbH	1996	8.2	4000	70	1000	30	6,5	30							♦				♦	♦	♦		♦	♦
GeoMedia-SAP R/3 PM-Schnittstelle	Fichtner Consulting & IT	2000			100		3		2									♦		♦			♦		
geo-mobile	geo-konzept	1998	4.02	5000	250	4000	200		2						♦					♦		♦		♦	♦
Geonardo	INTEND Geoinformatik GmbH	2000			80		7		0,77									♦		♦			♦	♦	♦
GeoNetz	GEOGRAT	1988	GeoNetz	853	844	373	3		10				♦							♦	♦	♦	♦	♦	♦
GeoNetz Elektro	GEOGRAT	1990	V10	29	29		12	2,8	10									♦		♦	♦		♦	♦	♦
GeoNetz Fernwärme	GEOGRAT	1990	V10	14	14		5	2,8	10									♦		♦	♦		♦	♦	♦
GeoNetz Gas	GEOGRAT	1990	V10	111			62	2,8	10									♦		♦	♦		♦	♦	♦
GeoNetz Kanal	GEOGRAT	1990	GeoNetz	295	281		97	2,8	20									♦		♦	♦		♦	♦	♦
GeoNetz Wasser	GEOGRAT	1990	GeoNetz		236		89	2,8	10									♦		♦	♦		♦	♦	♦

© Buhmann/Wiesel: GIS-Report 2002, Bernhard Harzer Verlag, Karlsruhe

sonstige   **GIS-Softwareübersicht**

	Datenbankschnittstellen						Anwendungsschwerpunkte											Applikation zu, Kurzbeschreibung, sonstige Systemtypen und Plattformen
	Int DB	Oracle	Intene Datenbank	MS-SQL-Server	Informix	sonstige	Facility Management	Umwelt- u. Naturschutz	Ver- u. Entsorgung	Telekommunikation	Auskunftssysteme	Kartographie	Marketing	Logistik	Vermessung u. Kataster	Verkehrsplanung	Raum- und Bauleitplanung	
	◆	◆	◆	◆	◆	◆					◆	◆	◆	◆	◆	◆	◆	**GEOmarkt:** Applik. zu ArcView GIS, Instrument für Standortbewertung u. Vertriebscontrolling, hier: Marketing
		◆									◆	◆						**Geomatica - Geogateway:** Konvertierungssoftware für 80 GIS-Dateiformate, mit Reproject u. Subset, mit komfortablem Viewer., sonst. Plattform: Linux
		◆																**Geomatica Orthoengine:** Profession. Orthobild- und DGM-Erstellung für Luftbilder, optische u. Radarsatelliten. Benutzerfreu., sonst. Plattform: Linux
									◆	◆								**GeoMedia-SAP R/3 PM-Schnittstelle:** Applik. zu GeoMedia, InterVIEW, FieldView, Schnittstelle GeoMedia/SAP-Instandhaltungsmodul PM z. Anzeigen, Anlagen o. Ändern v. SAP-PM-Objekten
				◆			◆		◆	◆								**geo-mobile:** geo-mobile ist die interaktive Lösung für die Erfassung raumbezogener Daten im Gelände
	◆	◆					◆				◆							**Geonardo:** Applik. zu ArcView GIS, Geonardo-ArcView GIS-Erweiterung zur unkomplizierten Visualisierung raumbezogener Daten
	◆	◆	◆				◆		◆		◆							**GeoNetz:** Applik. zu AutoCAD u. FelixCAD, Planungs- und Katastersystem für NIS und KIS, sonst. Plattform: UNIX a. Anfrage
	◆	◆	◆							◆	◆	◆						**GeoNetz Elektro:** Applik. zu AutoCAD, FelixCAD, Fachschale für Plang. Fortführung, Dokument. und Auskunft im Bereich Strom, Beleuchtung, Kommunikat., sonst. Plattform: UNIX auf Anfrage
	◆	◆	◆						◆		◆							**GeoNetz Fernwärme:** Applik. zu AutoCAD, FelixCAD, Fachschale für Planung, Fortführung, Dokumentation und Auskunft im Bereich Fernwärme, sonst. Plattform: UNIX auf Anfrage
	◆	◆	◆						◆		◆							**GeoNetz Gas:** Applik. zu AutoCAD, FelixCAD, Fachschale für Planung, Fortführung, Dokumentation und Auskunft im Bereich Gas, sonst. Plattform: UNIX auf Anfrage
	◆	◆	◆						◆		◆							**GeoNetz Kanal:** Applik. zu AutoCad, FelixCAD, Fachschale für Planung, Fortführung, Dokumentation u. Auskunft im Bereiche Kanal, Abwasser, sonst. Plattform: UNIX auf Anfrage
	◆	◆	◆						◆		◆							**GeoNetz Wasser:** Applik. zu AutoCAD, FelixCAD, Fachschale für Planung, Fortführung, Dokumentation und Auskunft im Bereich Wasser, sonst. Plattform: UNIX auf Anfrage

© Buhmann/Wiesel: GIS-Report 2002, Bernhard Harzer Verlag, Karlsruhe

GIS-Softwareübersicht — sonstige

Software	Anbieter	Erstinstallation	Versionsnummer	Seats weltweit	Seats D,A,CH	Kunden weltweit	Kunden D,A,CH	Kosten ab Tausend-EURO	Kosten bis Tausend-EURO	GIS	Desktop-GIS	Internet-GIS	CAD-GIS	Business-GIS	Mobil-GIS	GIS Ergänzung	GIS-Komponente	GIS-Fachschale & Appl.	Geo-Datenbankserver	Windows (32-bit)	Unix	Eigenständige Software	Applikation	Vektor	Raster
GEONIS expert Abwasser/ GEP	GEOCOM Informatik	1995						2,55										◆	◆	◆			◆	◆	◆
GEONIS expert Elektro	GEOCOM Informatik	1997						5,12	7,65									◆	◆	◆			◆	◆	◆
GEONIS expert Gas	GEOCOM Informatik	1995						2,55										◆	◆	◆			◆		
GEONIS expert Telco	GEOCOM Informatik	1999						5,1	10,2									◆	◆	◆			◆	◆	◆
GEONIS expert Vermessung/ Kataster	GEOCOM Informatik	2001						15,3	25,51									◆					◆	◆	◆
GEONIS expert Wasser	GEOCOM Informatik	1995						2,55										◆	◆	◆			◆	◆	◆
GeoNV telco edition	PLEdocingrada*	2001																◆	◆	◆			◆	◆	◆
GEOPAC-GIS	IB&T	1988						7,5	22,5				◆							◆	◆		◆	◆	◆
GeoPlaner	AGIS	1999	V 1.9	10		4		11							◆					◆		◆		◆	◆
GeoPlot	Fichtner Consulting & IT	2000		31		2		0,5								◆				◆			◆	◆	◆
geoPlot	Graphservice	1996		350	350	10	10												◆	◆		◆	◆	◆	◆
GEOpresse	infas GeoDaten	1990		60	60	10													◆	◆			◆	◆	◆

© Buhmann/Wiesel: GIS-Report 2002, Bernhard Harzer Verlag, Karlsruhe

sonstige   GIS-Softwareübersicht

Int DB	Oracle	Interne Datenbank	MS-SQL-Server	Informix	sonstige	Facility Management	Umwelt- u. Naturschutz	Ver- u. Entsorgung	Telekommunikation	Auskunftssysteme	Kartographie	Marketing	Logistik	Vermessung u. Kataster	Verkehrsplanung	Raum- und Bauleitplanung	Applikation zu, Kurzbeschreibung, sonstige Systemtypen und Plattformen
♦	♦		♦		♦			♦									**GEONIS expert Abwasser/ GEP:** Applik. zu GEONIS expert, Fachschale für Abwasserentsorgungsnetze und Genereller Entwässerrungsplan
♦	♦		♦		♦			♦									**GEONIS expert Elektro:** Applik. zu GEONIS expert, Fachschale für Stromversorgungsnetze, inklusive Detailschemata
♦	♦		♦		♦			♦									**GEONIS expert Gas:** Applik. zu GEONIS expert, Fachschale für Gasversorgung
♦	♦		♦		♦				♦								**GEONIS expert Telco:** Applik. zu GEONIS expert, Fachschale für Telekommunikationsnetze
♦	♦		♦		♦									♦			**GEONIS expert Vermessung/ Kataster:** Applik. zu GEONIS expert/ Arc GIS 8.1, Fachschale für Punktberechnung und Vermessungskataster für die Schweiz nach DM.01-AV
	♦	♦	♦		♦			♦									**GEONIS expert Wasser:** Applik. zu GEONIS expert, Fachschale für Wasserversorgungsnetze
	♦	♦	♦						♦	♦							**GeoNV telco edition:** Applik. zu GeoMedia & TANNIS-Produkten, Lösung zur Planung u. Dokumentation von nachrichtentechnischen Netzen (LWL, Kabel, Signal) u. Anlage
♦							♦			♦				♦		♦	**GEOPAC-GIS:** Applik. zu CAD400/Elite NT von Elite CAD M.-Informatik, Fachbereichsübergreifendes, attributbezogenes IS zur freien Modellierung raumbezogener Objekte
	♦	♦	♦							♦		♦	♦			♦	**GeoPlaner:** Standortanalyse-Werkzeug für die Standortplanung und Standortbewertung, Filialnetzoptimierung
♦							♦	♦	♦			♦					**GeoPlot:** Applik. zu GeoMedia, Stellt eine Erweiterung der Standard-Druckfunktion von GeoMedia dar.
♦	♦						♦	♦	♦	♦	♦						**geoPlot:** Applik. zu MapInfo Prof., Planausgabe mit frei definierbaren Layouts nach Standards und Parametern
♦	♦	♦	♦	♦	♦			♦	♦	♦	♦	♦					**GEOpresse:** Applik. zu ArcView GIS, Instrument für Standortbewertung u. Vertriebscontrolling, hier: Zeitungen

© Buhmann/Wiesel: GIS-Report 2002, Bernhard Harzer Verlag, Karlsruhe

GIS-Softwareübersicht — sonstige

Software	Anbieter	Erstinstallation	Versionsnummer	Seats weltweit	Seats D, A, CH	Kunden weltweit	Kunden D, A, CH	Kosten ab Tausend-EURO	Kosten bis Tausend-EURO	GIS	Desktop-GIS	Internet-GIS	CAD-GIS	Business-GIS	Mobil-GIS	GIS Ergänzung	GIS-Komponente	GIS-Fachschale & Appl.	Geo-Datenbankserver	Windows (32-bit)	Unix	Eigenständige Software	Applikation	Vektor	Raster
GEOprospekt	infas GeoDaten	1990			40		40		10									♦		♦			♦	♦	♦
GEOS4	a/m/t/	1991		350		110		6,2	21,4				♦							♦		♦	♦	♦	
Geostadt	BT-GIS Benndorf Technologie	1999	1.3						7,65									♦		♦		♦	♦	♦	♦
GeoTask Server/Internet Mapping	GeoTask	1998	1.2					10	30			♦							♦	♦	♦	♦		♦	♦
geoVAL Baumkataster	geoVAL Informationssysteme	1998	2.5		150		30	2,5	4,6									♦		♦		♦		♦	♦
GEOvertrieb	infas GeoDaten	1990			40		40		10									♦		♦			♦	♦	♦
GEOvision[3]	K2-Computer Softwareentwicklung	2000	GEOvisio	1400	1400	485	485	7	10		♦									♦		♦		♦	♦
GIRES (PWS-GIS)	POWERSOFT R. PIAN	1990	5,43	156	5	17	2	5	25									♦		♦		♦			
GIS - Report	METTENMEIER GmbH															♦							♦		
GIS Data Pro	Leica Geosystems AG	1999	1.2	200	150	180	130											♦		♦		♦		♦	♦
GISPAD	con terra	1993	GISPAD	260	200	180	145	2	4					♦						♦		♦		♦	♦
GM2CAD-Schnittstelle	Fichtner Consulting & IT	2000			3		3		1,6									♦		♦			♦	♦	

© Buhmann/Wiesel: GIS-Report 2002, Bernhard Harzer Verlag, Karlsruhe

GIS-Softwareübersicht

sonstige

Int DB	Oracle	Intene Datenbank	MS-SQL-Server	Informix	sonstige	Facility Management	Umwelt- u. Naturschutz	Ver- u. Entsorgung	Telekommunikation	Auskunftssysteme	Kartographie	Marketing	Logistik	Vermessung u. Kataster	Verkehrsplanung	Raum- und Bauleitplanung	Applikation zu, Kurzbeschreibung, sonstige Systemtypen und Plattformen
♦	♦	♦	♦	♦	♦		♦	♦	♦	♦	♦	♦					**GEOprospekt:** Applik. zu ArcView GIS, Instrument für Standortbewertung u. Vertriebscontrolling, hier: Abonentenverteilung
♦														♦			**GEOS4:** speziell für die schweizer Grundbuchvermessung nach AV93 entwickelt, sonst. Plattform: Windows (16-Bit)
	♦		♦							♦	♦					♦	**Geostadt:** Applik. zu SICAD/open, Stadtplanung, Fremdenverkehr, Erstellung thematischer Karten auf Basis v. SICAD- oder ATKIS-Daten
	♦	♦		♦	♦				♦	♦	♦	♦	♦	♦			**GeoTask Server/Internet Mapping:** offener Geodatenserver mit Internet Interface
	♦	♦	♦		♦	♦	♦			♦				♦			**geoVAL Baumkataster:** Baumkataster zur Dokumentation und Zustandserhebung von Straßenbäumen
♦	♦	♦	♦	♦	♦		♦	♦	♦	♦	♦	♦					**GEOvertrieb:** Applik. zu ArcView GIS, Instrument für Standortbewertung u. Vertriebscontrolling
♦	♦	♦	♦	♦	♦	♦	♦	♦	♦					♦			**GEOvision³:** GEOvision³ GIS bietet vielfältige Funktionen zum Aufbau, Wartung u. Pflege von Informationssystemen
	♦	♦						♦									**GIRES (PWS-GIS):** Planung und Verwaltung von Elektrizitäts-, Wasser-, Gas- und Kabel Netze
											♦						**GIS - Report:** Applik. zu Smallworld GIS, Erzeugung von Daten in Excel aus dem GIS
♦						♦	♦	♦	♦		♦			♦			**GIS Data Pro:** GPS gestützte Datenerfassung für GIS; neue Bürosoftware f.d. GPS Auswertung u. Verwaltg. im GIS
		♦					♦	♦						♦			**GISPAD:** Software zur mobilen Datenerfassung und -fortführung mit Pen-Computern und GPS, Datenerfassung
							♦	♦						♦			**GM2CAD-Schnittstelle:** Applik. zu GeoMedia, Ermöglicht den Export von Objektklassen aus GeoMedia in di Formate gängiger CAD-Systeme

© Buhmann/Wiesel: GIS-Report 2002, Bernhard Harzer Verlag, Karlsruhe

GIS-Softwareübersicht — sonstige

Software	Anbieter	Erstinstallation	Versionsnummer	Seats weltweit	Seats D, A, CH	Kunden weltweit	Kunden D, A, CH	Kosten ab Tausend-EURO	Kosten bis Tausend-EURO	GIS	Desktop-GIS	Internet-GIS	CAD-GIS	Business-GIS	Mobil-GIS	GIS Ergänzung	GIS-Komponente	GIS-Fachschale & Appl.	Geo-Datenbankserver	Windows (32-bit)	Unix	Eigenständige Software	Applikation	Vektor	Raster
GNNET-RTK	GEO++	1992		200	150	150	100	10	25							◆				◆	◆	◆		◆	
GPLOT	GEOCOM Informatik	1996		250	240	200	190	0,25	2,55							◆				◆		◆		◆	◆
GPS 2 GIS	Gänger & Bruckner	2000							0,18							◆				◆		◆		◆	
GPS-TRACER	GreenLab	1999	1.0				20		0,45							◆				◆					
GRICAL	GEOCOM Informatik	1997		40	40	40	40	5,1	7,65				◆							◆		◆			
Grundstücksentwässerungskataster	WGI mbH	2000																◆		◆			◆	◆	◆
GW Base 5.0 Grundwasser GIS	ribeka.com	1996	GW Base	500	400	400	300	1,5	3									◆		◆		◆		◆	◆
GW-Base5.0 Grundwasser-GiS	ribeka.com	1996	GW-Base	500	400	400	300	1,5	3									◆		◆		◆		◆	◆
HansaGeoKIS	Hansa Luftbild/ ICF GmbH	2000	1.0				1		3,6						◆					◆				◆	◆
HL complexer	Hansa Luftbild/ ICF GmbH	1997		7	6	7	6		0,61							◆				◆	◆		◆	◆	
HL tool Kit	Hansa Luftbild/ ICF GmbH								0,77											◆	◆		◆	◆	
HOMAGE für SICAD	grit GmbH	1990		241	241		40		25	◆										◆	◆		◆	◆	

© Buhmann/Wiesel: GIS-Report 2002, Bernhard Harzer Verlag, Karlsruhe

sonstige — GIS-Softwareübersicht

Int DB	Oracle	Intene Datenbank	MS-SQL-Server	Informix	sonstige	Facility Management	Umwelt- u. Naturschutz	Ver- u. Entsorgung	Telekommunikation	Auskunftssysteme	Kartographie	Marketing	Logistik	Vermessung u. Kataster	Verkehrsplanung	Raum- und Bauleitplanung	Applikation zu, Kurzbeschreibung, sonstige Systemtypen und Plattformen
		♦		♦			♦	♦						♦			**GNNET-RTK:** GPS, Genauigkeit 1cm bis 1m, Echtzeit - Erfassung, sonst. Plattform: OS/2
	♦						♦	♦						♦			**GPLOT:** Applik. zu microstation/ Interplot, Software zur Ausgabe von Netz- und Katasterplänen nach den gängigen Zeichenvorschriften
								♦						♦			**GPS 2 GIS:** Liest (D)GPS-Daten aus Geräten d. FA.ESYS u. gibt sie aufbereit. an WinGIS,ArcView,Sicad/SD, DXF
														♦			**GPS-TRACER:** Applik. zu ArcView GIS, Extension zur Darstellung v. Koordinaten eines angeschlossenen GPS-Empfängers direkt in ArcView GIS
	♦													♦			**GRICAL:** Applik. zu microstation, Punktberechnungsprogramm für Vermessungswesen
								♦	♦								**Grundstücksentwässerungskataster:** Applik. zu Smallworld GIS, Management zur Dokumentation, Auskunft/Analyse von raumbezogenen Daten der Stadtentwässerung
♦	♦	♦					♦										**GW Base 5.0 Grundwasser GIS:** Grundwassermonitoring, Analysen, Wasserstand, Kataster, Brunnen, Auswertung, mobile Datenerfassung
♦	♦	♦					♦										**GW-Base5.0 Grundwasser-GiS:** Grundwassermonitoring, Analysen, Wasserstand, Kataster, Brunnen, Auswertung, mobile Datenerfassung
	♦						♦	♦	♦	♦	♦	♦	♦	♦		♦	**HansaGeoKIS:** Applik. zu GeoMedia (Pro), Metadatengestütztes Gis-Daten Präsentationssystem
								♦		♦				♦			**HL complexer:** Applik. zu MicroStation, Programm zur Ermittlung von Complex-Shapes um einen Centroiden, Flächsicherung (2D u. 3D), sonst. Plattform: DOS
							♦	♦	♦	♦		♦		♦			**HL tool Kit:** Applik. zu MicroStation, Werkzeugsammlung zur Produktivitätssteigerung, sonst. Plattform: DOS
	♦		♦				♦							♦			**HOMAGE für SICAD:** Applik. zu SICAD/open, Programmpaket zur geometr. Verbesserung heterogener graphischer Datenbestände

© Buhmann/Wiesel: GIS-Report 2002, Bernhard Harzer Verlag, Karlsruhe

GIS-Softwareübersicht — sonstige

Software	Anbieter	Erstinstallation	Versionsnummer	Seats weltweit	Seats D, A, CH	Kunden weltweit	Kunden D, A, CH	Kosten ab Tausend-EURO	Kosten bis Tausend-EURO	GIS	Desktop-GIS	Internet-GIS	CAD-GIS	Business-GIS	Mobil-GIS	GIS Ergänzung	GIS-Komponente	GIS-Fachschale & Appl.	Geo-Datenbankserver	Windows (32-bit)	Unix	Eigenständige Software	Applikation	Vektor	Raster
HOMAGE-NETZ für SICAD	grit GmbH	1998							12							♦				♦	♦		♦	♦	
HydroCAD	DORSCH CONSULT	1995		30	20	20	8		50		♦									♦			♦	♦	♦
IBM GTIS - Translator Toolkit	IBM	1996	IBM Transl						1,933							♦				♦		♦	♦	♦	
IBM GTiS geoManager	IBM	1991	geoMana						14										♦	♦	♦		♦	♦	♦
ibR-Vermessungspaket	ibR Ges. für Geoinformation mbH	1989	7.4	1800	1800	220	220									♦				♦	♦	♦		♦	♦
IGLIS	DI FORSTHUBER GmbH	1989	5.0	130		27		1.74	63.7		♦									♦	♦	♦		♦	♦
Image Analysis Extension für ArcView GIS	GEOSYSTEMS	1998	1.1	2300	250	1700	170	3.15	3.15							♦				♦			♦	♦	♦
Image Web Server	UEFFING UMWELT CONSULT	2000	1.5	200	2	200	2	12	120										♦	♦			♦		♦
IMAGEFIT	EDO-Software	1997		300		300		0,2								♦				♦			♦	♦	♦
InfoNetz	GCE	1992		35		13								♦						♦		♦	♦	♦	♦
Infrastruktur	UMGIS Informatik GmbH	2001		2	2	2	6												♦	♦			♦	♦	♦
Instandhaltungsmanagement	Dr.-Ing. Stein Ingenieurbüro	1989		1450	1450													♦		♦	♦		♦	♦	♦

© Buhmann/Wiesel: GIS-Report 2002, Bernhard Harzer Verlag, Karlsruhe

sonstige   **GIS-Softwareübersicht**

Datenbankschnittstellen						Anwendungsschwerpunkte												Applikation zu, Kurzbeschreibung, sonstige Systemtypen und Plattformen
Int DB	Oracle	Intene Datenbank	MS-SQL-Server	Informix	sonstige	Facility Management	Umwelt- u. Naturschutz	Ver- u. Entsorgung	Telekommunikation	Auskunftssysteme	Kartographie	Marketing	Logistik	Vermessung u. Kataster	Verkehrsplanung	Raum- und Bauleitplanung	
♦		♦						♦						♦			**HOMAGE-NETZ für SICAD:** Applik. zu HOMAGE für SICAD, Programmbaustein zur Homogenisierung von planspezifischen Elementen in Bestandsplänen
♦	♦		♦	♦				♦						♦			**HydroCAD:** Applik. zu AutoCAD, Kanalplanungs- und Informationssystem für Abwässer
	♦			♦	♦		♦	♦	♦					♦	♦	♦	**IBM GTIS - Translator Toolkit:** Schnittstellenprog. für den kompl. Datentransfer mit anderen (OEM-) Gis-Systemen-in beide Richtungen, sonst. Plattform: VM/AiX
	♦			♦	♦		♦	♦		♦				♦	♦	♦	**IBM GTIS geoManager:** Applik. zu IBM DB2, offene Datenmanagementsoftw. die Zugriff, Sicherh. u. Konsistenz gewährl.,vollrelationale Speicherng, sonst. Plattform: OS/390/MVS
♦														♦			**ibR-Vermessungspaket:** Vermessungstechnische Berechnungen zum Geo-Informationssystem DAVID
	♦							♦	♦		♦			♦		♦	**IGLIS:** objektorientiertes u. blattschnittfreies Arbeiten
								♦			♦			♦		♦	**Image Analysis Extension für ArcView GIS:** Applik. zu ArcView GIS, Digitale Bildverarbeitung auch von sehr großen Datenmengen auf dem Desktop
				♦			♦	♦	♦	♦	♦					♦	**Image Web Server:** Der Image Web Server ermöglicht den Vertrieb größter Rasterdatensätze über das Internet
						♦	♦	♦			♦			♦		♦	**IMAGEFIT:** Applik. zu AutoCAD, orientiert und kalibriert Rasterbilder
	♦							♦									**InfoNetz:** Applik. zu INFOCAD, graph. Informations- und Planungssystem für Ver- und Entsorgungsunternehmen
	♦		♦					♦						♦			**Infrastruktur:** Applik. zu Geomedia, Caddy++Geo Media, Verwaltung aller technischen Einrichtungen (Leitungen, Gebäude, Anlagen) mit Terminen und Kosten
♦	♦					♦		♦	♦								**Instandhaltungsmanagement:** Applik. zu CUBIS/POLIS, Planung und Steuerung von Instanthaltungsmaßnahmen

© Buhmann/Wiesel: GIS-Report 2002, Bernhard Harzer Verlag, Karlsruhe

GIS-Softwareübersicht — sonstige

Software	Anbieter	Erstinstallation	Versionsnummer	Seats weltweit	Seats D, A, CH	Kunden weltweit	Kunden D, A, CH	Kosten ab Tausend-EURO	Kosten bis Tausend-EURO	GIS	Desktop-GIS	Internet-GIS	CAD-GIS	Business-GIS	Mobil-GIS	GIS Ergänzung	GIS-Komponente	GIS-Fachschale & Appl.	Geo-Datenbankserver	Windows (32-bit)	Unix	Eigenständige Software	Applikation	Vektor	Raster
Interlis Studio	GEOCOM Informatik	1997		30	30	30		1,275	3,82							◆				◆		◆		◆	
Interlis Studio	Leica Geosystems AG	1998		50	50	50	50									◆				◆		◆		◆	
internet visor	megatel GmbH	1996	2.1.3					3,06											◆	◆	◆	◆		◆	◆
InterNetz-SAP R/3 PM-Schnittstelle	Fichtner Consulting & IT	1999			5		2	2									◆			◆			◆		
INTERTOUR / Entsorgung	PTV AG	1988		26	26	21	6	40										◆		◆		◆		◆	◆
INTERTOUR / Standard	PTV AG	1983		400	300	20					◆									◆		◆		◆	◆
inthal-vis	inthal software	2001	2001.00.0	1	1	1		1,9	4,4						◆					◆		◆			
IP Abwasserkataster	Infraplan Syscon GmbH	1999	2.0	15		7												◆		◆		◆	◆	◆	◆
IP ALK/ALB	Infraplan Syscon GmbH	1995	4.0	1500		175												◆		◆			◆	◆	◆
IP ATKIS	Infraplan Syscon GmbH	1997	2.5	500		100												◆		◆			◆	◆	◆
IP Bauleitplanung	Infraplan Syscon GmbH	1996	3.1	100		40												◆		◆			◆	◆	◆
IP Baum	Infraplan Syscon GmbH	1997	3.0	25		8												◆		◆		◆	◆	◆	◆

© Buhmann/Wiesel: GIS-Report 2002, Bernhard Harzer Verlag, Karlsruhe

sonstige — GIS-Softwareübersicht

Int DB	Oracle	Intene Datenbank	MS-SQL-Server	Informix	sonstige	Facility Management	Umwelt- u. Naturschutz	Ver- u. Entsorgung	Telekommunikation	Auskunftssysteme	Kartographie	Marketing	Logistik	Vermessung u. Kataster	Verkehrsplanung	Raum- und Bauleitplanung	Applikation zu, Kurzbeschreibung, sonstige Systemtypen und Plattformen
♦	♦	♦	♦		♦			♦						♦			**Interlis Studio:** Tool zur Konvertierung unterschiedlicher Datenformate und Datenmodelle, inklusive Interlis
♦								♦	♦		♦			♦		♦	**Interlis Studio:** Programm zur Kontrolle, Modellierung und Visualisierung von Interlis Daten
♦	♦	♦	♦	♦	♦	♦			♦	♦			♦	♦	♦	♦	**internet visor:** Applik. zu Web-Server, Web-Server-System, Bereitstellung ortsbezogener Sachdaten
								♦	♦								**InterNetz-SAP R/3 PM-Schnittstelle:** Applik. zu InterNetz, SchnittstellInterNetz/SAP-Instandhaltungsmodul PM z. Anzeigen, Anlegen o. Ändern v. SAP-PM-Objekte
♦		♦	♦					♦									**INTERTOUR / Entsorgung:** Tourenplanungssystem für Hausmüllentsorgung und Straßenreinigung
♦	♦			♦									♦				**INTERTOUR / Standard:** leistungsstarkes Tourenplanungssystem für depotbezogene Auslieferungs- und Sammeltouren
♦		♦	♦				♦	♦		♦				♦			**inthal-vis:** Video Infosystem z. schnelleren Bereitstellung/ Analyse v. raumbezogenen Daten f. Komm. u. Dienstl.
♦		♦	♦				♦	♦									**IP Abwasserkataster:** Applik. zu ArcView GIS, Einleiterkataster
	♦						♦	♦	♦	♦	♦	♦	♦	♦		♦	**IP ALK/ALB:** Applik. zu ESRI ArcView Applikation, ALB / ALK Auskunftssystem
	♦							♦	♦					♦			**IP ATKIS:** Applik. zu ESRI ArcView Applikation, ATKIS Fachschale
	♦															♦	**IP Bauleitplanung:** Applik. zu ESRI ArcView Applikation, Bauleitplanung
♦		♦	♦				♦										**IP Baum:** Applik. zu ESRI ArcView Applikation, Baumkataster

© Buhmann/Wiesel: GIS-Report 2002, Bernhard Harzer Verlag, Karlsruhe

GIS-Softwareübersicht — sonstige

Software	Anbieter	Erstinstallation	Versionsnummer	Seats weltweit	Seats D, A, CH	Kunden weltweit	Kunden D, A, CH	Kosten ab Tausend-EURO	Kosten bis Tausend-EURO	GIS	Desktop-GIS	Internet-GIS	CAD-GIS	Business-GIS	Mobil-GIS	GIS Ergänzung	GIS-Komponente	GIS-Fachschale & Appl.	Geo-Datenbankserver	Windows (32-bit)	Unix	Eigenständige Software	Applikation	Vektor	Raster
IP Beleuchtung	Infraplan Syscon GmbH	1998	3.0	30	15													♦		♦		♦	♦	♦	♦
IP Bemaßung	Infraplan Syscon GmbH	1999	3.0	100	40													♦		♦		♦	♦	♦	♦
IP Biotop	Infraplan Syscon GmbH	1999	2.0	10	5													♦		♦			♦	♦	♦
IP Demographie	Infraplan Syscon GmbH		1.0	5	2											♦				♦				♦	♦
IP Denkmal	Infraplan Syscon GmbH	1999	2.0	10	5													♦		♦			♦	♦	♦
IP Druckmanagement	Infraplan Syscon GmbH	1999	3.0	100	40												♦			♦			♦	♦	♦
IP EDBS	Infraplan Syscon GmbH	1997	4.0	200	200												♦			♦		♦		♦	
IP Flächenanteil	Infraplan Syscon GmbH	1999	2.0	50	10													♦		♦			♦	♦	♦
IP Friedhof / IP Friedhofview	Infraplan Syscon GmbH	1997	4.0	40	25													♦		♦		♦		♦	♦
IP Gas	Infraplan Syscon GmbH	1998	3.0	15	7													♦		♦			♦	♦	♦
IP GebIS	Infraplan Syscon GmbH	1998	1.0	5	2													♦		♦				♦	♦
IP Gruve	Infraplan Syscon GmbH	1997	4.0	80	30													♦		♦			♦	♦	♦

© Buhmann/Wiesel: GIS-Report 2002, Bernhard Harzer Verlag, Karlsruhe

sonstige — GIS-Softwareübersicht

Int DB	Oracle	Intene Datenbank	MS-SQL-Server	Informix	sonstige	Facility Management	Umwelt- u. Naturschutz	Ver- u. Entsorgung	Telekommunikation	Auskunftssysteme	Kartographie	Marketing	Logistik	Vermessung u. Kataster	Verkehrsplanung	Raum- und Bauleitplanung	Applikation zu, Kurzbeschreibung, sonstige Systemtypen und Plattformen
		♦	♦					♦						♦			**IP Beleuchtung:** Applik. zu ESRI ArcView Applikation,, Beleuchtungskataster
								♦	♦	♦				♦			**IP Bemaßung:** Applik. zu ESRI ArcView Applikation, Bemaßungswerkzeug
	♦	♦					♦										**IP Biotop:** Applik. zu ESRI ArcView Applikation, Biotopkataster
♦	♦	♦										♦				♦	**IP Demographie:** Applik. zu ESRI ArcView Applikation,, Demographische Analysen
♦	♦	♦												♦		♦	**IP Denkmal:** Applik. zu ESRI ArcView Applikation, Denkmalkataster
						♦			♦	♦				♦			**IP Druckmanagement:** Druckmanagement
	♦						♦	♦	♦	♦	♦	♦	♦	♦		♦	**IP EDBS:** EDBS Konverter, sonst. Plattform: 5
	♦						♦	♦	♦					♦			**IP Flächenanteil:** Applik. zu ESRI ArcView Applikation, Ermittlung versiegelter Flächen
♦	♦	♦				♦				♦				♦			**IP Friedhof / IP Friedhofview:** Applik. zu MapObjects, Friedhofskataster incl. Viewer
♦	♦	♦						♦									**IP Gas:** Applik. zu ESRI ArcView Applikation,, Gasleitungskataster
	♦	♦				♦											**IP GebIS:** Applik. zu ESRI ArcView Applikation,, Gebäudeinformationssystem
♦	♦	♦					♦	♦	♦			♦		♦		♦	**IP Gruve:** Applik. zu ESRI ArcView Applikation,, Grundstücksverwaltung

© Buhmann/Wiesel: GIS-Report 2002, Bernhard Harzer Verlag, Karlsruhe

GIS-Softwareübersicht — sonstige

Software	Anbieter	Erstinstallation	Versionsnummer	Seats weltweit	Seats D,A,CH	Kunden weltweit	Kunden D,A,CH	Kosten ab Tausend-EURO	Kosten bis Tausend-EURO	GIS	Desktop-GIS	Internet-GIS	CAD-GIS	Business-GIS	Mobil-GIS	GIS Ergänzung	GIS-Komponente	GIS-Fachschale & Appl.	Geo-Datenbankserver	Windows (32-bit)	Unix	Eigenständige Software	Applikation	Vektor	Raster
IP Höhenfestpunktkataster	Infraplan Syscon GmbH	1999	2.0	10		5												♦		♦		♦	♦	♦	♦
IP Kanal	Infraplan Syscon GmbH	1997	4.0	75		30												♦		♦		♦	♦	♦	♦
IP Kleinkläranlagen	Infraplan Syscon GmbH	1998	3.0	20		7												♦		♦		♦	♦	♦	♦
IP Konstruktion	Infraplan Syscon GmbH	1999	3.0	100		40												♦		♦			♦	♦	♦
IP Landschaftsplan	Infraplan Syscon GmbH	1999	2.0	10		5												♦		♦			♦	♦	♦
IP Markt	Infraplan Syscon GmbH	1999	1.0	5		2												♦		♦				♦	♦
IP Nutzerverwaltung	Infraplan Syscon GmbH	1999	2.0	100		40									♦					♦			♦		
IP Straße	Infraplan Syscon GmbH	1997	3.0	80		40												♦		♦		♦	♦	♦	♦
IP Strom	Infraplan Syscon GmbH	1998	2.0	15		7												♦		♦		♦	♦	♦	♦
IP Wasser	Infraplan Syscon GmbH	1997	4.0	25		12												♦		♦			♦	♦	♦
IPM GeoWeb-GIS - Auskunft über Internet	IMP GmbH	2000						0,51				♦								♦		♦			
Isomodul	Gänger & Bruckner	1998	3.0 beta	236	200	216	200	0,71	1,42								♦			♦		♦		♦	

© Buhmann/Wiesel: GIS-Report 2002, Bernhard Harzer Verlag, Karlsruhe

GIS-Softwareübersicht — sonstige

Int DB	Oracle	Intene Datenbank	MS-SQL-Server	Informix	sonstige	Facility Management	Umwelt- u. Naturschutz	Ver- u. Entsorgung	Telekommunikation	Auskunftssysteme	Kartographie	Marketing	Logistik	Vermessung u. Kataster	Verkehrsplanung	Raum- und Bauleitplanung	Applikation zu, Kurzbeschreibung, sonstige Systemtypen und Plattformen
	♦	♦	♦											♦		♦	**IP Höhenfestpunktkataster:** Applik. zu ESRI ArcView Applikation, Höhenfestpunktkataster
	♦	♦	♦					♦									**IP Kanal:** Applik. zu ESRI ArcView Applikation,, Kanalkataster
	♦	♦	♦				♦	♦									**IP Kleinkläranlagen:** Applik. zu ESRI ArcView Applikation, Kleinkläranlagenverwaltung
						♦		♦	♦					♦			**IP Konstruktion:** Applik. zu ESRI ArcView Applikation,, Konstruktionswerkzeug
	♦	♦					♦									♦	**IP Landschaftsplan:** Applik. zu ESRI ArcView Applikation, Landschaftsplan
	♦	♦										♦				♦	**IP Markt:** Marktanalyse
						♦	♦	♦		♦					♦	♦	**IP Nutzerverwaltung:** Applik. zu ESRI ArcView Applikation, Nutzerverwaltung
	♦	♦	♦			♦	♦	♦		♦					♦	♦	**IP Straße:** Applik. zu ESRI ArcView Applikation, Straßenbestandsverzeichnis
	♦	♦	♦					♦									**IP Strom:** Applik. zu ESRI ArcView Applikation, Stromleitungskataster
	♦	♦	♦					♦									**IP Wasser:** Applik. zu ESRI ArcView Applikation,, Wasserleitungskataster
	♦	♦				♦	♦	♦	♦	♦	♦	♦	♦	♦	♦	♦	**IPM GeoWeb-GIS - Auskunft über Internet:** Applik. zu MapInfo, GeoAS, Internet-Auskunftssystem auf Basis von GeoAS auf Laptop mit GSM-Internet-Anbindung
							♦				♦			♦		♦	**Isomodul:** Gitterbasierte Isolinienberechng.a. Meßw., 3D-Modellierung, Ausgabe: WinGIS, ArcView, Sicad/SD, DXF

© Buhmann/Wiesel: GIS-Report 2002, Bernhard Harzer Verlag, Karlsruhe

GIS-Softwareübersicht — sonstige

Software	Anbieter	Erstinstallation	Versionsnummer	Seats weltweit	Seats D,A,CH	Kunden weltweit	Kunden D,A,CH	Kosten ab Tausend-EURO	Kosten bis Tausend-EURO	GIS	Desktop-GIS	Internet-GIS	CAD-GIS	Business-GIS	Mobil-GIS	GIS Ergänzung	GIS-Komponente	GIS-Fachschale & Appl.	Geo-Datenbankserver	Windows (32-bit)	Unix	Eigenständige Software	Applikation	Vektor	Raster
K3-Umwelt Altablagerungen/Alt standorte	KISTERS AG	1995	2.3B					5,9										♦		♦		♦		♦	♦
K3-Umwelt Einleiterüberwachg. Indirekt	KISTERS AG	2000	2.3B					3,1										♦		♦		♦		♦	♦
K3-Umwelt Einleiterüberwachung Direkt	KISTERS AG	2000	2.3B					3,6										♦		♦		♦		♦	♦
K3-Umwelt Einleiterüberwg. Kleinkläranl.	KISTERS AG	2000	2.3B					2,3										♦		♦		♦		♦	♦
K3-Umwelt Einleiterüberwg. Niederschlag.	KISTERS AG	2000	2.3B					1,8										♦		♦		♦		♦	♦
K3-Umwelt Grundlagenerm. Grundwasser	KISTERS AG	2000	2.3B					4,1										♦		♦		♦		♦	♦
K3-Umwelt Grundwasser Gewässeraufsicht	KISTERS AG	2000	2.3B					4,1										♦		♦		♦		♦	♦
K3-Umwelt Grundwasser Wasserschutzgebiet	KISTERS AG	2000	2.3B					2,1										♦		♦		♦		♦	♦
K3-Umwelt Grundwasser Wasserversorgung	KISTERS AG	2000	2.3B					2,1										♦		♦		♦		♦	♦
K3-Umwelt Katastergenerator	KISTERS AG	1995	2.3B					1,6										♦		♦		♦		♦	♦
K3-Umwelt Naturschutz Biotope	KISTERS AG	1995	2.33					4,1										♦		♦		♦		♦	♦
K3-Umwelt Naturschutz Eintritt/Ausgleich	KISTERS AG	1995	2.3B					4,1										♦		♦		♦		♦	♦

© Buhmann/Wiesel: GIS-Report 2002, Bernhard Harzer Verlag, Karlsruhe

sonstige   GIS-Softwareübersicht

	Datenbankschnittstellen					Anwendungsschwerpunkte										Applikation zu, Kurzbeschreibung, sonstige Systemtypen und Plattformen
Int DB	Oracle	Intene Datenbank	MS-SQL-Server	Informix	sonstige	Facility Management	Umwelt- u. Naturschutz	Ver- u. Entsorgung	Telekommunikation	Auskunftssysteme	Kartographie	Marketing	Logistik	Vermessung u. Kataster	Verkehrsplanung	Raum- und Bauleitplanung	
	◆	◆	◆	◆			◆										**K3-Umwelt Altablagerungen/Altstandorte:** Erfassung und Auswertung von Altlasten und deren Verdachtsflächen
	◆	◆	◆	◆			◆										**K3-Umwelt Einleiterüberwachg. Indirekt:** Verwaltung und Überwachung von Indirekteinleiterdaten
	◆	◆	◆	◆			◆										**K3-Umwelt Einleiterüberwachung Direkt:** Verwaltung und Überwachung von Direkteinleiterdaten
	◆	◆	◆	◆			◆										**K3-Umwelt Einleiterüberwg. Kleinkläranl.:** Erfassung, Verwaltung, Überwachung v. Daten für Kleinkläranlagen
							◆										**K3-Umwelt Einleiterüberwg. Niederschlag.:** Verwaltung und Überwachung von Daten für Niederschlagswasser-Objekte
	◆	◆	◆	◆			◆										**K3-Umwelt Grundlagenerm. Grundwasser:** Ermittlung der technischen u. naturwissenschaftl. Grundlagen für die Ordnung des Wasserhaushalts
	◆	◆	◆	◆			◆										**K3-Umwelt Grundwasser Gewässeraufsicht:** für untere Wasserbehörden zur Durchführung der Gewässeraufsicht für den Bereich Grundwasser
	◆	◆	◆	◆			◆										**K3-Umwelt Grundwasser Wasserschutzgebiet:** für die Aufgaben bei Ausweisung von Wasserschutzgebieten, Vollzug der Wasserschutzgebietsverordnung
	◆	◆	◆	◆			◆										**K3-Umwelt Grundwasser Wasserversorgung:** für Aufgaben bei der Wassersicherstellung, Wasseraufbereitung, Wasserverteilung
	◆	◆	◆	◆			◆										**K3-Umwelt Katastergenerator:** eigene Erstellung individueller Kataster in Umweltämtern
	◆	◆	◆	◆			◆										**K3-Umwelt Naturschutz Biotope:** Unterstützung der Naturschutzbehörden bei der Erfassung von Biotopkartierungen
	◆	◆	◆	◆			◆										**K3-Umwelt Naturschutz Eintritt/Ausgleich:** Unterstützt beim Vollzug der Eingriffsregelung nach den Naturschutzgesetzen von Bund und Ländern

© Buhmann/Wiesel: GIS-Report 2002, Bernhard Harzer Verlag, Karlsruhe

GIS-Softwareübersicht — sonstige

Software	Anbieter	Erstinstallation	Versionsnummer	Seats weltweit	Seats D,A,CH	Kunden weltweit	Kunden D,A,CH	Kosten ab Tausend-EURO	Kosten bis Tausend-EURO	GIS	Desktop-GIS	Internet-GIS	CAD-GIS	Business-GIS	Mobil-GIS	GIS Ergänzung	GIS-Komponente	GIS-Fachschale & Appl.	Geo-Datenbankserver	Windows (32-bit)	Unix	Eigenständige Software	Applikation	Vektor	Raster
K3-Umwelt VAwS	KISTERS AG	1995	2.3B					5,2										♦		♦		♦		♦	♦
K3-Umwelt Wasserrechte	KISTERS AG	2000	2.3B					3,6										♦		♦		♦		♦	♦
KANDIS	CADMAP Consulting Ingenieurgesellschaft	1989		400		100												♦		♦	♦		♦		
Kläranlagen und Abwasserbehandlung	UMGIS Informatik GmbH	2001		2		2	2	6										♦		♦			♦	♦	♦
Kommunale Liegenschaftsverwaltung	sofion AG																	♦					♦	♦	
KoSa-Schnittstelle	sofion AG	1997																♦		♦	♦		♦	♦	♦
L+S Bauleitplanung	LAND+SYSTEM GmbH			32				2,2	15									♦		♦	♦				
L+S GRÜNMANAGEMENT	LAND+SYSTEM GmbH	2000																♦							
L+S Kommunal	LAND+SYSTEM GmbH																	♦							
L+S KompensationflächenKataster	LAND+SYSTEM GmbH	1998	1.0	37		37		1,6										♦		♦					
L+S THOR Metadatenbank	LAND+SYSTEM GmbH	2000	1.0	75				2,5										♦		♦					
LandRegister TM	GAF	1997	Landregis	30		5		2,5									♦			♦		♦		♦	♦

© Buhmann/Wiesel: GIS-Report 2002, Bernhard Harzer Verlag, Karlsruhe

GIS-Softwareübersicht — sonstige

Int DB	Oracle	Intene Datenbank	MS-SQL-Server	Informix	sonstige	Facility Management	Umwelt- u. Naturschutz	Ver- u. Entsorgung	Telekommunikation	Auskunftssysteme	Kartographie	Marketing	Logistik	Vermessung u. Kataster	Verkehrsplanung	Raum- und Bauleitplanung	Applikation zu, Kurzbeschreibung, sonstige Systemtypen und Plattformen
	♦	♦	♦	♦			♦										**K3-Umwelt VAwS:** Erfassung u. Überwachung v. Anlagen mit wassergefährdenden Stoffen, unterstützt beim Gesetzesvollzug
	♦	♦	♦	♦			♦										**K3-Umwelt Wasserrechte:** für Wasserbehörden: Unterstützung bei der Erteilung von Wasserrechten und dem Führen des Wasserbuches
	♦	♦		♦				♦		♦							**KANDIS:** Applik. zu SICAD/open, ALK-GIAP, DAVID, IRIS u.a., Kanalmanagementsystem auf Basis SICAD/open, ALK-GIAP, DAVID, IRIS
	♦		♦					♦									**Kläranlagen und Abwasserbehandlung:** Applik. zu Geomedia, Caddy++Geo Media, Verwaltung von Kläranlagen und Abwasserbehandlungsanlagen mit Terminen und Kosten
	♦	♦	♦	♦		♦								♦		♦	**Kommunale Liegenschaftsverwaltung:** Applik. zu SMALLWORLD GIS, Verwaltung aller vertraglichen Vorgänge bezüglich kommunaler Liegenschaften incl. Kostenkontrolle
♦						♦	♦	♦	♦				♦	♦	♦	♦	**KoSa-Schnittstelle:** Applik. zu SMALLWORLD GIS, Einlesen von im ASCII-Format vorliegenden Sach- und Punktgeometriedaten in SMALLWORLD GIS
	♦	♦	♦													♦	**L+S Bauleitplanung:** Applik. zu ArcView, Applikation für Aufnahme, Pflege und Fortführung von FNPs, BPläne und vorbereitende Bauleitplanung
	♦	♦	♦		♦	♦	♦							♦			**L+S GRÜNMANAGEMENT:** Applik. zu ArcView 3.x, ArcView 8, ArcInfo 8, SDE, GIS-Schnittstelle zu verschiedenen Anbietern von Kommunalsoftware (ArcView 8 in 2001 verfügbar)
	♦	♦	♦		♦	♦	♦							♦		♦	**L+S Kommunal:** Applik. zu ArcView 8, ArcView 3.x, GIS Schnittstellen zu verschiedenen Anbietern von Kommunalsoftware (ArcView 8 in 2001 verfügbar)
	♦	♦	♦				♦										**L+S KompensationflächenKataster:** Applik. zu ArcView, ArcPAD, Applikation f. Erfassung, Pflege u. Fortführg. v. Kompensationsmaßn. im Rahmen der Eingriffsregelung
♦		♦					♦	♦						♦			**L+S THOR Metadatenbank:** Applik. zu ArcView, SDE, INTERGIS, Themenorganisation und Metadatenbank zu ArcView, direkter Zugriff auf Geodatenserver SDE, INTERGIS
	♦		♦	♦										♦			**LandRegister TM:** User friendly real property management system for torrens style seal property registration

© Buhmann/Wiesel: GIS-Report 2002, Bernhard Harzer Verlag, Karlsruhe

GIS-Softwareübersicht

sonstige

Software	Anbieter	Erstinstallation	Versionsnummer	Seats weltweit	Seats D,A,CH	Kunden weltweit	Kunden D,A,CH	Kosten ab Tausend-EURO	Kosten bis Tausend-EURO	GIS	Desktop-GIS	Internet-GIS	CAD-GIS	Business-GIS	Mobil-GIS	GIS Ergänzung	GIS-Komponente	GIS-Fachschale & Appl.	Geo-Datenbankserver	Windows (32-bit)	Unix	Eigenständige Software	Applikation	Vektor	Raster
Längsschnitt-Planer	METTENMEIER GmbH	1999		10														◆		◆			◆	◆	
LEHO	ITS Informationstechnik Service	1999														◆				◆	◆				
Leica FieldLink	Leica Geosystems AG	1999	5.01					1,02							◆					◆		◆	◆	◆	◆
LIDS Datenmodell Industrie	BERIT	1992		100	100	50	50											◆		◆			◆	◆	◆
LIDS Datenmodell Kanal	BERIT	1992																◆		◆				◆	◆
LIDS Datenmodell Stadtwerke	BERIT	1992		500	500	200	200											◆		◆			◆	◆	◆
LIDS MSC+	BERIT	1992		100	100	100	100									◆				◆		◆		◆	
LIDS-Plot	BERIT	1992		1000	1000	300	300											◆		◆			◆	◆	◆
LIDS-Tools	BERIT	1992		2000	2000	300	300										◆			◆			◆	◆	
LIDS-Topo	BERIT	1992		1000	1000	300	300											◆		◆		◆		◆	
Liegenschaften (Eigentum, Pacht, Pflege)	UMGIS Informatik GmbH	2001		3	2	1	4											◆		◆			◆	◆	◆
Liegenschaften (Eingriff / Ausgleich)	UMGIS Informatik GmbH	2001		2	2	1	4											◆		◆			◆	◆	◆

© Buhmann/Wiesel: GIS-Report 2002, Bernhard Harzer Verlag, Karlsruhe

sonstige GIS-Softwareübersicht

Int DB	Oracle	Intene Datenbank	MS-SQL-Server	Informix	sonstige	Facility Management	Umwelt- u. Naturschutz	Ver- u. Entsorgung	Telekommunikation	Auskunftssysteme	Kartographie	Marketing	Logistik	Vermessung u. Kataster	Verkehrsplanung	Raum- und Bauleitplanung	Applikation zu, Kurzbeschreibung, sonstige Systemtypen und Plattformen
																	Längsschnitt-Planer: Applik. zu Smallworld GIS, Unterstützt die Planung von neuen Kanalnetzen in der Längsschnitt-Darstellung.
◆								◆									**LEHO:** Applik. zu SMALLWORLD GIS, Leitugsnetzhomogenisierung für das SMALLWORLD GIS
							◆	◆	◆								**Leica FieldLink:** GISProdukt f. Büro- u. Feldeinsatz a. Basis v. MapObjekt. Anschlußmöglichk.d. Leika GPS/TPS-Sensoren
	◆																**LIDS Datenmodell Industrie:** Applik. zu LIDS V6, Spezial-Datenmodell f. Industrie: Abwasser, Energieleitung,Rohrbrücken,Flächenkatas.,Gefahrstoffkat.
	◆							◆									**LIDS Datenmodell Kanal:** Applik. zu LIDS V6, Spezial-Datenmodell für Abwasser Dokumentation
	◆							◆	◆								**LIDS Datenmodell Stadtwerke:** Applik. zu LIDS V6, Datenmodell für Versorgungsunternehmen (Strom, Gas, Wasser, Fernwärme)
							◆	◆						◆			**LIDS MSC+:** Werkzeug zur Analyse, Prüfung und Korrektur von MicroStation Designfiles
								◆		◆	◆						**LIDS-Plot:** Applik. zu LIDS+V6, Plottfunktionalität (Legendeneinbindung u.a.)
	◆							◆						◆			**LIDS-Tools:** Applik. zu LIDS V6, Übernahme diverser Daten aus der Vermessung
	◆							◆	◆	◆							**LIDS-Topo:** Applik. zu LIDS V6, Leitungsverfolgung mit Verfolgungs- und Resultatsbedingungen, Datenqualitätssicherung
	◆	◆				◆								◆			**Liegenschaften (Eigentum, Pacht, Pflege):** Applik. zu Geomedia, Caddy++Geo Media, Liegenschaftsverwaltung mit Schwerpunkt Pachtverhältnisse, Pflegemaßnahmen, Termine und Kosten
	◆	◆				◆								◆			**Liegenschaften (Eingriff / Ausgleich):** Applik. zu Geomedia, Caddy++Geo Media, Eingriffs- und Ausgleichsflächen mit Biotopwertermittlung, Biotopwertkonten, Termine und Kosten

© Buhmann/Wiesel: GIS-Report 2002, Bernhard Harzer Verlag, Karlsruhe

GIS-Softwareübersicht — sonstige

Software	Anbieter	Erstinstallation	Versionsnummer	Seats weltweit	Seats D, A, CH	Kunden weltweit	Kunden D, A, CH	Kosten ab Tausend-EURO	Kosten bis Tausend-EURO	GIS	Desktop-GIS	Internet-GIS	CAD-GIS	Business-GIS	Mobil-GIS	GIS Ergänzung	GIS-Komponente	GIS-Fachschale & Appl.	Geo-Datenbankserver	Windows (32-bit)	Unix	Eigenständige Software	Applikation	Vektor	Raster
Line Extension@ for ArcView GIS	B.U.I	1999	1.1	40	20	40	20	0,5	1							♦				♦	♦		♦	♦	
Location Spooler	ITS Informationstechnik Service	1999														♦				♦			♦	♦	♦
LOCATION VIEWER	ITS Informationstechnik Service	1999														♦				♦		♦			
LPLAN	BT-GIS Benndorf Technologie	1996	V2.0					7,65										♦		♦	♦			♦	♦	♦
Macom MAPInfo-Schnittstelle	WGI mbH	2000														♦				♦			♦	♦	
Magallan Fachschale Kanal	geoinform AG	1997	V.6					3,83	7,65									♦		♦			♦	♦	♦
Magallan Fachschale Liegenschaften	geoinform AG	1997	V6					2,55	5,1									♦		♦			♦	♦	♦
Magellan CubiC-CAD	geoinform AG	1999	V.3.0					1,26	2,55											♦			♦	♦	♦
Magellan Fachschale Baum	geoinform AG	1998	V.6					0,76	1,53									♦		♦			♦	♦	♦
Magellan Fachschale Fernwärme	geoinform AG	1998	V.6					3,81	7,65									♦		♦			♦	♦	♦
Magellan Fachschale Gas	geoinform AG	1998	V.6					3,33	7,65									♦		♦			♦	♦	♦
Magellan Fachschale Indirekteinleiter	geoinform AG	1997	V.6					1,28	2,55									♦		♦			♦	♦	♦

© Buhmann/Wiesel: GIS-Report 2002, Bernhard Harzer Verlag, Karlsruhe

sonstige   **GIS-Softwareübersicht**

Int DB	Oracle	Intene Datenbank	MS-SQL-Server	Informix	sonstige	Facility Management	Umwelt- u. Naturschutz	Ver- u. Entsorgung	Telekommunikation	Auskunftssysteme	Kartographie	Marketing	Logistik	Vermessung u. Kataster	Verkehrsplanung	Raum- und Bauleitplanung	Applikation zu, Kurzbeschreibung, sonstige Systemtypen und Plattformen
							◆	◆	◆				◆			◆	**Line Extension@ for ArcView GIS:** Applik. zu ArcView, Transformieren und Editieren von Linienthemen in Arcview
◆								◆		◆							**Location Spooler:** Applik. zu SMALLWorld GIS, Automat. Plotten v. Blattschnitten n. Differenzialabgleich., Basis d. mobilen Auskunftslösg.
◆										◆							**LOCATION VIEWER:** Offline-Auskunftssyst. f. Störungsdienst; Zoom-,Plotfunktionalität sowie Navigation ü. Lokationsobj.
	◆	◆		◆			◆		◆							◆	**LPLAN:** Applik. zu SICAD/open, SICAD/SD, Erstellen und Fortführen v. Landschaftsplä. unter SICAD/OPEN bzw. als Auskunftssyst. unter SICAD/SD
										◆	◆	◆					**Macom MAPInfo-Schnittstelle:** Applik. zu Smallworld GIS, Schnittstelle zur Übernahme der Macon-Daten im MAP-Info-Format in das SMALLWORLD GIS
	◆	◆	◆					◆									**Magallan Fachschale Kanal:** Applik. zu Magellan-Basis, Eingabe, Verwaltung von Schächten, Sonderschächten, Haltungen, Schäden, Abzweigen
	◆	◆	◆											◆			**Magallan Fachschale Liegenschaften:** Applik. zu Magellan - Basis, Erstellung und Verwaltung von Grundkarten, mit Gebäude- und Flurstücksverwaltung
										◆	◆			◆			**Magallan CubiC-CAD:** Hauseigenes CAD zur Visualisierung von GIS-Daten, sonst. Plattform: LINUX
	◆	◆	◆											◆			**Magallan Fachschale Baum:** Applik. zu Magelallan - Basis, Eingabe, Korrektur und Verwaltung Baumdaten, Schadensdaten, Inspektions- u. Pflegeintervalle
	◆	◆	◆					◆									**Magallan Fachschale Fernwärme:** Applik. zu Magellan-Basis, Eingabe und Verwaltung von Fernwärmenetzen mit allen Einbauteilen
	◆	◆	◆	◆				◆									**Magallan Fachschale Gas:** Applik. zu Magellan, DIN-gerechte Darstellung und Verwaltung von Gas-Netzplänen
	◆		◆					◆									**Magallan Fachschale Indirekteinleiter:** Applik. zu Magellan - Basis, Verwaltung der Abwasservorbehandlungsanlagen, der Probenahmen und den wassergefährdenden Stoffen

© Buhmann/Wiesel: GIS-Report 2002, Bernhard Harzer Verlag, Karlsruhe

GIS-Softwareübersicht — sonstige

Software	Anbieter	Erstinstallation	Versionsnummer	Seats weltweit	Seats D,A,CH	Kunden weltweit	Kunden D,A,CH	Kosten ab Tsd-EURO	Kosten bis Tsd-EURO	GIS	Desktop-GIS	Internet-GIS	CAD-GIS	Business-GIS	Mobil-GIS	GIS Ergänzung	GIS-Komponente	GIS-Fachschale & Appl.	Geo-Datenbankserver	Windows (32-bit)	Unix	Eigenständige Software	Applikation	Vektor	Raster
Magellan Fachschale Straße	geoinform AG	1999	V.6					3,83	7,65									♦		♦			♦	♦	♦
Magellan Fachschale Strom	geoinform AG	1999	V6					5,61	11,23									♦		♦			♦	♦	♦
Magellan Fachschale Wasser	geoinform AG	1998	V.6					3,83	7,66									♦		♦			♦	♦	♦
Magellan GIS-BASIS	geoinform AG	1997	V.6					2,55	5,2		♦									♦		♦		♦	♦
Magellan Schachtaufnahme	geoinform AG	1999	V.3					0,02	0,02							♦				♦		♦			
MAP 500	Trimble	1998	2.1	900	700	500	350	1	5,5						♦					♦		♦		♦	♦
Map Marker	MapInfo														♦					♦		♦			
Map Racer	METTENMEIER GmbH														♦					♦	♦			♦	♦
map&market	PTV AG	1995		2000	1500									♦						♦		♦		♦	
map500 Generator	ITS Informationstechnik Service	2000																♦					♦	♦	
map500 Im/ Export	ITS Informationstechnik Service	2000																♦					♦	♦	
MapAUSK	CISS TDI	1997			15		3	1,28								♦				♦				♦	

© Buhmann/Wiesel: GIS-Report 2002, Bernhard Harzer Verlag, Karlsruhe

sonstige **GIS-Softwareübersicht**

Datenbank-schnittstellen						Anwendungsschwerpunkte											Applikation zu, Kurzbeschreibung, sonstige Systemtypen und Plattformen
Int DB	Oracle	Intene Datenbank	MS-SQL-Server	Informix	sonstige	Facility Management	Umwelt- u. Naturschutz	Ver- u. Entsorgung	Telekommunikation	Auskunftssysteme	Kartographie	Marketing	Logistik	Vermessung u. Kataster	Verkehrsplanung	Raum- und Bauleitplanung	
	◆	◆	◆											◆			**Magellan Fachschale Straße:** Applik. zu Magellan Grundkern, Netzplan, Oberflächenverwaltung, Aufbruchskataster, Schadenspläne, Straßenanbauten
	◆	◆	◆					◆									**Magellan Fachschale Strom:** Applik. zu Magellan - Basis, Eingabe, Korrektur und Verwaltung von Kabel, Trasse, Leitungsobjekte, mit Querschnittsmanager
	◆	◆	◆					◆									**Magellan Fachschale Wasser:** Applik. zu Magellan-Basis, DIN-gerechte Darstellung, Eingabe und Korrektur von Knoten, Sonderknoten, Strängen, Leitungsobjekte
	◆	◆	◆	◆				◆						◆			**Magellan GIS-BASIS:** GIS-Basissystem zur Verwaltung von Sach- und Grafik-Daten
	◆	◆	◆					◆									**Magellan Schachtaufnahme:** Werkzeug zur Datenaufnahme der jährlichen Kanal-Sichtprüfung vor Ort
◆								◆	◆	◆				◆		◆	**MAP 500:** Anschluss von Tachymeter u.a. Sensoren zur Aktualisierung von Smallworld, SICAD, ESRI, Micro Sation
								◆	◆	◆		◆	◆				**Map Marker:** Lösung zur Geokodierung von Adressdaten. Als Standalone oder Server-Ausführung erhältlich.
										◆							**Map Racer:** Applik. zu Smallworld GIS, Beschleunigter Bildaufbau bei GIS - Anwendungen
	◆											◆	◆				**map&market:** Business-Mapping & Planung von Standorten bzw. Gebieten
◆								◆			◆						**map500 Generator:** Applik. zu SMALLWorld GIS, Übertragung des Datenmodells auf das Feldinformaziosnsystem Map 500 (TRIMBLE)
◆								◆			◆						**map500 Im/ Export:** Applik. zu SMALLWorld GIS, Exp. Der bestandsdaten zum FIS Map 500, Imp. Der Fortführungsdaten vom FIS Map als vollst. Objekte
	◆	◆		◆	◆	◆	◆		◆					◆			**MapAUSK:** Applik. zu MapInfo, Universelles Auskunftsystem basierend auf MapInfo Professionell

© Buhmann/Wiesel: GIS-Report 2002, Bernhard Harzer Verlag, Karlsruhe

GIS-Softwareübersicht — sonstige

Software	Anbieter	Erstinstallation	Versionsnummer	Seats weltweit	Seats D,A,CH	Kunden weltweit	Kunden D,A,CH	Kosten ab Tausend-EURO	Kosten bis Tausend-EURO	GIS	Desktop-GIS	Internet-GIS	CAD-GIS	Business-GIS	Mobil-GIS	GIS Ergänzung	GIS-Komponente	GIS-Fachschale & Appl.	Geo-Datenbankserver	Windows (32-bit)	Unix	Eigenständige Software	Applikation	Vektor	Raster
Mapbook Redline	METTENMEIER GmbH															♦				♦	♦		♦	♦	♦
MapBPLAN	CISS TDI	1999		50		10		3,06								♦				♦				♦	
MapFNP	CISS TDI	1995		50		10		3,06								♦				♦				♦	
MapInfo Professional for MS SQL Server	MapInfo	2002	1.0													♦				♦				♦	♦
MapInfo ProViewer	MapInfo		6.5													♦				♦			♦	♦	♦
MAPIX	GIS & GPS Systeme	1989	6.50.4xx	1200	480	400	28	1,9							♦					♦	♦		♦	♦	♦
MapKanal	CISS TDI			100		20		2,29								♦				♦					
MapObjects	ESRI	1996	2.1	450		320											♦			♦				♦	♦
MapObjects LT	ESRI	1996	2	130		90											♦			♦				♦	♦
Mappoint 2001	Microsoft GmbH	2001												♦						♦		♦			
MAPublisher	Screen & Paper Communication	1996		15000	200	15000	200	0,9									♦			♦				♦	♦
Mapviewer	HarbourDom Consulting		Version 4					0,32	0,35		♦									♦		♦		♦	♦

© Buhmann/Wiesel: GIS-Report 2002, Bernhard Harzer Verlag, Karlsruhe

GIS-Softwareübersicht

sonstige

Int DB	Oracle	Intene Datenbank	MS-SQL-Server	Informix	sonstige	Facility Management	Umwelt- u. Naturschutz	Ver- u. Entsorgung	Telekommunikation	Auskunftssysteme	Kartographie	Marketing	Logistik	Vermessung u. Kataster	Verkehrsplanung	Raum- und Bauleitplanung	Applikation zu, Kurzbeschreibung, sonstige Systemtypen und Plattformen
								◆									**Mapbook Redline:** Applik. zu SmallWorld GIS, Tool mit Rotstift- und Skizzenfunktion
	◆	◆		◆	◆	◆	◆	◆						◆		◆	**MapBPLAN:** Applik. zu MapInfo, Digitale Erstellung, Bearbeitung und Fortführung von Bebauungsplänen mit MapInfo
	◆	◆		◆	◆	◆	◆	◆								◆	**MapFNP:** Applik. zu MapInfo, Digitale Erstellung, Bearbeitung und Fortführung von Flächennutzungsplänen mit MapInfo
			◆	◆		◆	◆	◆	◆	◆				◆	◆	◆	**MapInfo Professional for MS SQL Server:** Applik. zu MapInfo Professional, zentrale Datenhaltung u. -verwaltung von Sachdaten u. raumbezogenen Daten im MS SQL Server
◆						◆	◆	◆	◆	◆	◆			◆		◆	**MapInfo ProViewer:** Viewer für MapInfo tab-Dateien und Arbeitsbereiche
◆	◆		◆	◆		◆	◆			◆							**MAPIX:** hybride Vektorüberlagerung, beliebige Rasterkarten im Hintergrund, eigene Georeferenzierungstools
	◆	◆		◆	◆	◆	◆	◆						◆			**MapKanal:** Applik. zu MapInfo, Kanal-Informationssystem mit MapInfo
		◆				◆	◆	◆	◆	◆	◆	◆	◆	◆		◆	**MapObjects:** Erstellung u. Integration von Mapping- u. GIS-Lösungen in vorhandenen Anwendungen; Seats (Developer)
		◆				◆	◆	◆	◆	◆	◆	◆	◆	◆		◆	**MapObjects LT:** Erstellung u. Integration von Mapping- u. GIS-Lösungen in vorhandenen Anwendungen; Seats (Developer)
																	Mappoint 2001: Microsoft MapPoint 2001 erschließt der Geschäftswelt die thematische Kartografie.
◆											◆						**MAPublisher:** Applik. zu M. Freehand u. A. Illustrator, Schnittstelle zwischen GIS und Graphik, Schnittstelle, sonst. Plattform: Macintosh
◆			◆			◆					◆	◆					**Mapviewer:** statistische Auswertungen u. thematische Karten, kompatibel zu AutoCAD

© Buhmann/Wiesel: GIS-Report 2002, Bernhard Harzer Verlag, Karlsruhe

GIS-Softwareübersicht — sonstige

Software	Anbieter	Erstinstallation	Versionsnummer	Seats weltweit	Seats D, A, CH	Kunden weltweit	Kunden D, A, CH	Kosten ab Tausend-EURO	Kosten bis Tausend-EURO	GIS	Desktop-GIS	Internet-GIS	CAD-GIS	Business-GIS	Mobil-GIS	GIS Ergänzung	GIS-Komponente	GIS-Fachschale & Appl.	Geo-Datenbankserver	Windows (32-bit)	Unix	Eigenständige Software	Applikation	Vektor	Raster
MapWasser	CISS TDI	1997		50			15	2,29										♦		♦				♦	
MapX	MapInfo	1997	4.51														♦			♦			♦	♦	♦
MapX Mobile	MapInfo	2002	1.0												♦					♦				♦	♦
MapXtend	MapInfo		2.1												♦					♦	♦		♦		
Marion 24	DVM Consulting	2002		7				0								♦				♦		♦		♦	
MATGIS	Gebig GIS mbH																		♦	♦				♦	♦
METROPOLY GATE KONVERTER	Geobyte Software	1992		60	60	7	7	4,5							♦					♦	♦	♦	♦	♦	♦
METROPOLY SPATIAL SERVER (SIAS)	Geobyte Software	1998	2.24	1100	1100	5	5	8,75	17,5										♦	♦	♦	♦	♦	♦	♦
MicroCAD	Microport	1990		1000	250	300	80	5	20	♦										♦		♦		♦	♦
MicroStation	Bentley Systems Germany	1984	MicroStat	300000	30000	50000	5500	5,9												♦		♦		♦	♦
MicroStation GeoGraphics	Bentley Systems Germany	1996	MicroStat	6700	500	1850	280	5,9					♦							♦			♦	♦	♦
mil GIS Pro	Screen Paper Communication GmbH	1999	2.3														♦			♦			♦	♦	♦

© Buhmann/Wiesel: GIS-Report 2002, Bernhard Harzer Verlag, Karlsruhe

GIS-Softwareübersicht — sonstige

Int DB	Oracle	Intene Datenbank	MS-SQL-Server	Informix	sonstige	Facility Management	Umwelt- u. Naturschutz	Ver- u. Entsorgung	Telekommunikation	Auskunftssysteme	Kartographie	Marketing	Logistik	Vermessung u. Kataster	Verkehrsplanung	Raum- und Bauleitplanung	Applikation zu, Kurzbeschreibung, sonstige Systemtypen und Plattformen
	◆	◆		◆	◆		◆	◆						◆		◆	**MapWasser:** Applik. zu MapInfo, Wasserleitungs-Informationssystem mit MapInfo
◆	◆	◆	◆	◆	◆	◆	◆	◆	◆	◆	◆	◆	◆			◆	**MapX:** Applik. zu VBA, C++, Delphi u.a., OCX-Komponente die einfach in bestehende Anwendungen integriert werden kann
◆						◆	◆	◆	◆	◆			◆	◆	◆		**MapX Mobile:** Das Premium Entwicklungswerkzeug für die Erstellung kundenspezifischer Mapping-Applikationen
	◆			◆	◆	◆	◆	◆	◆	◆	◆	◆	◆			◆	**MapXtend:** Applik. zu MapXtreme, Java basierendes Entwicklertool für die Erstellung wireless location based Applik. für mobile Endger.
												◆					**Marion 24:** Marktanalye u. Rauminformation online, Geomarketing für Unternehmer
	◆													◆			**MATGIS:** Applik. zu Smallworld-Datenbank, Geoinformationssystem für Kataster- u. Vermessungsbehörde
	◆	◆			◆		◆	◆		◆	◆			◆		◆	**METROPOLY GATE KONVERTER:** Applik. zu METROPOLY SPATIAL SERVER, GIS und CAD Datenkonverter mit Erhaltung der Objektstrukturen, sonst. Plattform: verschieden je Modul
	◆	◆			◆		◆	◆		◆							**METROPOLY SPATIAL SERVER (SIAS):** SIAS ist ein Geodatenserver mit GIS Funktionalität.
						◆		◆									**MicroCAD:** CAD-Programm mit DB-Anbindung und Tachymetersteuerung, sonst. Plattform: MacOS
	◆	◆	◆	◆	◆	◆		◆			◆			◆		◆	**MicroStation:** 2D/3D-CAD Plattform mit umfassender Funktionalität, sonst. Plattform: MacOS, OS2
	◆	◆	◆		◆	◆	◆	◆	◆	◆				◆		◆	**MicroStation GeoGraphics:** Applik. zu MicroStation, GIS zu MicroStation; GIS/NIS-System für alle Anw.gebiete, MStation-funktionalität, openGIS-konform
	◆	◆		◆					◆								**mil GIS Pro:** Applik. zu ESRI oder Power@Geo, militär. Lagedarstellg. u. Bearbeitg., Common operational Picture, intel. Auswertg., Agentensoftware

© Buhmann/Wiesel: GIS-Report 2002, Bernhard Harzer Verlag, Karlsruhe

GIS-Softwareübersicht — sonstige

Software	Anbieter	Erstinstallation	Versionsnummer	Seats weltweit	Seats D, A, CH	Kunden weltweit	Kunden D, A, CH	Kosten ab Tausend-EURO	Kosten bis Tausend-EURO	GIS	Desktop-GIS	Internet-GIS	CAD-GIS	Business-GIS	Mobil-GIS	GIS Ergänzung	GIS-Komponente	GIS-Fachschale & Appl.	Geo-Datenbankserver	Windows (32-bit)	Unix	Eigenständige Software	Applikation	Vektor	Raster
mini CASOB	aadiplan int'l	1992		1000	800			1,53	3,31							♦				♦			♦	♦	
Minka 2000	Gebig GIS mbH	1998		2011	2011	507	507	7,5	15						♦					♦		♦		♦	
MIRO - Tools	SAG EL CGIT	1995	2.0		40			0,8	6									♦		♦				♦	♦
Multi-Blattschnitt-Editor	METTENMEIER GmbH							1,07								♦				♦	♦		♦		
Multiple-Object-Editor (MOE)	METTENMEIER GmbH	1995			35	35		0,92								♦				♦	♦		♦		
Naturschutz und Biotopkartierung	UMGIS Informatik GmbH	2000			3		3	1	11									♦		♦			♦	♦	♦
Navigator	ITS Informationstechnik Service	1999													♦					♦	♦		♦		
NetFlow	METTENMEIER GmbH	1999			100			25,51	102									♦		♦			♦	♦	♦
NMEA-Manager 1.2	GISCAD	2000	1.2	15	2	1	1	1300	100								♦			♦					
norGIS	norBIT			150		60												♦		♦			♦	♦	♦
ObjectBuilder	AGIS	1999			5		4	2,5									♦			♦				♦	♦
Open Mobile GIS	Kirchner EDV-Service Bremen	2001	1.6					0,1							♦					♦				♦	♦

© Buhmann/Wiesel: GIS-Report 2002, Bernhard Harzer Verlag, Karlsruhe

sonstige — GIS-Softwareübersicht

Int DB	Oracle	Intene Datenbank	MS-SQL-Server	Informix	sonstige	Facility Management	Umwelt- u. Naturschutz	Ver- u. Entsorgung	Telekommunikation	Auskunftssysteme	Kartographie	Marketing	Logistik	Vermessung u. Kataster	Verkehrsplanung	Raum- und Bauleitplanung	Applikation zu, Kurzbeschreibung, sonstige Systemtypen und Plattformen
◆							◆							◆			**mini CASOB:** Applik. zu AutoCAD, miniCASOB ist ein lasergestütztes Aufmaßsystem zur digitalen Baubestandserfassung
	◆													◆			**Minka 2000:** Programm für vermessungstechnische Berechnungen
								◆	◆		◆			◆			**MIRO - Tools:** Applik. zu Bentley Microstation, Tools zum Digitalisieren, Konstruieren, Bemaßen, Konvertieren, Transformieren
						◆		◆									**Multi-Blattschnitt-Editor:** Applik. zu SMALLWORLD GIS, Blattschnitt-Objekte komfortabel anlegen und plotten
								◆	◆								**Multiple-Object-Editor (MOE):** Applik. zu Smallworld GIS, Tool zur gleichzeitigen Bearbeitung mehrerer Objekte, Datenmanipulationswerkzeug
◆	◆						◆										**Naturschutz und Biotopkartierung:** Applik. zu Geomedia, Caddy++Geo Media, Biotopkartierungen, Flora und Fauna, Biotopverbundplanung, Landschaftsplan
◆								◆						◆			**Navigator:** Applik. zu SMALLWORLD GIS, universelle Navigationsoberfl. zur Navigation über Betriebsmittel, Gemeinde-Straße-Hausnr. etc.
◆		◆				◆		◆	◆								**NetFlow:** Applik. zu Smallworld GIS, Lotus Notes, KANIO, Workflow-basierte Lösung für Wartung und technische Betriebsführung
							◆	◆									**NMEA-Manager 1.2:** Applik. zu CD-ATLAS 25, Universelle Schnittstelle zur Aufnahme v. Echtzeitsensordaten zur anschließenden Visualisierung
◆	◆	◆				◆	◆	◆	◆					◆			**norGIS:** Applik. zu AutoCAD/FelixCAD, Arc View, SICAD/SD, Modulares GIS-System mit diversen Fachschalen mit ALK/ALB Integration
			◆			◆	◆	◆	◆					◆			**ObjectBuilder:** Applik. zu Intergraph Smart Sketch Geomedia, dGPS-Datenimport und Erstellung von CAD/GIS-Objekten für GIS und CAD, GPS
							◆	◆		◆				◆	◆		**Open Mobile GIS:** Mobiles GIS/GPS Erfassungs- und Auskunftssystem, sonst. Plattform: WINDOWS CE

© Buhmann/Wiesel: GIS-Report 2002, Bernhard Harzer Verlag, Karlsruhe

GIS-Softwareübersicht — sonstige

Software	Anbieter	Erstinstallation	Versionsnummer	Seats weltweit	Seats D,A,CH	Kunden weltweit	Kunden D,A,CH	Kosten ab Tausend-EURO	Kosten bis Tausend-EURO	GIS	Desktop-GIS	Internet-GIS	CAD-GIS	Business-GIS	Mobil-GIS	GIS Ergänzung	GIS-Komponente	GIS-Fachschale & Appl.	Geo-Datenbankserver	Windows (32-bit)	Unix	Eigenständige Software	Applikation	Vektor	Raster
OptiPlan Schnittstelle	METTENMEIER GmbH	2001														♦							♦		
PAN - Schnittstelle	METTENMEIER GmbH															♦							♦	♦	
PF-Manager	Gänger & Bruckner	2000						0,3								♦				♦		♦		♦	
PlaceSlope	Hansa Luftbild/ ICF GmbH	1993	2.4.0	85		60		0,61										♦		♦	♦			♦	♦
PlaceXYZ	Hansa Luftbild/ ICF GmbH	1994		7		7		0,51								♦				♦	♦			♦	♦
Plan-Auskunft	METTENMEIER GmbH			120												♦							♦		
PlanRahmen	Hansa Luftbild/ ICF GmbH	1994		4		4		0,05								♦				♦				♦	♦
Planzeichenverordnung	ESRI	1999		1200	1200	1200	1200									♦				♦				♦	♦
Plateia	Widemann Systeme	1995	5,09	1100	230	350	180	2,991	14				♦							♦				♦	♦
PLATO	con terra	1995		64	64	64		20,4	40,8						♦								♦	♦	♦	♦
Plot Studio	GEOCOM Informatik	2001		20	20	10	10	0,255	2,04							♦							♦	♦	♦
PRO FIS	Kirchner EDV- Service Bremen	1996	3.2.18	200	120	150	75	2										♦		♦			♦		

sonstige — GIS-Softwareübersicht

Int DB	Oracle	Interne Datenbank	MS-SQL-Server	Informix	sonstige	Facility Management	Umwelt- u. Naturschutz	Ver- u. Entsorgung	Telekommunikation	Auskunftssysteme	Kartographie	Marketing	Logistik	Vermessung u. Kataster	Verkehrsplanung	Raum- und Bauleitplanung	Applikation zu, Kurzbeschreibung, sonstige Systemtypen und Plattformen
										♦							**OptiPlan Schnittstelle:** Applik. zu Smallworld GIS, Relevante Daten für die Rohrnetzberechnung können aus den Smallworld GIS exportiert werden.
																	PAN - Schnittstelle: Applik. zu Smallworld GIS, Netzberechnungs-Produkt unter Ensatz des SmallWorld GIS
	♦																**PF-Manager:** Erst. v. Ertrags- u. Bodenprobenkarten i. d. Landwirts. Ausgabe:Office,WinGIS,ArcView,Sicad/SD, DXF
							♦	♦	♦	♦	♦			♦		♦	**PlaceSlope:** Applik. zu MicroStation, GeoMedia, automatisierte Erfassung von komplexen Böschungen (2-D u. 3-D) auch als Batchfunktion, sonst. Plattform: DOS
							♦	♦	♦	♦	♦			♦		♦	**PlaceXYZ:** Applik. zu MicroStation, Einlesen von Meßdaten aus einer ASCII-Datei in MicroStation-DGN, sonst. Plattform: DOS
										♦							**Plan-Auskunft:** Applik. zu Smallworld GIS, Erzeugung von Kartenausschnitten aus dem GIS und Plotfunktion
						♦	♦	♦	♦	♦				♦		♦	**PlanRahmen:** Applik. zu MicroStation, automatisierte benutzerdefinierte Planrahmenerstellung für beliebige Zeichenvorschriften, sonst. Plattform: DOS
														♦	♦	♦	**Planzeichenverordnung:** Applik. zu ArcView GIS und Arc GIS, Symbole zur Planzeichenverordnung und Landschaftsplanung
♦	♦	♦	♦											♦	♦	♦	**Plateia:** Applik. zu AutoCAD, Straßen- und Tiefbauprojektierung unter AutoCAD
♦	♦	♦								♦	♦						**PLATO:** offenes Visualisierungs- und Plotwerkzeug mit Schnittstelle zur Erstellung von Fachanwendungen
♦	♦		♦		♦	♦	♦							♦			**Plot Studio:** Applik. zu Arc GIS 8.1, . Plotlösung als Ergänzung zu Arc GIS 8.1 u. GEONIS; Unterst. alle gängigen Zeichenvorschriften
♦	♦	♦	♦					♦		♦				♦			**PRO FIS:** Applik. zu PRO OPEN, PRO INFO, Relationales DBMS mit umfangreichen Lösungen für kommunale Anwendungen

© Buhmann/Wiesel: GIS-Report 2002, Bernhard Harzer Verlag, Karlsruhe

GIS-Softwareübersicht — sonstige

Software	Anbieter	Erstinstallation	Versionsnummer	Seats weltweit	Seats D,A,CH	Kunden weltweit	Kunden D,A,CH	Kosten ab Tausend-EURO	Kosten bis Tausend-EURO	GIS	Desktop-GIS	Internet-GIS	CAD-GIS	Business-GIS	Mobil-GIS	GIS Ergänzung	GIS-Komponente	GIS-Fachschale & Appl.	Geo-Datenbankserver	Windows (32-bit)	Unix	Eigenständige Software	Applikation	Vektor	Raster
Pro GRESS	Kirchner EDV-Service Bremen	2000		5		3		2,3										♦		♦			♦	♦	
PRO GRUND	Kirchner EDV-Service Bremen	1997	1.0.10	170		80		1,2										♦		♦			♦		
PRO KIS	Kirchner EDV-Service Bremen	1985	8.9	220		120		3,3										♦		♦			♦		
PRO KKA	Kirchner EDV-Service Bremen	1993		10		8		1										♦		♦			♦		
PRO NIS	Kirchner EDV-Service Bremen	1998	2.0.1	50		20		3										♦		♦				♦	
PRO OPEN	Kirchner EDV-Service Bremen	1999	2.53	160	60	50	20	1,5	7,5		♦									♦			♦	♦	
ptv Crime	PTV AG	2001												♦						♦			♦	♦	
ptv post	PTV AG	2000		20		35								♦						♦			♦	♦	
ptv rescue	PTV AG	2001												♦						♦			♦	♦	
Punktverwaltung	WGI mbH	2001															♦			♦			♦	♦	♦
RAPS für SICAD	grit GmbH	1993		90	90	6		15										♦		♦	♦		♦	♦	♦
Raster-Lader	ITS Informationstechnik Service	1998															♦				♦	♦		♦		♦

© Buhmann/Wiesel: GIS-Report 2002, Bernhard Harzer Verlag, Karlsruhe

GIS-Softwareübersicht — sonstige

Int DB	Oracle	Intene Datenbank	MS-SQL-Server	Informix	sonstige	Facility Management	Umwelt- u. Naturschutz	Ver- u. Entsorgung	Telekommunikation	Auskunftssysteme	Kartographie	Marketing	Logistik	Vermessung u. Kataster	Verkehrsplanung	Raum- und Bauleitplanung	Applikation zu, Kurzbeschreibung, sonstige Systemtypen und Plattformen
							♦	♦									**Pro GRESS:** Applik. zu PRO INFO, Gewässerkataster mit Unterhaltungsplanung und -dokumentation
♦	♦	♦	♦	♦						♦				♦			**PRO GRUND:** Applik. zu PRO OPEN; PRO INFO, Grundstücksinformationssystem, ALK/ALB- Auskunft
♦								♦						♦			**PRO KIS:** Applik. zu PRO OPEN; PRO INFO, AutoCAD, Geograf GIS, David, Modular aufgebautes Kanalinformationssytem mit Schnittstellen zu diversen Systemen
♦								♦									**PRO KKA:** Applik. zu PRO INFO, Verwaltung und Betriebsführung häuslicher Kleinkläranlagen
♦	♦	♦	♦	♦				♦									**PRO NIS:** Applik. zu PRO OPEN, PRO INFO, Modular aufgebautes Netzinformationssystem für die Medien: Strom, Gas, Wasser, Fernwärme, Telekommunikat.
♦	♦	♦	♦	♦		♦								♦			**PRO OPEN:** GIS für den PC mit CAD-Funktionalität
	♦																**ptv Crime:** Lagebild für die Kriminilatätslage und Prävention
	♦	♦										♦	♦				**ptv post:** Planungssystem zur Bezirksplanung für Post + Werbemittel
	♦																**ptv rescue:** Planung von Einsatzstandorten
										♦				♦			**Punktverwaltung:** Applik. zu Smallworld GIS, Ladeschnittst. für objektcodierte Vermessungspkt. Zur differenzierten Verwaltung und Anzeige im GIS
	♦		♦								♦			♦			**RAPS für SICAD:** Applik. zu SICAD/open, Automatisiertes Aneinanderfügen von Kartenrändern (Insel- u. Rahmenkarten)
♦											♦			♦			**Raster-Lader:** Applik. zu SMALLWORLD GIS, autom. Einlesen, Laden u. Georeferenzieren; Fortführung vorhandener Karten

© Buhmann/Wiesel: GIS-Report 2002, Bernhard Harzer Verlag, Karlsruhe

GIS-Softwareübersicht — sonstige

Software	Anbieter	Erstinstallation	Versionsnummer	Seats weltweit	Seats D, A, CH	Kunden weltweit	Kunden D, A, CH	Kosten ab Tausend-EURO	Kosten bis Tausend-EURO	GIS	Desktop-GIS	Internet-GIS	CAD-GIS	Business-GIS	Mobil-GIS	GIS Ergänzung	GIS-Komponente	GIS-Fachschale & Appl.	Geo-Datenbankserver	Windows (32-bit)	Unix	Eigenständige Software	Applikation	Vektor	Raster
RDB, RDB-VAMP	IABG	1988		110	80			9								♦				♦	♦	♦			♦
Rec 500	METTENMEIER GmbH	1999						5,1								♦				♦	♦			♦	♦
Rechnergestützte Baulandumlegung	BT-GIS Benndorf Technologie	1996	V2.3	75		40		2,8										♦		♦	♦	♦	♦	♦	
Redlining Editor	WGI mbH	2001														♦				♦			♦	♦	
Regio Graph	MACON AG	1991		25000	24000	21000	19000	1,45						♦						♦		♦		♦	♦
rmINFO	rmDATA	1999		250		100		5			♦									♦				♦	♦
rmMAP	rmDATA	1996	2.7	300		150		4,5			♦									♦				♦	♦
Routing J Server	MapInfo																		♦	♦	♦				
RPLAN	BT-GIS Benndorf Technologie	1996	V2.0					7,65										♦		♦	♦		♦	♦	♦
RZI-Tiefbau	team heese AG	1992	9.0	2005	1895	7	1400	2,5	15				♦							♦			♦	♦	♦
SAGis web, MapGuide	CWSM GmbH	2001	2.1	3000		300		1	25									♦		♦			♦	♦	♦
Schaltkreiseinfärber	ITS Informationstechnik Service	2000											♦										♦	♦	

© Buhmann/Wiesel: GIS-Report 2002, Bernhard Harzer Verlag, Karlsruhe

sonstige — GIS-Softwareübersicht

Int DB	Oracle	Intene Datenbank	MS-SQL-Server	Informix	sonstige	Facility Management	Umwelt- u. Naturschutz	Ver- u. Entsorgung	Telekommunikation	Auskunftssysteme	Kartographie	Marketing	Logistik	Vermessung u. Kataster	Verkehrsplanung	Raum- und Bauleitplanung	Applikation zu, Kurzbeschreibung, sonstige Systemtypen und Plattformen
								♦	♦							♦	**RDB, RDB-VAMP:** Organisation, Archivierung, Kompression, Nutzung u. Visualisierung von Rasterdaten mit Vektoroverlay
								♦						♦			**Rec 500:** Applik. zu Smallworld GIS, mit dem Tachymeter gemessene Daten auf Smallworld Objekte abbilden.
	♦	♦	♦	♦													**Rechnergestützte Baulandumlegung:** Applik. zu optional zu SICAD oder AutoCAD, Umlegungsverfahren unter Einhaltung gesetzl. Vorgaben mit Formularvorlagen u. Serienbrieffunktion
									♦	♦				♦			**Redlining Editor:** Applik. zu Smallworld GIS, Strukt. Erfassung und Trassierung von Objekte (Pkt., Linie, Fläche, Test) für die Überarbeitung
♦	♦	♦	♦	♦	♦	♦	♦	♦	♦	♦	♦	♦				♦	**Regio Graph:** GIS mit weltweiten Landkarten und integriertem VBA
	♦	♦	♦					♦	♦					♦			**rmINFO:** Applik. zu AutoCAD, Autodesk Map, GIS-Anwendung auf Basis von Autodesk Map für grundstücks- u.leitungsbezogene Daten
♦	♦							♦						♦			**rmMAP:** Applik. zu AutoCAD/Autodesk Map, Objektorient. Geodäsieapplikat. unter AutoCAD/Autodesk Map frei konfigurierb. vielf. einsetzbar.
								♦	♦	♦				♦	♦		**Routing J Server** Applik. zu MapXtreme,
	♦			♦				♦								♦	**RPLAN:** Applik. zu SICAD/open, Erfassen und Fortführen von Raumordnungsplänen nach Planzeichenverordnung
♦	♦	♦	♦	♦				♦						♦		♦	**RZI-Tiefbau:** Applik. zu Autodesk Map, Die integrierte Lösung für Vermessung und Tiefbauplanung unter Autodesk Map
	♦	♦		♦						♦	♦						**SAGis web, MapGuide:** Applik. zu MapGuide, SAGis web - kommunales Informationssystem im Web, ALK/ALB, Kommunalkataster, Centerflurkataster
♦								♦						♦			**Schaltkreiseinfärber:** Applik. zu SMALLWorld GIS, Visualisierung des Stromnetzes in allen Spannungsebenen, Einfärbung der jeweiligen Trafowicklungen

© Buhmann/Wiesel: GIS-Report 2002, Bernhard Harzer Verlag, Karlsruhe

GIS-Softwareübersicht   sonstige

Software	Anbieter	Erstinstallation	Versionsnummer	Seats weltweit	Seats D, A, CH	Kunden weltweit	Kunden D, A, CH	Kosten ab Tausend-EURO	Kosten bis Tausend-EURO	GIS	Desktop-GIS	Internet-GIS	CAD-GIS	Business-GIS	Mobil-GIS	GIS Ergänzung	GIS-Komponente	GIS-Fachschale & Appl.	Geo-Datenbankserver	Windows (32-bit)	Unix	Eigenständige Software	Applikation	Vektor	Raster
Schnittst: GE Smallworld GIS/EASY-WARE	EnergieSysteme Nord																♦			♦			♦	♦	♦
SDH	Graphservice	1997	V2.1		8		8												♦	♦	♦			♦	
SICAD-Reader	ESRI	1996	1.1	130		100		1								♦				♦			♦	♦	♦
SIGTIM	GAF	1996	SIGTIM	45		3		2,5										♦		♦	♦			♦	♦
sis NET	GEF - RIS AG	1994	2001.1	1645	1315	61	57	1	142,8	♦										♦	♦			♦	♦
Smallworld Design Manager	GE Network Solutions	2000																♦		♦			♦	♦	♦
Smallworld Fachschalen, ö. Verwaltung	GE Network Solutions	1997																♦		♦	♦		♦	♦	♦
Smallworld Fachschalen, Versorgung	GE Network Solutions	1997																♦		♦	♦		♦	♦	♦
Smallworld PowerOn	GE Network Solutions	1999																♦					♦	♦	♦
Smallworld Spatial Intelligence	GE Network Solutions	2000																♦		♦	♦		♦	♦	♦
SoloFied / CE	geo-konzept	1999	3,0	1000	50	800	40	1,1			♦									♦		♦		♦	♦
Sound PLAN	Braunstein+Berndt	1987	6.0	1700	1000	1500	500	3,5	12							♦				♦	♦			♦	♦

© Buhmann/Wiesel: GIS-Report 2002, Bernhard Harzer Verlag, Karlsruhe

sonstige — GIS-Softwareübersicht

Int DB	Oracle	Intene Datenbank	MS-SQL-Server	Informix	sonstige	Facility Management	Umwelt- u. Naturschutz	Ver- u. Entsorgung	Telekommunikation	Auskunftssysteme	Kartographie	Marketing	Logistik	Vermessung u. Kataster	Verkehrsplanung	Raum- und Bauleitplanung	Applikation zu, Kurzbeschreibung, sonstige Systemtypen und Plattformen
								◆									**Schnittst: GE Smallworld GIS/EASY-WARE:** Applik. zu GE Smallworld GIS, Anbindung an das Archivsystem EASY-WARE zur wirtschaftlichen Vorhaltung großer Datenmengen
							◆	◆	◆	◆	◆			◆			**SDH:** Client/Server-Sekundärdatenhaltung für ALK gemäß Bezieher Sekundärnachweis
				◆				◆		◆				◆		◆	**SICAD-Reader:** Applik. zu ArcView GIS, Schnittstelle zw. SICAD/open u. ArcView GIS, Sachdaten werden in dBASE-Datei abgelegt, Schnittstelle
◆														◆			**SIGTIM:** Bergrechtskataster
	◆	◆					◆	◆	◆	◆				◆			**sis NET:** Applik. zu MicroStation, GIS mit standartisierten Lösungen für Ent- und Versorgung, Kommunalwirtschaft, Flughäfen u. Industrie
	◆	◆	◆					◆									**Smallworld Design Manager:** Applik. zu Smallworld3, Core Spatial technology (GIS), komplexe, prozeßunterstützende Applikation für die Planung und Bau von Versorgungs-Netzen
◆	◆	◆	◆		◆	◆		◆			◆	◆		◆		◆	**Smallworld Fachschalen, o. Verwaltung:** Applik. zu Smallworld Core Spatial Technology (GIS), Fachamtsübergreifende Lösungen für die Bereiche Kataster, Planung, Kanal, Umwelt, Statistik, sonst. Plattform: LINUX
◆	◆	◆	◆					◆			◆	◆		◆			**Smallworld Fachschalen, Versorgung:** Applik. zu Smallworld Core Spatial Technology (GIS), Appl. f. raumbez. Prozesse der Sparten Kataster, Strom, Gas, Wasser, Fernwärme, Ferngas, Kanal, öPNV, sonst. Plattform: LINUX
	◆	◆	◆					◆									**Smallworld PowerOn:** Applik. zu Smallworld Core Spatial Technology (GIS), Durchgängige, prozessunterstützende Applikat. f. d. Netzbetrieb bei Störmanagemant u. Instandhaltung
	◆	◆	◆							◆	◆	◆	◆				**Smallworld Spatial Intelligence:** Applik. zu Smallworld Core Spatial Technology (GIS), Lösung für raumbezogene Geschäftsanalysen, z.B. als strategische Entscheidungshilfe, sonst. Plattform: LINUX
	◆	◆	◆			◆		◆	◆								**SoloFied / CE:** Mobiles GIS zur Erfassung raumbezogener Daten mit GPS und Lasermesssystemen, sonst. Plattform: Windoes CE
◆							◆							◆			**Sound PLAN:** Branchenlösungen zur Erstellung von Lärm- und Luftschadstoffausbreitungskarten

© Buhmann/Wiesel: GIS-Report 2002, Bernhard Harzer Verlag, Karlsruhe

GIS-Softwareübersicht — sonstige

Software	Anbieter	Erstinstallation	Versionsnummer	Seats weltweit	Seats D, A, CH	Kunden weltweit	Kunden D, A, CH	Kosten ab Tausend-EURO	Kosten bis Tausend-EURO	GIS	Desktop-GIS	Internet-GIS	CAD-GIS	Business-GIS	Mobil-GIS	GIS Ergänzung	GIS-Komponente	GIS-Fachschale & Appl.	Geo-Datenbankserver	Windows (32-bit)	Unix	Eigenständige Software	Applikation	Vektor	Raster
Spatial Analyst	ESRI	1998	2.0 a, 8.1	60000	3000	45000	1200											◆		◆	◆		◆	◆	◆
SpatialWare	MapInfo	1996	4.5																◆	◆	◆		◆	◆	◆
speedikon A	IEZ	1995	4.0	3000	2800		2500	6,9	13,9											◆			◆	◆	◆
speediKon FM	speediKon Facility Management AG	1990	V 2.60	4000	3000	400	300	3									◆			◆		◆	◆	◆	◆
speedikon M	IEZ	1993	4.0	3500	2600			8,9	15											◆			◆	◆	◆
speedikon W	IEZ	1998	4.0					6,9												◆		◆	◆	◆	◆
speedikon X	IEZ	1982						6,9														◆	◆	◆	◆
speedikon XL	IEZ	1982	9.3					6,9														◆	◆	◆	◆
SQD/SQS Schnittstelle	sofion AG																		◆	◆	◆			◆	◆
SQDCONN	Hansa Luftbild/ICF GmbH	1990		10		10		0,3	6,1						◆					◆	◆			◆	◆
SQD-Reader für GeoMedia	CISS TDI	1999						2,8							◆					◆			◆	◆	
SQD-Reader für MapInfo	CISS TDI							2,8							◆					◆			◆	◆	

© Buhmann/Wiesel: GIS-Report 2002, Bernhard Harzer Verlag, Karlsruhe

sonstige GIS-Softwareübersicht

Int DB	Oracle	Intene Datenbank	MS-SQL-Server	Informix	sonstige	Facility Management	Umwelt- u. Naturschutz	Ver- u. Entsorgung	Telekommunikation	Auskunftssysteme	Kartographie	Marketing	Logistik	Vermessung u. Kataster	Verkehrsplanung	Raum- und Bauleitplanung	Applikation zu, Kurzbeschreibung, sonstige Systemtypen und Plattformen
	♦	♦	♦	♦	♦	♦	♦	♦	♦	♦	♦	♦	♦	♦		♦	**Spatial Analyst:** Applik. zu ArcView GIS, Arc GIS, raumbezogene Analysen auf Rasterdatenstruktur
♦		♦	♦	♦	♦	♦	♦	♦	♦	♦	♦	♦	♦	♦		♦	**SpatialWare:** Applik. zu Informix, MS SQl Server, GIS-Datenhaltung in relationalen Datenbanken
♦																	**speedikon A:** Applik. zu AutoCAD, CAD-Software für Architekten; 3-D Geländemodell
♦	♦	♦	♦	♦	♦	♦											**speediKon FM:** Applik. zu Facility Management, CAFM-System für Bewirtschaftung von Gebäuden, Anlagen und Liegenschaften
♦																	**speedikon M:** Applik. zu MicroStation, CAD-Software für Architekten; bedienerfreundlich, 3D-Geländemodell
																	speedikon W: Applik. zu ATLANTIS, windows-konform, bedienerfreundlich, 3D-Geländemodell, umfangreiche Bibliotheken, CAD
♦	♦			♦	♦	♦								♦			**speedikon X**
♦	♦			♦	♦	♦								♦			**speedikon XL**
♦	♦						♦	♦	♦				♦	♦	♦	♦	**SQD/SQS Schnittstelle:** Applik. zu SMALLWORLD GIS, Einlesen von SQD/SQS-Daten in Smallworld GIS
							♦	♦	♦	♦				♦		♦	**SQDCONN:** Applik. zu MicroStation, bidirektionale Umsetzung von SICAD-SQD nach und von MicroStation-DGN, Schnittstelle
							♦	♦	♦	♦				♦		♦	**SQD-Reader für GeoMedia:** Applik. zu Intergraph GeoMedia, SQD-Reader für GeoMedia
							♦	♦	♦	♦				♦		♦	**SQD-Reader für MapInfo:** Applik. zu MapInfo, SQD-Reader für MaInfo

© Buhmann/Wiesel: GIS-Report 2002, Bernhard Harzer Verlag, Karlsruhe

GIS-Softwareübersicht — sonstige

Software	Anbieter	Erstinstallation	Versionsnummer	Seats weltweit	Seats D, A, CH	Kunden weltweit	Kunden D, A, CH	Kosten ab Tausend-EURO	Kosten bis Tausend-EURO	GIS	Desktop-GIS	Internet-GIS	CAD-GIS	Business-GIS	Mobil-GIS	GIS Ergänzung	GIS-Komponente	GIS-Fachschale & Appl.	Geo-Datenbankserver	Windows (32-bit)	Unix	Eigenständige Software	Applikation	Vektor	Raster
StadtCAD HIPPODAMOS	euro GIS IT-Systeme GmbH	1991	5	1085	1059	474	468	3,7					♦							♦			♦	♦	♦
StadtCAD OLYMP	euro GIS IT-Systeme GmbH	1995	5	600	600	400	400	2,08					♦							♦			♦	♦	♦
StadtCAD VITRUV	euro GIS IT-Systeme GmbH	1998	2002	1322	1190	642	582	0,78					♦							♦			♦	♦	♦
Straßenstrukturkataster	sofion AG																	♦		♦	♦			♦	
STRATIS	RIB Bausoftware	1980	9	5100	4800		1365	5	50				♦							♦		♦	♦	♦	♦
Stromfluss-Analysator	ITS Informationstechnik Service	2000														♦							♦	♦	
Style-Plotter	ITS Informationstechnik Service	1998														♦				♦	♦		♦		
Survey Analyst	Leica Geosystems AG	2002														♦				♦			♦	♦	♦
Target Pro	MapInfo		2.5	50											♦					♦			♦	♦	
TB-StadtCAD	euro GIS IT-Systeme GmbH	2000	5	132	132	34	34	0	4,95				♦							♦			♦	♦	♦
TERRA	GISolution	1987		600	550	160		10	20				♦							♦		♦		♦	♦
TERRACAD / TERRA	TERRADATA & Co	1990	3.0	2000		300		1	10				♦							♦		♦		♦	♦

© Buhmann/Wiesel: GIS-Report 2002, Bernhard Harzer Verlag, Karlsruhe

sonstige — GIS-Softwareübersicht

Int DB	Oracle	Intene Datenbank	MS-SQL-Server	Informix	sonstige	Facility Management	Umwelt- u. Naturschutz	Ver- u. Entsorgung	Telekommunikation	Auskunftssysteme	Kartographie	Marketing	Logistik	Vermessung u. Kataster	Verkehrsplanung	Raum- und Bauleitplanung	Applikation zu, Kurzbeschreibung, sonstige Systemtypen und Plattformen
♦	♦	♦					♦	♦	♦						♦	♦	**StadtCAD HIPPODAMOS:** Applik. zu AutoCAD Map, Integratives CAD/GIS-System für die städtebauliche Planung und die örtliche Landschaftsplanung
♦														♦		♦	**StadtCAD OLYMP:** Applik. zu AutoCAD und Autodesk Map, DGM zu StadtCad Hippodamus, StadtCAD VITRUF, TB-StadtCAD, Erdbau u. Visualisierung, Geländeanalysen
		♦									♦					♦	**StadtCAD VITRUV:** Applik. zu AutoCAD und AutoCAD Map, Einfaches, leicht zu erlernendes CAD/GIS System für die Stadt und Landschaftsplanung
♦	♦	♦	♦			♦	♦	♦	♦					♦	♦	♦	**Straßenstrukturkataster:** Applik. zu SMALLWORLD GIS, Verwaltung von Straßeneinrichtungen, Reparaturmaßnahmen, Zuständen und Kosten
♦	♦		♦				♦							♦		♦	**STRATIS:** objektorient. Planbearbeitung f. Straßen u. Tiefbau unter Windows, Kanal- u. Wasserinformationssystem
♦								♦						♦			**Stromfluss-Analysator:** Applik. zu SmallWorld GIS, Analyse Stromnetz i.a. Spannungsebenen, Störungssuche, Auflistung a. Teilstrecken, HA u. Einbauteile
♦								♦						♦			**Style-Plotter:** Applik. zu SMALLWORLD GIS, Erzeugung eines Plots, der die Styles frei vergebbarer Objektklassen einer Fachanwendung darstellt.
♦	♦		♦	♦	♦	♦	♦	♦	♦						♦	♦	**Survey Analyst:** Applik. zu ArcGIS von ESRI, Erweiterung des ArcInfo GIS, welche Vermessungsdaten in ein GIS vollständig integriert
			♦					♦	♦					♦	♦		**Target Pro:** Applik. zu MapInfo Professional, Applikation zum profitieren, segmentieren und analysieren von Märkten und Kundenadressen, sonst. Plattform: NT
	♦	♦						♦		♦	♦				♦	♦	**TB-StadtCAD:** Applik. zu AutoCAD Map und TOPOBASE, Open-GIS konformes, integratives System für die Stadtplang.+örtl. Landschaftspl. m. Oracle+Topobase
♦		♦	♦							♦					♦		**TERRA:** GIS-System für kleine Unternehmen mit individuellen Anpassungen
♦	♦		♦	♦						♦				♦			**TERRACAD / TERRA:** CAD-Programm mit zahlreichen Schnitstellen (EDBS, SQP, Systra etc.) und Macroprogrammen

© Buhmann/Wiesel: GIS-Report 2002, Bernhard Harzer Verlag, Karlsruhe

GIS-Softwareübersicht — sonstige

Software	Anbieter	Erstinstallation	Versionsnummer	Seats weltweit	Seats D, A, CH	Kunden weltweit	Kunden D, A, CH	Kosten ab Tausend-EURO	Kosten bis Tausend-EURO	GIS	Desktop-GIS	Internet-GIS	CAD-GIS	Business-GIS	Mobil-GIS	GIS Ergänzung	GIS-Komponente	GIS-Fachschale & Appl.	Geo-Datenbankserver	Windows (32-bit)	Unix	Eigenständige Software	Applikation	Vektor	Raster
ThemenBrowser	Gfi	1997		110	30			1,3								♦				♦			♦	♦	♦
Themensteuerung	Fichtner Consulting & IT	2000		50	5			0,65									♦			♦			♦	♦	♦
TNT F-Plan	GIS Team	1999	1.1					1,5										♦		♦	♦			♦	♦
TNT Lplan	GIS Team	1999	1.1					1,5										♦		♦	♦		♦	♦	♦
TNT Sim3D	GIS Team	2002	1.0					0	0											♦			♦	♦	♦
TOLO-Checker	ITS Informationstechnik Service	2000														♦				♦	♦		♦	♦	
Topo-Toolbox	Fichtner Consulting & IT	1998		1	1			0,25										♦		♦			♦	♦	
Trace-Komponente	Fichtner Consulting & IT	2000		16	2			0,65										♦		♦				♦	
Transfer	METTENMEIER GmbH															♦				♦	♦		♦		
Transformer	METTENMEIER GmbH	1996						0,71									♦			♦	♦		♦	♦	
Trassenplan-Browser	WGI mbH	1999														♦				♦			♦		♦
TRIAS 3D	BB - ZWO Software GbR	1987	3.56	105	40	2,5	12			♦										♦		♦		♦	♦

© Buhmann/Wiesel: GIS-Report 2002, Bernhard Harzer Verlag, Karlsruhe

sonstige GIS-Softwareübersicht

Int DB	Oracle	Intene Datenbank	MS-SQL-Server	Informix	sonstige	Facility Management	Umwelt- u. Naturschutz	Ver- u. Entsorgung	Telekommunikation	Auskunftssysteme	Kartographie	Marketing	Logistik	Vermessung u. Kataster	Verkehrsplanung	Raum- und Bauleitplanung	Applikation zu, Kurzbeschreibung, sonstige Systemtypen und Plattformen
	♦	♦								♦							**ThemenBrowser:** Applik. zu ArcView 3.x, Workgroup-Lösung für ArcView
								♦	♦								**Themensteuerung:** Applik. zu GeoMedia, Vereinfacht die Erstellung benutzerdefinierter Legenden in GeoMedia
♦	♦	♦	♦	♦												♦	**TNT F-Plan:** Applik. zu TNT mips, TNTedit, TNTview, FS für Flächennutzungsplanung für Einsatz in Kommune und Ingenierbüro, sonst. Plattform: MacOS, LINUX
♦	♦	♦	♦	♦	♦											♦	**TNT Lplan:** Applik. zu TNT mips, Fachschale für Landschaftsplanung, sonst. Plattform: MacOS
																	TNT Sim3D: Applik. zu TNT mips, dynamische 3D-Landschaftssimulation
♦								♦						♦			**TOLO-Checker:** Applik. zu SMALLWorld GIS, Überprüfung von Datenbeständen nach Kriterien einer Erfassungsanweisung
							♦				♦						**Topo-Toolbox:** Applik. zu GeoMedia, Leistet Unterstützung bei der Konstruktion von Stütz- und Hilfspunkten für Erfassungsfunktionen
									♦								**Trace-Komponente:** Applik. zu GeoMedia, Führt ein Tracing auf GeoMedia-Objekten aus - insbesondere auch auf InterNETZ-Daten
			♦					♦									**Transfer:** Applik. zu Smallworld GIS, Tool zur einfachen Datenbankadministration
			♦					♦						♦			**Transformer:** Applik. zu Smallworld GIS, vollständiges Transformieren von ausgewählten Objektmengen
									♦	♦							**Trassenplan-Browser:** Applik. zu Smallworld GIS, Navigation im Rasterdaten-Bestand und Visualisierung einzelner Trassenpläne
♦	♦		♦	♦		♦	♦		♦	♦				♦			**TRIAS 3D:** Trias 3D ist die idiale Grundlage für ein Kommunales-Informationssystem

© Buhmann/Wiesel: GIS-Report 2002, Bernhard Harzer Verlag, Karlsruhe

GIS-Softwareübersicht — sonstige

Software	Anbieter	Erstinstallation	Versionsnummer	Seats weltweit	Seats D, A, CH	Kunden weltweit	Kunden D, A, CH	Kosten ab Tausend-EURO	Kosten bis Tausend-EURO	GIS	Desktop-GIS	Internet-GIS	CAD-GIS	Business-GIS	Mobil-GIS	GIS Ergänzung	GIS-Komponente	GIS-Fachschale & Appl.	Geo-Datenbankserver	Windows (32-bit)	Unix	Eigenständige Software	Applikation	Vektor	Raster
UBIS Industrieeinleiterkataster	Fichtner Consulting & IT	1995		20		7		2										◆		◆		◆		◆	◆
UNFAS	Ingenieurbüro Feiler, Blüml, Hänsel	2000	V2.02	35		35										◆				◆			◆	◆	◆
VALIS	VANA Automatische DV	1988	5.2.1	100		30		3	30		◆									◆		◆		◆	◆
V-Chart	Gänger & Bruckner	1998		4		4		0,25								◆				◆		◆			
Vectory	graphikon	1992	5.0	1800	1600	1400	1200	0,8	2,9							◆				◆		◆	◆	◆	◆
VermessCAD, KanalDat, WasserV, StromV	B & B Ingenieurgesellschaft	1989	V2001	460	460	460		15	38									◆		◆			◆	◆	◆
Verwaltung Macon MAPS	WGI mbH	2000														◆				◆		◆			
V-Gisbox	Gänger & Bruckner	1998		11		8		1,2	1,4									◆		◆		◆		◆	
Viewer für SMALLWORLD GIS	ITS Informationstechnik Service	1999														◆				◆		◆			
VIS-Strasse / Aufbruch	IVT	1994	3.5	200	200	130	130	1,53	12,75									◆		◆			◆	◆	◆
Visual Survey	Leica Geosystems AG	2001	1.0					3,06	4,56				◆							◆		◆		◆	◆
V-Legend	Gänger & Bruckner	1998	2.0	12		8		0,25								◆				◆			◆	◆	

© Buhmann/Wiesel: GIS-Report 2002, Bernhard Harzer Verlag, Karlsruhe

sonstige — GIS-Softwareübersicht

Int DB	Oracle	Intene Datenbank	MS-SQL-Server	Informix	sonstige	Facility Management	Umwelt- u. Naturschutz	Ver- u. Entsorgung	Telekommunikation	Auskunftssysteme	Kartographie	Marketing	Logistik	Vermessung u. Kataster	Verkehrsplanung	Raum- und Bauleitplanung	Applikation zu, Kurzbeschreibung, sonstige Systemtypen und Plattformen
	♦	♦	♦	♦	♦			♦									**UBIS Industrieeinleiterkataster:** unterstützt das gesamte Aufgabenspektrum der Industrieeinleitungsüberwachung
	♦	♦	♦	♦										♦	♦		**UNFAS:** Applik. zu MapInfo, Interaktive Unfallanalyse, Unfallvisualisierung
♦		♦			♦		♦	♦	♦	♦				♦		♦	**VALIS,** sonst. Plattform: Linux
		♦								♦		♦					**V-Chart:** Applik. zu Visor, V-chart erzeugt Bussiness-Charts aus Datenbankinhalten in Visor.
										♦				♦		♦	**Vectory:** Applik. zu AutoCAD 2000, Automatische Raster-Vektor-Konvertierung, Rasterbearbeitung, Entzerrung
♦	♦	♦			♦			♦	♦					♦		♦	**VermessCAD, KanalDat, WasserV, StromV:** Applik. zu AutoCAD u. Oracle, AutoCAD MAP, Verwaltungs- u. Planungssystem für Tiefbau, Straße, Kanal, Bauvermessung, Strom- u. Wasserversorgung
										♦		♦		♦			**Verwaltung Macon MAPS:** Applik. zu Smallworld GIS, administrative Struktur Deutschlands (BL, Reg.-Bezirke, Kreise, Gemeinden) inkl. 10 Topogr. Ebenen
										♦				♦		♦	**V-Gisbox:** Applik. zu Visor, Die GISbox erweitert die Funktionen des Visor um Pufferung, 'Objekt in Polygonen', Flächenverschn.
♦										♦				♦			**Viewer für SMALLWORLD GIS:** Darstllg. von SMALLWORLD, Plotdateien im offline-Betrieb mit Zoom- und Druckfunktionalitäten
	♦	♦	♦			♦									♦		**VIS-Strasse / Aufbruch:** Applik. zu MAPINFO, ARCView, SICAD-SD, Gem-GIS, Fachapplikation zur Verwaltung von straßenbezogenen Daten mt interaktiver GIS-Schnittstelle VIS-MAP
♦	♦		♦	♦		♦	♦							♦			**Visual Survey:** neues professionelles Feldsystem für den bidirektionalen Datentransfer zw. Büro (GIS) und Feld
											♦					♦	**V-Legend:** Applik. zu Visor, V-Legend erstellt konfigurierbare, halbautomat. Legenden f.den Visor. Sind als Vorlagen speicherbar.

© Buhmann/Wiesel: GIS-Report 2002, Bernhard Harzer Verlag, Karlsruhe

GIS-Softwareübersicht — sonstige

Software	Anbieter	Erstinstallation	Versionsnummer	Seats weltweit	Seats D,A,CH	Kunden weltweit	Kunden D,A,CH	Kosten ab Tausend-EURO	Kosten bis Tausend-EURO	GIS	Desktop-GIS	Internet-GIS	CAD-GIS	Business-GIS	Mobil-GIS	GIS Ergänzung	GIS-Komponente	GIS-Fachschale & Appl.	Geo-Datenbankserver	Windows (32-bit)	Unix	Eigenständige Software	Applikation	Vektor	Raster
V-NET	Fichtner Consulting & IT	1993		12		6		5					♦							♦		♦		♦	
VPR-Feldversion	ibR Ges. für Geoinformation mbH	1999	7.4	120	120	10	10								♦					♦		♦		♦	
Wald Kat	GreenLab	1997	2000	80	80			1,2									♦			♦				♦	♦
WebView	ZEBRIS	1999	2,1					0,25	0,35			♦								♦			♦	♦	♦
WEGA - IMG	M.O.S.S.	2001	V1.0.1	7		1		3,5				♦								♦	♦	♦			♦
WEGA - WOW	M.O.S.S.	2001	1.1.1	7		1		4				♦								♦	♦			♦	
Wegerechtsapplikation	TRIGIS Vermessung & Geoinformatik	1998	2.5	11		11		5	7,5									♦		♦			♦	♦	♦
WOCAD	Wohlleben	1981	WOCAD	20	60	5	15	5	5		♦									♦		♦		♦	♦
WOCAD / MECAM	Wohlleben	1981	WOCAD	20	40	5	12	10	20		♦												♦	♦	♦
World Construction Set	Screen & Paper Communication		4.5	150				2								♦				♦		♦			♦
WS-EasyMap	Widemann Systeme	1998	2,1	150	150	100		1,25	2,21		♦									♦			♦	♦	
WSG-Manager	ZEBRIS	1999	2.0					0,75	2,5										♦	♦			♦	♦	♦

© Buhmann/Wiesel: GIS-Report 2002, Bernhard Harzer Verlag, Karlsruhe

sonstige   **GIS-Softwareübersicht**

Datenbankschnittstellen						Anwendungsschwerpunkte											Applikation zu, Kurzbeschreibung, sonstige Systemtypen und Plattformen
Int DB	Oracle	Intene Datenbank	MS-SQL-Server	Informix	sonstige	Facility Management	Umwelt- u. Naturschutz	Ver- u. Entsorgung	Telekommunikation	Auskunftssysteme	Kartographie	Marketing	Logistik	Vermessung u. Kataster	Verkehrsplanung	Raum- und Bauleitplanung	
								◆	◆								**V-NET:** Erfassung, Berechnung und Darstellung von Versorgungsnetzen für Fehleranalysen u.a.
◆								◆		◆	◆			◆	◆		**VPR-Feldversion:** Feldsystem zum ibR-Vermessungspaket VPR auf Pen-Computern mit Tachymeter und GPS-Kopplung
																	Wald Kat: Applik. zu ArcView GIS, Bericht Forsteinrichtung, Waldiventar, Org.-verwaltung, Berichte u. Auswertung, Forstberichtskarte
							◆			◆	◆						**WebView:** Applik. zu ArcView GIS, Erweiterung zu ArcView GIS und ArcGIS zur Präsentation interaktiver Karten im Internet
														◆			**WEGA - IMG:** Anzeigen und Bearbeiten von Rasterdaten im Intranet
														◆			**WEGA - WOW:** Applik. zu WEGA + Rosy, Oberfläche zur Ansteuerung und Durchführung diverser Batchprogramme
◆	◆	◆						◆									**Wegerechtsapplikation:** Applik. zu SMALLWORLD GIS, Bearbeitung von Grundbuchbereinigung und Wegerecht
	◆							◆	◆					◆	◆		**WOCAD**
	◆							◆	◆					◆			**WOCAD / MECAM:** Messen, Darstellen, Planen u. Verwalten
																	World Construction Set: Realistische Landschaftsmodellierung mit GIS-Daten, 3D-Visualisierung, sonst. Plattform: MacOS
◆	◆						◆			◆				◆			**WS-EasyMap:** Applik. zu Autodesk Map, komfortables GIS-Management mit graphischer Benutzerführung
	◆						◆										**WSG-Manager:** Applik. zu ArcView GIS / MS ACCESS, Informationssystem zum Trinkwasserschutz auf der Basis von ArcView GIS und MS ACCESS

© Buhmann/Wiesel: GIS-Report 2002, Bernhard Harzer Verlag, Karlsruhe

GIS-Softwareübersicht — sonstige

Software	Anbieter	Erstinstallation	Versionsnummer	Seats weltweit	Seats D,A,CH	Kunden weltweit	Kunden D,A,CH	Kosten ab Tausend-EURO	Kosten bis Tausend-EURO	GIS	Desktop-GIS	Internet-GIS	CAD-GIS	Business-GIS	Mobil-GIS	GIS Ergänzung	GIS-Komponente	GIS-Fachschale & Appl.	Geo-Datenbankserver	Windows (32-bit)	Unix	Eigenständige Software	Applikation	Vektor	Raster
WS-LANDCAD	Widemann Systeme	1986	2002	2700	2500	1300	1200	1,35	9,66				♦							♦			♦	♦	♦
ZARA	ESG	1998	M 3.03	40	40	3	3	2,55	15,3									♦		♦			♦	♦	♦
Zubehör zu GeoMedia	Fichtner Consulting & IT							0,4									♦			♦			♦		

© Buhmann/Wiesel: GIS-Report 2002, Bernhard Harzer Verlag, Karlsruhe

sonstige GIS-Softwareübersicht

Int DB	Oracle	Intene Datenbank	MS-SQL-Server	Informix	sonstige	Facility Management	Umwelt- u. Naturschutz	Ver- u. Entsorgung	Telekommunikation	Auskunftssysteme	Kartographie	Marketing	Logistik	Vermessung u. Kataster	Verkehrsplanung	Raum- und Bauleitplanung	Applikation zu, Kurzbeschreibung, sonstige Systemtypen und Plattformen
◆	◆	◆	◆		◆		◆				◆			◆		◆	**WS-LANDCAD:** Applik. zu AutoCAD u. AutoCAD Map/ADT/LT, Software für Landschaftsarchitekten und Stadtplaner mit Komponenten für Entwurf, Bauleitplanung u.a.
	◆	◆									◆	◆					**ZARA:** Applik. zu GeoMedia, MicroStation, Zentrales Archivierungs- und Auskunftssystem für zivile und militärische Geodaten
																	Zubehör zu GeoMedia: Applik. zu GeoMedia, Add-On's zur Erweiterung des Funktionsumfangs von GeoMedia

© Buhmann/Wiesel: GIS-Report 2002, Bernhard Harzer Verlag, Karlsruhe

2.3 Ausgewählte GIS-Softwarebeschreibungen

Die ausführliche systematische Gegenüberstellung von GIS-Softwareprodukten ist den Autoren eines der Hauptanliegen des GIS-Reports.

Auf der **ersten Seite** werden in komprimierter Form folgende Informationen zusammengestellt.

- Softwarekategorie/Umfang der Software/Datenformat (Raster, Vektor)
- Erstinstallation/Verbreitungsgrad (Seats, Kundenanzahl)
- Betriebssysteme
- Datenbankschnittstellen
- Benutzerführung
- Entwicklungswerkzeuge
- Internetpräsentation
- Dokumentation
- Vertrieb und Ansprechpartner

Auf der **zweiten Seite** sind zunächst die Programmmodule nach einheitlichen Kategorien vergleichend zusammengestellt.

- Allgemeine Programmmodule
- Schnittstellen
- Anwendungsschwerpunkte
- Ausführliche Beschreibung

Unser Ziel ist, viele Produkte aufführen zu können, die hier viele Kriterien wiedergeben. Die Anbieter wurden aufgefordert, die Bezeichnung ihrer Programmmodule der vorgegebenen Gliederung zuzuordnen, stichpunktartig deren jeweilige Hauptfunktionen zu nennen und deren Modulpreise anzugeben. In jeder Hauptkategorie können weitere Leistungsmerkmale als freier Text angegeben werden. Des Weiteren wird der ausführlichen Beschreibung und den Anwendungsschwerpunkten ein breiterer Raum, als dies in den Übersichtstabellen möglich ist, eingeräumt.

Mit dieser Form der Zusammenstellung der jeweiligen Programmmodule können sehr schnell die Schwerpunkte von umfangreichen Programmen abgelesen werden. Die Umfang der Darstellung von nun 25 GIS-Programmen in dieser Form soll jedoch noch ausgebaut werden. Aufgrund der Kostenpflichtigkeit dieses Eintrages konnten wir hier noch nicht alle Programme ausführlich darstellen.

Diese Form der Darstellung eignet sich für die umfangreichen Programme aus den Kategorien Professional GIS, Desktop GIS und auch von CAD-GIS. Wir würden uns freuen, wenn in der Fortschreibung des GIS Reports weitere Firmengruppen ihre Angaben für diese Programme zur Verfügung stellen könnten, so dass eine vergleichbare Vollständigkeit dieser GIS-Softwareprogramme mit großem Funktions- und Modulumfang für diese ausführliche Darstellung erreicht wird.

Ausgewählte GIS-Softwarebeschreibungen

AED-GIS 1.5

Softwarekategorie
GIS

Umfang der Software

Datenformat

Erstinstallation
1987

Verbreitungsgrad
Seats weltweit: 1.700
Seats in A, CH, D 1.700

Kunden weltweit: 450
Kunden in A, CH, D: 450

Betriebssysteme

Datenbankschnittstellen

Benutzerführung

Entwicklungswerkzeuge
API: GGed (AED-GIS Graphical User Interface Editor)
Scriptsprache: eigene Makrosprache (Kartiersprache)
Internetanbindung:
Programmschnittstellen:

Internetpräsentation
WWW-Adresse: http://www.aed-graphics.de

Ausgewählte GIS-Softwarebeschreibungen
AED-GIS 1.5

Allgemeine Programmodule		Hauptfunktionen	Preis €
Grundpaket:	ALK-GIAP	alle GIS-relevanten Grundfunktionen	a. Anfrage
Dateneingabe:	div. Treiber	über Digitizer, Photogrammetrie u.a.	a. Anfrage
Internetanbindung:			
DGM:	AED Desktop - View*3	Erzeugung von VRML aus DGM-Daten	a.Anfrage
Rasteranalyse:	AED Basis - Raster	hybride Darstellung	a. Anfrage
Vektoranalyse:		integriert in Fachanwendungen	
Netzwerkanalyse:		integriert in Fachanwendungen	
Statist. Analyse:			
Bildverarbeitung:	AED Tools - Raster Editor	Fortführung von Rasterdaten	a. Anfrage
Photogrammetrie:	AED Devices - PHODIS	Stereoplotter-Anschluß	a. Anfrage
Geodatenverwalt.:	AED IDB	Geometrie- u. Fachdaten	a. Anfrage
GIS-Fachschale1:	AED Kataster	ALK/ATKIS, Integrierte Fortf. ALB, (IFF)	a. Anfrage
GIS-Fachschale2:	AED Kommunal	BPL, FNP, LPL	a. Anfrage
GIS-Fachschale3:	AED Netze	Kanal, Strom, Gas, Wasser, Fernwärme	a. Anfrage
GIS-Modelle:		integriert in Fachanwendungen	

weitere GIS-Module und Fachschalen:	AED Desktop - AIS (Auskunft - IS), AED FORST (Forst - IS), FLASH/DIVA (Homogenisierung und geodätische Berechnungen), AED Tools - Legende (Legendeneditor)
weitere GIS Leistungsmerkmale:	ALK-, ATKIS-, ALKIS-Konform

Schnittstellen

OGIS-konforme Datenschnittstellen:	
Datenschnittstellen:	EDBS, DXF, David, SQD, SAP u.a.

Anwendungsschwerpunkte

Ausführliche Beschreibung

Das frei skalierbare AED-GIS mit der GeoServer-Architektur verbindet modernste Technologie mit max. Investitionsschutz. Die Anwendungen decken die verschiedensten Fachthemen von Kataster- über kommunale Anwendungen bis hin zu Netzinformationssyst. ab.

© Buhmann/Wiesel: GIS-Report 2002, Bernhard Harzer Verlag, Karlsruhe

Ausgewählte GIS-Softwarebeschreibungen

ArcGIS 8.1.2

Softwarekategorie GIS	**Umfang der Software**	**Datenformat**
Erstinstallation 2001	**Verbreitungsgrad** Seats weltweit: 60.000 Seats in A, CH, D 4.000	Kunden weltweit: 4.000 Kunden in A, CH, D: 1.500

Betriebssysteme

Datenbankschnittstellen

Benutzerführung

Entwicklungswerkzeuge
API:
Scriptsprache: VBA, VB, ...
Internetanbindung:
Programmschnittstellen:

Internetpräsentation
WWW-Adresse: http://ESRI-Germany.de u. http://www.esri.com

Dokumentation
Dokumentation online:
Referenzhandbuch:
Handbücher:
Schulungsunterlagen:

Vertrieb und Ansprechpartner

Hauptgeschäftsstelle:	ESRI Kranzberg	Tel.:	++49-8166-677-0
Hauptvertrieb in D:	ESRI Kranzberg	Tel.:	++49-8166-677-0
Hauptvertrieb in A:	Datamed Wien	Tel.:	++43-512-262060
Hauptvertrieb i	ESRI Zürich	Tel.:	++41-1360-2460
Vertriebsleiter:	Herr Beissel	Tel.:	++49-8166-677-0
Anwendungsberater:	Herr Jäger	Tel.:	++49-8166-677-0
Schulungsleiter:		Tel.:	

© Buhmann/Wiesel: GIS-Report 2002, Bernhard Harzer Verlag, Karlsruhe

Ausgewählte GIS-Softwarebeschreibungen
ArcGIS 8.1.2

Allgemeine Programmodule		Hauptfunktionen	Preis €
Grundpaket:	ArcInfo, Editor, -View	Topologie, Datenmanagement, Verschneidung, Konstruktion, DB- u. Imageinegration	
Dateneingabe:	im Grundpaket	umfangreicher graphischer Editor mit CAD Funktionen	incl.
Internetanbindung:			
DGM:	3D Analyst	Hangneigung, TIN-Modell u.v.m.	
Rasteranalyse:	Spatial Analyst	Map Algebra, Filtern, Klassifizieren, u.a.	incl.
Vektoranalyse:	im Grundpaket	echte topologische Verschneidung	
Netzwerkanalyse:			
Statist. Analyse:	im Grundpaket	statistische Standartwerte	incl.
Bildverarbeitung:	Spatial Analyst	teilw. Bildverarbeitung möglich	
Photogrammetrie:			
Geodatenverwalt.:	Arc Catalog	graph. Datenbrowser mit Vorschau....	
GIS-Fachschale1:	Arc Survey	Lösung für Vermessung/Kataster	
GIS-Fachschale2:	Geosatistical Analyst		
GIS-Fachschale3:			
GIS-Modelle:		AM/FM, Hydrologie, Forst. Kataster, Wasser	
weitere GIS-Module und Fachschalen:			
weitere GIS Leistungsmerkmale:	einheitliches GUI und Entwicklungsumgebung VB für ArcInfo, ArcEdition, ArcView		

Schnittstellen

OGIS-konforme Datenschnittstellen:

Datenschnittstellen: DXF, DWG, MO99, TIGER IDGS, IGES, ETAK, RCC, TIFF, BIL, BIP; LAN, ERDAS; MR.SID, u.a.

Anwendungsschwerpunkte

Ausführliche Beschreibung

Universelles "Professionelles GIS" für Stand-Alone oder Client/Server-Betrieb. Je nach Anforderung in den Ausprägungen ArcInfo, ArcEdition bzw. ArcView.

© Buhmann/Wiesel: GIS-Report 2002, Bernhard Harzer Verlag, Karlsruhe

Ausgewählte GIS-Softwarebeschreibungen

ArcView GIS 3.3

Softwarekategorie
Desktop-GIS

Umfang der Software

Datenformat

Erstinstallation
1992

Verbreitungsgrad
Seats weltweit: 1.000.000
Seats in A, CH, D 30.000

Kunden weltweit:
Kunden in A, CH, D:

Betriebssysteme

Datenbankschnittstellen

Benutzerführung

Entwicklungswerkzeuge
API:
Scriptsprache: Avenue
Internetanbindung:
Programmschnittstellen:

Internetpräsentation
WWW-Adresse: http://ESRI-Germany.de u. http://www.esri.com

Dokumentation
Dokumentation online:
Referenzhandbuch:
Handbücher:
Schulungsunterlagen:

Vertrieb und Ansprechpartner

Hauptgeschäftsstelle:	ESRI, Kranzberg	Tel.: ++49 / 8166 /67 70
Hauptvertrieb in D:	ESRI, Kranzberg	Tel.: ++49 / 8166 /67 70
Hauptvertrieb in A:	Datamed, Wien	Tel.: ++43 / 512 / 26 20 60
Hauptvertrieb in CH:	ESRI, Zürich	Tel.: ++41 / 1360/ 24 60
Vertriebsleiter:	Herr Beissel	Tel.: ++49 / 8166 /67 70
Anwendungsberater:	Herr Jäger	Tel.: ++49 / 8166 /67 70
Schulungsleiter:		Tel.:

© Buhmann/Wiesel: GIS-Report 2002, Bernhard Harzer Verlag, Karlsruhe

Ausgewählte GIS-Softwarebeschreibungen

ArcView GIS 3.3

Allgemeine Programmodule		Hauptfunktionen	Preis €
Grundpaket:	ArcView	interaktive Abfrage von Geometrie u. Sachdaten, Multimedia-Einsatz, Integration in Windows	a. Anfrage
Dateneingabe:	im Grundpaket	Bildschirmerfassung von "Shapes"	inkl.
Internetanbindung:			
DGM:	3D Analyst	Erstellung, Visualisierung u. Analyse von 3D-Daten	a. Anfrage
Rasteranalyse:	Spatial Analyst	räumliche Analyse mit Rasterdaten	a. Anfrage
Vektoranalyse:	im Grundpaket	graphische Überlagerung, Puffer, Segmentierung	inkl.
Netzwerkanalyse:	Network Analyst	optimale Routen, Standortoptimierung	a. Anfrage
Statist. Analyse:	im Grundpaket	statistische Standardauswertungen	inkl.
Bildverarbeitung:	Image Analysis Extension		a. Anfrage
Photogrammetrie:			
Geodatenverwalt.:	im Grundpaket	Zugriff auf ArcInfo-Bibliotheken	inkl.
GIS-Fachschale1:			
GIS-Fachschale2:			
GIS-Fachschale3:			
GIS-Modelle:		Einbindungen mittels Avenue möglich	
weitere GIS-Module und Fachschalen:	diverse Erweiterungen		
weitere GIS Leistungsmerkmale:	Kartenviewer mit umfangreichen räumlichen Analysemöglichkeiten, volle Windows- bzw. X-Windows-Anwendung.		

Schnittstellen

OGIS-konforme Datenschnittstellen:

Datenschnittstellen: ArcInfo u. Shape-Format, AutoCAD DWG- und DXF-Reader, ALK/ATKIS-Reader, SICAD-Reader, GIAP-Reader

Anwendungsschwerpunkte

Ausführliche Beschreibung

"Easy-to-use" Desktop-GIS, programmierbar mit der objektorientierten Entwicklungsumgebung Avenue. Durch zahlreiche Erweiterungen (z.B. Spatial Analyst, Network Analyst, 3D Analyst und Dialog Designer) wird der Desktop-Charakter unterstrichen.

Ausgewählte GIS-Softwarebeschreibungen

Autodesk Map Release 5

Softwarekategorie
CAD-GIS

Umfang der Software

Datenformat

Erstinstallation
1996

Verbreitungsgrad
Seats weltweit: 170.000
Seats in A, CH, D 12.000

Kunden weltweit:
Kunden in A, CH, D:

Betriebssysteme

Datenbankschnittstellen

Benutzerführung

Entwicklungswerkzeuge
API: C++, VBA
Scriptsprache: LISP
Internetanbindung: JA
Programmschnittstellen:

Internetpräsentation
WWW-Adresse: http://www.autodesk.de/gis

Dokumentation
Dokumentation online:
Referenzhandbuch:
Handbücher:
Schulungsunterlagen:

Vertrieb und Ansprechpartner

Hauptgeschäftsstelle:	über Autodesk Map Partner	Tel.:
Hauptvertrieb in D:		Tel.:
Hauptvertrieb in A:		Tel.:
Hauptvertrieb in CH:		Tel.:
Vertriebsleiter:		Tel.:
Anwendungsberater:		Tel.:
Schulungsleiter:		Tel.:

© Buhmann/Wiesel: GIS-Report 2002, Bernhard Harzer Verlag, Karlsruhe

Ausgewählte GIS-Softwarebeschreibungen

Autodesk Map Release 5

Allgemeine Programmodule		Hauptfunktionen	Preis €
Grundpaket:	Autodesk Map	Mapping	5.400
Dateneingabe:	Autodesk Map	Punktverwaltung in Land Desktop	
Internetanbindung:	Map Guide		
DGM:	Land Desktop		175
Rasteranalyse:	Raster Design	Bearbeitung von Rasterimages	1.850
Vektoranalyse:	Autodesk Map		
Netzwerkanalyse:	Autodesk Map		
Statist. Analyse:			1.850
Bildverarbeitung:	Raster Design		
Photogrammetrie:			
Geodatenverwalt.:			
GIS-Fachschale1:			
GIS-Fachschale2:			
GIS-Fachschale3:			
GIS-Modelle:			
weitere GIS-Module und Fachschalen:	werden über Partnerapplikationen angeboten		
weitere GIS Leistungsmerkmale:	direkte Ausrichtung an Oracle Spatial 8i / 9i		

Schnittstellen

OGIS-konforme Datenschnittstellen:	über Autodesk MapGuide
Datenschnittstellen:	

Anwendungsschwerpunkte

Ausführliche Beschreibung

© Buhmann/Wiesel: GIS-Report 2002, Bernhard Harzer Verlag, Karlsruhe

Ausgewählte GIS-Softwarebeschreibungen

Autodesk MapGuide

Softwarekategorie
Internet-GIS

Umfang der Software

Datenformat

Erstinstallation
1996

Verbreitungsgrad
Seats weltweit:
Seats in A, CH, D 5.000

Kunden weltweit:
Kunden in A, CH, D: 100

Betriebssysteme

Datenbankschnittstellen

Benutzerführung

Entwicklungswerkzeuge
API: ActiveX
Scriptsprache: Java-Script, Java-Applets, Active X, CGI
Internetanbindung: Java
Programmschnittstellen:

Internetpräsentation
WWW-Adresse: http://www.autodesk.de/gis

Dokumentation
Dokumentation online:
Referenzhandbuch:
Handbücher:
Schulungsunterlagen:

Vertrieb und Ansprechpartner

Hauptgeschäftsstelle:	Autodesk GmbH, München	Tel.: ++49 / 89 / 54769-0
Hauptvertrieb in D:	Autodesk GmbH, München	Tel.: ++49 / 89 / 54769-0
Hauptvertrieb in A:	Autodesk Gesel., Wels	Tel.: ++43 / 7242 / 68465
Hauptvertrieb in CH:	Autodesk AG, Pratteln	Tel.: ++41 / 61 / 8210204
Vertriebsleiter:		Tel.:
Anwendungsberater:		Tel.:
Schulungsleiter:		Tel.:

© Buhmann/Wiesel: GIS-Report 2002, Bernhard Harzer Verlag, Karlsruhe

Ausgewählte GIS-Softwarebeschreibungen
Autodesk MapGuide

Allgemeine Programmodule		Hauptfunktionen	Preis €
Grundpaket:	MapGuide		
Dateneingabe:	Viewer	über Java o. ActiveX	
Internetanbindung:			
DGM:			
Rasteranalyse:	im Grundpaket	Aufbereitung von Rasterdaten (Tile, Pyramide)	inkl.
Vektoranalyse:	im Grundpaket	Buffering u.a.	inkl.
Netzwerkanalyse:	über Partner		
Statist. Analyse:	über Partner		
Bildverarbeitung:			
Photogrammetrie:			
Geodatenverwalt.:	im Grundpaket		inkl.
GIS-Fachschale1:			
GIS-Fachschale2:			
GIS-Fachschale3:			
GIS-Modelle:	über Partner		
weitere GIS-Module und Fachschalen:			
weitere GIS Leistungsmerkmale:	sehr schnell, für mehr als 1000 Viewer geeignet (bis 20000 bei Referenzanwender)		

Schnittstellen

OGIS-konforme Datenschnittstellen:	
Datenschnittstellen:	direkte Schnittstelle zu AutoCAD Map, ASCII, DXF, ArcInfo, Shape, MIF/MID, Oracle 8i Spatial

Anwendungsschwerpunkte

Ausführliche Beschreibung

© Buhmann/Wiesel: GIS-Report 2002, Bernhard Harzer Verlag, Karlsruhe

Ausgewählte GIS-Softwarebeschreibungen

ERDAS IMAGINE 8.5

Softwarekategorie
GIS

Umfang der Software

Datenformat

Erstinstallation
1979

Verbreitungsgrad
Seats weltweit: 55.000
Seats in A, CH, D   3.750

Kunden weltweit: 31.000
Kunden in A, CH, D: 500

Betriebssysteme

Datenbankschnittstellen

Benutzerführung

Entwicklungswerkzeuge
API: C
Scriptsprache: EML, SML
Internetanbindung:
Programmschnittstellen:

Internetpräsentation
WWW-Adresse: http://www.geosystems.de u. http://www.erdas.com

Dokumentation
Dokumentation online:
Referenzhandbuch:
Handbücher:
Schulungsunterlagen:

Vertrieb und Ansprechpartner

Hauptgeschäftsstelle:	GEOSYSTEMS, Germering	Tel.: ++49/89/ 8943 430
Hauptvertrieb in D:	GEOSYSTEMS, Germering	Tel.: ++49/89/ 8943 430
Hauptvertrieb in A:	SynerGIS Informationss. Ges.mbH	Tel.: ++43/1/87 806 0
Hauptvertrieb in CH:	MFB Geoconsulting GmbH, Mess	Tel.: ++41/31 765 5063
Vertriebsleiter:	Herr Dr. Abele	Tel.: ++49/89/ 8943 430
Anwendungsberater:	Frau Runkel	Tel.: ++49/89/ 8943 430
Schulungsleiter:	Herr Spitzer	Tel.: ++49/89/ 8943 430

© Buhmann/Wiesel: GIS-Report 2002, Bernhard Harzer Verlag, Karlsruhe

Ausgewählte GIS-Softwarebeschreibungen

ERDAS IMAGINE 8.5

Allgemeine Programmodule		Hauptfunktionen	Preis €
Grundpaket:	IMAGINE Essentials	Visualisierung, Kartenproduktion	ab 6.600
Dateneingabe:	im Grundpaket		inkl.
Internetanbindung:			
DGM:	Image Drape, Viewshed	Erzeugung perspektivischer Ansichten	inkl.
Rasteranalyse:	im Grundpaket	Bildverbesserung, Filter	inkl.
Vektoranalyse:	IMAGINE Vector	Editierung, Import/Export	ab 9.900
Netzwerkanalyse:			
Statist. Analyse:	im Grundpaket	Histogramm, Signatur-Analysen	inkl.
Bildverarbeitung:	IMAGINE Advantage, Profe	Bildverarbeitung, Geocodierung, Klassifizierung	ab 13.200
Photogrammetrie:	IMAGINE OrthoMax, Ortho	Orthophotoerzeugung	16.500
Geodatenverwalt.:	Image Catalog	Bilddatenbank	inkl.
GIS-Fachschale1:			
GIS-Fachschale2:			
GIS-Fachschale3:			
GIS-Modelle:	Spatial Modeller	Buffer, Verschneidungen	inkl.
weitere GIS-Module und Fachschalen:	Radar		
weitere GIS Leistungsmerkmale:	IMAGINE VirtualGIS (Echzeitvisualisierung von 3D-Vektor- u. Rasterdaten); ATCOR (Atmosphärenkorrektur); StereoAnalyst (Stereoauswertung) sowie weitere Module für Spezialanwendungen		

Schnittstellen

OGIS-konforme Datenschnittstellen:	
Datenschnittstellen:	im Grundpaket sind ca. 20 Raster- und im Vector Modul ca. 10 Vektorformate enthalten

Anwendungsschwerpunkte

Ausführliche Beschreibung

ERDAS IMAGINE ist ein integriertes System für die Verarbeitung von Rasterdaten (Fernerkundung, Raster-GIS, digitale Photogrammetrie) mit vielen Vektorfunktionen.

© Buhmann/Wiesel: GIS-Report 2002, Bernhard Harzer Verlag, Karlsruhe

Ausgewählte GIS-Softwarebeschreibungen

GeoGIS V10 GIS (hoch x) V1

Softwarekategorie
CAD-GIS

Umfang der Software

Datenformat

Erstinstallation
1990

Verbreitungsgrad
Seats weltweit: 1.700
Seats in A, CH, D 1.690

Kunden weltweit:
Kunden in A, CH, D: 470

Betriebssysteme

Datenbankschnittstellen

Benutzerführung

Entwicklungswerkzeuge
API: C++
Scriptsprache: SQL
Internetanbindung: JDBC
Programmschnittstellen:

Internetpräsentation
WWW-Adresse: http://www.geograt.de

Dokumentation
Dokumentation online:
Referenzhandbuch:
Handbücher:
Schulungsunterlagen:

Vertrieb und Ansprechpartner

Hauptgeschäftsstelle:	GEOGRAT, Ellingen	Tel.: ++49 / 9141 / 8671-0
Hauptvertrieb in D:	GEOGRAT, Ellingen	Tel.: ++49 / 9141 / 8671-0
Hauptvertrieb in A:		Tel.:
Hauptvertrieb in CH:		Tel.:
Vertriebsleiter:	Herr M. Schwara	Tel.:
Anwendungsberater:		Tel.:
Schulungsleiter:		Tel.:

© Buhmann/Wiesel: GIS-Report 2002, Bernhard Harzer Verlag, Karlsruhe

Ausgewählte GIS-Softwarebeschreibungen
GeoGIS V10 GIS (hoch x) V1

Allgemeine Programmodule		Hauptfunktionen	Preis €
Grundpaket:	GeoGIS	Ver- u. Entsorgungsnetze, Flächenplanung, kommunale Informationssysteme	ab 2.800
Dateneingabe:	AutoCAD, FelixCAD	2D-3D-Planung u. -Auskunft	ab 600
Internetanbindung:	V10	Auskunft	ab 700
DGM:	GeoVerm-DTM		
Rasteranalyse:	GeoArea/ Analizer	Lageanalyse	ab 3.300
Vektoranalyse:	GeoArea/ Generator	Parzellenerkennung	ab 4.800
Netzwerkanalyse:	GeoNetz	Kanal, Gas, Wasser, Elektro, Fernwärme, Verkehr	ab 2.800
Statist. Analyse:	GeoArea	Flächenauswertung	ab 2.800
Bildverarbeitung:	GeoKart	Bildentzerrung	ab 1.000
Photogrammetrie:			
Geodatenverwalt.:	GeoVerm	EDBS-, SQD-, DFK-Import	ab 1.400
GIS-Fachschale1:			
GIS-Fachschale2:			
GIS-Fachschale3:			
GIS-Modelle:			
weitere GIS-Module und Fachschalen:	ca. 60 verschiedene Module		
weitere GIS Leistungsmerkmale:	offenes System, alle DB-Strukturen und Makros werden dem Anwender bereitgestellt zur wahlweisen eigenen Anpassung		

Schnittstellen

OGIS-konforme Datenschnittstellen:

Datenschnittstellen: ISYBAU, DXF, DWG, EDBS, SQD, DFK, ALB, AKDB, viele weitere auf Anfrage

Anwendungsschwerpunkte

Ausführliche Beschreibung

Multiuserfähiges relationales System für die Themenbereiche NIS, KIS, GIS, ALB, ALK und FM zur Verarbeitung, Manipulation und Reproduktion von 2D-/3D-Planungen mit redundanzfreier bidirektionaler Verbindung zu Sach-, Fach- und Planungsdatenbanken.

© Buhmann/Wiesel: GIS-Report 2002, Bernhard Harzer Verlag, Karlsruhe

Ausgewählte GIS-Softwarebeschreibungen

GEOgraf 2

Softwarekategorie
CAD-GIS

Umfang der Software

Datenformat

Erstinstallation
1984

Verbreitungsgrad
Seats weltweit: 12.500
Seats in A, CH, D 11.000

Kunden weltweit: 1.600
Kunden in A, CH, D: 1.500

Betriebssysteme

Datenbankschnittstellen

Benutzerführung

Entwicklungswerkzeuge
API:
Scriptsprache: Eigene
Internetanbindung:
Programmschnittstellen:

Internetpräsentation
WWW-Adresse: http://www.hhk.de

Dokumentation
Dokumentation online:
Referenzhandbuch:
Handbücher:
Schulungsunterlagen:

Vertrieb und Ansprechpartner

Hauptgeschäftsstelle:	HHK, Braunschweig	Tel.: ++ 49 / 531 2881 0
Hauptvertrieb in D:		Tel.:
Hauptvertrieb in A:		Tel.:
Hauptvertrieb in CH:		Tel.:
Vertriebsleiter:	Herr Klaus Ludwig Unger	Tel.: ++ 49 / 531 2881 0
Anwendungsberater:	Herr Norbert Fraikin	Tel.: ++ 49 / 531 2881 200
Schulungsleiter:		Tel.:

© Buhmann/Wiesel: GIS-Report 2002, Bernhard Harzer Verlag, Karlsruhe

Ausgewählte GIS-Softwarebeschreibungen

GEOgraf 2

Allgemeine Programmodule		Hauptfunktionen	Preis €
Grundpaket:	GEOgraf	Grundausstattung des CAD-Systems GEOgraf inkl. Arbeitsplatzlizenz	6600
Dateneingabe:		Div. ALK- und Datenschnittstellen	1500-6000
Internetanbindung:			
DGM:	Digitales Geländemodell	aus Höheninformationen wird ein DGM generiert	5000
Rasteranalyse:			
Vektoranalyse:			
Netzwerkanalyse:			
Statist. Analyse:			
Bildverarbeitung:			
Photogrammetrie:			
Geodatenverwalt.:			
GIS-Fachschale1:			
GIS-Fachschale2:			
GIS-Fachschale3:			
GIS-Modelle:			
weitere GIS-Module und Fachschalen:	INGRADA		
weitere GIS Leistungsmerkmale:	INGRADA ist ein Zusatzprogramm der Firma softPlan Informatik GmbH, Wettenberg.		

Schnittstellen

OGIS-konforme Datenschnittstellen:	diverse
Datenschnittstellen:	diverse

Anwendungsschwerpunkte

Ausführliche Beschreibung

GEOgraf ist ein modular aufgebautes CAD/GIS-System für kleine bis große Datenmengen (>1 Mio. Objekte). Mit Zusatzmodulen und Schnittstellen zu allen Datenformaten der deutschen Geoinformation ist es universell und vielfältig einsetzbar.

© Buhmann/Wiesel: GIS-Report 2002, Bernhard Harzer Verlag, Karlsruhe

Ausgewählte GIS-Softwarebeschreibungen

GeoMedia 5.0

Softwarekategorie
Desktop-GIS

Umfang der Software

Datenformat

Erstinstallation
1997

Verbreitungsgrad
Seats weltweit: 290.000
Seats in A, CH, D 25.000

Kunden weltweit: 62.000
Kunden in A, CH, D: 5.100

Betriebssysteme

Datenbankschnittstellen

Benutzerführung

Entwicklungswerkzeuge
API: Active X
Scriptsprache: Visual Basic, C++, OLE-COM-Automation
Internetanbindung:
Programmschnittstellen:

Internetpräsentation
WWW-Adresse: http://www.intergraph.com/gis

Dokumentation
Dokumentation online:
Referenzhandbuch:
Handbücher:
Schulungsunterlagen:

Vertrieb und Ansprechpartner

Hauptgeschäftsstelle:	INTERGRAPH, Ismaning	Tel.: ++49 / 89 / 96 106-0
Hauptvertrieb in D:	INTERGRAPH, Ismaning	Tel.: ++49 / 89 / 96 106-0
Hauptvertrieb in A:	GISquadrat, Wien	Tel.: ++43 / 1 / 58 68 612
Hauptvertrleb in CH:	INTERGRAPH, Zürich	Tel.: ++41 / 1 / 308 4848
Vertriebsleiter:	Dr. Josef Kauer	Tel.: ++49 / 89 / 96 106 - 337
Anwendungsberater:		Tel.:
Schulungsleiter:		Tel.:

© Buhmann/Wiesel: GIS-Report 2002, Bernhard Harzer Verlag, Karlsruhe

Ausgewählte GIS-Softwarebeschreibungen
GeoMedia 5.0

Allgemeine Programmodule		Hauptfunktionen	Preis €
Grundpaket:	GeoMedia	GIS-Grundfunktionen, Analyse, Kartenausgabe	2.200
Dateneingabe:	im Grundpaket	digitalisieren, intelligente Fangfunktionen	inkl.
Internetanbindung:	GeoMedia WebMap		a. Anfrage
DGM:	GeoMedia Terrain	Analyse u. Darstellung	a. Anfrage
Rasteranalyse:	GeoMedia Terrain		a. Anfrage
Vektoranalyse:	im Grundpaket	Verschneidung, Auswertung	inkl.
Netzwerkanalyse:	GeoMedia Professional	Netzwerkmanagement und -analysefunktionen	inkl.
Statist. Analyse:	im Grundpaket	diverse	inkl.
Bildverarbeitung:			
Photogrammetrie:			
Geodatenverwalt.:	Oracle SDO / SC, 8i	Vektordatenhaltung in Oracle SDO / SC, 8i	inkl.
GIS-Fachschale1:	verschiedene		a. Anfrage
GIS-Fachschale2:			
GIS-Fachschale3:			
GIS-Modelle:			
weitere GIS-Module und Fachschalen:			
weitere GIS Leistungsmerkmale:			

Schnittstellen

OGIS-konforme Datenschnittstellen:	OLE/COM
Datenschnittstellen:	ArcInfo, ArcView, AutoCAD, MapInfo, MicroStation, MGE, FRAMME, Oracle SDO / SC, CISS-(EDBS, SQD u.a.), Oracle 8i, MS SQL-Server, SICAD

Anwendungsschwerpunkte

Ausführliche Beschreibung

GeoMedia verbindet Daten aus den verschiedensten heterogenen Quellen und gestattet ihre integrierte Analyse und Darstellung. Mit den Datenzugriffstechniken der Datenserver-Technologie werden Geodaten und -funktionen einem breiten Nutzerkreis zugänglich.

© Buhmann/Wiesel: GIS-Report 2002, Bernhard Harzer Verlag, Karlsruhe

Ausgewählte GIS-Softwarebeschreibungen

GeoMedia Professional 5.0

Softwarekategorie
GIS

Umfang der Software

Datenformat

Erstinstallation
1998

Verbreitungsgrad
Seats weltweit: 165.000
Seats in A, CH, D 19.000

Kunden weltweit: 51.000
Kunden in A, CH, D: 3.800

Betriebssysteme

Datenbankschnittstellen

Benutzerführung

Entwicklungswerkzeuge
API: Active X
Scriptsprache: Visual Basic, C++, OLE-COM-Automation
Internetanbindung:
Programmschnittstellen:

Internetpräsentation
WWW-Adresse: http://www.intergraph.com/gis

Dokumentation
Dokumentation online:
Referenzhandbuch:
Handbücher:
Schulungsunterlagen:

Vertrieb und Ansprechpartner

Hauptgeschäftsstelle:	INTERGRAPH, Ismaning	Tel.: ++49 / 89 / 96106-0
Hauptvertrieb in D:	INTERGRAPH, Ismaning	Tel.: ++49 / 89 / 96106-0
Hauptvertrieb in A:	GISquadrat, Wien	Tel.: ++43 / 1 / 586 8612
Hauptvertrieb in CH:	INTERGRAPH, Zürich	Tel.: ++41 / 1 / 308 4848
Vertriebsleiter:	Dr. Josef Kauer	Tel.: ++49 / 89 / 96 106 - 337
Anwendungsberater:		Tel.:
Schulungsleiter:		Tel.:

© Buhmann/Wiesel: GIS-Report 2002, Bernhard Harzer Verlag, Karlsruhe

Ausgewählte GIS-Softwarebeschreibungen

GeoMedia Professional 5.0

Allgemeine Programmodule

		Hauptfunktionen	Preis €
Grundpaket:	GeoMedia Professional	GIS-Grundfunktionen, Analyse, Kartenausgabe, Datenerfassung u. -bearbeitung	a. Anfrage
Dateneingabe:	im Grundpaket	digitalisieren, intelligente Raster-Fangfunktionen	inkl.
Internetanbindung:	GeoMedia WebMap		a. Anfrage
DGM:	GeoMedia Terrain	Analyse u. Darstellung	a. Anfrage
Rasteranalyse:	GeoMedia Terrain		a. Anfrage
Vektoranalyse:	im Grundpaket	Verschneidung, Auswertung	inkl.
Netzwerkanalyse:	im Grundpaket	Netzwerkmanagement und -analysefunktionen	inkl.
Statist. Analyse:	diverse		
Bildverarbeitung:			
Photogrammetrie:			
Geodatenverwalt.:	Oracle SDO / SC, 8i	Vektordatenhaltung in Oracle SDO / SC, 8i	inkl.
GIS-Fachschale1:	verschiedene		a. Anfrage
GIS-Fachschale2:			
GIS-Fachschale3:			
GIS-Modelle:			
weitere GIS-Module und Fachschalen:			
weitere GIS Leistungsmerkmale:	Unterstützung für Digitalisiertisch		

Schnittstellen

OGIS-konforme Datenschnittstellen:	OLE/COM
Datenschnittstellen:	ArcInfo, ArcView, AutoCAD, MapInfo, MicroStation, MGE, FRAMME, Oracle SDO / SC, CISS- (EDBS, SQD u.a.), Oracle 8i, MS SQL-Server, SICAD

Anwendungsschwerpunkte

Ausführliche Beschreibung

GeoMedia Professional enhält alle GeoMedia-Funktionalitäten. Datenerfassung erfolgt mit Digitalisiertisch, vor Rasterhintergrund (Einpassung) oder mit Koordinatenübernahme existierender Geometrien. Bei der Bearbeitung bleiben topologische Bezüge erhalten.

© Buhmann/Wiesel: GIS-Report 2002, Bernhard Harzer Verlag, Karlsruhe

Ausgewählte GIS-Softwarebeschreibungen

GRIPS -CS

Softwarekategorie GIS	**Umfang der Software**	**Datenformat**
Erstinstallation 1985	**Verbreitungsgrad** Seats weltweit: Seats in A, CH, D 430	Kunden weltweit: Kunden in A, CH, D: 240
Betriebssysteme		

Datenbankschnittstellen

Benutzerführung

Entwicklungswerkzeuge
API: C
Scriptsprache: GCL auf Basis von TCL
Internetanbindung:
Programmschnittstellen:

Internetpräsentation
WWW-Adresse: http://www.grips.de

Dokumentation
Dokumentation online:
Referenzhandbuch:
Handbücher:
Schulungsunterlagen:

Vertrieb und Ansprechpartner

Hauptgeschäftsstelle:	POPPENHÄGER, Neunkirchen	Tel.: ++49 / 6821 / 2406-0
Hauptvertrieb in D:	POPPENHÄGER, Neunkirchen	Tel.: ++49 / 6821 / 2406-0
Hauptvertrieb in A:	POPPENHÄGER, Neunkirchen	Tel.: ++49 / 6821 / 2406-0
Hauptvertrieb in CH:	POPPENHÄGER, Neunkirchen	Tel.: ++49 / 6821 / 2406-0
Vertriebsleiter:	Herr Adrat	Tel.: ++49 / 6821 / 2406-0
Anwendungsberater:	Herr Simon	Tel.: ++49 / 6821 / 2406-0
Schulungsleiter:	Herr Schwedhelm	Tel.: ++49 / 6821 / 2406-0

© Buhmann/Wiesel: GIS-Report 2002, Bernhard Harzer Verlag, Karlsruhe

Ausgewählte GIS-Softwarebeschreibungen

GRIPS -CS

Allgemeine Programmodule		Hauptfunktionen	Preis €
Grundpaket:	GRIPS	GEO-Informationssystem	a. Anfrage
Dateneingabe:	im Grundpaket	Digitizer, On-Screen-Digitizing u.a.	inkl.
Internetanbindung:	GRIPS-ASP	Internetunterstützung	
DGM:			
Rasteranalyse:	GRIPIX	Georeferenzierung, Entzerrung u.a.	a. Anfrage
Vektoranalyse:	in Fachschalen	autom. Leitungsbildung u.a.	
Netzwerkanalyse:	in Fachschalen	Netzverfolgung, Topologienavigation u.a.	
Statist. Analyse:	in Fachschalen	autom. Berichte (z.B. Wartungsbericht) u.a.	
Bildverarbeitung:	GRIPIX	hybride Darstellung	a. Anfrage
Photogrammetrie:			
Geodatenverwalt.:	im Grundpaket	blattschnittfrei, unbegrenzte Datenmengen u.a.	inkl.
GIS-Fachschale1:	GRIPS-EVU	Netzinformationssystem	a. Anfrage
GIS-Fachschale2:	GRIPS-Kanal	Kanalinformationssystem	a. Anfrage
GIS-Fachschale3:	GRIPS-Kommunal	Kommunales Informationssystem	a. Anfrage
GIS-Modelle:			
weitere GIS-Module und Fachschalen:	Fachschalen: Beleuchtung, Elektro, Fernwärme, Gas, Wasser, B-Plan, F-Plan, Freiflächenkataster, Kanal, ALK, ALB		

weitere GIS
Leistungsmerkmale:

Schnittstellen

OGIS-konforme
Datenschnittstellen:

Datenschnittstellen: SQD, DXF, ALB, ALK-Sekundärnachweis, EDBS, ATKIS, MOSS, TIFF, DIANE

Anwendungsschwerpunkte

Ausführliche Beschreibung

GEO-Informationssystem mit Fachschalen für EVU: Beleuchtung, Elektro, Fernwärme, Gas, Wasser und Kommunen: Bebauungsplan, Flächennutzungsplan, Freiflächenkataster, Kanal, Liegenschaften (ALK, ALB). Individual-Anwendungen auf Anfrage.

© Buhmann/Wiesel: GIS-Report 2002, Bernhard Harzer Verlag, Karlsruhe

Ausgewählte GIS-Softwarebeschreibungen

HTML ImageMapper für ArcView GIS 3.1

Softwarekategorie Internet-GIS	**Umfang der Software**	**Datenformat**
Erstinstallation 1999	**Verbreitungsgrad** Seats weltweit: 300 Seats in A, CH, D 80	Kunden weltweit: 280 Kunden in A, CH, D: 75
Betriebssysteme		

Datenbankschnittstellen

Benutzerführung

Entwicklungswerkzeuge
API:
Scriptsprache:
Internetanbindung:
Programmschnittstellen:

Internetpräsentation
WWW-Adresse: http://www.alta4.de

Dokumentation
Dokumentation online:
Referenzhandbuch:
Handbücher:
Schulungsunterlagen:

Vertrieb und Ansprechpartner

Hauptgeschäftsstelle:	Trier/Deutschland	Tel.: 0651-99 13 182
Hauptvertrieb in D:		Tel.:
Hauptvertrieb in A:		Tel.:
Hauptvertrieb in CH:		Tel.:
Vertriebsleiter:	Christian Calonec-Rauchfuß	Tel.:
Anwendungsberater:	Jens Kügl	Tel.:
Schulungsleiter:	Stephan von St. Vith	Tel.:

© Buhmann/Wiesel: GIS-Report 2002, Bernhard Harzer Verlag, Karlsruhe

Ausgewählte GIS-Softwarebeschreibungen

HTML ImageMapper für ArcView GIS 3.1

Allgemeine Programmodule		Hauptfunktionen	Preis €
Grundpaket:	HTML ImageMapper 3.1	Wizard-basiertes Menü	
Dateneingabe:		zoomen bis zu 1600%, zoom to objects, Attributsuche	
Internetanbindung:		Objektidentifizierung, Attributanzeige	
DGM:		Links zur Datenbank	
Rasteranalyse:		benutzesdefiniertes, Template-basiertes Ausgabe-Design	
Vektoranalyse:		Maßstabsleiste, Legende, Übersichtskarte	
Netzwerkanalyse:		Einfügen von Copyright-, Autoren- Informationen o. Logo	
Statist. Analyse:			
Bildverarbeitung:			
Photogrammetrie:			
Geodatenverwalt.:			
GIS-Fachschale1:			
GIS-Fachschale2:			
GIS-Fachschale3:			
GIS-Modelle:			
weitere GIS-Module und Fachschalen:			
weitere GIS Leistungsmerkmale:			

Schnittstellen

OGIS-konforme Datenschnittstellen:

Datenschnittstellen:

Anwendungsschwerpunkte

Ausführliche Beschreibung

ImageMapper ist eine easy to do Lösung zur Publizierung von interaktiven Karten im Web oder auf CD-R. Dank <imagemap> Technologie erfolgt eine online- Stellung innerhalb von 5 Minuten, ohne Programmierkenntnisse und zusätzliche Map-Server-Software-Konfig.

© Buhmann/Wiesel: GIS-Report 2002, Bernhard Harzer Verlag, Karlsruhe

Ausgewählte GIS-Softwarebeschreibungen

LIDS V6

Softwarekategorie
GIS

Umfang der Software

Datenformat

Erstinstallation
1991

Verbreitungsgrad
Seats weltweit: 1.800
Seats in A, CH, D 1.600

Kunden weltweit: 300
Kunden in A, CH, D: 300

Betriebssysteme

Datenbankschnittstellen

Benutzerführung

Entwicklungswerkzeuge
API: ja
Scriptsprache: MDL, C+, Java
Internetanbindung: Java
Programmschnittstellen:

Internetpräsentation
WWW-Adresse: http://www.berit.com

Dokumentation
Dokumentation online:
Referenzhandbuch:
Handbücher:
Schulungsunterlagen:

Vertrieb und Ansprechpartner

Hauptgeschäftsstelle:	BERIT GmbH, Mannheim	Tel.: ++49 / 621 / 878 05-0
Hauptvertrieb in D:	BERIT , Mannheim	Tel.: ++49 / 621 / 878 05-0
Hauptvertrieb in A:	Infrasystems	Tel.: ++43 / 512 / 267 88-0
Hauptvertrieb in CH:	BERIT AG	Tel.: ++41 / 61 / 816 99-99
Vertriebsleiter:	Herr Steinhauser	Tel.: ++49 / 621 / 878 05-66
Anwendungsberater:	Herr Hug	Tel.: ++49 / 621 / 878 05-12
Schulungsleiter:	Herr Schleich	Tel.: ++49 / 621 / 878 05-14

© Buhmann/Wiesel: GIS-Report 2002, Bernhard Harzer Verlag, Karlsruhe

Ausgewählte GIS-Softwarebeschreibungen

LIDS V6

Allgemeine Programmodule		Hauptfunktionen	Preis €
Grundpaket:	LIDS-Basismodul	Datenerfassung	a. Anfrage
Dateneingabe:	LIDS-Tools	Punkte einlesen, DGN/DXF-Feature Maker	a. Anfrage
Internetanbindung:	LIDS iView	Internet-Auskunft	a. Anfrage
DGM:			
Rasteranalyse:	LIDS-Rastermanagem.		a. Anfrage
Vektoranalyse:	LIDS-Topologie	Topologische Auswertungen, QS u.a.	a. Anfrage
Netzwerkanalyse:	LIDS-Topologie	Topologische Auswertungen, QS u.a.	a. Anfrage
Statist. Analyse:	LIDS-BASIS	Statistiken, Reporterstellung u.a.	a. Anfrage
Bildverarbeitung:			
Photogrammetrie:			
Geodatenverwalt.:	Grundplan, Kataster	ALK, ATKIS, EDBS, Bgrund, DFK (Bayern)	a. Anfrage
GIS-Fachschale1:	Stadtwerke		a. Anfrage
GIS-Fachschale2:	Industrie		a. Anfrage
GIS-Fachschale3:	weitere auf Anfrage		a. Anfrage
GIS-Modelle:			

weitere GIS-Module
und Fachschalen:

weitere GIS
Leistungsmerkmale: Fachschalen Strom, Gas, Wasser, Kanal und Fernwärme in Verbindung mit B-PLan, F-Plan, Lösungen für Werksdokumentation in der Industrie: Emmissionsquellenkataster, Rohrbrückendokumentation

Schnittstellen

OGIS-konforme
Datenschnittstellen:

Datenschnittstellen: DXF, ASCII, SQD, CITRA, IGES

Anwendungsschwerpunkte

Ausführliche Beschreibung

Durchgängige Lösungen für alle GIS- und NIS-Thematiken. Hybride Datenverarbeitung, Basislösungen, flexibel und leicht anpassbar, extrem bedienerfreundlich. Spezialisiert auf Ver- und Entsorgungsbetriebe und Industrie.

© Buhmann/Wiesel: GIS-Report 2002, Bernhard Harzer Verlag, Karlsruhe

Ausgewählte GIS-Softwarebeschreibungen

MapInfo Professional 6.5

Softwarekategorie
Desktop-GIS

Umfang der Software

Datenformat

Erstinstallation
1986

Verbreitungsgrad
Seats weltweit: 300.000
Seats in A, CH, D

Kunden weltweit:
Kunden in A, CH, D:

Betriebssysteme

Datenbankschnittstellen

Benutzerführung

Entwicklungswerkzeuge
API: MapX Mapping Object
Scriptsprache: MapBasic
Internetanbindung: MapXtreme
Programmschnittstellen:

Internetpräsentation
WWW-Adresse: http://www.mapinfo.de u. http://www.mapinfo.com

Dokumentation
Dokumentation online:
Referenzhandbuch:
Handbücher:
Schulungsunterlagen:

Vertrieb und Ansprechpartner

Hauptgeschäftsstelle:	MapInfo, Raunheim	Tel.: ++49 / 6142 / 203-400
Hauptvertrieb in D:		Tel.:
Hauptvertrieb in A:		Tel.:
Hauptvertrieb in CH:		Tel.:
Vertriebsleiter:		Tel.:
Anwendungsberater:		Tel.:
Schulungsleiter:		Tel.:

© Buhmann/Wiesel: GIS-Report 2002, Bernhard Harzer Verlag, Karlsruhe

Ausgewählte GIS-Softwarebeschreibungen

MapInfo Professional 6.5

Allgemeine Programmodule		Hauptfunktionen	Preis €
Grundpaket:	MapInfo Professional		a. Anfrage
Dateneingabe:	im Grundpaket	Digitizerunterstützung, Fangfunktionen	inkl.
Internetanbindung:			
DGM:			
Rasteranalyse:	Vertical Mapper		a. Anfrage
Vektoranalyse:	im Grundpaket	Verschneidungen, Aggregationen, Puffer	inkl.
Netzwerkanalyse:	Drive Time	Routing, Isochronen, Isodistanzen	a. Anfrage
Statist. Analyse:	im Grundpaket	statistische Aggregation	inkl.
Bildverarbeitung:			
Photogrammetrie:			
Geodatenverwalt.:	im Grundpaket		inkl.
GIS-Fachschale1:			
GIS-Fachschale2:			
GIS-Fachschale3:			
GIS-Modelle:			
weitere GIS-Module und Fachschalen:	über MapInfo Partner zu beziehen		
weitere GIS Leistungsmerkmale:	Erstellung thematischer Rasterkarten in 3-D Form, Erstellung v. 3-D Geschäftsgrafiken u. Diagrammen		

Schnittstellen

OGIS-konforme Datenschnittstellen:

Datenschnittstellen: DXF, ArcInfo, Atlas GIS, Intergraph MGE, IBM GTIS, GIF, JPEG, TIFF, PCX, BMP, TGA, BIL, MrSID, MIG, ESRI, Shape, DWG, DGN, SDTS, VPF

Anwendungsschwerpunkte

Ausführliche Beschreibung

Da MapInfo zu Windows 95/98/NT und MS Office kompatibel ist, offeriert es eine unvergleichliche Flexibilität bei geographischen Abfragen, Analysen und Darstellungen.

© Buhmann/Wiesel: GIS-Report 2002, Bernhard Harzer Verlag, Karlsruhe

Ausgewählte GIS-Softwarebeschreibungen

MapObjects 2.1

Softwarekategorie
Desktop-GIS

Umfang der Software

Datenformat

Erstinstallation
1996

Verbreitungsgrad
Seats weltweit:
Seats in A, CH, D 450

Kunden weltweit:
Kunden in A, CH, D: 320

Betriebssysteme

Datenbankschnittstellen

Benutzerführung

Entwicklungswerkzeuge
API:
Scriptsprache:
Internetanbindung:
Programmschnittstellen:

OCX-fähige Programmiersprachen unter Windows

Internetpräsentation
WWW-Adresse: http://ESRI-Germany.de u. http://www.esri.com

Dokumentation
Dokumentation online:
Referenzhandbuch:
Handbücher:
Schulungsunterlagen:

Vertrieb und Ansprechpartner

Hauptgeschäftsstelle:	ESRI GmbH, Kranzberg	Tel.: ++49 / 8166 / 677-0
Hauptvertrieb in D:	ESRI GmbH, Kranzberg	Tel.: ++49 / 8166 / 677-0
Hauptvertrieb in A:	Datamed, Wien	Tel.: ++43 / 1 / 87806
Hauptvertrieb in CH:	ESRI AG, Zürich	Tel.: ++41 / 1 / 369 1964
Vertriebsleiter:		Tel.:
Anwendungsberater:		Tel.:
Schulungsleiter:		Tel.:

© Buhmann/Wiesel: GIS-Report 2002, Bernhard Harzer Verlag, Karlsruhe

Ausgewählte GIS-Softwarebeschreibungen
MapObjects 2.1

Allgemeine Programmmodule		Hauptfunktionen	Preis €
Grundpaket:	MapObjects	Entwicklerorientierte GIS-Komp., OCX-Technik, mehr als 30 ActiveX Automation Objects	
Dateneingabe:			
Internetanbindung:			
DGM:			
Rasteranalyse:			
Vektoranalyse:			
Netzwerkanalyse:			
Statist. Analyse:			
Bildverarbeitung:			
Photogrammetrie:			
Geodatenverwalt.:			
GIS-Fachschale1:			
GIS-Fachschale2:			
GIS-Fachschale3:			
GIS-Modelle:			
weitere GIS-Module und Fachschalen:			
weitere GIS Leistungsmerkmale:	Entwicklungswerkzeug für GIS-Anwendungen im Microsoft-Bereich; Werkzeug zur Einbettung von GIS-Daten u. GIS-Grundfunktionen in Microsoft-basierte Anwendungen		

Schnittstellen

OGIS-konforme Datenschnittstellen:

Datenschnittstellen:

Anwendungsschwerpunkte

Ausführliche Beschreibung

© Buhmann/Wiesel: GIS-Report 2002, Bernhard Harzer Verlag, Karlsruhe

Ausgewählte GIS-Softwarebeschreibungen

MicroStation GeoGraphics V8

Softwarekategorie
CAD-GIS

Umfang der Software

Datenformat

Erstinstallation
1996

Verbreitungsgrad
Seats weltweit: 6.700
Seats in A, CH, D 500

Kunden weltweit: 1.850
Kunden in A, CH, D: 280

Betriebssysteme

Datenbankschnittstellen

Benutzerführung

Entwicklungswerkzeuge
API: JMDL, MDL, Visual Basic
Scriptsprache: MicroStation BASIC, Geo Script
Internetanbindung: Java, JavaScript, HTML
Programmschnittstellen:

Internetpräsentation
WWW-Adresse: http://www.bentley.de u. http://www.bentley.com

Dokumentation
Dokumentation online:
Referenzhandbuch:
Handbücher:
Schulungsunterlagen:

Vertrieb und Ansprechpartner

Hauptgeschäftsstelle:	Bentley Systems, Ismaning	Tel.: ++49 / 89 / 962432-0
Hauptvertrieb in D:	Bentley Deutschland	Tel.:
Hauptvertrieb in A:	Bentley Österreich	Tel.: +43 / 69 / 915532510
Hauptvertrieb in CH:	Bentley Schweiz	Tel.: +41 / 56 / 4834020
Vertriebsleiter:	Herr Gerke	Tel.: ++49 / 89 / 962432-19
Anwendungsberater:	Frau Edeling	Tel.: ++49 / 89 / 962432-36
Schulungsleiter:		Tel.:

© Buhmann/Wiesel: GIS-Report 2002, Bernhard Harzer Verlag, Karlsruhe

Ausgewählte GIS-Softwarebeschreibungen

MicroStation GeoGraphics V8

Allgemeine Programmodule		Hauptfunktionen	Preis €
Grundpaket:	MicroStation GeoGraphics	GIS-Grundfunktionen, Dateneingabe, -analyse u. -verwaltung	5.950
Dateneingabe:	MicroStation GeoGraphics	Digitalisieren, Fangfunktion, Import	
Internetanbindung:	MicroStation GeoGraphics	Microstation Link	
DGM:	MicroStation GeoGraphics	3D-Unterstützung	
Rasteranalyse:	MicroStation GeoGraphics	Georeferenzierung, Rasterbildverwaltung, Clip	
Vektoranalyse:	MicroStation GeoGraphics	Koordinatenabfrage (dynamisch)	
Netzwerkanalyse:	MicroStation GeoGraphics	kürzester Weg, radiale Suche, …	
Statist. Analyse:	MicroStation GeoGraphics	SQL, DB Query, Reports	
Bildverarbeitung:	MicroStation GeoGraphics	Rasterbildanzeige	
Photogrammetrie:		Third party Produkte	a. Anfrage
Geodatenverwalt.:	MicroStation GeoGraphics	Projektstruktur	
GIS-Fachschale1:	Descartes	umfassende Rasterdatenbearbeitung	
GIS-Fachschale2:	Outlook	preisgünstiger Viewer	
GIS-Fachschale3:	Viecon Publisher	Internet-GIS	
GIS-Modelle:			

weitere GIS-Module
und Fachschalen:

weitere GIS
Leistungsmerkmale: Oracle 8i Spatial-Unterstützung, Plattform für NIS u. kommunales GIS

Schnittstellen

OGIS-konforme
Datenschnittstellen: GeoGraphics Spatial Edition = Open-GIS konform

Datenschnittstellen: EDBS-Konverter, DXF, Intergraph u.a. DWG, in/out ArcView Shape, in EOO, in/out Mapinfo Mif/Mid

Anwendungsschwerpunkte

Ausführliche Beschreibung

MicroStation GeoGraphics ist eine in MicroStation voll integrierte GIS-Lösung, die die Standards v. MicroStation zur Datenerfassung u.-bearbeitung mit leistungsfähigen Funktionen zur Erfassung, Verwaltung, Analyse u. Präsentation geograph. Daten verbindet.

© Buhmann/Wiesel: GIS-Report 2002, Bernhard Harzer Verlag, Karlsruhe

Ausgewählte GIS-Softwarebeschreibungen

MicroStation GeoOutlook V8

Softwarekategorie
Desktop-GIS

Umfang der Software

Datenformat

Erstinstallation
1997

Verbreitungsgrad
Seats weltweit: 400
Seats in A, CH, D 30

Kunden weltweit:
Kunden in A, CH, D: 20

Betriebssysteme

Datenbankschnittstellen

Benutzerführung

Entwicklungswerkzeuge
API: MDL, JMDL
Scriptsprache: Geo Script
Internetanbindung: HTML, Java, Java Script
Programmschnittstellen:

Internetpräsentation
WWW-Adresse: http://www.bentley.de u. http://www.bentley.com

Dokumentation
Dokumentation online:
Referenzhandbuch:
Handbücher:
Schulungsunterlagen:

Vertrieb und Ansprechpartner

Hauptgeschäftsstelle:	Bentley Systems, Ismaning	Tel.:	++49 / 89 / 962432-0
Hauptvertrieb in D:	Bentley Deutschland + Partner	Tel.:	
Hauptvertrieb in A:	Bentley Österreich + Partner	Tel.:	+ 43 / 69 / 915532510
Hauptvertrieb in CH:	Bentley Schweiz + Partner	Tel.:	+ 41 / 56 / 4834020
Vertriebsleiter:	Herr Gerke	Tel.:	++49 / 89 / 962432-19
Anwendungsberater:	Frau Edeling	Tel.:	++49 / 89 / 962432-36
Schulungsleiter:		Tel.:	

© Buhmann/Wiesel: GIS-Report 2002, Bernhard Harzer Verlag, Karlsruhe

Ausgewählte GIS-Softwarebeschreibungen
MicroStation GeoOutlook V8

Allgemeine Programmodule		Hauptfunktionen	Preis €
Grundpaket:	GeoOutlook	Analyse, Präsentation räumlicher Daten	1.105
Dateneingabe:		via Redlining	
Internetanbindung:			
DGM:		3D Unterstüzung	
Rasteranalyse:			
Vektoranalyse:		Koordinatenabfrage	
Netzwerkanalyse:		kürzester Weg, radiale Suche	
Statist. Analyse:		SQL Datenabfrage	
Bildverarbeitung:		Rasterbildanzeige	
Photogrammetrie:			
Geodatenverwalt.:		Projektstruktur vorhanden	
GIS-Fachschale1:			
GIS-Fachschale2:			
GIS-Fachschale3:			
GIS-Modelle:		Punkt, Linien + Flächentopologie, Knoten/ Kanten	

weitere GIS-Module
und Fachschalen:

weitere GIS
Leistungsmerkmale:

Schnittstellen

OGIS-konforme Datenschnittstellen:	vorhanden
Datenschnittstellen:	EDBS, DGN

Anwendungsschwerpunkte

Ausführliche Beschreibung

MicroStation GeoOutlook ist ein preiswertes Abfrage-, Analyse- und Visualisierungspaket für GIS-Daten, die mit MicroStation GeoGraphics erstellt worden sind. Analysen in Geo

Ausgewählte GIS-Softwarebeschreibungen

PolyGIS 8.5

Softwarekategorie
GIS

Umfang der Software

Datenformat

Erstinstallation
1992

Verbreitungsgrad
Seats weltweit: 2.100
Seats in A, CH, D 2.100

Kunden weltweit: 545
Kunden in A, CH, D: 545

Betriebssysteme

Datenbankschnittstellen

Benutzerführung

Entwicklungswerkzeuge
API: PolyGIS - App. für DDE
Scriptsprache: ELaP
Internetanbindung: ASP
Programmschnittstellen:

Internetpräsentation
WWW-Adresse: http://www.iac-Leipzig.de

Dokumentation
Dokumentation online:
Referenzhandbuch:
Handbücher:
Schulungsunterlagen:

Vertrieb und Ansprechpartner

Hauptgeschäftsstelle:	IAC mbH, Leipzig	Tel.:	++49 / 341 / 491 22 50
Hauptvertrieb in D:	IAC	Tel.:	++49 / 341 / 491 22 50
Hauptvertrieb in A:	IAC	Tel.:	++49 / 341 / 491 22 50
Hauptvertrieb In CH:		Tel.:	
Vertriebsleiter:	Herr Hamarneh	Tel.:	++49 / 341 / 491 22 50
Anwendungsberater:	Herr Müller	Tel.:	++49 / 341 / 491 22 50
Schulungsleiter:	Herr Lehrach	Tel.:	++49 / 341 / 491 22 50

© Buhmann/Wiesel: GIS-Report 2002, Bernhard Harzer Verlag, Karlsruhe

Ausgewählte GIS-Softwarebeschreibungen

PolyGIS 8.5

Allgemeine Programmodule		Hauptfunktionen	Preis €
Grundpaket:	PolyGIS	Digitalisieren, Sachdatenanbindung, Themat. Karten, Analysen, Kartengestaltg., Statistik, Datenaust., Plotten	7.610,-
Dateneingabe:	im Grundpaket		inkl.
Internetanbindung:	PolyGIS-Internetserver	Analyse+Auskunft	a.A.
DGM:	PolyGIS-DGM	Visualisierug 3D-Daten	a.A.
Rasteranalyse:	im GP	hybride, blattschnittfreie Darstellung	inkl.
Vektoranalyse:	im GP	Erfassung, Bilanzierung, Verschneidung	inkl.
Netzwerkanalyse:	im GP	Längenbilanzen; Vor- u. Rückverfolgung	inkl.
Statist. Analyse:	im GP	ODBC, Diagramme, Farbverläufe	inkl.
Bildverarbeitung:	im GP	PCX, TIF, GIF, BMP u.a.	inkl.
Photogrammetrie:	im GP	Konstruktion	
Geodatenverwalt.:	im GP	blattschnittfrei, redundanzfrei, netzwerkfähig	inkl.
GIS-Fachschale1:	PolyGIS-Kanal	Erfassung, Auswertung, Netzgenerierung	5.060,-
GIS-Fachschale2:	PolyGIS- Wasser	wie FS1	5.570,-
GIS-Fachschale3:	PolyGIS-EV-Strom	wie FS1	7.920,-
GIS-Modelle:		Koordinatentransformation	a. A.

weitere GIS-Module und Fachschalen:	Light, Viewer, Fernwärme, Gas, Indirekteinleiter-, Kleinkläranlagen, Straßen, Biotop, Baum, Grün, Friedhof, Statistik, Planung-Wartung-Instandhaltung (PWI), ALB
weitere GIS Leistungsmerkmale:	einfache Windows-Bedienung, logische, übersichtliche Strukturierung der Daten, Benutzerverwaltung und Rechte, umfangreiche GIS-Analysefunktionen

Schnittstellen

OGIS-konforme Datenschnittstellen:	
Datenschnittstellen:	EDBS, SICAD, DFK, DAVID, DXF, Geograf, ArcInfo, ArcView, Mapgrafix, DXF,, ASCII, PMF, Grips, Prokart, ISYBAU, ESZI, Shapefile

Anwendungsschwerpunkte

Ausführliche Beschreibung

PolyGIS stellt mit seinem umfangreichen Fachschalenspektrum und dem möglichen Client/Server-Betrieb insbesondere im kommunalen Bereich und für (Energie-) Ver- und Entsorger ein komplex nutzbares Rauminformationssystem dar.

© Buhmann/Wiesel: GIS-Report 2002, Bernhard Harzer Verlag, Karlsruhe

Ausgewählte GIS-Softwarebeschreibungen

SICAD Spatial Desktop Version 5.1

Softwarekategorie
Desktop-GIS

Umfang der Software

Datenformat

Erstinstallation
1995

Verbreitungsgrad
Seats weltweit: 10.000
Seats in A, CH, D 6.000

Kunden weltweit: 1.000
Kunden in A, CH, D: 1.000

Betriebssysteme

Datenbankschnittstellen

Benutzerführung

Entwicklungswerkzeuge
API: OLE2
Scriptsprache: Visual Basic / Visual C++
Internetanbindung: über SICAD Internet Suite
Programmschnittstellen:

Internetpräsentation
WWW-Adresse: www.sicad.de

Dokumentation
Dokumentation online:
Referenzhandbuch:
Handbücher:
Schulungsunterlagen:

Vertrieb und Ansprechpartner

Hauptgeschäftsstelle:	SICAD Geomatics, München	Tel.: ++49 / 89 / 636-02
Hauptvertrieb in D:	SICAD Geomatics, Frankfurt	Tel.: ++49 / 69 / 6682-3576
Hauptvertrieb in A:	SICAD Geomatics, München	Tel.: ++49 / 89 / 636-02
Hauptvertrieb in CH:	SICAD Geomatics, München	Tel.: ++49 / 89 / 636-02
Vertriebsleiter:		Tel.:
Anwendungsberater:		Tel.:
Schulungsleiter:		Tel.:

© Buhmann/Wiesel: GIS-Report 2002, Bernhard Harzer Verlag, Karlsruhe

Ausgewählte GIS-Softwarebeschreibungen
SICAD Spatial Desktop Version 5.1

Allgemeine Programmodule		Hauptfunktionen	Preis €
Grundpaket:	SICAD SD V5.0	Analyse u. Präsentation von raumbezogenen Vektor-, Raster-, und Sachdaten	4000
Dateneingabe:	im Grundpaket	Digitalisieren und Bildschirmdigitalisierung	inkl.
Internetanbindung:	über SICAD Internet Suite		
DGM:			
Rasteranalyse:			
Vektoranalyse:	im Grundpaket	Verschneiden, Klassifizieren, Überlagern	inkl.
Netzwerkanalyse:			
Statist. Analyse:	im Grundpaket	stat. Standardauswertungen	
Bildverarbeitung:			
Photogrammetrie:			
Geodatenverwalt.:	im Grundpaket	Datenreport	
GIS-Fachschale1:			
GIS-Fachschale2:			
GIS-Fachschale3:			
GIS-Modelle:			
weitere GIS-Module und Fachschalen:	diverse Partnerapplikationen auf Anfrage		
weitere GIS Leistungsmerkmale:			

Schnittstellen

OGIS-konforme Datenschnittstellen:	
Datenschnittstellen:	DXF, SQD, ASCII, TIFF, RMP, DBR, FLD, SGD (SHP, MIF, EDBS über Partnerapplikation)

Anwendungsschwerpunkte

Ausführliche Beschreibung

SICAD SD ist das Desktop-GIS von SICAD GEOMATICS für die Analyse und Präsentation von Geodaten am Arbeitsplatz und im Internet. Es wird funktional erweitert durch eine Vielzahl von Partnerapplikationen.

Ausgewählte GIS-Softwarebeschreibungen

SICAD/open

Softwarekategorie GIS	**Umfang der Software**	**Datenformat**
Erstinstallation 1993	**Verbreitungsgrad** Seats weltweit: 16.000 Seats in A, CH, D 12.000	Kunden weltweit: 1.000 Kunden in A, CH, D: 1.000
Betriebssysteme		

Datenbankschnittstellen

Benutzerführung

Entwicklungswerkzeuge
API: SICAD-GAA
Scriptsprache: SICAD-Prozedurensprache, TCL/TK
Internetanbindung: SICAD Internet Suite
Programmschnittstellen:

Internetpräsentation
WWW-Adresse: www.sicad.de

Dokumentation
Dokumentation online:
Referenzhandbuch:
Handbücher:
Schulungsunterlagen:

Vertrieb und Ansprechpartner

Hauptgeschäftsstelle:	SICAD Geomatics, München	Tel.: ++49 / 89 / 636-02
Hauptvertrieb in D:	SICAD Geomatics, Frankfurt	Tel.: ++49 / 69 / 6682-3576
Hauptvertrieb in A:	SICAD Geomatics, München	Tel.: ++49 / 89 / 636-02
Hauptvertrieb in CH:	SICAD Geomatics, München	Tel.: ++49 / 89 / 636-02
Vertriebsleiter:		Tel.:
Anwendungsberater:		Tel.:
Schulungsleiter:		Tel.:

© Buhmann/Wiesel: GIS-Report 2002, Bernhard Harzer Verlag, Karlsruhe

Ausgewählte GIS-Softwarebeschreibungen

SICAD/open

Allgemeine Programmodule		Hauptfunktionen	Preis €
Grundpaket:	SICAD/open	Geodatenmanagement, Erfassung, Verarbeitung, Analyse, Präsentation	37000
Dateneingabe:			
Internetanbindung:	SICAD Internet Suite		
DGM:		auf Anfrage	
Rasteranalyse:		auf Anfrage, Partnerprodukt	
Vektoranalyse:	im Grundpaket		
Netzwerkanalyse:	SICAD/open Netz		11000
Statist. Analyse:	im Grundpaket	Thematische Kartographie	inkl.
Bildverarbeitung:		auf Anfrage, Partnerprodukt	
Photogrammetrie:		auf Anfrage, Partnerprodukt	
Geodatenverwalt.:	im Grundpaket		
GIS-Fachschale1:	SICAD/open LM	Landmanagementanwendung	18000
GIS-Fachschale2:	SICAD/open Kanal	Abwassermanagement	10000
GIS-Fachschale3:	SICAD/open UT	Utility, Strom, Gas, Wasser, Telco	15000
GIS-Modelle:		netztopologisches Datenmodell	

weitere GIS-Module und Fachschalen: Strom, Gas, Fernwärme, Wasser, Telekom., Kataster, Öpnv, Geomarketing, Bebauungsplanung, Flächennutzungsplanung, Baumkataster, Grünflächenkataster

weitere GIS Leistungsmerkmale:

Schnittstellen

OGIS-konforme Datenschnittstellen:

Datenschnittstellen: DXF, SQD, EDBS diverse Rasterdatenformate.

Anwendungsschwerpunkte

Ausführliche Beschreibung

SICAD/open, basiert auf internationalen Standards. Es ist skalierbar und flexibel im Einsatz und Anwendungsbereich und lässt sich vollständig in moderne IT-Infrastrukturen integrieren. Der Betrieb ist stationär, internetbasiert und mobil möglich.

© Buhmann/Wiesel: GIS-Report 2002, Bernhard Harzer Verlag, Karlsruhe

Ausgewählte GIS-Softwarebeschreibungen

SMALLWORLD Core Spatial Technology

Softwarekategorie
GIS

Umfang der Software

Datenformat

Erstinstallation
1990

Verbreitungsgrad
Seats weltweit: 30.000
Seats in A, CH, D 10.000

Kunden weltweit: 900
Kunden in A, CH, D: 450

Betriebssysteme

Datenbankschnittstellen

Benutzerführung

Entwicklungswerkzeuge
API: C, VBA, Client-Server Komunikation
Scriptsprache: Magik, VBA
Internetanbindung: Smallworld Internet Applikation Server, WMS
Programmschnittstellen:

Internetpräsentation
WWW-Adresse: http://www. GISimInternet.de

Dokumentation
Dokumentation online:
Referenzhandbuch:
Handbücher:
Schulungsunterlagen:

Vertrieb und Ansprechpartner

Hauptgeschäftsstelle:	GE Network Solutions, Ratingen	Tel.: ++49/ 2102/ 108-0
Hauptvertrieb in D:	GE Network Solutions, Ratingen	Tel.: ++49/ 2102/ 108-0
Hauptvertrieb in A:		Tel.:
Hauptvertrieb in CH:		Tel.:
Vertriebsleiter:		Tel.:
Anwendungsberater:		Tel.:
Schulungsleiter:		Tel.:

© Buhmann/Wiesel: GIS-Report 2002, Bernhard Harzer Verlag, Karlsruhe

Ausgewählte GIS-Softwarebeschreibungen

SMALLWORLD Core Spatial Technology

Allgemeine Programmodule		Hauptfunktionen	Preis €
Grundpaket:	Smallworld Core Spatial T	raumbezogene Ressourcenplanung u. Analyse, Geographisches Infosystem	
Dateneingabe:	integriert		
Internetanbindung:	integriert		
DGM:	integriert		
Rasteranalyse:	integriert		
Vektoranalyse:	integriert		
Netzwerkanalyse:	integriert		
Statist. Analyse:	Spatial Intelligence		
Bildverarbeitung:			
Photogrammetrie:			
Geodatenverwalt.:	SMALLWORLD 3		
GIS-Fachschale1:	FS Versorger	Kataster,Strom,Gas,Wasser,F-Wärme,F- Gas,Kanal,öPNV	
GIS-Fachschale2:	FS öffentl. Verwaltung	Kataster, Planung, Kanal, Umwelt, Statistik	
GIS-Fachschale3:			
GIS-Modelle:			
weitere GIS-Module und Fachschalen:			
weitere GIS Leistungsmerkmale:	Unterstützung raumbezugener Geschäftsprozesse		

Schnittstellen

OGIS-konforme Datenschnittstellen:	Unterstützung Oracle Spatial	
Datenschnittstellen:	DXF, EDBS, SQD/SQS, GDF, ASCII, Isybau,, Pecher, Flut, Wert, Kanal, DiBM, Hystem, Extram	

Anwendungsschwerpunkte

Ausführliche Beschreibung

hybride Datenbearbeitung, Versionsverwaltete Datenbank, Inter-/Intranet-Einbindung

Ausgewählte GIS-Softwarebeschreibungen

STRATIS 9

Softwarekategorie
CAD-GIS

Umfang der Software

Datenformat

Erstinstallation
1980

Verbreitungsgrad
Seats weltweit: 5.100
Seats in A, CH, D 4.800

Kunden weltweit:
Kunden in A, CH, D: 1.365

Betriebssysteme

Datenbankschnittstellen

Benutzerführung

Entwicklungswerkzeuge
API:
Scriptsprache:
Internetanbindung:
Programmschnittstellen:

Internetpräsentation
WWW-Adresse: http://www.rib.de

Dokumentation
Dokumentation online:
Referenzhandbuch:
Handbücher:
Schulungsunterlagen:

Vertrieb und Ansprechpartner

Hauptgeschäftsstelle:	RIB Software AG, Stuttgart	Tel.: ++49 / 711 / 7873-0
Hauptvertrieb in D:	RIB Bausoftware GmbH, Stuttgart	Tel.: ++49 / 711 / 7873-188
Hauptvertrieb in A:	DiKraus&Co.GmbH	Tel.: ++43-2622-89497
Hauptvertrieb in CH:	bbi informationstechnologie AG	Tel.: ++41 / 41/3480 / 148
Vertriebsleiter:	Herr Zmyslony	Tel.:
Anwendungsberater:	Herr Frantzen	Tel.:
Schulungsleiter:	Herr Martin Walz	Tel.:

© Buhmann/Wiesel: GIS-Report 2002, Bernhard Harzer Verlag, Karlsruhe

Ausgewählte GIS-Softwarebeschreibungen

STRATIS 9

Allgemeine Programmodule		Hauptfunktionen	Preis €
Grundpaket:	S-Basis	CAD-Grundfunktionen	1.800
Dateneingabe:			
Internetanbindung:			
DGM:	S-DGM	Vermaschung, Höhenlinien, Schnitte	1.800
Rasteranalyse:			
Vektoranalyse:			
Netzwerkanalyse:			
Statist. Analyse:			
Bildverarbeitung:	S-Raster	Importieren, Digitalisieren & Einpassen von Rasterdaten	2.000
Photogrammetrie:			
Geodatenverwalt.:			
GIS-Fachschale1:	S-Kanal	Kanalinformations- und Planungssystem	4.900
GIS-Fachschale2:	S-Wasser	Wasser(leitungs) information & Planung	3.900
GIS-Fachschale3:	Punkte, Linien, Flächen	Sachdatenverwaltung	6.000
GIS-Modelle:			
weitere GIS-Module und Fachschalen:			
weitere GIS Leistungsmerkmale:	integrierte Funktionalität für Planen, Ausführen und Nutzen		

Schnittstellen

OGIS-konforme Datenschnittstellen:

Datenschnittstellen: ISYBau, ASCII, DWG/DXF, OKSTRA, ODBC, SICAD, GEOMEDIA, WLDGE

Anwendungsschwerpunkte

Ausführliche Beschreibung

objektorient. Planbearbeitung f. Straßen u.Tiefbau unter Windows, Kanal- u. Wasserinformationssystem

Ausgewählte GIS-Softwarebeschreibungen

Terra GIS V 2.5

Softwarekategorie
Internet-GIS

Umfang der Software

Datenformat

Erstinstallation
2000

Verbreitungsgrad
Seats weltweit: 10.000
Seats in A, CH, D 10.000

Kunden weltweit: 10.000
Kunden in A, CH, D: 10.000

Betriebssysteme

Datenbankschnittstellen

Benutzerführung

Entwicklungswerkzeuge
API: mfc Java
Scriptsprache:
Internetanbindung: Java
Programmschnittstellen:

Internetpräsentation
WWW-Adresse: http://www.wenninger.de

Dokumentation
Dokumentation online:
Referenzhandbuch:
Handbücher:
Schulungsunterlagen:

Vertrieb und Ansprechpartner

Hauptgeschäftsstelle:	WENNINGER GeoDATENZENTR	Tel.: ++49 / 89 / 427 422-0
Hauptvertrieb in D:	WENNINGER GeoDATENZENTR	Tel.:
Hauptvertrieb in A:	WENNINGER GeoDATENZENTR	Tel.:
Hauptvertrieb in CH:	WENNINGER GeoDATENZENTR	Tel.:
Vertriebsleiter:	Herr Robert Zeman	Tel.: ++49 / 89 / 427 422-50
Anwendungsberater:	Herr Klaus Neumayer	Tel.: ++49 / 89 / 427 422-30
Schulungsleiter:		Tel.:

© Buhmann/Wiesel: GIS-Report 2002, Bernhard Harzer Verlag, Karlsruhe

Ausgewählte GIS-Softwarebeschreibungen
Terra GIS V 2.5

Allgemeine Programmodule		Hauptfunktionen	Preis €
Grundpaket:	Viewer	Visualisierung großer Datenbestände	790
Dateneingabe:	Import/Export-Manager	Sternkonverter mit objektorient. Format	2.000
Internetanbindung:	Internet Option	Weltweit verfügbares GIS, e-commerce	9.500
DGM:	DGM (Kartographie)	optional: Massenberechnung (zuzügl. 2000 DM zu DGM (Ka)	3.000
Rasteranalyse:	SCANY		
Vektoranalyse:	ToPologie-Designer	Werkzeug zur Portierung v. Geodaten	3.000
Netzwerkanalyse:	Routenplanung		5.000
Statist. Analyse:			
Bildverarbeitung:	BILD EDITOR	Intergration v. Rasterdaten, BITMAPS	3.000
Photogrammetrie:			
Geodatenverwalt.:	TERRA GIS		2.500
GIS-Fachschale1:	GEODÄSIE	Vermessungstechn. Berechnungen	4.500
GIS-Fachschale2:	KARTOGRAPHIE	Konstruktionshilfen wie Böschungsschraffur, Bemassung	5.000
GIS-Fachschale3:	DGM	Berechnung eines digit. Geländemodells	3.000
GIS-Modelle:			
weitere GIS-Module und Fachschalen:	MAP-EDITOR (Vektorgrafik), Flottenmanagement, Navigator, ALB, E-Mapping		
weitere GIS Leistungsmerkmale:	GIS mit CAD-Funktionalität, flexibles Layoutmanagement		

Schnittstellen

OGIS-konforme Datenschnittstellen:

Datenschnittstellen: Neutrales Datenformat NDF, SHAPE, MIE, SQD, DXF, EDBS

Anwendungsschwerpunkte

Ausführliche Beschreibung

Viewer: Großdatenbestandsvisualisierung beliebig vieler Themen, versch. Projektionen + Koordinatensysteme, flexibles Projektmt. f. Themen + Adressdatenanbindung ü. ACCESS-Datenbank inkl. Welt- u. BRD-Karte. Map-Editor: Layoutfestlegung mit CAD

© Buhmann/Wiesel: GIS-Report 2002, Bernhard Harzer Verlag, Karlsruhe

Ausgewählte GIS-Softwarebeschreibungen

TOPOBASE/ TOPODAT 2.05

Softwarekategorie
GIS

Umfang der Software

Datenformat

Erstinstallation

Verbreitungsgrad
Seats weltweit: 3.028
Seats in A, CH, D 2.513

Kunden weltweit: 800
Kunden in A, CH, D: 490

Betriebssysteme

Datenbankschnittstellen

Benutzerführung

Entwicklungswerkzeuge
API: ActiveX, Visual Basic, C++
Scriptsprache: VB Script
Internetanbindung: Generic Web
Programmschnittstellen:

Internetpräsentation
WWW-Adresse: http://www.c-plan.com

Dokumentation
Dokumentation online:
Referenzhandbuch:
Handbücher:
Schulungsunterlagen:

Vertrieb und Ansprechpartner

Hauptgeschäftsstelle:	c-plan gmbh	Tel.:	++49714480120
Hauptvertrieb in D:	c-plan Gmbh	Tel.:	++49 / 7144 80 12 0
Hauptvertrieb in A:		Tel.:	++31 / 958 20 20
Hauptvertrieb in CH:	c-plan AG	Tel.:	++31 / 958 20 20
Vertriebsleiter:	Peter Ganser	Tel.:	++49714480120
Anwendungsberater:	Norbert Maier	Tel.:	++49714480120
Schulungsleiter:	Susanne Zucker	Tel.:	++49714480120

© Buhmann/Wiesel: GIS-Report 2002, Bernhard Harzer Verlag, Karlsruhe

Ausgewählte GIS-Softwarebeschreibungen
TOPOBASE/ TOPODAT 2.05

Allgemeine Programmodule		Hauptfunktionen	Preis €
Grundpaket:	TOPOBASE	Geodatenserver	7.650
Dateneingabe:	im Grundpaket		
Internetanbindung:	im Grundpaket		
DGM:	LDT von Autodesk		a. Anfrage
Rasteranalyse:	CAD Raster im Grundpake		
Vektoranalyse:	CAD Raster im Grundpake		
Netzwerkanalyse:	im Grundpaket		
Statist. Analyse:	im Grundpaket		
Bildverarbeitung:	CAD Raster		
Photogrammetrie:			
Geodatenverwalt.:	im Grundpaket		
GIS-Fachschale1:	Kanal		a. Anfrage
GIS-Fachschale2:	Wasser		a. Anfrage
GIS-Fachschale3:	Strom		a. Anfrage
GIS-Modelle:			
weitere GIS-Module und Fachschalen:	Vermessung, Gas, Fernwärme, ALB, ALKis, Friedhof, Jagd, Web., e-comerce		
weitere GIS Leistungsmerkmale:	Internet/Intranet: Zugriff auf den Geodatenserver		

Schnittstellen

OGIS-konforme Datenschnittstellen:	Topobase basiert auf einer OGIS-Konformen Datenstruktur..
Datenschnittstellen:	SQD, BGRUND, alle ALB-Formate der Länder, EDBS, INTERLIS, DFK u.a.

Anwendungsschwerpunkte

Ausführliche Beschreibung

TOPOBASE ist ein offener Geodaten Server, basierend auf ORACLE und der Grafiktechnologie von Autodesk mit Fachschalen für die Sparten Ver- und Entsorgung und Vermessung: Gas, Wasser, Strom, Fernwärme und Kanal, ALB, Strassenbau sowie Katasteranwendungen.

© Buhmann/Wiesel: GIS-Report 2002, Bernhard Harzer Verlag, Karlsruhe

Ausgewählte GIS-Softwarebeschreibungen

WS-EasyMap 2.1

Softwarekategorie
CAD-GIS

Umfang der Software

Datenformat

Erstinstallation
1998

Verbreitungsgrad
Seats weltweit: 150
Seats in A, CH, D 150

Kunden weltweit:
Kunden in A, CH, D: 100

Betriebssysteme

Datenbankschnittstellen

Benutzerführung

Entwicklungswerkzeuge
API:
Scriptsprache:
Internetanbindung:
Programmschnittstellen:

Internetpräsentation
WWW-Adresse: http://www.widemann.de / www.plateia.de

Dokumentation
Dokumentation online:
Referenzhandbuch:
Handbücher:
Schulungsunterlagen:

Vertrieb und Ansprechpartner

Hauptgeschäftsstelle:	Widemann, Wiesbaden	Tel.: ++49 / 611 / 77819-0
Hauptvertrieb in D:	Widemann, Wiesbaden	Tel.: ++49 / 611 / 77819-0
Hauptvertrieb in A:	Strasser EDV, St. Pölten	Tel.: ++43 / 2742 / 891-52
Hauptvertrieb in CH:	Widemann Systeme, Wiesbaden	Tel.: ++49 / 611 / 77819-0
Vertriebsleiter:	Herr Dietrich	Tel.: ++49 / 611 / 77819-28
Anwendungsberater:		Tel.:
Schulungsleiter:		Tel.:

© Buhmann/Wiesel: GIS-Report 2002, Bernhard Harzer Verlag, Karlsruhe

Ausgewählte GIS-Softwarebeschreibungen

WS-EasyMap 2.1

Allgemeine Programmodule		Hauptfunktionen	Preis €
Grundpaket:	WS-Easy MAP	Applikation zu Autodesk Map	1.250
Dateneingabe:			
Internetanbindung:			
DGM:			
Rasteranalyse:			
Vektoranalyse:	im Grundpaket	Verschneidungsmanager	inkl.
Netzwerkanalyse:			
Statist. Analyse:	im Grundpaket	Abfragemanager/Filter/Formeleditor	inkl.
Bildverarbeitung:			
Photogrammetrie:			
Geodatenverwalt.:	im Grundpaket	Datenbankoberfläche/- verwaltung	
GIS-Fachschale1:			
GIS-Fachschale2:			
GIS-Fachschale3:			
GIS-Modelle:			
weitere GIS-Module und Fachschalen:			
weitere GIS Leistungsmerkmale:	von Anwender beliebig definierbare Karten und Verknüpfungen mit externen Datenbanken		

Schnittstellen

OGIS-konforme Datenschnittstellen:

Datenschnittstellen:

Anwendungsschwerpunkte

Ausführliche Beschreibung

Logisch konzipiertes GIS-System zum schnellen Einstieg und professionellen Arbeiten mit GIS in gewohnter CAD-Umgebung.

© Buhmann/Wiesel: GIS-Report 2002, Bernhard Harzer Verlag, Karlsruhe

GIS in der Umweltplanung
in Environmental Planning

Der Preis wird zur Förderung der GIS - Ausbildung in der Umweltplanung ausgelobt. Anhand von Projektbeispielen sollen Vielfalt sowie innovative Anwendungen von GIS aufgezeigt werden.

The prize is awarded to support GIS education in the field of environmental planning. Examples of projects should present in-depth and innovative uses of GIS.

Teilnehmer
Studenten und Absolventen der Fachrichtungen Landschaftsarchitektur, Landschaftsplanung, Landespflege, Stadt-Raum- und Umweltplanung, Geographie, Geoökologie, Naturschutz bis 35 Jahre. Interdisziplinäre Zusammenarbeit mit Vertretern dieser Fachrichtungen ist erwünscht.

Participants
Students and graduates under 35 years of age in the fields of landscape architecture, environmental planning, city and regional planning, geography and geo-ecology. Interdisciplinary cooperation with the above disciplines is also welcome.

Mindestanforderungen
1 - 2 Poster DIN A0 ausgedruckt und auf CD, www - Präsentation, Kurzfassung

Minimal Requirements
1 - 2 Poster DIN A0 as print-out and on CD, www - presentation, summary

Preisgericht / Jury
Dipl.-Ing. Adrian Hoppenstedt, Präsident BDLA, Prof. Erich Buhmann, Landschaftsarchitekt BDLA, Hochschule Anhalt (Auslober), Prof. Dr. Beate Jessel, Universität Potsdam, Dipl.-Ing. Andreas Lienhard, Landschaftsarchitekt HTL, Uster, Prof. Dr. Christian L. Krause, RWTH Aachen, Dipl.-Ing. Bernt Krämer, Landschaftsarchitekt BDLA, Dr. sc. tech. Sigrid Hehl-Lange, ETH Zürich, Prof. Dr. Andreas Muhar, BOKU Wien, Prof. Dr. Bernd Streich, Universitäten Bonn / Kaiserslautern, Prof. Dr. Kai Tobias Universität Kaiserslautern, Dipl.-Ing- Stefan Wirz, Landschaftsarchitekt BDLA

Preise / Prizes
1. Preis	2.500 €	1st place
2. Preis	1.500 €	2nd place
3. Preis	1.000 €	3rd place
Ankäufe	1.000 €*	additional awards

*Aufteilung des Preisgeldes nach Maßgabe des Preisgerichts - may vary depending on jury´s decision

Termine / Schedule
Auslobung 1. October 2002 Registration opens
Abgabe 15. April 2003 Final entry date

Anhalt University of Applied Sciences
Prof. Erich Buhmann
Solbadstraße 2
D-06406 Bernburg, Germany
e-Mail: gispreis@loel.hs-anhalt.de

Internationaler Wettbewerb / International Competition 2003

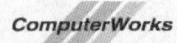

3. Daten

3.1 Einführung in Geodaten

Was heute unter dem Begriff Geoinformation verstanden wird, hat seinen Ursprung in dem schon mehr als zwei Jahrtausende alten Bestreben von Astronomen, Mathematikern, Physikern, Geographen und Ingenieuren, Gestalt und Dimension der Erde zu erforschen, vor allem aber, um kartographische Grundlagen für Navigation und Orientierung auf dem Land und dem Meer herzustellen. Erste systematische wissenschaftliche Arbeiten hierzu beginnen etwa im 15. Jahrhundert. Vermessung und Kartographie liefern später topographische Karten, um dem Staat und der Gesellschaft u.a. die Abgrenzung von politischer Zuständigkeit und Privatbesitz zu ermöglichen, Planungsmaßnahmen zur Landnutzung und für den Verkehr sowie auch aus Gründen der inneren und äußeren Sicherheit durchführen zu können.

In den letzten Jahren hat sich der Charakter von Erzeugnissen, in denen raumbezogene Inhalte dargestellt werden, wie z.B. im Vermessungs- und Kartenwesen, im Liegenschaftskataster, in der Raumordnung, im Umweltbereich u.v.a., durch die neuen Möglichkeiten der Informations- und Kommunikationstechnologien drastisch verändert – von „statischen" Kartenerzeugnissen hin zu Produkten, die mit Geoinformationssystemen „dynamisch" generiert werden. Geoinformationssysteme erweitern bzw. lösen die bisher klassischen Kartenwerke und Methoden der Kartennutzung ab. Für diesen Prozess werden mittlerweile außer den topographischen Grundlagendaten (Geobasisdaten) weitere geographische Informationen (z.B. Daten über Klima, Umwelt, Wirtschaft oder Bevölkerung) als Geofachdaten benötigt, die mit den Geobasisdaten in Beziehung gebracht (georeferenziert) werden, um Geoinformationen zu erzeugen. Die gleichzeitige Verfügbarkeit integrierbarer Daten bietet dem Nutzer weitreichende Analysemöglichkeiten. So kann er beispielsweise die optimale Fahrtroute zu dem nächsten Krankenhaus finden oder solche Gebiete ermitteln, bei denen die negativen Auswirkungen auf die Umwelt durch den Bau von Straßen oder Produktionsanlagen minimiert werden. Geoinformationen beschreiben und erklären unsere reale Umwelt anhand von Objekten und Sachverhalten, die sich auf ganz bestimmte Punkte, Orte, Bereiche oder Regionen unseres Lebensraumes beziehen. Moderne Informationssysteme und Datenbanktechniken machen es so heutzutage möglich, unterschiedliche Daten und Fakten über den Raum- oder Ortsbezug miteinander zu verknüpfen, um Entscheidungshilfen für unser Handeln zu erzeugen.

Damit außer dem Erzeuger eines Geodatenbestandes sich auch andere Nutzer darüber informieren und darauf zugreifen können, muss der Datenbestand durch Metadaten („Daten über Daten") wie in einem Warenkatalog dokumentiert werden. Dadurch wird zugleich eine langfristige Wertsicherung gewährleistet. In einem Metadatenkatalog oder Metadaten-Informationssystem erhält man Auskünfte über einen Datenbestand, z. B. über technische Spezifikationen, Umfang, Herkunft, Aktualität, Qualitätsniveau, Verfügbarkeit, etc.

Bedeutung und Nutzen von Geoinformationen für die Gesellschaft

Die Bedeutung des Geoinformationswesens ist in den letzten Jahren stark gewachsen. Es spielt eine wesentliche Rolle bei der Modernisierung der Verwaltung, indem es neue Werkzeuge und Methoden zur Entscheidungsfindung für das alltägliche Verwaltungshandeln schafft. Große Bedeutung kommt der Möglichkeit zu, Bürger bei Verwaltungsentscheidungen einfacher zu beteiligen, z.B. durch Veröffentlichung von Bau- oder Raumordnungsplänen im Internet.

In der modernen Informationsgesellschaft sind Geoinformationen zu einem festen Bestandteil geworden. Es gilt als allgemein anerkannt, dass ca. 80% aller Entscheidungen im öffentlichen und privaten Leben einen raumbezogenen Charakter aufweisen bzw. durch Situationen mit Raumbezug beeinflusst werden.

Das wachsende gesellschaftliche Interesse an der Umweltüberwachung, an ökologischen Wirtschaftsmethoden, am Verbrauch von Energie und natürlichen Rohstoffen sowie an der Bewahrung des kulturellen Erbes unseres Landes und der Erde kann nur durch umfassende Geoinformationen befriedigt werden. Ebenso lassen sich signifikante Kosteneinsparungen erzielen, z. B. beim Einsatz von Geoinformationen für eine gezielte, ortsgenaue Dosierung von Dünge- und Pflanzenschutzmitteln in der Landwirtschaft bei gleichzeitiger Reduzierung der Grundwasserbelastung („Precision Farming"), für eine standortgerechte und damit widerstandsfähige Anpflanzung in der Forstwirtschaft, für die bessere Ausnutzung des Verkehrsraumes und für die Einsatzplanung bei Katastrophen und humanitären Hilfsaktionen.

Im Bereich von Wissenschaft und Forschung fallen in Deutschland in Forschungsprojekten, die mit jährlich etwa 450 Mio € gefördert werden, unfangreiche Geodaten an. Die Arbeiten stehen vor allem im Zusammenhang mit der Vorsorgeforschung, die dem Erhalt und Schutz, aber auch der Nutzung der Lebensräume des Menschen dient. Zunehmend werden dabei auch dynamische Vorgänge auf der Erde im Computer simuliert, um Vorhersagen zu verbessern und Eingriffe in Naturkreisläufe verantwortlich planen zu können. Am bekanntesten sind die Modelle der Wettervorhersage. Jedoch werden mittlerweile auch Abflusscharakteristiken von Flusseinzugsgebieten (wichtig für die Hochwasserwarnung aber auch für die Energieerzeugung in Wasserkraftwerken), die Ausbreitung von Bränden, Schadstoffen oder Ölteppichen bis hin zur Verkehrslenkung zur Verhinderung von Staus modelliert.

Geoinformationen sowie Entwicklung und Einsatz entsprechender Technologien stellen ein Wirtschaftsgut von herausragender Bedeutung dar. In nationalen Wirtschaftsstatistiken scheinen sie zwar nur eine untergeordnete Rolle zu spielen – wie dies für alle Bereiche gilt, die ökonomisch nicht bewertet werden (z. B. ehrenamtliche Tätigkeit, Hausarbeit oder häusliche Kindererziehung). Kosten-Nutzen-Analysen zeigen jedoch, dass Investitionen in geographische Datenbestände in Verbindung mit einem Einsatz von Informationstechnologie zu effektiveren Arbeitsmethoden und besser vorbereiteten Handlungsentscheidungen führen. Um diese Vorteile aber voll ausschöpfen zu können, müssen die Daten einfach und aktuell verfügbar sein und die Kooperation zwischen Datenerzeugern und -veredlern verbessert werden, z. B. durch die Einrichtung einer bundesweiten Geodateninfrastruktur.

Im europäischen Rahmen wird im Jahre 2001 eine Verdopplung des Geodatenmarktes auf 600 Mio € erwartet. Schätzungen zur Entwicklung des Geodatenmarktes in Deutschland gehen davon aus, dass das Marktvolumen im Jahr 2001 mehr als 250 Mio € betragen wird, bei einem jährlichen Wachstum zwischen 10 und 30 Prozent. Für den Wirtschaftsstandort Deutschland entstehen somit aus dem Markt für Geoinformationen und bei der Entwicklung von Geoinformationssystemen Arbeitsplätze mit hohem Qualitätsniveau. So wurden in den USA bis zum Jahr 2000 etwa 100.000 neue Arbeitsplätze nur durch die Anwendungsmärkte des Satellitennavigationssystem GPS, einer speziellen Sparte des Geoinformationsmarktes, geschaffen.

Woher bekommt man Geoinformationen?

a) *öffentliche Verwaltung*

Innerhalb der Bundesverwaltung werden Fachaufgaben unterschiedlichster Art mit Hilfe von Geoinformationen erledigt. Insbesondere zu nennen sind: Raumplanung, Umwelt- und Naturschutzmanagement, Innere Sicherheit, Landesverteidigung, Zivil- und Katastrophenschutz, Versorgung und Entsorgung, Wasserwirtschaft, geowissenschaftlicher Ressourcenschutz, Land- und Forstwirtschaft, Wetterdienst, Klimaforschung, Statistik. Es werden Geobasisdaten mit Fachdaten aus den verschiedensten Anwendungsbereichen verknüpft und Geoinformationen generiert. Eine Übersicht von derzeit etwa 250 Bundesaufgaben, die mit Geoinformationen bearbeitet werden, findet man im Internet unter http://www.imagi.de. Eine Zusammenstellung der über das Internet erreichbaren Metadaten-Informationssysteme in Bundeszuständigkeit ist in den weiterführenden Informationen angeführt.

Durch das bereits 1996 beim Bundesamt für Kartographie und Geodäsie (BKG, http://www.bkg.bund.de) eingerichtete Geodatenzentrum (http://www.geodatenzentrum.de) werden die topographischen Basisdaten vom Gebiet der Bundesrepublik Deutschland zentral für die Bundesverwaltung bereit gestellt. Darüber hinaus können diese Daten bundesländerübergreifend auch an Dritte abgegeben werden. Hier erfolgt die notwendige Prüfung und Harmonisierung der von den Ländern gelieferten Geobasisdaten als eine wichtige Qualitätssicherungsmaßnahme. Die im Geodatenzentrum angebotenen groß- und mittelmaßstäbigen Daten im Maßstabsbereich von etwa 1:10.000 bis 1:100.000 werden durch die Landesvermessungseinrichtungen der Bundesländer (http://www.adv-online.de) erzeugt. Die kleinmaßstäbigen Daten und Kartenwerke ab dem Maßstab 1:200.000 und kleiner werden durch das BKG gepflegt. Das Metainformationssystem des Geodatenzentrums (http://www.atkis.de) informiert über die Verfügbarkeit, Qualität und die Bezugsmöglichkeiten von Geobasisdaten. Eine Zusammenstellung von Adressen und Internetverbindungen der Landesvermessungseinrichtungen ist in den weiterführenden Informationen aufgeführt.

Eine bedeutende und große Datenquelle, vor allem im Hinblick auf aktuelle Informationen, ist die Erdbeobachtung mit Satelliten. Neben zahlreichen Firmen, die Bilddaten bis unter 1 Meter Bodenauflösung anbieten, ist das Deutsche Fernerkundungs-Datenzentrum (DFD) des Deutschen Zentrums für Luft- und Raumfahrt e.V. (http://www.dfd.dlr.de) Bezugsquelle für Daten verschiedener Satelliten. Das Amt für Militärisches Geowesen (AmilGeo) stellt die Geoinformationen ausländischer Krisenregionen und Einsatzgebiete für das Bundesministerium der Verteidigung (BMVg) und die Bundeswehr sowie für die beteiligten Bundesressorts bereit.

b) *Wirtschaft*

Die Privatwirtschaft ist im Bereich Geoinformationswesen Partner und Konkurrent der öffentlichen Verwaltung. Einerseits bietet sie Geodaten aus eigenen Erhebungen an, andererseits führt sie als Auftragnehmer der Verwaltung für viele Teilbereiche die Erfassung von Geodaten durch. Weiterhin erwirbt sie Geodatenbestände aus der öffentlichen Verwaltung, um sie durch Veredelung kommerziell zu nutzen. So beruhen die modernen und kommerziell verfügbaren Navigationssysteme vielfach auf amtlichen Daten, die von der Wirtschaft mit umfangreichen Zusatzinformationen angereichert worden sind. Es ist zu erwarten, dass mit der Einführung des Kommunikationssystems UMTS das Angebot von Diensten, die auf Geoinformationen beruhen (Location Based Services, LBS), stark wachsen wird.

Einen Überblick über die Vielzahl von Unternehmen, die im Bereich des Geoinformationswesens aktiv sind, sowie über Produkte (Hardware, Software und Dienstleistungen), bieten der Deutsche Dachverband für Geoinformationswesen (DDGI, http://www.ddgi.de) und der „GIS-Report" (http://www.gis-report.de) auf ihren Internetseiten an. Weiterhin hat die Initiative D21 (http://www.initiatived21.de) als eine Einrichtung der deutschen Wirtschaft zum Ziel, den Wandel von der Industrie- zur Informationsgesellschaft in Deutschland zu beschleunigen. Dadurch sollen Wettbewerbsfähigkeit, Wirtschaftswachstum und Beschäftigung in Deutschland im Vergleich zu anderen Ländern gestärkt und verbessert werden.

c) *europäische Einrichtungen*

In der Europäischen Kommission (EC) befassen sich von insgesamt 36 Generaldirektionen u.a. die Direktionen „Umwelt", „Informationsgesellschaft", „Energie und Verkehr", „Landwirtschaft", „Forschung", „Fischerei" unmittelbar mit dem Thema Geoinformation. Das Koordinierungsgremium für das Geoinformationswesen innerhalb der EC ist das „Interservice Committee for Geographical Information within the Commission - COGI" (http://www.ec-gis.org/cogi/menu.html). Es ist auf eine Initiative der DG „Informationsgesellschaft" und des statistischen Dienstes der EU „EUROSTAT" (http://europa.eu.int/comm/eurostat) eingerichtet worden.

EUROSTAT stellt der EU u.a. raumbezogene Entscheidungshilfen in Form von topographischen Daten in den Bereichen Hydrographie, Digitale Geländemodelle, Verkehrsnetz, Verwaltungsgrenzen sowie weitere Fachdaten (z.B. Klima, Infrastruktur, Boden, Umwelt) bereit. Ein Teil dieser Daten kann auch privaten Interessenten zur Verfügung gestellt werden. Das Joint Research Centre (JRC, http://www.ec-gis.org) befasst sich u.a. mit Anwendungen der Fernerkundung, hierzu gehören auch eigenständige Forschungsprojekte zum Thema Geoinforma-tion. Das „Institute for Environment and Sustainability" (http://ies.jrc.cec.eu.int) als eine von sieben Unterorganisationen des JRC beschäftigt sich derzeit mit dem Aufbau einer europäischen Geodateninfrastruktur, z.B. durch die Teilnahme am Projekt „GI-GIS - Harmonisation and Interoperability".

Die Koordinierung der Aktivitäten zu einer verbesserten Nutzung von Geoinformationen im Umweltbereich erfolgt derzeitig auf europäischer Ebene durch E-ESDI (Environmental European Spatial Data Infrastructure, http://europa.eu.int/comm/index_en.htm). Diese Initiative der EU-Kommissionen verfolgt im europäischen Umwelt- und Naturschutz sehr ähnliche Ziele wie der IMAGI auf nationaler Ebene und wird durch die EU-Mitgliedsstaaten unterstützt.

Wie die EC in dem Grünbuch „Green Paper on Public Sector Information in the Information Society" feststellt, ist der Zugang zu Informationen der öffentlichen Hand generell zu verbessern (http://www.echo.lu; http://europa.eu.int). Um den Bereich Geoinformation zu berücksichtigen, hat die DG „Informationsgesellschaft" das Forum „European GI Policy Development" (EGIP) eingerichtet. Hierbei werden nicht nur rein GI-fachbezogene Aspekte sondern auch solche wie die Zusammenführung nationaler Politik und Initiativen im Hinblick auf Public-Private-Partnership mit einbezogen. Dazu zählt u. a. das Projekt „Panel-GI", in dem die wissenschaftliche und technologische Kooperation zwischen den Mitgliedsländern der EU und den Ländern Mittel- und Osteuropas auf dem Gebiet der Geoinformation gefördert wird. Ziel dieses Projektes ist die Entwicklung einer Perspektive für eine europäische GI-Gemeinschaft sowie die Förderung und Aktivierung des GI-Marktes.

Zur Zeit sind 35 nationale Vermessungsverwaltungen Mitglied in der Organisation „Euro Geographics" (http://www.eurogeographics.org), die gemeinsame Projekte, z.B. einheitliche Datenbanken im Maßstab 1:250.000 (Euro RegionalMap) und 1:1.000.000 (EuroGlobalMap) sowie eine europaweite Datenbank der Verwaltungseinheiten bis zu den Gemeindegrenzen (SABE) bearbeiten. Die Bundesrepublik Deutschland wird in Abstimmung mit der Arbeitsgemeinschaft der Vermessungsverwaltungen der Länder der Bundesrepublik Deutschland (AdV, http://www.adv-online.de) durch das Bundesamt für Kartographie und Geodäsie (BKG, http://www.bkg.bund.de) als aktives Mitglied vertreten.

Notwendigkeit der Koordinierung –

Der Interministerielle Ausschuss für Geoinformationswesen (IMAGI)

In der Bundesrepublik Deutschland werden viele Zuständigkeiten für das Geoinformationswesen durch die Bundesländer wahrgenommen. So ist es nach der Kompetenzordnung des Grundgesetzes Aufgabe der Länder, geographische Grundlagendaten (= Geobasisdaten) zu erheben, fortzuführen und bereitzustellen. Für Bereiche mit gesamtstaatlicher Bedeutung (Bundesgrenzangelegenheiten, internationale Programme) oder die Außenvertretung (EU, VN) ist der Bund verantwortlich. Im Einzelfall werden Zuständigkeiten durch Bund-Länder-Absprachen zusätzlich geregelt.

Am 1. September 1999 ist die Verwaltungsvereinbarung zwischen dem Bundesministerium des Innern und den Ländern über die kontinuierliche Abgabe digitaler geotopographischer Informationen der Landesvermessung zur Nutzung im Bundesbereich in Kraft getreten. Ähnliche Vereinbarungen zwischen Bund und Ländern wurden auch in einigen anderen Fachbereichen getroffen (z. B. Naturschutz, Landwirtschaft, Boden).

Zur Verbesserung der Koordinierung des Geoinformationswesens innerhalb der Bundesverwaltung wurde der Interministerielle Ausschuss für Geoinformationswesen (IMAGI, http://www.imagi.de) am 8. September 1998 unter der Federführung des BMI eingerichtet. Mitglieder des IMAGI sind das Bundesministerium des Innern (BMI), das Bundeskanzleramt (BK), das Bundesministerium für Arbeit und Sozialordnung (BMA), das Bundesministerium für Bildung und Forschung (BMBF), das Bundesministerium der Finanzen (BMF), das Bundesministerium für Umwelt, Naturschutz und Reaktorsicherheit (BMU), das Bundesministerium für Verbraucherschutz, Ernährung und Landwirtschaft (BMVEL), das Bundesministerium für Verkehr, Bau- und Wohnungswesen (BMVBW), das Bundesministerium der Verteidigung (BMVg), das Bundesministerium für Wirtschaft und Technologie (BMWi), das Bundesministerium für wirtschaftliche Zusammenarbeit und Entwicklung (BMZ) sowie als ständiger Gast die Arbeitsgemeinschaft der Vermessungsverwaltungen der Länder der Bundesrepublik Deutschland (AdV). Seine Geschäfts- und Koordinierungsstelle ist im Bundesamt für Kartographie und Geodäsie in Frankfurt am Main eingerichtet. Der Auftrag für den IMAGI ergibt sich aus dem Kabinettbeschluss der Bundesregierung vom 17. Juni 1998. Der Ausschuss hat unter anderem

- die Konzeption eines effizienten Datenmanagements für Geodaten auf Bundesebene als prioritäre Aufgabe entwickelt,
- den Aufbau und den Betrieb eines Metainformationssystems für Geodaten des Bundes (GeoMIS.Bund) organisiert,
- die Optimierung der technisch-organisatorischen Zuständigkeiten für die Haltung von Geodatenbeständen verbessert, z.B. durch die Einführung und Durchsetzung von Standards,
- Lösungsvorschläge für die Harmonisierung und die Optimierung der administrativen Vorgaben für Bezug und Abgabe von Geodaten erarbeitet,
- durch Öffentlichkeitsarbeit generell das Bewusstsein für Geoinformation gefördert.

Eine Geodateninfrastruktur für Deutschland (GDI-DE)

Mit seiner Entschließung vom 15. Februar 2001 fordert der Deutsche Bundestag die Bundesregierung auf, politische Maßnahmen zu ergreifen, um in Deutschland den Aufbau einer nationalen Geodateninfrastruktur als öffentliche Infrastrukturmaßnahme zügig voran zu treiben. Bund, Länder und private Initiative sind aufgerufen, in vertrauensvollem und engem Zusammenwirken die in den Geowissenschaften und Geoinformationen liegenden Chancen nachhaltig zu nutzen und weiter zu verbessern.

Kernbestandteil einer Geodateninfrastruktur Deutschland (GDI-DE) ist die Nationale Geodatenbasis (NGDB), die aus Geobasisdaten (GBD), Geofachdaten (GFD) und deren Metadaten (MD) besteht. Mit Hilfe der Geodatenbasis, eines Geoinformationsnetzwerkes, von Diensten und Standards schafft die GDI-DE die Vorraussetzungen für die Gewinnung, Auswertung und Anwendung von Geoinformationen für Nutzer und Anbieter in den öffentlichen Verwaltungen, im kommerziellen und nichtkommerziellen Sektor, in der Wissenschaft und für die Bürger.

Um eine Geodateninfrastruktur effektiv einsetzen zu können, ist eine Organisations- und Managementstruktur zur Koordinierung und Verwaltung von Geschäftsvorgängen auf lokaler, regionaler, nationaler und transnationaler Ebene erforderlich. Erfolgreich durchsetzen lässt sich eine Geodateninfrastruktur Deutschland nur mit wirkungsvoll eingesetzten politischen Handlungsinstrumenten.

Der Aufbau der GDI-DE soll in einem dreistufigen, vom IMAGI koordinierten Prozess erfolgen.

Ziel der 1.Stufe ist die Harmonisierung des Zugangs zu den Nachweisen über Geodaten des Bundes durch das Metainformationssystem GeoMIS.Bund.

Ziel der 2.Stufe ist die Harmonisierung der fachlichen Objektartenkataloge und die Entwicklung von Schnittstellen, Konvertierungsmodulen, Normen, Standards und Verfahren zur Datenintegration. Der Grunddatenbestand in der NGDB ist von den Ressorts durch Bestands- und Bedarfsanalysen zu validieren. Bei der Harmonisierung der Objektartenkataloge und der Festlegung von geodätischen Referenzsystemen wird der europäische Kontext berücksichtigt. Als gemeinsame Basis für einen ressortübergreifenden Objektartenkatalog bietet sich das neue ALKIS/ATKIS-Datenmodell an, das ISO-konform ist.

Ziel der 3.Stufe ist die schrittweise Implementierung der Nationalen Geodatenbasis.

Folgende Handlungsfelder werden als notwendig für den Aufbau der GDI-DE identifiziert:

- Ergreifen politischer Maßnahmen (u.a. die Abhaltung einer Bund-Länder-Konferenz zu dem Thema);

- Definition der Nationalen Geodatenbasis, Bedarfs- und Bestandsanalyse des Grunddatenbestandes;

- Optimierung der Bezugs- und Abgabebedingungen für Geodaten;

- Durchführung von Qualifizierungsinitiativen;

- Harmonisierung der NGDB, Umsetzen von Normen, Standards und semantischen Modellen;

- Aufbau eines bundesweiten, offenen Geodatennetzwerkes mit der Möglichkeit, auf Geodaten, Metadaten und Dienste zugreifen zu können;

- Verbesserung der Öffentlichkeitsarbeit.

Anwendungsbeispiele

Die Verfügbarkeit leistungsfähiger Informationstechnologien und -technik, wie z.B. Geo-Informationssysteme (GIS), eröffnen der raumbezogenen Analyse und Bearbeitung neue Möglichkeiten bei der Bewältigung konkreter Fragestellungen. Darüber hinaus sind GI-Systeme wirkungsvolle Instrumente im Rahmen der Einsatzplanung und -steuerung. Insbesondere ist die Verfügbarkeit integrierbarer und aussagekräftiger Kartendaten elementare Voraussetzung für die Verwendung von Geoinformationssystemen. Die nachfolgenden Beispiele sollen den effizienten Einsatz von Geoinformation in verschiedenen Anwendungsfällen deutlich machen und zeigen, dass Geoinformation in den strategischen Informationskonzepten von mehreren Organisationen bereits ein fester integraler Bestandteil geworden ist.

- Naturschutz - Umweltverträglichkeitsprüfung bei der Planung von Verkehrswegen

- Geoinformationen in der Nationalparkverwaltung

- Geoinformationen im Deutschen Wetterdienst

- Überwachung der Luftverunreinigung – Bodennahes Ozon am Beispiel des Bundeslandes Hessen

- Notfallvorsorge - Überwachung der Umweltradioaktivität
- Innere Sicherheit - Geographische Kriminalitätsanalyse

- Kampfmittelräumdienst

- Flottenmanagement

- Gezielte Ackerbewirtschaftung („Precision Farming")

- Forstwirtschaftliche Anwendungen

- Neueinteilung der Bundestagswahlkreise

- Atlas zur Regionalstatistik

Quellenhinweis: Wir danken dem BKG Bundesamt für Kartographie und Geodäsie, Frankfurt a. Main, für die Abdruckgenehmigung dieses Kapitels aus der im Jahr 2002 erschienenen IMAGI-Broschüre Geoinformation und moderner Staat". Weitere Informationen zu dieser Broschüre finden Sie im Internet unter http://www.imagi.de

3.2 Verfügbarkeit von Geodaten

Die Aufbereitung von GIS-Daten belastet das Projektbudget von GIS-Vorhaben am meisten. Unter den Datenkosten subsumieren sich die Tätigkeiten für Sammlung, Eingabe, Verwaltung, Haltung, Qualitätskontrolle, Sicherheit sowie Fortführung und Austausch. Nur wenn digitale Daten in der erforderlichen Qualität (d.h. Genauigkeit, Präzision, zeitliche Auflösung, Objektauflösung) preisgünstig zur Verfügung stehen, ist der GIS-Einsatz wirtschaftlich zu vertreten.

Deshalb haben wir in dieser siebten Ausgabe des GIS-Reports der Verfügbarkeit von GIS-Themenkarten einen großen Stellenwert gegeben. Wir bemühen uns über das permanent wachsende Angebot an digitalen Geodaten im deutschsprachigen Raum einen Überblick zu geben.

Nach der vorausgegangen aktuellen grundsätzlichen Einführung zu Geodaten begeben wir uns nun in die Perspektive des Geodatenanwenders.

Wie beschrieben wird an vielen Stellen an einer Verbesserung der nationalen Geodateninfrastruktur gearbeitet.

Die wesentlichsten Punkte des Entschließungsantrags zur Debatte im Deutschen Bundestag vom 15. 02. 2001 sind auf der Homepage des Deutschen Dachverbandes für Geoinformation (www.ddgi.de) zusammengefasst:

„In diesem Antrag stellt der Bundestag fest, dass die Gewinnung und Nutzung von Geoinformationen ein zentrales Element der modernen Informationsgesellschaft sind.

Als konkrete Forderungen werden u.a. formuliert:

- IMAGI soll seine Initiativen nicht nur auf Bundesstellen beschränken sondern das Geoinformationswesen insgesamt und auch in den Bundesländern weiter stärken.

- Die Wertschöpfungspotentiale der Geoinformation sollen deutlicher wahrgenommen werden. Hierfür soll eine Strategie entwickelt werden, mit der eine verbesserte Zusammenführung und eine zentrale Abgabe von Geobasisdaten des Bundes und der Länder ermöglicht wird.

- Im Sinne des Grünbuchs der EU „Über die Informationen des Öffentlichen Sektors in der Informationsgesellschaft" erfordert der Ausbau einer nationalen Geodaten-Infrastruktur noch nachhaltige Investitionen. Die Bundesregierung wird deshalb gebeten, die anwendungsorientierte Forschung in diesem Bereich, entsprechende Anwendungen für Unternehmen und Maßnahmen zu einem vereinfachten Zugang zu den amtlichen Geodaten zu unterstützen.

- Bestehende Defizite beim Ziel einer zukunftsorientierten Nutzung von Geoinformationen durch Staat, Wirtschaft und Wissenschaft sind weiter systematisch abzubauen.

- Die Bundesregierung wird aufgefordert, die internationale Spitzenstellung Deutschlands im GI-Bereich zu sichern und auszubauen. Dazu hält der Bundestag auch eine politisch kompetente Vertretung Deutschlands auf europäischer und internationaler Ebene für erforderlich.

- Schließlich wird die Bundesregierung aufgefordert, dem Bundestag im dritten Jahr jeder Legislaturperiode einen Fortschrittsbericht zur Entwicklung der verschiedenen Felder des Geoinformationswesens zu erstatten."

Wir hoffen, dass sich dieser Entschließungsantrag der u. a. zu den Bemühungen eine Geodateninfrastruktur GDI-DE aufzubauen in der Praxis hinsichtlich der Verfügbarkeit von hochwertigen und preisgünstigen Geodaten auswirken wird.

Die aktuelle Praxis hinsichtlich der Akzeptanz und der Nutzung von Datenanbietern ist heute noch unzufriedenstellend.

Im vorausgegangen Beitrag des Bundesamtes für Kartographie und Geodäsie sind viele wesentlichen Internetadressen für die Suche nach Geodaten wiedergegeben. Hier finden Sie zahlreiche Ausgangspunkte auf europäischer und nationaler Ebene.

Bei der Suche nach Geodaten werden Sie derzeit noch feststellen, dass der direkte Transfer von Geodaten oft noch nicht im Vordergrund von

Internetangebote über Metadaten steht. Wir ergänzen daher die bisherigen Ausführungen mit Beispielbetrachtungen der Suche über das sektorale Metadateninformationssystems für die Umwelt, dem Umweltdatenkatalog (UDK).

Umweltdatenkatalog UDG

Der Umweltdatenkatalog (UDK) ist ein Informationssystem über Datenbestände im Umweltbereich. Er gibt Auskunft darüber, welche Umweltdaten in der staatlichen Umweltverwaltung vorhanden sind und welche Dienststellen hierfür zuständig sind. Der WWW-UDK soll im Sinne des Umweltinformationsgesetzes (UIG) dazu beitragen, den freien Zugang der Öffentlichkeit zu Umweltinformationen zu erleichtern. Seit Januar 1996 ist eine Bund-Länder-Verwaltungsvereinbarung in Kraft, die die Weiterentwicklung, Pflege und Einführung des UDK zum Ziel hat. Auf der Grundlage dieser Vereinbarung wurde im Niedersächsischen Umweltministerium die Koordinierungsstelle UDK eingerichtet

Der UDK Aufruf im Internet erfolgt zentral für Deutschland und 15 Bundesländerländer:

http://www.umweltdatenkatalog.de

Der UDK enthält nicht die eigentlichen Umweltdaten, sondern Informationen zu diesen Daten, sogenannte Metadaten. Analog dem Katalog einer Bibliothek verzeichnet der WWW-UDK die landesweit und dezentral vorgehaltenen Datenbestände, ohne sie selbst zu enthalten. Im WWW-UDK werden die Datenbestände anhand definierter Eigenschaften beschrieben und jeweils mit einer Adresse ein zuständiger Ansprechpartner ausgewiesen. Fachleute, die die Daten erheben, füllen den WWW-UDK mit Inhalt und aktualisieren ihn, dadurch wird eine größtmögliche Qualität der Datenbeschreibung erreicht
Die Testweise Auswertung der Möglichkeit der Datenrecherche mit den UDK der einzelnen Ländern ergibt einen sehr unterschiedlichen Ausbaustand.

Recherche über Umweltdaten:

Der UDK ist hierarchisch gegliedert und wird von einem Strukturbaum getragen, wobei jedem Element des Strukturbaums ein zweistelliger Ziffernblock zugeordnet wird. Innerhalb des UDK's gibt es als Folge des Aufbaus der Datenbank verschiedene Recherchemöglichkeiten, z. B. nach Objekten über den bereits erwähnten Strukturbaum oder über Suchbegriffe, die nach den Hierarchiestufen der Umweltverwaltung in Ministerium, Regierungspräsidien, Ämter für Umwelt und Naturschutz sowie Landratsämter u.a. gegliedert sind. Über eine weitere Funktion „Detailsuche" kann der Anwender selbst Abfragen mit Boolescher Verknüpfung und Vergleichsoperatoren erstellen.

Eine beispielhafte Auswertung des UDK für eine Fragestellung im Bereich der Umweltplanung zeigte am Beispiel des UDK-Sachsen Anhalt, trotz des guten Datenbankkonzeptes viele Unwegsamkeiten. Durch das Fehlen einer Vielzahl von Meta-Informationen, die für den Geodatenanwender bei seiner Recherche nach Planungsunterlagen dringend notwendig sind, ist eine Recherche im Umweltdatenkatalog nicht immer von Erfolg gekrönt. Dringend benötigte MataInformationen über Datenformate oder Datenträger, Maßstabe, Aktualität etc. fehlen oft fast vollständig. Bei der Angabe der Datenformate wird meistens nur allgemein zwischen analog oder digital unterschieden. Bei den Versuch über einen Hyperlink an zusätzliche Informationen zu gelangen, gelangt man i.d.R. auf die Homepage der jeweiligen Behörden, dort aber findet man oft keinen Link um an weitere Informationen über Geodaten zu gelangen. Die einzige Möglichkeit um an diese Meta-Informationen zu gelangen, ist der postalische Weg (per E-Mail) oder Telefon. Sehr positiv war bei diesen Testrecherchen die unmittelbare Reaktion und Hilfe der zuständigen Behörde über den angegebenen Email-Link.

In einigen bisher noch wenigen Fällen ist der Zugriff auf die Daten selbst über die Metadaten möglich. Ein Beispiel hierfür stellt das UDK Niedersachsen mit dem geographische Informationssystem Umwelt GEOSUM dar:

http://www.numis.niedersachsen.de/

GEOSUM führt die unterschiedlichsten raumbezogenen Umweltdaten aus allen Bereichen der Umweltverwaltung des Landes. Der überwiegende Teil der in GEOSUM enthaltenen Fachdaten soll der Öffentlichkeit über dieses WWW-Angebot des Niedersächsischen Umweltministeriums zur Verfügung gestellt werden. Es bestehen drei verschiedene Möglichkeiten des Zugangs zu den vorhandenen Datenbeständen:

1) Die Fachdaten können als Karten im Browser betrachtet werden. Dabei werden die Datenbestände abhängig vom Maßstab und von der Komplexität in Form von TK50-Blättern blattschnittweise oder als Gesamtansicht von Niedersachsen visualisiert.

2) Über den Datenserver können die Fachdaten soweit es sich um Vektordaten handelt als Shape-Dateien, die Rasterdaten als TIFF heruntergeladen werden. Für die spätere Betrachtung und weitere Verwendung muß ein Geoinformationssystem vorhanden sein, das dieses Dateiformat unterstützt

3) Über einen javabasierten GIS-Viewer (GIS Term) kann eine einfache GIS-Funktionalität über das Internet implementiert werden. Mit GISTerm ist die Visualisierung von raumbezogenen Daten mit bekannten Browsern möglich. Dabei stehen als Funktionen die Überlagerung verschiedener Cover, die Verknüpfung mit Sachdaten und statistische Auswertungen bereit.

Auch in anderen Bundesländern, vielen Kantonen der Schweiz und österreichischen Kommunen sind vorbildliche Ansätze für den Geodatenbezug über Metadateninformationssysteme bekannt. Es sei noch einmal auf die zahlreichen Hinweise im vorausgegangen Text des Bundesamtes für Kartographie und Geodäsie verwiesen.

Die zunehmende Verfügbarkeit von GIS-Daten von öffentlichen und privaten Anbietern, wie Sie in den Tabellen unter *Kapitel 3.4* auch deutlich wird, ist für die Anwender äußerst erfreulich. Unerfreulich sind jedoch die oft hohen Nutzungsendgelder etwa der Landesvermessungsverwaltung. So gut deren Internetpräsenz und freundlich und kompetent deren Mitarbeiter auch sind, die hohen Kosten lassen den GIS-Einsatz oft nicht wirtschaftlich zu. In Bereichen mit geringerer Wirtschaftskraft, wie der Umweltplanung für die öffentliche Hand oder der Hochschulausbildung ist der Einsatz der Geodaten der Vermessungsverwaltung aus Datenkostengründen schlichtweg ausgeschlossen. Die Gebührenordnung der Landesvermessungsämter sollte dahingehend überarbeitet werden, das dieAnwendung für das Gemeinwohl auch möglich wird und nicht mit großem Steueraufwand erhobenen Daten nie zur Anwendung kommen, weil versucht wird diese zu teuer zu vermarkten.

3.3 Erläuterungen zu den Übersichten GIS-Themenkarten

Um dem Ansatz eines Überblickes über die drei nationalen und die unterschiedlichen Ressortgrenzen hinweg gerecht werden zu können, müssen wir uns für den GIS-Report auf wenige Schlüsselmerkmale beschränken.

Vor dem Hintergrund, dass die Themenbereiche der angebotenen Geodaten immer vielfältiger und deren Inhalte immer umfassender werden, haben wir uns bemüht, die fachlich/inhaltlichen Schwerpunkte der einzelnen Datenanbieter wie folgt herauszustellen.

Prinzipiell erfolgte die Erhebung in zwei Bereichen:

- **öffentlicher Sektor** und
- **privater Sektor**

Die Tabellen für die beiden Anbietergruppen werden nacheinander abgedruckt. Innerhalb der beiden Tabellen werden die Anbieterangaben geographisch gegliedert. Es erfolgen jeweils die Länder in der Reihenfolge A, CH und D, gestaffelt nach landesweiten Datenanbietern und dann nach den Anbietern auf Ebene Bundesland oder Kanton.

In der aktuellen Erhebung wurden zu der Nennung des Anbieters, dessen Adresse im Adressenteil nach zu schlagen wäre, jeweils nur

- **drei inhaltlichbeschreibende Informationen**

und die

- **Beschreibung wesentlicher Vertriebsinformationen**

sowie die Angaben zu

- **Internet, Viewer und Datenkatalog**

erhoben.

Die inhaltliche Beschreibung umfasste

- **Themenbereich**
- **Beispielsnennung für GIS-Themenkarten**
- **Maßstab der GIS-Themenkarte**

Nicht immer konnten wir die Anbieterinformationen eindeutig zu „Themenbereich" oder zu „Beispiele" zuordnen. Dennoch ergibt sich, trotz der vielfältigen fehlenden Metainformationen, wie Deckungsgrad, Aktualität und Kosten eine gute Orientierung über die allgemeine Verfügbarkeit von Geodaten im deutschsprachigen Raum.

Diese geringe Tiefe der GIS-Datenbeschreibung kann Ihnen nur eine Grobinformation über die Qualität der einzelnen Datensätze geben. Bitte verwenden Sie diese Information als Übersicht für den inzwischen verfügbaren Fundus an digitalen Geodatensätzen. Für die Beurteilung der Eignung der jeweiligen Daten müssen Sie noch eigene Recherchen und wohl auch Praxistests durchführen.

Da uns die Vollständigkeit und die Korrektheit der GIS-Datenübersicht sehr am Herzen liegt, bitten wir um Hinweise über fehlende oder unvollständige Angaben.

GIS-Themenkarten

Vertriebsmerkmale - öffentlicher Sektor

Anbieter	GIS - Themenkarten		Abgabe			Vektorformat							Rasterformat			
Anbieter	Themenbereich	Beispiele / Maßstab	nach Preisliste	nach Abstimmung	in Vorbereitung	EDBS	AutoCAD DXF	Arcinfo - Export	ArcView Shape	SICAD SQD	IGES	Mapinfo - IMF	Andere	TIFF	JPEG	Andere	Internet, Viewer, Datenkatalog

Österreich - landesweit (A)

| Bundesamt für Eich- und Vermessungswesen (BEV) | DLM-Dig. Landschaftsmodell, DLM-Dig. Gelände- und Höhenmodell, Geocodierte Adressen, Luftbilder, Orthophotos | ◆ | | | | ◆ | | ◆ | | | | DGN, Arc Info-Generate | ◆ | | RLE, ASCII, ASCII-Grid | www.bev.gv.at, Produkt Info´s und Downloads im Internet |
| Statistik Austria | Land- u. Forstwirtschaft, Tourismus, Bevölkerung, Bauen und Wohnen, Bildung, Wirtschaft, Verkehr, Umwelt, Waldfläche in ha, Übernachtungen, Bevölkerungsdichte, Fertiggestellte Wohnungen, Schüler in Hauptschulen, Beschäftigte am Arbeitsplatz, Unfälle, Erholungsraum Wald | | ◆ | | | | | ◆ | | | | | | ◆ | pdf | www.statistik.gv.at |

© Buhmann/Wiesel: GIS-Report 2002, Bernhard Harzer Verlag, Karlsruhe

GIS-Themenkarten

Vertriebsmerkmale - öffentlicher Sektor

Anbieter	GIS - Themenkarten		Abgabe			Vektorformat								Rasterformat			Internet, Viewer, Datenkatalog
Anbieter	Themenbereich	Beispiele / Maßstab	nach Preisliste	nach Abstimmung	in Vorbereitung	EDBS	AutoCAD DXF	Arcinfo - Export	ArcView Shape	SICAD SQD	IGES	Mapinfo - IMF	Andere	TIFF	JPEG	Andere	
Amt der Kärntner Landesregierung	Verwaltungsgrenzen, DGM, ÖK 50, ÖK200, Infrastrukturdaten, Naturschutzdaten, Forstinventur, Orthophotos, Abwasserkonzept Kärnten, Kulturgüteratlas Norische Region online verfügbar		◆					◆	◆					◆	◆		www.kagis.ktn.gv.at/kagis/online.htm, Arc View; MAP Objekts, Geodatenkatalog KAGIS
Land Steiermark	Grundkarten, Umwelt, Verkehr, Katastrophenschutz, Wasser, Naturschutz,	1:1.600.000, 1:1.600.000, 1:1.600.000, 1:1.600.000, 1:1.600.000, 1:1.600.000		◆				◆	◆					◆		Mr. SID	www.stmk.gv.at/land/gis, Arc Explorer, http://www.stmk.gv.at/land/gis.htm

© Buhmann/Wiesel: GIS-Report 2002, Bernhard Harzer Verlag, Karlsruhe

GIS-Themenkarten — Vertriebsmerkmale - öffentlicher Sektor

Anbieter	GIS - Themenkarten		Abgabe			Vektorformat							Rasterformat			Internet, Viewer, Datenkatalog
Anbieter	Themenbereich	Beispiele / Maßstab	nach Preisliste	nach Abstimmung	in Vorbereitung	EDBS	AutoCAD DXF	ArcInfo - Export	ArcView Shape	SICAD SQD	IGES	Maprinfo - IMF	Andere	TIFF	JPEG	Andere	
Amt der Tiroler Landesregierung	Adressen, Farborthophoto, Örtliche Raumordnung, Infrastrukturen, Naturschutz, Raumordnung, Besonnung, Naturgefahren,	Ortsplan, A4-Atlas 1:8.000, 1:5.000; Flächenwidmung 1:5.000, Karte 1:20.000, Karte 1:20.000, Karte 1:20.000, Sonnenstunden 1:20.000, Karte 1:20.000	◆				◆	◆	◆				EPS, Arc Info-Generate	◆	◆	GIF	www.tirol.gv.at/tiris, Web-Browser, tiris.gem Datenauskunftssystem im Web

Schweiz - landesweit (CH)

| Bundesamt für Statistik - Servicestelle GEOSTAT | GEOSTAT, | Polygondatensätze für generalis. Gemeindegrenzen, Bodeneignungskarte 1:200.000, hydrografische Gliederung, Hektardaten aus den Volks- und Betriebszählungen | ◆ | | | | | | | | | ◆ | | ◆ | | A/I-Grid, ASCII-Grid | www.statistik.admin.ch, GEOSTAT Benutzerhandbuch PDF ab Internet |
| Arbeitsgruppe SIK-GIS | SIK-GIS-Dateninventar, GIS-Metadaten der Kantone und Bundesstellen, | Schutzgebiete, Topographie, Geologie, Gemeindegrenzen, Landnutzung, Bodennutzung / Bodenart, Raumplanung, Zonenpläne, Bevölkerung / Demographie, Wasser / Hydrologie | | | | | ◆ | ◆ | | | | | | | | ASCII-Grid, GIF, GINA, HPGL | www.sik-gis.ch, SIK-GIS-Dateninventar |

© Buhmann/Wiesel: GIS-Report 2002, Bernhard Harzer Verlag, Karlsruhe

GIS-Themenkarten

Vertriebsmerkmale - öffentlicher Sektor

Anbieter	GIS - Themenkarten		Abgabe				Vektorformat							Rasterformat			Internet, Viewer, Datenkatalog
Anbieter	Themenbereich	Beispiele / Maßstab	nach Preisliste	nach Abstimmung	in Vorbereitung	EDBS	AutoCAD DXF	Arc/Info - Export	ArcView Shape	SICAD SQD	IGES	Mapinfo - IMF	Andere	TIFF	JPEG	Andere	
Eidgenössische Forschungsanstalt für Wald, Schnee und Landschaft	Biotopinventare, Landschaftsinventare,	Flachmoorinventar 1:25.000, Moorlandschaften 1:25.000	◆					◆					Arc Info-Generate				www.wsl.ch/land/products/toposkop, Toposkop (nur für Mac)
Bundesamt für Landestopographie		VECTOR25, VECTOR200, DHM25, RIMINI, SWISS MAP 50, SWISS MAP 100, Pixelkarten 6625, SwissNames, SwissImage, Satellitenbilder	◆				◆	◆	◆				XYZ-Format, Arc Info-Generate	◆			www.swisstopo.ch, vorhanden
Baudepartement Kanton Aargau	Kanton Aargau,	Richtplan & Bauzonen		◆			◆	◆	◆		◆		alle mit A/I erzeugbaren Formate, Arc Info-Generate		◆	A/I-Grid, ADRG, BMP, BIP, ERDAS, GRASS u.a.	www.ag.ch/kernseite.htm

GIS-Themenkarten

Vertriebsmerkmale - öffentlicher Sektor

Anbieter	Themenbereich	Beispiele / Maßstab	nach Preisliste	nach Abstimmung	in Vorbereitung	EDBS	AutoCAD DXF	Arc/Info - Export	ArcView Shape	SICAD SQD	IGES	Mapinfo - IMF	Andere	TIFF	JPEG	Andere	Internet, Viewer, Datenkatalog
Vermessungs- u. Meliorationsamt Basel-Landschaft	amtliche Vermessung, Raumplanung, Natur u. Umwelt, Landwirtschaft, Forstwirtschaft, Archäologie, Verkehr, Statistik,		◆	◆			◆		◆		◆		AVS/Interlis CH, Arc Info-Generate	◆	◆	Intergraph	www.baselland.ch, Geo Media, Arc View, "Arbeitsgruppe SIKGIS" Bern
Grundbuch- und Vermessungsamt des Kantons Basel-Stadt	öffentl. Grundeigentum, diverse Daten zu Infrastruktur, Kataster, Umwelt, Raumplanung,	1:12.500, Leitungskataster, Offizieller Stadtplan, Orthophotos, Parzellenplan, Zonenpläne AHM, historische Karten	◆				◆		◆				Interlis, VRML-2.0, DWG, Arc Info-Generate	◆	◆		www.gva.bs.ch
Etat de Genève/SITG Service des systemes d'information et de géomatique	donnees de l'ampenagement, de l' environnement, des t, des transports el' la mersuicticm officielle,		◆				◆	◆	◆			◆		◆	◆		www.geneve.ch/sitg, www.sitg.ch

© Buhmann/Wiesel: GIS-Report 2002, Bernhard Harzer Verlag, Karlsruhe

GIS-Themenkarten

Vertriebsmerkmale - öffentlicher Sektor

Anbieter	Themenbereich	Beispiele / Maßstab	Abgabe: nach Preisliste	nach Abstimmung	in Vorbereitung	EDBS	AutoCAD DXF	Arcinfo - Export	ArcView Shape	SICAD SQD	IGES	Mapinfo - IMF	Andere	TIFF	JPEG	Andere	Internet, Viewer, Datenkatalog
Vermessungsamt des Kantons Graubünden GIS Zentrale	Fixpunkte, Parzellen, Bodenbedeckung, Einzelobjekte u. Linienelemente, Planeinteilung, Höhen,	Lage- und Höhenpunkte 1:5.000, Parzellen, Selbständige Rechte 1:5.000, Gebäude, Gewässer, Wald usw. 1:5.000, Mauern, Treppen usw. 1:5.000, Pläne 1:5.000, Geländekanten, Höhenpunkte	◆	◆			◆	◆	◆				INTERLIS-AVS, GEOS 4, Arc Info-Generate	◆		HPGL	www.kogis.ch/sikgis, ArcExplorer, ArcView, Datenmodell der amtl. Vermessung Kt. SH
Vermessungsamt des Kantons Schaffhausen	Fixpunkte, Parzellen, Bodenbedeckung, Einzelobjekte, Planeinteilung,	Lage- u. Höhenpunkte 1:5.000, Parzellen, Selbständige Rechte 1:5.000, Gebäude, Straßen, Wald 1:5.000, Mauern, Treppen 1:5.000, Pläne 1:5.000	◆						◆				INTERLIS-AVS, GEOS 4, Arc Info-Generate	◆		HPGL	www.kogis.ch/sikgis/, ArcExplorer/ArcView
GIS-Fachstelle des Kantons Zug	Raumplanung, Umweltschutz	Zonenplan, Naturschutzgebiete, Gewässerschutzzonen, Risikokataster, Altlastenkataster, Sendeanlagen, Lärmschzukataster	◆	◆			◆		◆		◆		Intergraph, DWG, DGN, AVS/INTERLIS, Access, Arc Info-Generate		◆	Intergraph, CIT, ASCII, BMP, PCX u.a.	www.zug.ch/gis, GeoMedia Viewer, in Arbeit

GIS-Themenkarten

Vertriebsmerkmale - öffentlicher Sektor

Anbieter	GIS - Themenkarten		Abgabe			Vektorformat								Rasterformat			Internet, Viewer, Datenkatalog
Anbieter	Themenbereich	Beispiele / Maßstab	nach Preisliste	nach Abstimmung	in Vorbereitung	EDBS	AutoCAD DXF	ArcInfo - Export	ArcView Shape	SICAD SQD	IGES	Mapinfo - IMF	Andere	TIFF	JPEG	Andere	
Baudirektion Kanton Zürich, Amt für Raumordnung und Vermessung	Diverse Geodaten,		◆				◆	◆					WMF, Arc Info-Generate	◆			www.gis.zh.ch, ArcExplorer, Produktkatalog Geodaten Shop Kant. Zürich

Deutschland - landesweit (D)

Anbieter	Themenbereich	Beispiele / Maßstab	nach Preisliste	nach Abstimmung	in Vorbereitung	EDBS	AutoCAD DXF	ArcInfo - Export	ArcView Shape	SICAD SQD	IGES	Mapinfo - IMF	Andere	TIFF	JPEG	Andere	Internet, Viewer, Datenkatalog
Bundesamt für Naturschutz (BfN)	Landschaftsschutzgebiete, Naturparke, Naturraumgliederung, Bodenbedeckung, Unzersch. verkehrsarme Räume, Übers. zur Verbreitung Flora, Übers. Verbr. Tagfalter, International Bird Areas, Naturschutzgebiete, Biosphärenreservate	Deutschland 1:500.000, Deutschland 1:500.000, bis 3. Ordnung 1:1.500.000, Deutschland 1:100.000, Deutschland 1:500.000, bis 6 Mio, bis 6 Mio, (IBA und SPA) 1:500.000, Deutschland 1:530.000, Deutschland 1:500.000	◆	◆					◆				Arc Info-Generate	◆		ESP	www.bfn.de, LANIS-Bund, verschiedene Faktendaten
Bundesanstalt für Geowissenschaften und Rohstoffe (BGR)	Geofachdaten des Untergrundes,	Bodenübersichtskarte der BRD 1:200.000, Geologische Karte BRD 1:1.000.000, Geologische Übersichtskarte 1:200.000, Karte der oberflächennahen Rohstoffe 1:200.000		◆									ASCII, ArcInfo-Coverages, Arc Info-Generate				www.bgr.de, MDK, KanaDa

© Buhmann/Wiesel: GIS-Report 2002, Bernhard Harzer Verlag, Karlsruhe

GIS-Themenkarten

Vertriebsmerkmale - öffentlicher Sektor

Anbieter	Themenbereich	Beispiele / Maßstab	Abgabe: nach Preisliste	Abgabe: nach Abstimmung	Abgabe: in Vorbereitung	Vektor: EDBS	Vektor: AutoCAD DXF	Vektor: Arc/Info-Export	Vektor: ArcView Shape	Vektor: SICAD SQD	Vektor: IGES	Vektor: MapInfo-IMF	Vektor: Andere	Raster: TIFF	Raster: JPEG	Raster: Andere	Internet, Viewer, Datenkatalog
Bundesanstalt für Gewässerkunde (BfG)	Hydrologie,	Meßstellen 1:1.000.000, Einzugsgebiete 1:500.000, Abflußhöhen 1:1.000.000, Wasserversorgung 1:2.000.000		◆				◆	◆								www.had.bafg.de, vorhanden
Bundesamt für Bauwesen und Raumordnung (BBR)	Raumordnung,	1:3.000.000, Verwaltungsgrenzenkarten der BRD, Kreisregionenkarte der BRD, Raumordnungsregionenkarten der BRD, INKAR-Indikatoren und Karten zur Raumentwicklung 2001	◆					◆	◆				CGM, CorelDRAW, eigenes Format, Arc Info-Generate	◆			www.bbr.bund.de
DFD DLR - Deutsches Zentrum für Luft- und Raumfahrt e.V.	Atmosphäre, Ozon, Land, Topographie,	Ozonkonzentration, Oberflächentemperatur, Vegetationsindex, Landoberflächentemperatur, DGM (SRTM/ X-SAR)	◆											◆	◆	LEOS	www.dfd.dlr.de, ISIS, EOWEB, EOSDIS IMS, AUC
Statistisches Bundesamt (Destatis)	Bodenbedeckung,	M 1:100.000	◆					◆					Arc Info-Generate	◆			www.destatis.de

© Buhmann/Wiesel: GIS-Report 2002, Bernhard Harzer Verlag, Karlsruhe

GIS-Themenkarten

Vertriebsmerkmale - öffentlicher Sektor

Anbieter	GIS - Themenkarten		Abgabe			Vektorformat							Rasterformat			Internet, Viewer, Datenkatalog
Anbieter	Themenbereich	Beispiele / Maßstab	nach Preisliste	nach Abstimmung	in Vorbereitung	EDBS	AutoCAD DXF	ArcInfo - Export	ArcView Shape	SICAD SQD	IGES	Maphrto - IMF	Andere	TIFF	JPEG	Andere	
Umweltbundesamt (UBA)	ÖKOBASE Umweltatlas,	Waldschäden, Immissionen, phy.-chemische Parameter in Fließgewässern, Corine-Land-Cover Daten u.a., GewässerGIS, Nährstoffbilanzen		◆				◆								GIF, ERDAS, IMG	www.umweltbundesamt.de
Bundesamt für Kartographie und Geodäsie (BKG)	Topographische Karten,	DTK 25, DTK 50, DTK 100, DTK 200, DTK 500, DTK 1000,	◆			◆	◆	◆	◆				A/I-Coverage, Arc Info-Generate	◆		GRID	www.bkg.bund.de, www.geodatenzentrum.de, Metainformationssystem des BKG
	Geographische Namen,	GN 250, GN 1000,															
	Digitale Landschaftsmodelle,	DLM 250, DLM 1000,															
	Verwaltungsgrenzen,	VG 250, VG 1000,															
	Digitale Geländemodelle,	DGM 50 M745 / DGM 250, DGM 1000															
Bundesamt für Seeschiffahrt und Hydrographie		ECDIS-DATEN, Seekarten, Sportschifffahrtskarten	◆										S-57, Arc Info-Generate				www.bsh.de, SeeHyENL

© Buhmann/Wiesel: GIS-Report 2002, Bernhard Harzer Verlag, Karlsruhe

GIS-Themenkarten

Vertriebsmerkmale - öffentlicher Sektor

Anbieter	Themenbereich	Beispiele / Maßstab	Abgabe			Vektorformat							Rasterformat			Internet, Viewer, Datenkatalog
			nach Preisliste	nach Abstimmung	in Vorbereitung	EDBS	AutoCAD DXF	Arcinfo - Export	ArcView Shape	SICAD SQD	IGES	Mapinfo - IMF	Andere	TIFF	JPEG	Andere	
Landesamt für Geowissenschaften und Rohstoffe Brandenburg (LGRB)	Geologie, Boden, Geologie, Bodenschätzung, Hydrogeologie,	Geol. Übersichtskarten 1:300.000, Bodenübersichtskarten 1:300.000, Geol. Karte 1:25.000, Bodenschätzungskarte 1:25.000, Hydrogeol. Karte 1:50.000	◆					◆	◆					◆			http://www.lgrb.de, http://Katalog.lgrb.de

Land Baden-Württemberg (D)

Anbieter	Themenbereich	Beispiele / Maßstab	Abgabe			Vektorformat							Rasterformat			Internet, Viewer, Datenkatalog
			nach Preisliste	nach Abstimmung	in Vorbereitung	EDBS	AutoCAD DXF	Arcinfo - Export	ArcView Shape	SICAD SQD	IGES	Mapinfo - IMF	Andere	TIFF	JPEG	Andere	
Landesamt für Geologie, Rohstoffe und Bergbau Baden-Württemberg	Geologie, Boden, Rohstoffe, Hydrologie,	Geologische Karte B-W 1:25.000, Geowissenschaftl. Ük 1:350.000, Bodenkarte B-W 1:25.000, Bodenkundl. Ük 1:20.000, Rohstoffkarte 1:50.000	◆					◆	◆				Arc Info-Generate	◆		GIF	www.lgrb.uni-freiburg.de
Landesanstalt für Umweltschutz Baden-Württemberg (LfU)	Naturschutz, Gewässer, Grundwasser,	Biotope nach §24a 1:25.000, FFH-Gbiete (Natura 2000) 1:25.000, Vogelschutzgebiete (Natura 2000) 1:25.000, Naturschutzgebiete 1:25.000, Landschaftsschutzgebiete 1:25.000, Fließgewässernetz 1:10.000, Einzugsgebiete 1:50.000, Wasserschutzgebiete 1:25.000, Quellenschutzgebiete 1:25.000,		◆					◆				Arc Info-Generate	◆		auf Anfrage	www.lfu.baden-wuerttemberg.de, GISterm, RIPS-Viewer, www-UDK

GIS-Themenkarten

Vertriebsmerkmale - öffentlicher Sektor

Anbieter	Themenbereich	Beispiele / Maßstab	Abgabe			Vektorformat								Rasterformat			Internet, Viewer, Datenkatalog
			nach Preisliste	nach Abstimmung	in Vorbereitung	EDBS	AutoCAD DXF	Arcinfo - Export	ArcView Shape	SICAD SQD	IGES	Mapinfo - IMF	Andere	TIFF	JPEG	Andere	
Landesvermessungsamt Baden-Württemberg	Geodaten, Wanderkarten/Freizeitführer, Topographische Kartenwerke, Historische Karten, Katasterkarten, Luftbilder, SAPOS / DFHBF,	LIKA Liegenschaftskataster, Rasterdaten Topographische Karten, DLM Landschaftsmodell, DOP Orthophotos, Radwanderkarten 1:100.000, Topographische Karten 1:500.000, Historische Einzelkarten, Flurkarten 1:2.500	◆	◆		◆	◆			◆			ASCII, BGRUND, SICAD-SGD, Arc Info-Generate	◆	◆	teilw. SNI-Hell, PCX, BMP, PNG, PICT, RTL, GIF	www.lv-bw.de, Produktverzeichnis

Freistaat Bayern (D)

Anbieter	Themenbereich	Beispiele / Maßstab	nach Preisliste	nach Abstimmung	in Vorbereitung	EDBS	AutoCAD DXF	Arcinfo - Export	ArcView Shape	SICAD SQD	IGES	Mapinfo - IMF	Andere	TIFF	JPEG	Andere	Internet, Viewer, Datenkatalog
Bayerisches Geologisches Landesamt	Geologie, Bodenkunde, Hydrologie, Rohstoffgeologie,	Geologische Karten 1:25.000, Bodenkarten 1:25.000, Bodenschätzungskarten 1:25.000, Hydrogeologische Karten 1:50.000, Lagerstätten und Rohstoffe 1:50.000	◆					◆	◆						◆		http://www.geologie.bayern.de
Bayerisches Landesvermessungsamt	ATKIS, Topographische Karten, Übersichtskarte, Luftbildkarten, Straßennamen, Digitales Geländemodell,	ATKIS DLM 25/1 (Vektordaten) 1:25.000, TK 25 (Rasterdaten) 1:25.000, TK 50 (Rasterdaten) 1:50.000, TK 100 (Rasterdaten) 1:100.000, Vektor 500 (Vektordaten) 1:500.000, ÜK 500 (Rasterdaten) 1:500.000, DOP 1:5.000, ATKIS DLM 25/1, DGM 25 1:25.000, DGM 10 1:10.000	◆			◆	◆						ASCII, WINPUT, Arc Info-Generate	◆	◆	PCX, Intergraph RLE u. CRL, GIF	www.geodaten.bayern.de, www.bayern.de/vermessung, TK 50-Online im Internet, Testdaten-CDs, -Download im Internet

© Buhmann/Wiesel: GIS-Report 2002, Bernhard Harzer Verlag, Karlsruhe

GIS-Themenkarten

Vertriebsmerkmale - öffentlicher Sektor

Anbieter	GIS - Themenkarten		Abgabe			Vektorformat								Rasterformat			Internet, Viewer, Datenkatalog
Anbieter	Themenbereich	Beispiele / Maßstab	nach Preisliste	nach Abstimmung	in Vorbereitung	EDBS	AutoCAD DXF	Arc/Info - Export	ArcView Shape	SICAD SQD	IGES	Mapinfo - IMF	Andere	TIFF	JPEG	Andere	
Bayerische Landesanstalt für Bodenkultur und Pflanzenbau	Landwirtschaft	Landwirtschaftliche Standortkarte Bayern		◆					◆								www.lbp.bayern.de
Bayerisches Staatsministerium für Landesentwicklung und Umweltfragen	Raumordnungskataster (ROK),	Schutzgebiete 1:25.000, Natura 2000-Gebiete 1:25.000, Artenschutzkartierung 1:25.000, Biotopkartierung 1:25.000, Arten-und Biotopschutzprogramm 1:25.000, Naturräume 1:25.000, Verwaltung 1:25.000, Bauleitplanung 1:25.000, Umwelt 1:25.000, Verkehr, Nachrichtenwesen 1:25.000	◆						◆	◆							www.umweltministerium.bayern.de, www2.bayern.de, FiN-View, FiN-Web, ROK- View

Berlin (D)

Anbieter	Themenbereich	Beispiele / Maßstab	nach Preisliste	nach Abstimmung	in Vorbereitung	EDBS	AutoCAD DXF	Arc/Info - Export	ArcView Shape	SICAD SQD	IGES	Mapinfo - IMF	Andere	TIFF	JPEG	Andere	Internet, Viewer, Datenkatalog
Senatsverwaltung für Stadtentwicklung	Boden, Wasser, Luft, Klima, Biotope, Flächennutzung, Verkehr/Lärm, Energie, Digitaler Flächennutzungsplan,	Bodengesellschaften 1:50.000, Versickerung 1:50.000, Verkehrsbedingte Luftbelastung 1:50.000, Klimafunktionen 1:50.000, Vegetation 1:50.000, Stadtstruktur 1:50.000, Verkehrsmengen 1:50.000, Kohlendioxid 1:50.000	◆				◆			◆			YKA (Yade), PostScript, Arc Info-Generate	◆	◆	GIF, BMP	www.stadtentwicklung.berlin.de/umwelt/umweltatlas/, Web-Browser, YADE-VIEW

© Buhmann/Wiesel: GIS-Report 2002, Bernhard Harzer Verlag, Karlsruhe

GIS-Themenkarten

Vertriebsmerkmale - öffentlicher Sektor

Anbieter	Themenbereich	Beispiele / Maßstab	Abgabe: nach Preisliste	nach Abstimmung	in Vorbereitung	EDBS	AutoCAD DXF	Arcinfo-Export	ArcView Shape	SICAD SQD	IGES	Mapinfo-IMF	Andere	TIFF	JPEG	Andere	Internet, Viewer, Datenkatalog
Senatsverwaltung für Stadtentwicklung	Topographische Karten, Boden, Luftbilder, Wasser, Flächennutzung, Luft, Klima, Energie,	Karte von Ber in 1:10.000, Übersichtskarte 1:50.000, Bodenrichtwertatlas, Bodengesellschaften 1:50.000, Versickerung 1:50.000, Automatisierte Liegenschaftskarte, Verkehrsbed. Luftbelastung 1:50.000, Klimafunktionen 1:50.000, Kohlendioxid 1:50.000	◆			◆	◆	◆	◆	◆			YKA (Yade), Postscript, Arc Info-Generate	◆		GIF, BMP	www.stadtentwicklung.berlin.de, Web-Browser, Yade-View

Land Brandenburg (D)

Anbieter	Themenbereich	Beispiele / Maßstab	nach Preisliste	nach Abstimmung	in Vorbereitung	EDBS	AutoCAD DXF	Arcinfo-Export	ArcView Shape	SICAD SQD	IGES	Mapinfo-IMF	Andere	TIFF	JPEG	Andere	Internet, Viewer, Datenkatalog
Landesvermessung und Geobasisinformation Brandenburg	Topograph. Landeskartenwerk, Topographische Gebietskarten, Digitale Orthophotos, Verwaltung, Digitales Landschaftsmodell, Digitales Höhenmodell,	TK 10, TK 25, TK 50, TK 100 1:10.000 - 1:100.000, TG 300 LK, TG 400 LK, TG 100 RK 1:400.000, 1:10.000, Digitale Verwaltungsgrenzen 1:200.000, Basis - DLM 1:25.000, DGM25 1:25.000	◆			◆	◆	◆	◆				ALK-GIAP, ASCII, Arc Info-Generate	◆			www.lverma-bb.de, Informationen zu digit. topogr. Daten
Ministerium für Landwirtschaft, Umweltschutz und Raumordnung	Raumplanung,	Anlagen nach BImSchV, Planungen i.R. TÖB-Beteiligung							◆					◆			www.brandenburg.de/land/mlur, ArcView 3.2., ArcExplorer

© Buhmann/Wiesel: GIS-Report 2002, Bernhard Harzer Verlag, Karlsruhe

GIS-Themenkarten

Vertriebsmerkmale - öffentlicher Sektor

Anbieter	Themenbereich	Beispiele / Maßstab	nach Preisliste	nach Abstimmung	in Vorbereitung	EDBS	AutoCAD DXF	ArcInfo-Export	ArcView Shape	SICAD SQD	IGES	Mapinfo-IMF	Andere	TIFF	JPEG	Andere	Internet, Viewer, Datenkatalog
Hansestadt Hamburg (D)																	
Stadtentwicklungsbehörde - Amt für Landschaftsplanung	Liegenschaftsdaten, Liegenschaftskarte, Liegenschaftsdaten, Basiskartenwerke,	FNU 1:5.000, Landschaftsprogramme 1:20.000, F-Plan 1:20.000		◆	◆		◆	◆	◆						◆		ArcExplorer
Behörde für Bau und Verkehr - Amt für Geoinformation und Vermessung	Luftbilder, Luftbildkarten, Topographische Karten,	Halbautomat. Liegenschaftsbuch, Digitale Stadtgrundkarte 1:1.000, Straßenregister, Karte von Hamburg 1:5.000, Digitale Stadtkarte 1:20.000, Hamburg und Umgebung 1:60.000, Digitale Regionalkarte 1:150.000, Senkrechtaufnahmen, Luftbildkarte 1:5.000, TP 50 1:50.000	◆				◆						DWG, Arc Info-Generate		◆	VISOR-HDF	www.geoinfo.hamburg.de, AutoDesk Whip, diverse
Land Hessen (D)																	
Hessisches Landesamt für Umwelt und Geologie	Geologischer Landesdienst, Luft, Wasser, Umwelt,	Geologische Karten 1:300.000, Bodenkarten 1:50.000, Wasserschutzgebiete 1:25.000, Rohstoffsicherungskarte 1:100.000, Ozonkarten, NO2, SO2 1km-Raster, Emissionen 1km-Raster, Gewässerkundl. Flächenverzeichn. 1:25.000, Gewässerstrukturgüte 1:25.000, Überschwemmungsgebiete	◆				◆	◆					Arc Info-Generate	◆		PCX, PICT, GIF	www.hlug.de

© Buhmann/Wiesel: GIS-Report 2002, Bernhard Harzer Verlag, Karlsruhe

GIS-Themenkarten

Vertriebsmerkmale - öffentlicher Sektor

Anbieter

Anbieter	GIS - Themenkarten		Abgabe			Vektorformat							Rasterformat			Internet, Viewer, Datenkatalog
Anbieter	Themenbereich	Beispiele / Maßstab	nach Preisliste	nach Abstimmung	in Vorbereitung	EDBS	AutoCAD DXF	ArcInfo - Export	ArcView Shape	SICAD SQD	IGES	Mapinfo - MIF	Andere	TIFF	JPEG	Andere	
Hessisches Landesvermessungsamt	Topographische Karten, Historische Topographische Karten, ATKIS, Digit. Geländemodelle, Liegenschaften,	TK 5 1:5.000, TK 25 1:25.000, TK 50 1:50.000, TK 100 1:100.000, H 200, H 500, H 1000, DLM, DKM, DGM, ALK, ALB	◆			◆	◆			◆			MGE Intergraph Format, HPGL, Arc Info-Generate	◆		CIT	www.hkvv.hessen.de, KAUSAR, Objektkartenkatalog (ATKIS), (ALK)
Hessisches Ministerium für Wirtschaft, Verkehr und Landesentwicklung	Landesplanung, Regionalplanung, Klima,	Landesentwicklungsplan 1:200.000, Regionalpläne 1:100.000, Klimafunktionskarte 1:100.000		◆			◆		◆		◆	◆	Intergraph Geomedia (.mdb), Arc Info-Generate			Intergraph	www.landesplanung-hessen.de, online-GIS Intergraph Geomedia, OK-ROK

Land Mecklenburg-Vorpommern (D)

Anbieter	Themenbereich	Beispiele / Maßstab	nach Preisliste	nach Abstimmung	in Vorbereitung	EDBS	AutoCAD DXF	ArcInfo - Export	ArcView Shape	SICAD SQD	IGES	Mapinfo - MIF	Andere	TIFF	JPEG	Andere	Internet, Viewer, Datenkatalog
Landesamt für Umwelt, Naturschutz und Geologie Mecklenburg-Vorpommern	Naturschutz, Wasserwirtschaft,	Schutzgebiete MV 1:50.000, Fließgewässerstrukturgüte 1:50.000, Trinkwasserschutzgebiete MV 1:25.000, Kläranlagen MV 1:10.000,	◆						◆								www.lung.mv-regierung.de, Umweltdatenkatalog (UDK)
	Geologie,	Boden-Übersichtskarte 1:500.000, Geologische Übersichtskarte 1:500.000, Geologische Oberflächenkarte 1:100.000, Geologische Übersichtskarte 1:200.000, Übersichtskarte Quartärgeologie 1:200.000,															
	Naturschutz,	Biotopkartierung 1:10.000															

GIS-Themenkarten

Vertriebsmerkmale - öffentlicher Sektor

Anbieter	Themenbereich	Beispiele / Maßstab	Abgabe: nach Preisliste	Abgabe: nach Abstimmung	Abgabe: in Vorbereitung	Vektorformat: EDBS	Vektorformat: AutoCAD DXF	Vektorformat: Arcinfo - Export	Vektorformat: ArcView Shape	Vektorformat: SICAD SQD	Vektorformat: IGES	Vektorformat: Mapinfo - IMF	Vektorformat: Andere	Rasterformat: TIFF	Rasterformat: JPEG	Rasterformat: Andere	Internet, Viewer, Datenkatalog
Landesvermessungsamt Mecklenburg-Vorpommern	Topographische Karten,	TK/TSP 10, TK 25, TK 100 1:100.000, TK 50, CD-ROM Top 50 3.0 1:50.000,	◆			◆	◆	◆		◆			ASCII, Arc Info-Generate			RCL	http://www.lverma-mv.de
	Topographische Gebietskarten,	KK 100 1:100.000, ÜK 250 MV, SK 250 MV, NF 250 MV 1:250.000,															
	Historische Topographische Karten, ATKIS-Komponenten,	VKE 250 MV, VK 250 MV 1:250.000, ÜK 500 MV, ÜK 750 MV 1:750.000, TK 25 M, PUM 25 1:25.000,															
		Digitale Geländemodelle 1:50.000															

Land Niedersachsen (D)

Anbieter	Themenbereich	Beispiele / Maßstab	Abgabe: nach Preisliste	Abgabe: nach Abstimmung	Abgabe: in Vorbereitung	Vektorformat: EDBS	Vektorformat: AutoCAD DXF	Vektorformat: Arcinfo - Export	Vektorformat: ArcView Shape	Vektorformat: SICAD SQD	Vektorformat: IGES	Vektorformat: Mapinfo - IMF	Vektorformat: Andere	Rasterformat: TIFF	Rasterformat: JPEG	Rasterformat: Andere	Internet, Viewer, Datenkatalog
Bezirksregierung Hannover	Raumordnung, Naturschutz, Wasserwirtschaft,	AutoROK 1:25.000, verordnete NSG 1:5.000, verordnete NSG 1:50.000, verordnete WSG 1:5.000	◆	◆			◆			◆				◆	◆		www.bezreg-hannover.niedersachsen.de
Bezirksregierung Weser-Ems	Naturschutz / Landschaftsplanung,	Biotoptypenkartierung terrestr. Bereiche, im Nationalpark "Nieders. Wattenmeer"	◆	◆			◆	◆									http://www.mu.niedersachsen.de/udk/
Niedersächsisches Landesamt für Bodenforschung	Geologie, Boden,	GK 25, GÜK 200, GÜK 500, Geologische Küstenkarte, BS/BK 5, BK 25, Forstl. Standortkarte, BÜK 50, BÜK 200	◆					◆	◆				Arc Info-Generate	◆	◆		www.bgr.de, UDK Niedersachsen, GeoMDK Niedersachsen

© Buhmann/Wiesel: GIS-Report 2002, Bernhard Harzer Verlag, Karlsruhe

GIS-Themenkarten

Vertriebsmerkmale - öffentlicher Sektor

Anbieter	Themenbereich	Beispiele / Maßstab	Abgabe: nach Preisliste	Abgabe: nach Abstimmung	Abgabe: in Vorbereitung	Vektor: EDBS	Vektor: AutoCAD DXF	Vektor: Arcinfo - Export	Vektor: ArcView Shape	Vektor: SICAD SQD	Vektor: IGES	Vektor: Mapinfo - IMF	Vektor: Andere	Raster: TIFF	Raster: JPEG	Raster: Andere	Internet, Viewer, Datenkatalog
Niedersächsisches Landesamt für Ökologie - Naturschutz	Bodenschutz, Abfall, Naturschutz	Biotopkartierung, FFH-Gebietsabgrenzungen		◆					◆								www.nloe.de, GISterm
Landesvermessung + Geobasisinformation in Niedersachsen	ATKIS-Karten, Freizeitkarten, CD-ROM, Sonderkarten, Historische Karten,	Digitale Straßenkarte 1:10.000, Digitale Topographische Karte 1:25.000, Anfahrtsskizzen 1:10.000, Radwanderkarten 1:75.000, TPO 50 mit DGM5 1:50.000, Waldbrand-Einsatzkarte 1:50.000, Militärische Karten 1:50.000, Topogr. Atlas des August Papen 1:75.000, Gaußsche Landesaufnahme 1:25.000, Preußische Landesaufnahme 1:25.000	◆			◆	◆						ASCII, Arc Info-Generate	◆		Intergraph, PCX, SNI-Hell	http://www.lgn.de/, geoMDK
Niedersächsisches Umweltministerium	Bodenschutz, Geologie und Bodenkunde, Landnutzung, Naturschutz,	Bodenkundliche Übersichtskarte, Geologische Übersichtskarte, Bodenkundliche Übersichtskarte, Landnutzungsklassifik. 1990/91/94, FFH-Gebiete, Biotopkartierung	◆	◆				◆	◆					◆		GIF	www.mu.niedersachsen.de, GISterm, UDK

© Buhmann/Wiesel: GIS-Report 2002, Bernhard Harzer Verlag, Karlsruhe

GIS-Themenkarten

Vertriebsmerkmale - öffentlicher Sektor

Anbieter	GIS - Themenkarten		Abgabe			Vektorformat							Rasterformat			Internet, Viewer, Datenkatalog
Anbieter	Themenbereich	Beispiele / Maßstab	nach Preisliste	nach Abstimmung	in Vorbereitung	EDBS	AutoCAD DXF	Archivo - Export	ArcView Shape	SICAD SQD	IGES	Mapinfo - IMF	Andere	TIFF	JPEG	Andere	

Land Nordrhein-Westfalen (D)

Geologischer Dienst Nordrhein-Westfalen - Landesbetrieb	Bodenkarten,	BK 5 dig 1:5.000, BK 50 (NRW),	◆			◆		◆	◆				PIA, PIA-ASCII, ASCII, ALK-GIAP Entladeformat, Arc Info-Generate	◆	◆	IDRISI	www.gd.nrw.de
	Rohstoffkarte,	Karte der Erosions- u.Verschlämmungsgefährdung (NRW) 1:50.000, Kies und Sand am Niederrhein 1:25.000, Oberflächennahe Rohstoffe (NRW) 1:100.000,															
	Geologische Karten, Hydrogeologische Karten, Lagerstättenkarten,	Geolog. Karte (NRW) 1:100.000, HK 50 (NRW)															
Landes-vermessungsamt Nordrhein-Westfalen	ATKIS-Daten,	ATKIS DLM 25/1, ATKIS DLM 25/2,	◆			◆							ASCII, Arc Info-Generate	◆		ARF für ALK-GIAP	www.lverma.nrw.de
	Topographische Karten,	DGK 5, TK 25 1:25.000, TK 50 1:50.000, TK 100 1:100.000,															
	Digitales Geländemodell,	DGM 5, DGM 25,															
	Luftbilder, Luftbildkarten, Orthophotos, Sonderkarten,	DOP (=Digitale Orthophotos), NRW 500, NRW 500 Ausgabe Straßenkarte															

GIS-Themenkarten

Vertriebsmerkmale - öffentlicher Sektor

Anbieter	Themenbereich	Beispiele / Maßstab	Abgabe: nach Preisliste	Abgabe: nach Abstimmung	Abgabe: in Vorbereitung	Vektor: EDBS	Vektor: AutoCAD DXF	Vektor: Arcinfo - Export	Vektor: ArcView Shape	Vektor: SICAD SQD	Vektor: IGES	Vektor: Mapinfo - IMF	Vektor: Andere	Raster: TIFF	Raster: JPEG	Raster: Andere	Internet, Viewer, Datenkatalog
Kommunalverband Ruhrgebiet	Stadtkarthographie, Freizeitkarten, Regionalkarten, Digitale Orthophotos, analoge Luftbildpläne, Flächennutzungskarten	1:50.000, 1:50.000, 1:125.000, 1:50.000, 1:5.000, 1:100.000	◆				◆	◆	◆	◆	◆	◆	ALK-GIAP sequentiell, Arc Info-Generate	◆	◆	Intergraph, BMP, GIF, weitere a. Anfrage	www.kvr.de, www.ruhrgebiet.de/geodatenserver, ArcExplorer, KVR Datenpool

Land Rheinland-Pfalz (D)

Anbieter	Themenbereich	Beispiele / Maßstab	Abgabe: nach Preisliste	Abgabe: nach Abstimmung	Abgabe: in Vorbereitung	Vektor: EDBS	Vektor: AutoCAD DXF	Vektor: Arcinfo - Export	Vektor: ArcView Shape	Vektor: SICAD SQD	Vektor: IGES	Vektor: Mapinfo - IMF	Vektor: Andere	Raster: TIFF	Raster: JPEG	Raster: Andere	Internet, Viewer, Datenkatalog
Geologisches Landesamt Rheinland-Pfalz	Geologie, Boden, Rohstoffe, Hydrogeologie	GK 25 1:25.000, BK 25 1:25.000, KOR 200 1:200.000, Neuwieder Becken 1:50.000	◆		◆								Formate noch nicht festgelegt			Formate noch nicht festgelegt	www.gla-rlp.de, UDK
Landesamt für Vermessung und Geobasisinformation	Landschaftsmodelle, Geländemodelle, Topographische Karten, Luftbilder, Raumbezug, Liegenschaftskataster	ATKIS-Basis DLM 1:5.000, DGM 5 1:5.000, DGM 25 1:25.000, DTK 5 1:5.000, DTK 25 1:25.000, DTK 50 1:50.000, DTK 100 1:100.000, DOP (25cm) 1:13.000, SAPOS, ACK 1:1.000	◆			◆								◆		PostScript, GeoTIFF	www.lvermgeo.rlp.de, Produktverzeichnis
Ministerium des Innern und für Sport Rheinland-Pfalz	Raumordnung, Landesplanung	Raumordnungskataster Rheinland-Pfalz (ROKRhl-Pf) 1:25.000		◆									PolyGIS, Arc Info-Generate		◆	pdf	www.ism.rlp.de, PolyGIS-Viewer, ArcExplorer

© Buhmann/Wiesel: GIS-Report 2002, Bernhard Harzer Verlag, Karlsruhe

GIS-Themenkarten

Vertriebsmerkmale - öffentlicher Sektor

Anbieter	Themenbereich	Beispiele / Maßstab	Abgabe: nach Preisliste	Abgabe: nach Abstimmung	Abgabe: in Vorbereitung	Vektorformat: EDBS	Vektorformat: AutoCAD DXF	Vektorformat: Arc/Info - Export	Vektorformat: ArcView Shape	Vektorformat: SICAD SGD	Vektorformat: IGES	Vektorformat: Mapinfo - IMF	Vektorformat: Andere	Rasterformat: TIFF	Rasterformat: JPEG	Rasterformat: Andere	Internet, Viewer, Datenkatalog
Land Saarland (D)																	
Landesamt für Kataster-, Vermessungs- und Kartenwesen	Topographische Karten, Digit. Geländemodelle, DLM, Liegenschaften, Luftbilder, Deutsche Grundkarte, Historische Karten	TK 25 1:25.000, TK 50 1:50.000, TK 100 1:100.000, DHM 50, DGM 5, ATKIS-Basis-DLM 1:5.000, ALK, ALB, Orthophotos, Festpunkte, DGK 5	◆	◆		◆	◆			◆			ASCII, SGD, PMF, Arc Info-Generate			SGD	www.LKVK.saarland.de, HILL, PolyGIS, Viewer, Digitale Daten
Saarland, Ministerium für Umwelt	Agrarstrukturmodelle, Naturschutz	Agrarraum 1:25.000, Nutzungseignung 1:25.000, Betriebskarten 1:25.000, FFH-Gebiete 1:25.000, Natura 2000 1:25.000	◆	◆			◆	◆	◆	◆			Arc Info-Generate	◆			www.umwelt.saarland.de, ArcExplorer, UDK Saar
Freistaat Sachsen (D)																	
Sächsisches Landesamt für Umwelt und Geologie (LfUG)	Naturschutz, Landschaftsplanung, Wasser, Boden, Geologie		◆						◆						◆		www.umwelt.sachsen.de/lfug, Umweltdatenkatalog

© Buhmann/Wiesel: GIS-Report 2002, Bernhard Harzer Verlag, Karlsruhe

GIS-Themenkarten

Vertriebsmerkmale - öffentlicher Sektor

Anbieter	Themenbereich	Beispiele / Maßstab	nach Preisliste	nach Abstimmung	in Vorbereitung	EDBS	AutoCAD DXF	Arcinfo - Export	ArcView Shape	SICAD SQD	IGES	Mapinfo - IMF	Andere	TIFF	JPEG	Andere	Internet, Viewer, Datenkatalog
Landesvermessungsamt Sachsen	Vektordaten, Rasterdaten,	ALK, ATKIS-DLM 1:10.000, ATKIS-DGM 1:10.000, VÜK 200 1:200.000, TK 10 1:10.000, TK 25 1:25.000, TK 50 1:50.000, TK 100 1:100.000, TK 200 1:200.000, Luftbilddaten 1:16.000	◆			◆	◆	◆	◆	◆			SQD, DGM, Arc Info-Generate	◆	◆	PCX, MrSID	www.verma.smi-sachsen.de, Metainformationssystem der ADV

Sachsen-Anhalt (D)

Anbieter	Themenbereich	Beispiele / Maßstab	nach Preisliste	nach Abstimmung	in Vorbereitung	EDBS	AutoCAD DXF	Arcinfo - Export	ArcView Shape	SICAD SQD	IGES	Mapinfo - IMF	Andere	TIFF	JPEG	Andere	Internet, Viewer, Datenkatalog
Ministerium für Raumordnung, Landwirtschaft und Umwelt	Raumordnung, Naturschutz, InVekos, Forst, Wasser, Altlasten,	ROK 1:25.000, Schutzgebiete 1:10.000, Digitale Orthophotos 1m Auflös., Waldkataster, Fließgewässer, Altlastenverdachtsflächen			◆	◆	◆	◆	◆				ODA (David), Arc Info-Generate	◆		ECW, SID	www.mrlu.lsa-net.de, ArcExplorer, UDK
Landesamt für Landesvermessung und Datenverarbeitung	Topographische Karten, ATKIS, Luftbilder, Orthophotos, Digitale Geländemodelle, Übersichts Karten,	TK 10 1:10.000, TK 25 N 1:25.000, TK 50 N 1:50.000, TK 100 N 1:100.000, CD-ROM Top50 LSA, ATKIS-DSM 25, ATKIS-DGM, Digitale Orthophotos, TÜK 200 R, ÜK 300 L	◆			◆	◆	◆	◆					◆	◆	weitere a. Anfrage	www.geobasis.sachsen-anhalt.de, Geotopographie

© Buhmann/Wiesel: GIS-Report 2002, Bernhard Harzer Verlag, Karlsruhe

GIS-Themenkarten

Vertriebsmerkmale – öffentlicher Sektor

Anbieter	Themenbereich	Beispiele / Maßstab	nach Preisliste	nach Abstimmung	in Vorbereitung	EDBS	AutoCAD DXF	ArcInfo - Export	ArcView Shape	SICAD SQD	IGES	MapInfo - IMF	Andere	TIFF	JPEG	Andere	Internet, Viewer, Datenkatalog
Geologisches Landesamt Sachsen-Anhalt	Geologie, Boden,		◆	◆			◆	◆	◆				Arc Info-Generate				ArcExplorerGLA GIS
Landeshauptstadt Magdeburg	Großmaßstabskarten, Kleinmaßstabskarten, Flächennutzungsplan,	Rasterformat, bebaut 1:500, Rasterformat, unbebaut 1:1.000, Vektorformat 1:1.000, Farbluftbild (20cm) 1:1.000, Topographische Stadtkarte 1:10.000, Amtlicher Stadtplan 1:20.000, 1:10.000	◆				◆						dgn,dwg möglich, Arc Info-Generate	◆	◆	rle	www.magdeburg.de, Active CGM-Browser, Zeichenvorschrift nach Maßstäben
Landesamt für Geologie und Bergwesen	Boden, Geologie, Rohstoffgeologie, Hydrogeologie, Geophysik, Geopotentiale,	BüK 400 1:400.000, VBK 50 1:50.000, GÜK 400 1:400.000, GK 25 1:25.000, KOR 50 1:50.000, HYK 400 1:400.000, HK 50 1:50.000, GravÜK 400 1:400.000, GeoPot 400 1:400.000	◆						◆								www.mw.sachsen-anhalt.de/gla

© Buhmann/Wiesel: GIS-Report 2002, Bernhard Harzer Verlag, Karlsruhe

GIS-Themenkarten

Vertriebsmerkmale - öffentlicher Sektor

Anbieter	GIS - Themenkarten		Abgabe			Vektorformat							Rasterformat			Internet, Viewer, Datenkatalog
Anbieter	Themenbereich	Beispiele / Maßstab	nach Preisliste	nach Abstimmung	in Vorbereitung	EDBS	AutoCAD DXF	Arcinfo - Export	ArcView Shape	SICAD SQD	IGES	Mapinfo - IMF	Andere	TIFF	JPEG	Andere	

Land Schleswig-Holstein (D)

Anbieter	Themenbereich	Beispiele / Maßstab	nach Preisliste	nach Abstimmung	in Vorbereitung	EDBS	AutoCAD DXF	Arcinfo - Export	ArcView Shape	SICAD SQD	IGES	Mapinfo - IMF	Andere	TIFF	JPEG	Andere	Internet, Viewer, Datenkatalog
Landesamt für den Nationalpark "Schleswig-Holsteinisches Wattenmeer"	Robbenmonitoring, Seegrasmonitoring, Grünalgenmonitoring, Grenzen des NP, Grenzen von Schutzgebieten, Landschaftsbestandteile, Miesmuschelkulturflächen, Miesmuschelwildflächen, Salzwiesen 1988/89, Salzwiesen 1996/97,	Punktdaten, Befliegung 8/01 1:100.000, Umrisse 1:100.000, Umrisse 1:100.000, Polygon Corer 1:100.000, Polygon Corer 1:100.000, Übersichtskartographie 1:100.000, Strand je nach Kartierung 1:100.000, Umrisse je nach Kartierung 1:100.000, Pflanz.Soz. Kartierung im DGK Blatt 1:5.000, Pflanz.Soz. Kartierung im DGK Blatt 1:5.000	♦	♦				♦					COR, EPS, Arc Info-Generate	♦	♦		NOKIS (im Aufbau)
Landesvermessungsamt Schleswig-Holstein	Topographische Karten, Digitales Geländemodell, Sonderkarten, Luftbilder, Orthophotos,	TK 25 1:25.000, TK 50 1:50.000, TK 100 1:100.000, ALK, ATKIS-DLM 25/1, DGM 25, DGM 50	♦			♦	♦						auf Anfrage, Arc Info-Generate	♦		auf Anfrage	www.schleswig-holstein.de/lverma, Metainfsys. des Geodatenzentrums (BKG)

GIS-Themenkarten

Vertriebsmerkmale - öffentlicher Sektor

Anbieter	GIS - Themenkarten		Abgabe			Vektorformat							Rasterformat			
Anbieter	Themenbereich	Beispiele / Maßstab	nach Preisliste	nach Abstimmung	in Vorbereitung	EDBS	AutoCAD DXF	ArcInfo - Export	ArcView Shape	SICAD SQD	IGES	Mapinfo - IMF	Andere	TIFF	JPEG	Andere
Staatskanzlei des Landes Schleswig-Holstein	Raumordnungskataster,	ROIS-TK		◆			◆						EPS, ArcInfo-Generate	◆	◆	PICT (MAC), BMP, Photo-shop
Freistaat Thüringen (D)																
Thüringer Landesvermessungsamt	Automatisierte Liegenschaftskarte, Automatisiertes Liegenschaftsbuch, Digitale Topographische Karten, Digitale Orthophotos, Digitale Luftbilder, Topographische Karten,	ALK zu 20% 1:10.000, ALB zu 100% 1:10.000, DTK-V 10 1:10.000, DTK-V 25 1:25.000, DTK-V 50 1:50.000, DTK-V 100 1:100.000, DTK-V 250 1:250.000, TK 10, TK 25, TK 50, TK 100	◆	◆		◆	◆			◆				◆	◆	ASCII	www.thueringen.de/vermessung, Produktverzeichnis

GIS-Themenkarten

Vertriebsmerkmale - privater Sektor

Anbieter	Themenbereich	Beispiele / Maßstab	Abgabe			Vektorformat								Rasterformat			Internet, Viewer, Datenkatalog
			nach Preisliste	nach Abstimmung	in Vorbereitung	EDBS	AutoCAD DXF	Arcinfo - Export	ArcView Shape	SICAD SQD	IGES	Mapinfo - IMF	Andere	TIFF	JPEG	Andere	
AGIS GmbH Frankfurt am Main	Soziodemographie	Arbeitsamtsbezirke o. Maßstab, IHK - Bezirke o. Maßstab, Grosso - Gebiete o. Maßstab, Telekom - Niederlassungen o. Maßstab	◆	◆					◆			◆	MapInfo Tab, Arc Info-Generate				www.geoas.de, MapInfo ProViewer
CISS TDI	Straßen- und Verkehrsmanagement, Umweltplanung, Transportwesen und Flottenmanagement, Telematik, Standortanalysen, Bauleitplanung	StreetMap (Digitale Straßendaten z.B. für GeoMarketing), EDBS / ATKIS-Daten verschiedener Landesvermessungsämter, (Amtliches Topografisch-Kartografisches Informationssystem)		◆		◆	◆		◆	◆			TAB, GeoMedia (Access), Small-world, Oracle, DGN, Arc Info-Generate				www.ciss.de, auf Anfrage je nach System
con terra	Topographische Karten	für NRW.: DGK 5, Orthophctos, DGM, ATKIS-DLM, TK 25,TK 50, TK 100, für Hessen u. Bayern: TK 25, TK 50, TK 100, für Kommunalverband Ruhrgebiet: Digit. Orthophotos, Digit.	◆			◆	◆	◆	◆	◆			GIAP-Entladeformat, ARC/INFO Coverage, Arc Info-Generate	◆		alle gängigen Formate	www.conterra.de, Fachdatenmanager

GIS-Themenkarten

Vertriebsmerkmale - privater Sektor

Anbieter	Themenbereich	Beispiele / Maßstab	Abgabe: nach Preisliste	Abgabe: nach Abstimmung	Abgabe: in Vorbereitung	Vektor: EDBS	Vektor: AutoCAD DXF	Vektor: Arcinfo-Export	Vektor: ArcView Shape	Vektor: SICAD SQD	Vektor: IGES	Vektor: Mapinfo-MIF	Vektor: Andere	Raster: TIFF	Raster: JPEG	Raster: Andere	Internet, Viewer, Datenkatalog
DDS digital data services GmbH	Straßennetze, Gebietsgrenzen, Rasterkarten, Business-Potentialdaten, Soziodemographische Daten, Luftbilder, Höhenmodelle	Digitale Geographie Detail NavTech 1:25.000, Gemeindegrenzen Deutschland 1:300.000, Bundestagswahlkreise 1:300.000, NUTS 3-Grenzen EU, Generalkarten Mairs 1:200.000, Falkstadtpläne 1:20.000, Diverse Firmendaten (Branche ...), Diverse Demographische Daten, Digitale Luftbildkarte Geospace 1:5.000, Digitale Höhenmodelle, Intermap 1:100.000		◆				◆	◆			◆	auf Anfrage, Arc Info-Generate	◆			www.spatialdata.de, Pro Viewer, Arc Explorer, Datenpreisliste
Definiens AG		IKONOS - Satellitenbilder		◆											◆	GeoTIFF, TIFF 6.0, ERDAS, BIL, BIP, NITF 2.0, Sun	www.delphi2.de, IKONOS-2 Aufnahmen
ESRI Geoinformatik GmbH		ArcGemeinde, ArcDeutschland 500, ArcPLZ, ArcWorld (TM), ArcAtlas: Our Earth, DCW: Digital Chart of the World	◆			◆	◆	◆	◆	◆	◆		Teilw. A/I-Coverage, Arc Info-Generate		◆		esri-germany.de; esri.com, ArcExplorer, ArcData Katalog D/CH
GAF AG	Umweltmonitoring, Land- und Forstwirtschaft, Landnutzung, Städtebau, Raumplanung, Geomarketing, Satellitenbildmosaik Deutschland, Vertrieb von Satellitendaten aller gängigen Betreiber weltweit	5m Orthophotomosaik	◆													GeoTIFF, MrSID	www.gaf.de

© Buhmann/Wiesel: GIS-Report 2002, Bernhard Harzer Verlag, Karlsruhe

GIS-Themenkarten

Vertriebsmerkmale - privater Sektor

Anbieter	Themenbereich	Beispiele / Maßstab	nach Preisliste	nach Abstimmung	in Vorbereitung	EDBS	AutoCAD DXF	Arcinfo - Export	ArcView Shape	SICAD SQD	IGES	Mapinfo - IMF	Andere (Vektor)	TIFF	JPEG	Andere (Raster)	Internet, Viewer, Datenkatalog
Geospace Gesellschaft für Umwelt- und Rauminformatik mbH	Digitale Kartographie, Digitalisierdienste, Luftbildinterpretation, Umweltverträglichkeitsstudien, Flächennutzungsplanung, Georeferenzierung, Aufbereitung von Daten für alle gängigen GIS-Systeme, Befliegungen (Colorinfrarot und Panchromatisch)		◆			◆	◆	◆		◆			Poly GIS, Arc Info-Generate	◆			www.tip-jena.de/geospace Poly GIS-View
GEOSYSTEMS GmbH		RheinGIS: Einzugsgebiet des Rheins, DHM, Hangneigung, Exposition, Gewässernetz, Hydrologie, Böden, Landnutzung	◆						◆					◆	◆	Generic Binary Format, IMG Format	www.geosystems.de, ERDAS MapSheets Express
GfK Marktforschung GmbH	Geomarketing, soziodemographische Daten BRD, Basis Marktdaten für Europa u. Osteuropa, digitales Detailstraßennetz, Banken, Versicherungen, Pharma, Handel	Kaufkraftkarte, kombinierte Postleitzonen Kreiskarte, administrat. u. Postal. Grenzen, Potentialskarten, individuelle Einzugsgebietsdarstellung, Spezialkarten nach Fragestellung	◆						◆				auf Anfrage, Arc Info-Generate				www.gfk.de/regionalforschung, POINTplus Datenkatalog

© Buhmann/Wiesel: GIS-Report 2002, Bernhard Harzer Verlag, Karlsruhe

GIS-Themenkarten

Vertriebsmerkmale - privater Sektor

Anbieter	GIS - Themenkarten		Abgabe			Vektorformat							Rasterformat			Internet, Viewer, Datenkatalog
Anbieter	Themenbereich	Beispiele / Maßstab	nach Preisliste	nach Abstimmung	in Vorbereitung	EDBS	AutoCAD DXF	ArcInfo - Export	ArcView Shape	SICAD SQD	IGES	MapInfo - IMF	Andere	TIFF	JPEG	Andere	
infas GEOdaten GmbH	Banken, Handel, Immobilien, Marketing, Pharma, Telekommunikation, Zeitungen, Prospektverteiler		◆					◆	◆			◆	MBI, Arc Info-Generate	◆	◆		www.infas-geodaten.de; www.geojournal.de, ArcExplorer, ProViewer, infas GEOdaten Datenkatalog
Ingenieurbüro für Geoinformatik Dipl. Ing. Helmut Wenniger	DGM, Straße, Luftbilder, Satbilder	50 m - Raster BRD, schatt. Höhenmodell, Straßennetz - Vektor, Straßennetz - POI, Straßennetz - Topographie, 1:12.000, Flächen der BRD 1:12.000	◆	◆			◆		◆	◆			DFK, MDF, Geomedia Workspace, Arc Info-Generate	◆	◆	auf Anfrage	www.wenninger.de Geomedia oder TerraGIS, Wenninger / Intergraph Datenkatalog
LIS Nidwalden AG	Amtl. Vermessung, Orthophoto, Leitungskataster, Zonenpläne, Umwelt-Natur, Zivilschutz, Wasser, Abwasser, Beleuchtung, Kabelfernsehen			◆			◆		◆				DWG, DGN, Interlis, AVS Kt Nidwalden, ADASS, Arc Info-Generate	◆	◆	PSD, EPS, PLT, RTL	www.lis-nw.ch, ArcExplorer/ArcView/MS, Verfügbare Geodaten
LIVEMAP GmbH	Berlin	www.livemap.de			◆		◆		◆				MapGuide SDF, Arc Info-Generate	◆	◆	MrSID	www.livemap.de, MapeGuide, LIVEMAP-Berlin

© Buhmann/Wiesel: GIS-Report 2002, Bernhard Harzer Verlag, Karlsruhe

GIS-Themenkarten — Vertriebsmerkmale - privater Sektor

Anbieter	Themenbereich	Beispiele / Maßstab	nach Preisliste	nach Abstimmung	in Vorbereitung	EDBS	AutoCAD DXF	Arcinfo - Export	ArcView Shape	SICAD SQD	IGES	MapInfo - IMF	Andere	TIFF	JPEG	Andere	Internet, Viewer, Datenkatalog
LogiBall GmbH	Routingserver, Addresslocator, Verkehrstelematik, Logistik	Georeferenzierte Rasterkarten aus 1:5.000 bis 1:1Mio, digitalen Verkehrsnetzdaten, flächendeckend für Deutschland und Europa, Innenstadtkarten und Straßenkarten	◆	◆		◆	◆	◆					GDF u. SMALLWORLD Dataset, Arc Info-Generate	◆	◆	georeferenzierte Formate	www.mapstore.de www.LogiBall.de, Mapit (www.mapit.de), Logiball Datenkatalog
MACON	Sozio-demographische Daten, Daten aus der Wirtschaft	Weltweites Landkartenarchiv, (administrative, postalische, topographische Karten)	◆						◆			◆	Regio Graph, weitere a. Anfrage, Arc Info-Generate				www.globalmaps.com, www.globalmaps.com
MapInfo GmbH	Europamapping, Straßendaten	Cartique Europa 1:300.000, StreetPro Deutschland 1:10.000	◆										MapInfo-TAB, Arc Info-Generate				www.mapinfo.de, MapInfo Proviewer, www.mapinfo.de
microm	Vertriebsgebietsplanung, Standortplanung, Distanzberechnung, Immobilien, Geomarketing	PLZ- u. Verwaltungsgrenzen, Haus- und Straßenkoordinaten, Haus- und Straßenkoordinaten, Hauskoordinaten, Mikrogeographische Daten	◆	◆			◆	◆	◆				auf Anfrage, Arc Info-Generate	◆	◆	BMP	www.microm-online.de
RIWA GmbH	Datenstrukturierung, Datenarchivierung, Datenmanagement, Themenkarten	Grundkarten Schweiz, Deutschland, Österreich, Europa (Verwaltung, PLZ u.a.)	◆				◆		◆	◆			PCMap, Map It, Arc Info-Generate	◆			www.riwa-gis.de

© Buhmann/Wiesel: GIS-Report 2002, Bernhard Harzer Verlag, Karlsruhe

GIS-Themenkarten

Vertriebsmerkmale - privater Sektor

Anbieter	GIS - Themenkarten		Abgabe			Vektorformat								Rasterformat			Internet, Viewer, Datenkatalog
Anbieter	Themenbereich	Beispiele / Maßstab	nach Preisliste	nach Abstimmung	in Vorbereitung	EDBS	AutoCAD DXF	Arcinfo - Export	ArcView Shape	SICAD SQD	IGES	Mapinfo - IMF	Andere	TIFF	JPEG	Andere	
Schubert & Partner GeoMarketing GmbH	ArcAustria Standardgeodemografie, GeoMarketing (Räumliche Daten, Thematische Daten), Digitale Stadtpläne, Digitale Telekom-Karten	Arc Austria Zählsprengel. u. Demografie, Siedlungseinheiten, Postamtsbereiche, ArcData CityView Wien, ArcData CityView Landeshauptstädte, Map u. Street Net, ÖK 50/200/500		◆			◆	◆	◆			◆	A/I-GRID, Arc Info-Generate	◆		A/I-GRID	www.geolook.at, www.geomarketing.at, ArcExplorer, ArcData Datenkatalog + einz. Produktblä.
Tele Atlas Deutschland GmbH	Digitale Straßenkarten, Administrative Grenzen, PLZ-Gebiete, Landbedeckung, Points of Interest								◆				GDF, Arc Info-Generate				www.teleatlas.com
TYDAC AG	Geomarketing, Topographische Karten, Stadtpläne, Orthophotos, Höhenmodelle, Landnutzung, NavTech	Kaufkraftdaten	◆				◆	◆	◆		◆	◆	SPANS, Arc Info-Generate	◆	◆	SPANS, ASCII-GRID	www.tydac.ch, www.tydac.ch/data-catalog/index.htm
Umweltdata Ges.m.b.H.	Fernerkundung	DHM Mona Europa 63,2 x 92,6, 75 x 75, 100 x 100, 200 x 200, Mona Austria 75 x 75, 100 x 100, 250 x 250, Landsat MSS 80 x 80, Ikonos, Quickbird						◆						◆		ArcInfo, Grid, IMG, weitere auf Anfrage	www.umweltdata.at, BIL, BIP

© Buhmann/Wiesel: GIS-Report 2002, Bernhard Harzer Verlag, Karlsruhe

4. Firmen und Anbieter

4.1 Übersicht Softwareanbieter

Nachfolgend eine tabellarische Übersicht der Softwareanbieter mit einer Auswahl der jeweils angebotenen GIS-Softwareprodukten. Im Adressenverzeichnis finden Sie die jeweiligen Anschriften der Firmen. Angaben zu den Produkten finden Sie im Kapitel 5.2

Anbieter	GIS-Softwareprodukte (Auswahl)
a/m/t/	GEOS4
aadiplan int'l	CASOB, 'mini CASOB
AED Graphics AG	AED-GIS, 'GeoServer
AGIS	Address Mapper, AGISCAD, GeoPlaner, ObjectBuilder
AGIS GmbH Frankfurt am Main	GeoAS - Das GeoInformationssystem mit Fachschalen
alta4 Geoinformatik	HTML ImageMapper für ArcGIS, 'HTML ImageMapper für ArcView GIS
AUTODESK GmbH	Autodesk Map 5, Autodesk MapGuide, AutoCAD Land Development Desktop R2
B & B Ingenieurgesellschaft	VermessCAD, KanalDat, WasserV, StromV
B.U.I	Line Extension@ for ArcView GIS
Baral - Geohaus Consulting AG	WEB-DD
Barthauer Software	BASYS, 'BaSYS - Indirekteinleiter, 'BaSYS - Plan Abwasser, 'BaSYS - Plan Wasser u.a.
BB - ZWO Software GbR	TRIAS 3D
Bentley Systems Germany	MicroStation GeoOutlook, 'MicroStation, 'MicroStation GeoGraphics, 'Viecon Publisher
BERIT	LIDS V6, LIDS Fachschalen
Braunstein+Berndt	Sound PLAN
BT-GIS Benndorf Technologie	GISeye, Klarschlammkataster, BPLAN, DGK5, FPLAN u.a
CADMAP Consulting Ingenieurgesellschaft	KANDIS
CAP GEMINI ERNST & YOUNG	Augustus 10
CGI Systems GmbH	eCognition, 'Geomatica - EASI/PACE, 'Geomatica - Geogateway, 'Geomatica Orthoengine
CISS TDI	BGrund-Reader für GeoMedia, CITRA, DFK/SQD Reader für MapInfo, 'DFK/SQD-Reader für GeoMedia, 'EDBS/ALK-Reader u.a.
COMMUNICATION & NAVIGATION	ArcGPS
con terra	Fachdatenmanager 1.4, 'Fachdatenmanager Intranet/Internet 2.0, GISPAD, 'PLATO, 'terraCatalog
c-plan Ingenieur-Software gmbh	TOPOBASE/ TOPODAT
CWSM GmbH	Map for Fun, SAGis web, MapGuide
DATAflor	DATAflor CAD V6, 'DATAflor Survey
DEFINIENS IMAGING GmbH	eCognition
DI FORSTHUBER GmbH	IGLIS
DIALOGIS GmbH	D-Mapper
DISTEFORA Navigation GmbH	GEOmatrics

© Buhmann/Wiesel: GIS-Report 2002, Bernhard Harzer Verlag, Karlsruhe

Anbieter	GIS-Softwareprodukte (Auswahl)
disy Informationssysteme GmbH	disy Cadenza, 'disy GISterm, 'disy GISterm Framework, disy Map Server
DORSCH CONSULT	HydroCAD
Dr.-Ing. Stein Ingenieurbüro	CUBIS/POLIS, 'BMS - Baustellenmanagement, 'CUBIS/POLIS EVU, 'CUBIS/POLIS Kommunal, 'Fachschale - Abwasser u.a.
Dresden Geoinformationssystem Service	EVA Mobil
DVM Consulting	Marion 24
EDO-Software	AutoTerrain, 'BGRUND, 'IMAGEFIT
EFTAS Fernerkundung	Agro Survey
EnergieSystemeNord	ESN Fachschale Gas, EGA, 'ESN Fachschale Strom, ESA, 'ESN Fachschale Wasser, EWA, 'ESN Modul ACE Assistent u.a.
ESG	GeoBroker Analyst, 'GeoBroker Archiver, 'GeoBroker Viewer, 'GeoBroker Web Server, 'ZARA
ESRI	ArcGIS, ArcInfo, ArcView GIS 3.3, 3D Analyst, ALK/ATKIS-Reader, Arc SDE, ArcExplorer, ArcIMS, ArcPad, MapObjects u.a.
euro GIS IT-Systeme GmbH	Plinius, StadtCAD HIPPODAMOS, 'StadtCAD OLYMP, 'StadtCAD VITRUV, 'TB-StadtCAD, 'Troja
Fichtner Consulting & IT	InterNETZ, GeoMedia-SAP-Schnittstelle, GeoPlot, GM2CAD-Schnittstelle, InterNetz-SAP-Schnittstelle u.a.
Forstware	PIA
GAF	AgroView, 'GEOROVER, 'LaFIS, 'LandRegister TM, 'SIGTIM
Gänger & Bruckner	GBData, 'GPS 2 GIS, 'Isomodul, 'PF-Manager, 'V-Chart, 'V-Gisbox, 'V-Legend
GCE	InfoNetz
GE Network Solutions	SMALLWORLD Core Spatial Technology u. Fachschalen, 'Smallworld Design Manager, 'Smallworld Spatial Intelligence u.a.
Gebig GIS mbH	AUTARK, MATGIS, 'Minka 2000
GEF - RIS AG	sis NET
GEG	TopoL
GEO++	GNNET-RTK
Geobyte Software	METROPOLY MapWork, - ThemKart, -GATE KONVERTER, -MapWeb Java Applet, -SPATIAL SERVER u.a.
GEOCOM Informatik	GEONIS expert, -user, -Abwasser/GEP, -Elektro, -Gas, -Telco, -Vermessung/Kataster, -Wasser, -GEONIS web u.a.
GEOGRAT	GISx (hoch x), GeoArea, GeoAREA ALK/ ALB, GeoGIS, GeoKart, GeoNetz, GeoNetz Elektro, GeoNetz Fernwärme u.a.
geoinform AG	Magellan Auskunftssystem CubiC-View, -Kanal, -Liegenschaften, -CubiC-CAD, -Baum, -Fernwärme u.a.
geo-konzept	geo-mobile, 'SoloFied / CE
GEOSYSTEM SA	GEOPOINT
GEOSYSTEMS	ERDAS IMAGINE, 'Image Analysis Extension für ArcView GIS
GeoTask	GeoTask Server/Internet Mapping
geoVAL Informationssysteme	ALK / ATKIS-Reader, 'geoVAL Baumkataster
Gfl	ATKIS/ALK-Manager, 'ThemenBrowser, 'Themenbrowser Intranet MapServer
GfK Marktforschung GmbH / DataGis GbR	MartViewer 3.0
GIS & GPS Systeme	MAPIX
GIS Project	VISA 32
GIS Team	MicroImages TNTlite, 'MicroImages TNTmips, 'MicroImages TNTatlas, 'TNT F-Plan, 'TNT Lplan, 'TNT Server,'TNT Sim3D

© Buhmann/Wiesel: GIS-Report 2002, Bernhard Harzer Verlag, Karlsruhe

Anbieter	GIS-Softwareprodukte (Auswahl)
GISA	Internetz, 'NetRIS
GISCAD	CD-Atlas 25, CD-Atlas ALK-ARCHIV, CDA-Generator, NMES_Manager 1.2,
GISolution	TERRA
GISquadrat	ResPublica, 'Gisquadrat WebSolutions
GPS GmbH	FUGAWI
graphikon	Vectory
Graphservice	geoPlot, GRAPPA, AMSYS. GeoBaum, GeoFlow, geoGrüne, geoKonst, GRAPPA/Online, SDH
GRASS Entwickler-Team	GRASS
GreenLab	ALK/ALB-Auskunft (GIS), 'ALK/ALB-Auskunft (Viewer), ArcFLUR, Data Manager, GPS-TRACER, Wald Kat
grit GmbH	Docfinder, HOMAGE für SICAD, HOMAGE-NETZ für SICAD, RAPS für SICAD,
Hansa Luftbild/ ICF GmbH	ALKCONN, BahnSoft, DGN2CARD/1, HansaGeoKIS, HL complexer, HL tool Kit, PlaceSlope, Place XYZ, PlanRahmen, SQOCONN
HarbourDom Consulting	Mapviewer
Heinrich Heine Universität	LISA
HHK Datentechnik GmbH, Braunschweig	GEOgraf, GEOgraFIS
Hydrotec GmbH	WW I
I.V.C. AG	CADdy, CADdy Kanalplanung, CADdy Leitungsplanung, CADdy Vermessung,
IABG	DEPOS, RDB, REDB-VAMP
IAC mbH	PolyGIS
IB&T	CARD/1 CARDPLOT, -Bahnplanung, -Kanalkataster, -Kanalplanung, -Straßenplanung, -Vermessung, GEOPAC-GIS u.a.
IBM	IBM GTiS - GeoGPG, IBM GTiS- geoInterface, IBM GTiS - Translator Toolkit, IBM GTiS geoManager
ibR Ges. für Geoinformation mbH	DAVID, -GeoAuskunft, -GeoMedia WebMap, -GeoDB, -PenGIS, 'ibR-Vermessungspaket, 'VPR-Feldversion
IEZ	speedikon A, speedikon M, speedikon W, speedikon X, speedikon XL
IMP GmbH	IMP GeoWeb-GIS - Auskunft über Intranet, 'IPM GeoWeb-GIS - Auskunft über Internet
infas GeoDaten	GEOadvert, GEOfinanz, GEOfranchise, GEOmarkt, GEOpresse, GEOprospekt, GEOvertrieb
Infraplan Syscon GmbH	IP Linfo, IP Abwasserkataster, IP ALK/ALB f. ArcIMS, IP ALK/ALB, IP ATKIS, IP Bauleitplanung, IP Baum u.a.
Ingenieurbüro Feiler, Blüml, Hänsel	Instra, Tools für MapInfo, UNFAS
INTEND Geoinformatik GmbH	Geonardo
INTERGRAPH	G/Technology (GRM), GeoMedia Professional, GeoMedia, GeoMedia WebMap/WebMap Professional
inthal software	inthal-vis
ITS Informationstechnik Service	Aggregationsmerker, COMPANY-WEB, Desktop-Saver, DET-Datenfassungstool, Fachschale Fernwärme u.a.
IVC AG	CADdy++ GeoMedia
IVT	VIS-Strasse / Aufbruch
K2-Computer Softwareentwicklung	GEOvision[3]
Kirchner EDV-Service Bremen	PRO INFO, Open Mobile GIS, PRO FIS, Pro GRESS, PRO GRUND, PRO KIS, PRO KKA, PRO NIS, PRO OPEN,

Anbieter	GIS-Softwareprodukte (Auswahl)
KISTERS AG	K Connect / Kmap, 'K3-Umwelt Altablagerungen/Altstandorte, 'K3-Umwelt Einleiterüberwachg. Indirekt u.a.
LAND+SYSTEM GmbH	L+S Bauleitplanung, L+S GRÜNMANAGEMENT, L+S Kommunal, L+S KompensationsflächenKataster, L+S THOR Metadatenbank
lat/lon Fitzke, Fretter, Poth	JaGo
Leica Geosystems AG	INFOCAM, ArcCadastre, GIS Data Pro, Interlis Studio, Leica FieldLink, Survey Analyst,Visual Survey
LIVEMAP	LIVEMAP
LogiBall	Geo@Web.Server
LUTUM + TAPPERT	DistrictManager2000, 'Easymap 7.0, Acrive JAVA BEANS Map, Active Map
M.O.S.S.	RoSy, WEGA-GDM, WEGA-IMG, WEGA-MARS, WEGA-WOW
MACON AG	DISTRICT, Regio Graph
MapInfo	MapeInfo mi Aware, -Professional, Map Marker, -Discovery, -Professional for MS SQL Server, MapXtreme u.a.
megatel GmbH	visor, internet visor
METTENMEIER GmbH	Bemaßungs-Profi, Case Viewer, Config. Manager, Conic GIS, Delta-Analyzer, GIS4all, Map Racer, Mapbook Redline u.a.
Microport	MicroCAD, Mappoint 2001,
Moskito GIS GmbH	Moskito GIS, 'Fachschale Bauleitplanung, Fachschale Baumkataster, Fachschale Friedhof, Fachschale Gas u.a.
Müller & Richter Informationssysteme	Geo AS R Markt- und Messeverwaltung, 'Geo AS R Zelt- und Campingplatz
norBIT	norGIS
OSC	InterGIS
PLEdocingrada*	GeoNV telco edition, where2dig
POPPENHÄGER GRIPS GmbH	GRIPS, GRIPSinfo
POWERSOFT R. PIAN	GICAD (PWS-GIS), GIRES (PWS-GIS)
PROGIS	WinGIS, WinMAP
PTV AG	INTERTOUR / Standard, map&market, ptv Crime, ptv post, ptv rescue, eMarket, INTERTOUR / Entsorgung u.a.
RIB Bausoftware	STRATIS
ribeka.com	Arbor 3.0 Baumkataster, 'Arbor 3.0 Baumkataster, 'GW Base 5.0 Grundwasser GIS, 'GW-Base5.0 Grundwasser-GiS
RIWA	PC Map
rmDATA	rmINFO/Utility, 'rmINFO, 'rmINFO Viewer / Web, 'rmMAP
RWE Systems Applications	GAUSZ, GAUSZ/web
SAG EL CGIT	TERRA-Tools, 'BONUS GeoWeb, BONUS ZAK, 'Freileitungsmanagement, 'MIRO - Tools
Screen & Paper Communication	MAPublisher, World Construction Set, 2GIS PRO, Power@Geo, Einsatzzentrale, Fachschale Boden- u. Gewässergüte u.a.
SELB	DIGIPLAN / AddPlan
SICAD GEOMATICS	SICAD/open, 'SICAD Spatial Desktop, 'SICAD - UT - WEB, 'SICAD Internet Suite
sofion AG	Außenanlagenkataster, 'EDBS Import/Export, 'Fachschale ALB, - Baum/Grünflächenkataster, -Kataster ALK u.a.
Softplan Informatik GmbH	INGRADA, INGRADA web
Softwarebüro Lothar Bubel	POLYGIS
speediKon Facility Management AG	speediKon FM
SRP Ges. f. Stadt- u. Regionalplang. mbH	YADE
SynerGIS Informationssysteme GmbH	GemGIS Easy, 'GemGIS View, 'FemGIS ALK-Konverter, 'GemGIS Fachdatenbanken, 'GemGIS Pro, 'GemGIS Tools, 'Web Office

© Buhmann/Wiesel: GIS-Report 2002, Bernhard Harzer Verlag, Karlsruhe

Anbieter	GIS-Softwareprodukte (Auswahl)
Systemhaus HEMMINGER	PARIS
team heese AG	ArcView Kommunal, GEO-ISY, GemGIS PRO, MapGuideCity, RZI-Tiefbau
TERRADATA & Co	ALK-Online, 'TERRACAD / TERRA
TRIAS GmbH	InterTRIAS, 'TRIAS (R)
TRIGIS Vermessung & Geoinformatik	Wegerechtsapplikation
Trimble	MAP 500
TYDAC AG, Bern, Schweiz	Neapoljs
UEFFING UMWELT CONSULT	ER Mapper, 'Image Web Server, 'Umwelttechnische Untersuchungen, 'Bodenschutz und Flächenrecycling u.a.
VANA Automatische DV	VALIS
Wenninger Systems GmbH	Terra GIS
WGI mbH	Auskunft und Analyse online u. mobil, Druckleitungsmanagement, Fahrerzugortung, Macom MAPInfo-Schnittstelle u.a.
Widemann Systeme	Plateia, 'WS-EasyMap, 'WS-LANDCAD
Wohlleben	WOCAD, WOCAD / MECAM
Woköck Geotechnik	ILWIS
ZEBRIS	WebView, WSG-Manager

© Buhmann/Wiesel: GIS-Report 2002, Bernhard Harzer Verlag, Karlsruhe

4.2 Übersicht GIS-Datenanbieter

Auf den folgenden Seiten sind zunächst die Geo-Datenanbieter des öffentlichen Sektors und im Anschluss die des privaten Sektors zusammengestellt. Im Adressenverzeichnis finden Sie die jeweiligen Anschriften.

Datenanbieter „öffentlicher Sektor"

Österreich (A) - landesweit
Bundesamt für Eich- und Vermessungswesen (BEV)

Statistik Österreich

Österreich (A) - Bundesländer
Amt der Kärntner Landesregierung
Land Steiermark

Amt der Tiroler Landesregierung

Schweiz - landesweit (CH)
Bundesamt für Statistik - Servicestelle GEOSTAT

Arbeitsgruppe SIK-GIS

Eidgenössische Forschungsanstalt für Wald, Schnee und Landschaft

Bundesamt für Landestopographie

Schweiz (CH) - Bundesländer
Baudepartement Kanton Aargau

Vermessungs- u. Meliorationsamt Basel-Landschaft

Grundbuch- und Vermessungsamt des Kantons Basel-Stadt

Etat de Genève / SITG Service des systemes d'information et de gèomatique

Meliorations- und Vermessungsamt des Kantons Graubünden GIS Zentrale

Meliorations- und Vermessungsamt des Kantons Schaffhausen

GIS-Fachstelle des Kantons Zug

Baudirektion Kanton Zürich, Amt für Raumordnung und Vermessung

Deutschland (D) - landesweit
Bundesamt für Naturschutz (BfN)

Bundesanstalt für Geowissenschaften und Rohstoffe (BGR)

Bundesanstalt für Gewässerkunde (BfG)

Bundesamt für Bauwesen und Raumordnung (BBR)

DFD DLR - Deutsches Zentrum für Luft- und Raumfahrt e.V.

Statistisches Bundesamt (Destatis)
Umweltbundesamt (UBA)

Bundesamt für Karthographie und Geodäsie (BKG)

Bundesamt für Seeschiffahrt und Hydrographie

Landesamt für Geowissenschaften und Rohstoffe Brandenburg (LGRB)

Land Baden-Württemberg (D)
Landesamt für Geologie, Rohstoffe und Bergbau Baden-Württemberg

Landesanstalt für Umweltschutz Baden-Württemberg (LfU)

„Landesvermessungsamt Baden-Württemberg"

Freistaat Bayern (D)
Bayerisches Geologisches Landesamt

„Bayerisches Landesvermessungsamt"

Bayerische Landesanstalt für Bodenkultur und Pflanzenbau

Bayerisches Staatsministerium für Landesentwicklung und Umweltfragen

Berlin (D)
Senatsverwaltung für Stadtentwicklung Umweltschutz und Technologie

Senatsverwaltung für Stadtentwicklung

Land Brandenburg (D)
Landesvermessung und Geobasisinformation Brandenburg

Ministerium für Landwirtschaft, Umweltschutz und Raumordnung

Hansestadt Hamburg (D)
Stadtentwicklungsbehörde - Amt für Landschaftsplanung

Baubehörde - Amt für Geoinformation und Vermessung

Land Hessen (D)
Hessisches Landesamt für Umwelt und Geologie

Hessisches Landesvermessungsamt

Hessisches Ministerium für Wirtschaft, Verkehr und Landesentwicklung

Land Mecklenburg-Vorpommern (D)
Landesamt für Umwelt, Naturschutz und Geologie Mecklenburg-Vorpommern

Landesvermessungsamt Mecklenburg-Vorpommern

Land Niedersachsen (D)
Bezirksregierung Hannover

Bezirksregierung Weser-Ems

Niedersächsisches Landesamt für Bodenforschung

Niedersächsisches Landesamt für Ökologie - Naturschutz Landesvermessung +

Geobasisinformation Niedersachsen

Niedersächsisches Umweltministerium

Land Nordrhein-Westfalen (D)
Geologischer Dienst Nordrhein-Westfalen - Landesbetrieb

Landesvermessungsamt Nordrhein-Westfalen"

Kommunalverband Ruhrgebiet

Land Rheinland-Pfalz (D)
Geologisches Landesamt Rheinland-Pfalz

Landesamt für Vermessung und Geobasis-Information

Ministerium des Innern und für Sport Rheinland-Pfalz

Land Saarland (D)
Landesamt für Kataster-, Vermessungs- und Kartenwesen

Saarland, Ministerium für Umwelt

Freistaat Sachsen (D)
Landesvermessungsamt Sachsen

Sächsisches Landesamt für Umwelt und Geologie (LfUG)

Land Sachsen-Anhalt (D)
Ministerium für Raumordnung und Umwelt

Landesamt für Landesvermessung und Datenverarbeitung

Geologisches Landesamt Sachsen-Anhalt

Landeshauptstadt Magdeburg

Landesamt für Geologie und Bergwesen

Land Schleswig-Holstein (D)
Landesamt für den Nationalpark „Schleswig-Holsteinisches Wattenmeer"

Landesvermessungsamt Schleswig-Holstein

Staatskanzlei des Landes Schleswig-Holstein

Land Thüringen (D)
Thüringer Landesvermessungsamt

Datenanbieter „privater Sektor"

Österreich (A)
ARGE DIGITALPLAN ZT

Schubert & Partner GeoMarketing GmbH

WIGeo-GIS

Schweiz (CH)
LIS Nidwalden AG

Deutschland (D)
AGIS GmbH Frankfurt am Main

CISS TDI

con terra

DDS digital data services GmbH

Definiens AG

ESRI Geoinformatik GmbH

GAF AG

Geospace Gesellschaft für Umwelt- und Rauminformatik mbH

GEOSYSTEMS GmbH

GfK Marktforschung GmbH

infas GEOdaten GmbH

Ingenieurbüro für Geoinformatik

Dipl. Ing. Helmut Wenniger

LIS Nidwalden AG

LIVEMAP GmbH

LogiBall GmbH

MACON

MapInfo GmbH

microm

RIWA GmbH

Schubert&Partner GeoMarketing GmbH

Tele Atlas

TYDAC AG

Umweltdata Ges. m.b.H

4.3 Übersicht GIS-Dienstleistung und Beratung

Auf den folgenden Seiten sind als Übersicht die GIS-Dienstleistungsfirmen zusammengestellt, zu denen im Anschluss ein Firmenprofil mit der Beschreibung des jeweiligen Leistungsspektrums wiedergegeben ist.

AED Graphics AG
Agis GmbH
alta4 Geoinformatik
Atelier Bernburg
Barthauer Software Gmb
born & partner GmbH
con terra GmbH
c-plan gmbh
DIALOGIS GmbH
ENSECO GmbH
ESG Elektrosystem- und Logistik-GmbH
ESRI Geoinformatik GmbH
FICHTNER CONSULTING & IT AG
GAF AG
GDV - Gesellschaft für geografische Datenverarbeitung mbH
GE Network Solutions
GEF-RIS AG
GEOBYTE SOFTWARE GmbH
GEOCOM Informatik AG
GEOGRAT Informationssystem GmbH
Geo - IT GmbH
Geoinformatik GmbH
GIS Consult GmbH
GISquadrat GmbH
grit graphische Informationstechnik Beratungs GmbH
IAC GmbH
IB&T GmbH
ili gis-services
IMP GmbH
infas GEOdaten GmbH
Infraplan Syscon GmbH
INTENT GmbH
INTERGRAPH (Deutschland) GmbH
ITS Informationstechnik Service GmbH
IVU Traffic Technologies AG
Kirchner EDV-Service GmbH
MapInfo GmbH
MAPS geosystems GmbH
Mensch und Maschine Software AG
Mettenmeier GmbH
MGIS gesellschaft für Consulting und innovative Software mbH

ÖKODATA GmbH
Phoenics Dienstleistungsgesellschaft für digitale Photogrammetrie und GIS mbH
PLEdoc GmbH
POPPENHÄGER GRIPS GMBH
RIB Software AG
SAG Energieversorgungslösungen GmbH
SCHLEUPEN AG
SICAD GEOMATICS GmbH & Co oHG
Softplan Informatik GmbH
Dr.-Ing. Dr. Stein Ingenieurbüro GmbH
team heese AG
Tele-Info Digital Publishing AG
Terra Map Server GmbH
Trimble GmbH
WASY GmbH
Wenninger Systems GmbH
WIDEMANN SYSTEME
ZEBRIS Geoinformationssysteme und Consulting

4.4 Ausgewählte Firmenprofile

Neben den Software und Datenanbietern stellt der GIS-Report auch das Forum für die GIS-Dienstleister dar. Jeder Dienstleister wird zunächst um vergleichende Angaben zu seinem „Profil" gebeten. Anschließend sollten kurze Texte ein Selbstporträt erlauben.

Unser „Who is Who" im deutschen GIS-Markt ist die wichtige dritte Säule des GIS-Reports. Sowenig GIS ohne Software und die entsprechend aufbereiteten GIS-Daten auskommt, so sehr ist immer mehr Beratungs- und Entwicklungs-Knowhow in diesem Bereich gefragt. Um jede Softwaregruppe haben sich entsprechende Dienstleistungsfirmen angesiedelt, die eine Vielzahl von Diensten wie Consulting in der Systemauswahl und Einführung, Projektbetreuung, Projektbearbeitung und „Customizing" für spezielle Anforderungen anbieten.

Firmenprofile

AED Graphics Aktiengesellschaft

Straße: Mallwitzstr. 1-3
PLZ, Ort: 53177 Bonn
Land: D-
Telefon: 0228/9542-0
Telefax: 0228/9542-111
E-mail: aed@aed-graphics.de
Internet: www.aed-graphics.de
Gesellschaftsform: Aktiengesellschaft
Zweigstellen in: AED Systems GmbH, Potsdam
Vorstand:
Dipl.-Ing. Werner Lück
Dr. rer.nat. Thomas Englert
Anzahl der Mitarbeiter: 55
Gründungsjahr: 1982 (AED Graphics GmbH)
Gesamtumsatz 2001: 6 Mio. EUR
Umsatz im GIS Bereich: 6 Mio. EUR

Produkte und Dienstleistungen:

Softwareprodukte: Geografisches Informationssystem AED-GIS
Digitale Datenprodukte: —
Dienstleistungen: Beratung, Projektdurchführung, Schulung, Hotline/Wartung
Weitere Produkte im Vertrieb:
Geamtlösungen inkl. Hardware

Firmenprofil: AED Graphics wurde 1982 als Gesellschaft für Entwicklungsplanung und Datenverarbeitung gegründet. Als unabhängiges Software- und Systemhaus beschäftigt sich AED Graphics mit der Entwicklung raumbezogener graphischer Standardsoftware und darauf aufbauend mit der Erstellung von Komponenten eines Geo-Informationssystems.
Mit über 1.700 Installationen allein des High-End-GIS, die Desktop-Systeme und Web-Arbeitsplätze dabei nicht mitgezählt, gehört AED Graphics zu den führenden Anbietern von Geo-Informationssystemen in Deutschland.

Schwerpunkt der Unternehmenstätigkeit ist die Entwicklung von Standard Softwarelösungen für die Arbeitsgebiete Bau-, Planungs- und Vermessungswesen, Umweltplanung, thematische Kartographie sowie für die Ver- und Entsorgungswirtschaft. Die Tätigkeiten umfassen Produktkonzeption und Implementierung von GIS-Applikationen auf Workstations und PCs, sowie deren Lieferung und Installation, Schulung und Übernahme von Generalverantwortung.
AED Graphics AG führt ein Qualitätsmanagementsystem nach DIN EN ISO 9001.

Software-Produkte

AED-GIS besteht aus einem Datenbankmanagementsystem und darauf aufsetzend dem GeoServer®, der fachgerecht Geodaten und Funktionalitäten anbietet und verschiedenen Clients zur Verfügung stellt. Damit sind von einfacheren Lösungen im Internet/Intranet mit einer breiten Nutzerschicht über den Desktop-Bereich bis hin zum High End-GIS alle Nutzerschichten in einer Verwaltung abgedeckt.

ALKIS®

Seit 2001 ist Leica Geosystems AG an der AED beteiligt. Ziel ist es, in gemeinsamen ALKIS-konformen Lösungen AED-Software sowie modernste Leica Geosystems-Messtechnologien der Datenerfassung miteinander zu vereinen. Beide Firmen orientieren sich in ihren neuen Standards an der universellen GIS-Technologieplattform von ESRI, auf der eine durchgängige Lösung von der mobilen Erfassung bis zum Geodatenserver für den Einsatz in Kataster und Kommune geschaffen wird.

Fachanwendungen:

AEDKataster Liegenschaftskataster (ALB-Auskunft, integrierte ALK/ALB-Fortführung, Digitale Rissverwaltung, Grundriss- und Punktnachweis, Buchnachweis)

Firmenprofile

AEDKommunal: Bebauungsplan, Landschaftsplan, Flächennutzungsplan, Realnutzungskataster, Altlasten, etc.
AEDNetze: Netzinformationssystem (Gas, Wasser, Strom, Fernwärme) und Kanalinformationssystem, Telekommunikation
AEDForst Forstvermessung/Forstplanung/ Forstinformationssystem

GeoClients:

GeoWebClient: einfache Nutzung von Geodaten und Geodiensten im Intranet oder Internet mit den Produkten ALK@GIS, ALB@GIS, DRV@GIS etc.
GeoUserClient: Integrierte Sicht auf alle Geodaten mit der Möglichkeit zur Auswertung und Analyse.
GeoXpertClient: High-End GIS für die Erfassung und Pflege der Geodaten.

Mitgliedschaften:
CEN- und DIN-Normausschüsse
OpenGIS Consortium (OGC)
Deutscher Dachverband für Geoinformation (DDGI)
Gesellschafter der CeGI (Center for GeoInformation GmbH)

Partnerschaften:
Compaq Application Solution Provider
ESRI Partner
IBM Business Partner
Leica System Partner
Microsoft Certified Solution Provider
Oracle Certified Solution Partner

AGIS GmbH

Straße: Schönberger Weg 9
PLZ, Ort: 60448 Frankfurt/M.
Land: D-
Telefon: 0 69 / 24 70 14-0
Telefax: 0 69 / 24 70 14-20
E-mail: info@agis-gmbh.de
Internet: www.agis-gmbh.de
Zweigstellen in:
Partnerfirmen: Mapinfo GmbH, TERRAPLAN, TYDAC AG, Müller & Richter Informationssysteme GmbH, GEOCONSENS GmbH, IMP GmbH, Das innovative Büro GmbH, MACON AG
Geschäftsführer: Wolfgang Hausch, Michael Jäger
Leiter der Anwenderberatung: —
Schulungsleiter: Oliver Best
Anzahl der Mitarbeiter: 12
Gründungsjahr: 1989
Gesamtumsatz 2002: —
Umsatz im GIS Bereich: —

Produkte und Dienstleistungen:

Softwareprodukte:
GeoAS® - Das (Kommunale) Geoinformationssytem mit über 30 Fachschalen
GeoAS® - MapCAD (Konstruktionstool für MapInfo Prof.)
GeoAS® - MapPlot (Druck-/Plot-Tool für MapInfo Prof.)
Neapolis - Internet Mapping
FME® - Die Schnittstelle für Geodaten (unterstützt über 100 Formate)
Digitale Datenprodukte:
Geographische Daten, soziodermographische Daten, Straßendaten. (Autorisierter Partner der MACON AG)
Dienstleistungen: Softwareentwicklung / -anpassung und Betreuung von Geoinformationssystemen, Schnittstellenentwicklung mit FME für systemunabhängigen Datentransfer, Digitalisie-

Firmenprofile

rung, Datenerfassung und Aufbereitung/Strukturierung (z.B. Kanal-, Gas, Wassernetze), Statistische Datenauswertung und thematische Kartographie, Geocodierung von Standorten (z.B. Kunden, Produktionsstätten,...), Großformatiges Scannen, Entzerrung, Georeferenzierung und Montage von Rasterdaten, Auswertung von Luftbildern (z.B. Versiegelungsflächen), Örtliche Datenerfassung durch Vermessung, Hotline- und Updateservice für GeoAS und MapInfo, Systemunabhängiger Beratung, GeoAS und MapInfo - Trainingszentrum

Weitere Produkte im Vertrieb:

Firmenprofil: Die AGIS GmbH ist seit 1989 ein führender Anbieter von EDV-Dienstleistungen und Softwareauf dem Gebiet der Geoinformationssysteme. Durch den Einsatz von unterschiedlichsten Geoinformationssystemen, die Produktion der amtlichen Geo-Basisdaten und die Beratung unserer Kunden, kennen wir die Schnittmenge aus Bedürfnissen und Möglichkeiten ganz genau. Wir bieten Ihnen sämtliche Dienstleistungen rund um Ihre Geoinformationen an (Beratung, Softwareentwicklung, Schulung, Datenerfassung, -konvertierung und -integration). Bei über 250 Kunden aus öffentlicher Verwaltung und Privatwirtschaft in Deutschland und in der Schweiz werden sämtliche der mittlerweile über 30 verschiedenen GeoAS®-Module, Neapoljs und FME® eingesetzt.

Mit GeoAS® bieten wir ein solides und transparentes GIS an. Die einfache Bedienung und zugleich umfassende Funktionalität, offene Datenstrukturen und die Unterstützung internationaler Standards (zahlreiche unterstützte Formate und Office-Integration) und die Flexibilität haben GeoAS® zu einer etablierten Software für Kommunen und Dienstleister gemacht.

Neapoljs ist die erfolgreiche Software für Internet Mapping. Mit Neapoljs können einem großen Nutzerkreis sowohl im Intranet als auch im Internet Geodaten zur Verfügung gestellt werden. Auf Anwenderseite ist lediglich ein Browser erforderlich. Neapoljs arbeitet OHNE plug-ins, ist also ideal für Internetanwendungen. Neapoljs und GeoAS greifen auf das gleiche Datenformat zu, ergänzen sich also hervorragend.

FME® (Feature Manipulation Engine) ist die wohl leistungsfähigste und vielseitigste Geodaten-Schnittstelle auf dem Markt. FME unterstützt über 100 Formate (von DWG/DXF über SQD und Smallworld bis nach EDBS, GIF oder EPS) und ist vielseitig konfigurierbar. Neben der „einfachen" Format-Konvertierung können zeitgleich Objekt- und Datenbankmanipulationen vorgenommen werden.

Die AGIS GmbH stellt seit Jahren mit eigenen Messeständen auf der INTERGEO und der KOMCOM aus.
Die AGIS GmbH ist:
Autorisierter Partner und Trainingszentrum der MapInfo GmbH
Autorisierter Partner der MACON AG
Kooperationspartner des Hessischen Landesvermessungsamtes
Mitglied im Deutschen Dachverband für Geoinformation (DDGI)
GeoAS® ist ein Produkt und eingetragenes Warenzeichen der AGIS GmbH, Frankfurt am Main, Deutschland (www.geoas.de)
MapInfo® ist ein Produkt und eingetragenes Warenzeichen der MapInfo Corp., Troy, USA (www.mapinfo.com)
Neapoljs ist ein Produkt der TYDAC AG, Bern, Schweiz (www.tydac.ch)
FME® ist ein Produkt und eingetragenes Warenzeichen der Safe Software Inc., Canada (www.safe.com)

alta4 Geoinformatik AG

Straße: Frauenstr. 8 + 9
PLZ, Ort: 54290 Trier
Land: D-
Telefon: 0651/96626-o
Telefax: 0651/96626-26
E-mail: info@alta4.de
Internet: www.alta4.de
Partnerfirmen: ESRI, Swegis, IDAS, High Desert Geo Technologies Inc., GeoCaribe

Firmenprofile

Vorstand: Ole Seidel
Vertriebsleiter: Chrsitian Calonec-Rauchfuß
Leiter Anwenderbeartung: Jens Kügl
Schulungsleiter: Stephan von St. Vith
zuständig für Hotline: Holger Sternad
Anzahl der Mitarbeiter: 10
Gründungsjahr: 1998
Gesamtumsatz 2001: 300.000 EUR
Umsatz im GIS Bereich: 300.000 EUR

Produkte und Dienstleistungen:

Softwareprodukte: ESRI & Inhouse developments (siehe Firmenprofil)
Digitale Datenprodukte: —
Dienstleistungen: Internet-GIS-Solutions
Weitere Produkte im Vertrieb: —

Referenzen:

GIS-Dienstleistungen (Auswahl):
GIS-Logistiklösung für Printmedien-Distribution
Stadtinformationssysteme & Geomarketing Solutions

GIS-Firmen (Auswahl): —

Firmenprofil: Die alta4 Geoinformatik AG gehört seit Jahren zu den Pionieren auf dem Gebiet Web-bezogener GIS-Software und Dienstleistungen. Als internationaler Vertriebs- und Entwicklungspartner von ESRI zählt alta4 zu den ersten Adressen für Geoinformatik im Südwesten Deutschlands. Unser Leitmotiv lautet: Mehrwert für unsere Kunden durch Innovation & GI-Technologie.

Vertrieb, Beratung & Schulung

alta4 vertreibt die GIS-Software des weltweit führenden GIS-Herstellers ESRI, USA (z.B. ArcView, ArcInfo etc.) und bietet maßgeschneiderte Beratungsleistungen sowie Schulungen rund um GIS und ESRI-Softwareprodukte an.

Innovation & Entwicklung

schon die Erstentwicklung aus dem Hause alta4, der HTML ImageMapper, liegt genau auf dieser Linie. Er ist die weltweit führende Erweiterung zu ArcView GIS, mit der GIS-Karten auch ohne Spezialkenntnisse ins Web gestellt werden können. Diese einfache, schnelle und kostengünstige Internet-GIS-Anwendung wird ständig weiterentwickelt und wird mittlerweile in einer Version für ArcView bzw. ArcGIS weltweit vermarktet.

Dienstleistung mit Web & GIS

Dienstleistung wird bei alta4 ganz groß geschrieben. Für unsere Kunden in der öffentlichen Verwaltung und der Privatwirtschaft bearbeiten wir Projekte, in denen wir unser Kwow-how aus den Bereichen Geoinformatik und Internet verknüpfen. Unsere Lösungen stehen dabei hoch im Kurs. Die Entwicklung eines GIS- und Intranetgestützten Logistiksystems zur optimierten PrintmedienDistribution für einen bedeutenden deutschen Presse-Grosso durch alta4 ist mit dem „Goldenen Vertrieb" des Axel Springer Verlages für besondere Innovation im Bereich Presse-Logistik ausgezeichnet worden.

ATELIER BERNBURG
Landschaftsinformatik

Straße: Friedrichstr. 17
PLZ, Ort: 06406 Bernburg
Land: D-
Telefon: +49 (0) 3471-34619-0
Telefax: +49 (0) 3471-628179
E-mail: atelier.bernburg@t-online.de
Internet: www.atelier-bernburg.de
Partnerfirmen: Berlin, München, Ingolstadt
Geschäftsführer: Prof. Erich Buhmann, Jeanne Colgan
Vertriebsleiter: —
Leiter Anwendungsberatung:
Prof. Erich Buhmann
Schulungsleiter: Dipl.-Ing. Kathrin Leo

Firmenprofile

zuständig für Hotline: Dipl.-Ing. Ingo Voigt
Anzahl der Mitarbeiter: 7
Gründungsjahr: 1998
Gesamtumsatz 2001: 400.000 EUR
Umsatz im GIS Bereich: 350.00 EUR

Produkte und Dienstleistungen:

Dienstleistungen: GIS-Beratung, GIS-Entwicklung, GIS-Dienstleistung

Referenzen:

GIS-Dienstleistungen (Auswahl):
Niersverband, Stadt Radolfzell, Stadt Stendal

Firmenrofil: ATELIER BERNBURG, LANDSCHAFTSINFORMATIK erarbeitet seit 1998 in Kooperation mit Dr. Joachim Wiesel die jährliche Herausgabe des GIS-Reports. Aufgrund der langjährigen Erfahrung im Bereich des GIS-Aufbaues und GIS-Entwicklung für Gebietskörperschaften und der GIS-Anwendung in Planungsbüros konnte in den letzten Jahren der GIS-Beratungsbereich aufgebaut werden.

ATELIER BERNBURG, LANDSCHAFTSINFORMATIK kann hier als absolut systemunabhängiger Berater aufwarten. Mitarbeiter des Büros verfügen über eigene Projekt- und Entwicklungserfahrung mit allen führenden GIS-Produkten.

ATELIER BERNBURG, LANDSCHAFTSINFORMATIK verfügt über die Bearbeitung des GIS-Reports gute Marktkenntnisse und ist allen Anbietern zur fachlichen Neutralität verpflichtet.

Das GIS-Beratungsteam verfügt auf der einen Seite über lange eigene GIS-Anwendungs- und Entwicklungserfahrung mit unterschiedlichsten Systemwelten.

Gleichzeitig profilieren sich die Mitarbeiter von ATELIER BERNBURG, LANDSCHAFTSINFORMATIK durch Forschungskooperationen mit der Universität Karlsruhe und der Hochschule Anhalt (FH).

Barthauer Software GmbH

Straße: Pillaustr. 1a
PLZ, Ort: 38126 Braunschweig
Land: D-
Telefon: 0531/23533-0
Telefax: 0531/23533-99
E-mail: info@barthauer.de
Internet: www.barthauer.de
Zweigstellen in:
12555 Berlin, Katzengraben 3, Tel.: 030/64897851, Fax: 030/64897861, E-Mail: berlin@barthauer.de
Partnerfirmen: SynerGIS Informationssysteme GmbH
Geschäftsführer: Dipl.-Ing. Jürgen Barthauer
Vertriebsleiter: Norbert Simon
Leiter Anwendungsberatung:
Dipl.-Geogr. Jürgen Reihl
Schulungsleiter, zuständig für Hotline:
Dipl.-Geoökol. Joachim Heilmann
Anzahl der Mitarbeiter: 35
Gründungsjahr: 1983
Gesamtumsatz 2001: 4 Mio. DM
Umsatz im GIS Bereich: 2,1 Mio. DM

Produkte und Dienstleistungen:

Softwareprodukte: BaSYS, GemGIS
Digitale Datenprodukte: ALK, ATKIS, ALB, ISYBAU etc.
Dienstleistungen: Datenanalysen, projektbegleitende Beratung, Konvertierung, Schulungen, ISYBAU-Spezialist
Weitere Produkte im Vertrieb: Autodesk- und ESRI-Produkte

Firmenprofil:
Barthauer Software GmbH: Ihr kompetenter Partner für CAD/GIS mit professionellen Lösungen für die Bereiche Kanal, Wasser und Gas.

Wer sind wir ?

Barthauer Software GmbH ist der Spezialist für ausgereifte, praxisorientierte und innovative Softwarelösungen rund um die Leitungsthemen

Firmenprofile

in CAD und GIS. Schwerpunkte sind die Fachbereiche Kanal, Wasser und Gas. Wir entwickeln nach dem neuesten Stand der Softwaretechnik. Deshalb wird Barthauer Software im gesamten deutschsprachigen Bereich in über 1500 Kommunen, Bauämtern und Ingenieurbüros für anspruchsvolle Aufgaben im Bereich Planung, Erfassung und Visualisierung von Leitungsnetzen eingesetzt.

Seit 1993 arbeiten bundesweit alle Finanz- und Staatshochbauverwaltungen mit dem Kanalkataster aus dem Hause Barthauer. Als autorisierte Entwicklungspartner von ESRI und Autodesk unterstützen wir Ingenieurbüros und öffentliche Verwaltungen mit unseren Softwarelösungen.

Das Planungs- und Erfassungssystem BaSYS deckt alle Leitungsthemen ab mit Kanal, Wasser und Gas als Spezialgebiete. Die Leitungsthemen von BaSYS sind im Geoinformationssystem GemGIS als GIS-Fachschalen integriert. Zusammen mit den Flächenthemen von GemGIS steht dem Anwender ein umfassendes und ausgereiftes GIS-System zur Verfügung.

Unsere Stärken im Bereich GIS

BaSYS und GemGIS setzen auf die Technologie der Marktführer: ESRI, Autodesk und Microsoft. Damit bieten wir unseren Kunden Investitionsschutz und Unabhängigkeit durch die Verwendung weltweiter Standards. Durch Integration statt Isolation ist das nahtlose Zusammenführen verschiedenster Fachschalen im GIS realisiert. Selbst Fachschalen anderer Hersteller können problemlos integriert werden.

GemGIS ist speziell auf die Bedürfnisse im kommunalen Bereich zugeschnitten. Der Import der ALK/ATKIS- und ALB-Daten in eine eigene Geodatenbank ermöglicht jederzeit eine grafische Generierung der Daten in ArcView in Verbindung mit weiteren, beliebigen Fachschalen. Sinnvolle Ergänzungen zu den Themen Kanal, Wasser, Gas und Flurstücksverwaltung sind z.B. die Fachschalen: Flächenmanagement und Bauleitplanung, Dokumentenverwaltung, Indirekteinleiter und Baumkataster.

Umfangreiche Werkzeuge zur themenübergreifenden Selektion, Kombination und Analyse der Raum- und Sachdaten sind vorhanden. Besonderen Wert wurde auf eine einfache Handhabung und praxisnahe Abfragen an den Datenbestand gelegt.

Unsere Schwerpunktthemen im Detail:

IT-Lösungen für Leitungsnetze:

- Planung und Erfassung von Leitungsnetzen
- Kanal, Wasser- und Gasversorgung
- Fließende Lösungen vom CAD zum GIS
- Leitungszustand und -bewertung
- Wartungsstrategien
- Hydrologische, hydrodynamische und hydraulische Netzberechnung

und im Bereich Consulting:

- Bedarfsanalysen und Strukturberatung
- Datenflusskonzepte und Konvertierungen
- Scannen und Rasterverarbeitung

BENTLEY Systems Germany GmbH

Straße: Carl-Zeiss-Ring 3
PLZ, Ort: 85737 Ismaning
Land: D
Telefon: 089/962432-0
Telefax: 089/962432-20
E-Mail: info@bentley.de
Internet: www.bentley.de
Partnerfirmen: —
Geschäftsführer: Alan Lamont
Vertriebsleiter: Carsten Gerke
Leiter Anwendungsberatung: —
Schulungsleiter: Stefan Leybold
zuständig für Hotline: Partner
Anzahl der Mitarbeiter: ca. 30
Gründungsjahr: 1984
Gesamtumsatz 2001: 190 Mio. USD

Firmenprofile

Produkte und Dienstleistungen:

Softwareprodukte:
MicroStation, Project Wise, Geo Graphics u.v.m.
Digitale Datenprodukte: —
Dienstleistungen: —
Weitere Produkte im Vertrieb: MicroStation Descartes, MicroStation ReproGraphics, GEOPAK Site

Niederlassung in

Bentley Systems Austria
Hauptstr. 20/27
A-3021 Preßbaum/Wien
Tel.: +43/2233/53653
Fax: +43/2233/53652
E-Mail: info@bentley.de

Bentley Systems Switzerland AG
Täfernstr. 4
CH-5405 Baden Dättwil
Tel.: +41/56/48340-20
Fax: +41/56/48340-30
E-Mail: info@bentley.de

Firmenprofil:
Die Firma

Bentley Systems, Incorporated wurde 1984 gegründet. Das Unternehmen ist heute ein weltweit führender Software-Anbieter für die Planung, Konstruktion und den Betrieb von Gebäude-, Straßen-, Fabrikanlagen- sowie Energieversorgungs- und Telekommunikationsnetzwerken. Die Lösungen und Technologien von Bentley Systems werden von Architekten, Ingenieuren, Vermessungsingenieuren, Geologen, Baufirmen sowie Bauherren und Betreibern von Gebäuden und Anlagen eingesetzt.

Mit seinen Lösungen MicroStation, ProjectBank sowie den Viecon-Technologien und -Services ist Bentley Systems einer der Marktführer im Bereich Engineering, Construction und Operations (E/C/O).

Im Jahr 2001 erzielte das Unternehmen einen Umsatz von über 190 Millionen US-Dollar. Mit mehr als 300.000 professionellen Anwendern in 20.000 Unternehmen und Organisationen spannt sich das Netz der Kunden von Bentley Systems über den gesamten Globus. Das Subskriptionsprogramm SELECT für Bentley-Technologien und Services wird von über 200.000 Anwendern genutzt.

MicroStation V8

Die Version 8 von MicroStation ist ein Meilenstein in der Weiterentwicklung der Software und der Dienstleistungen von Bentley Systems. Ein Highlight der MicroStation V8 ist die Kompatitbilität mit AutoCAD-(DWG)-Dateien: DWG Dateien können direkt gelesen und bearbeitet werden, ohne dass eine Übersetzung erfolgen muss. Damit entfallen aufwändige Konvertierungsschritte zwischen dem MicroStation- (DGN) und dem AutoCAD-Format (DWG).

ProjectWise

ProjectWise ist Bentleys Client-Server basiertes Dokumenten-Management System.
Diese Lösung für integriertes Engineering Information Management ermöglicht allen Projektbeteiligten Informationen in Echtzeit zu erfassen und zu hinterlegen. Der automatische Datenabgleich in ProjectWise mit Hilfe des Viecon Project Hosting Service garantiert, dass alle Projektdaten aktuell zur Verfügung stehen. Zustätzlich zur bereits existierenden Integration mit Design Tools von MicroStation, AutoCAD und Viecon Publisher, ist die neue Version von ProjectWise jetzt auch mit Bentleys Plottinglösung InterPlot und DigitalPrint Room verbunden. Ziel dieser Verbindung ist, Informationsmaterialien über den gesamten Entwurfs- und Lebenszyklus zu verarbeiten.

Firmenprofile

BERIT GMBH (Deutschland)

Straße: Mundenheimer Str. 55
PLZ, Ort: 68219 Mannheim
Land: D-
Telefon: 0621/87805-0
Telefax: 0621/87805-20
E-Mail: info@Berit.de
Internet: www.berit.com
Zweigstellen in: Pratteln/Basel (CH), Brünn (CZ)
Partnerfirmen: Bentley Systems, Oracle
Geschäftsführer: Herr Thomas Mösl
Vertriebsleiter: Herr Steinhauser
Leiter Anwendungsberatung: Herr Hug
Schulungsleiter: Herr Schleich
Hotline: Herr Deffner
Anzahl der Mitarbeiter: 150
Gründungsjahr: 1986

Firmenprofil: Die **BERIT Gruppe** mit den Standorten Mannheim, Basel und Brünn beschäftigt sich seit über 10 Jahren mit der Thematik GIS/NIS. Mittlerweile sorgen über 150 Mitarbeiter für praxisorientierte Lösungen. Mit ihrer **Produktgruppe LIDS™+** ist BERIT in Zentraleuropa mit über 2000 Installationen einer der **Marktführer** für Netzinformationssysteme.

LIDS™+ (**L**eitungs- **I**nformations- und **D**okumentations – **S**ystem) ist ein **grafisches, objektorientiertes NIS** (Netzinformationssystem) zur Erfassung und Bewirtschaftung eines digitalen Leitungskatasters. **LIDS™** verwendet für die Grafik als Basissoftware **MicroStation™** von Bentley Systems, und für die Sachdaten ORACLE als relationales Datenbankmanagementsystem. Die Hauptplattform ist das Betriebssystem **Windows NT/2000**. **LIDS™** basiert somit ausschließlich auf Weltstandards.

Die Zielgruppen sind Ver- und Entsorgungsunternehmen sowie die **Industrie**. Für beide Bereiche gibt es umfangreiche Basislösungen (Fachschalen wie Strom, Wasser, Gas, Rohrbrücken, etc.). Diese sind **frei erweiterbar**. **LIDS™** ist also individuell **anpassungsfähig** an die jeweiligen Bedürfnisse des Anwenders und das ohne Programmierkenntnisse. Auch völlig individuelle Fachschalen können auf Wunsch leicht und schnell erstellt werden.

Die neueste LIDS-Produktgeneration: **LIDS V6.** integriert **alle Daten in der Datenbank ORACLE 8i** und bietet damit verbesserte Erfassungs- und Analysewerkzeuge. Erfahrungen bei mehreren Grosskunden (regionale Energieversorgungsunternehmen mit jeweils ca. 1 Million Endkunden) bestätigen den Erfolg der neuen GIS-Plattform.

Als Unternehmen der BERIT-Gruppe verstehen wir uns als **Lösungsanbieter** im NIS und GIS-Bereich. Gerne stellen wir Ihnen unsere umfassenden Lösungen im Detail vor.

born & partner GmbH

Straße: Pfungstädter Str. 18-20
PLZ, Ort: 64297 Darmstadt
Land: D
Telefon: 06151/9412-0
Telefax: 06151/9412-20
Internet: www.bornundpartner.com
E-Mail: info@bornundpartner.com
Gesellschaftsform: GmbH
Zweigstellen in: Zürich
Geschäftsführer: Herr Dr. rer. pol. J. Born
Anzahl der Mitarbeiter: 25
Gründungsjahr: 1984
Gesamtumsatz 2001: —
Umsatz im Bereich GIS 2001: —

Produkte und Dienstleistungen:

Softwareprodukte:

Referenzprozesse und -lösungen für

- EVU: Planung, Störungsmanagement, Instandhaltung, Marketing/Vertrieb

Firmenprofile

- Kommunen: z.B. Baugenehmigung, Grundstücksbewertung, Bebauungsplanerstellung

Dienstleistungen:

Systemunabhängige GIS-Beratung:

- Einführungs- und Migrationskonzeption
- Kosten / Nutzen-Analyse
- Systembewertung und –auswahl
- Methodentransfer

Optimierung von Geschäftsprozessen für EVU und Kommunen:

- Prozessanalyse und -design
- Prozessabbildung, GIS-Integration, Workflow, Inter-/Intranet
- Datenhaltungskonzeption
- Anforderungsdefinition für die GIS-und SAP-Integration

Luft- und Satellitenbildbearbeitung:

- Erstellung von Bildprodukten
- Entwicklung von Informationssystemen
- Anwendungs- und Einführungsberatung

Location-based Services:

- Web-Lösungen
- Integration von wireline/wireless Anwendungen
- Kundenprofiling

Niederlassungen:
Schweiz: born & partner AG
Hohle Gasse 10
CH-5454 Bellikon
Tel.: +41/56/470186-1
Fax: +41/56/470186-2
E-Mail: fsteidler@bornundpartner.com

Firmenprofil: born & partner ist ein internationales Beratungs- und Dienstleistungsunternehmen mit umfassenden Angeboten in den Bereichen GIS, Geschäftsprozessoptimierung, Fernerkundung und Location-based Services. Im Mittelpunkt des anwendungsgerechten Einsatzes modernster Informationstechnologien steht der Mensch.

Das Unternehmen ist auf raumbezogene Informationsverarbeitung spezialisiert und unterstützt seine Kunden seit 1984 in mehr als 70 erfolgreich abgeschlossenen Projekten. Den Schwerpunkt bildet die **Einführung und Migration von Netzinformationssystemen** bei Energieversorgern und Telekommunikationsunternehmen sowie von **GIS** in Kommunen und Gebietskörperschaften.

Ziel der Beratung ist die Systemkonzeption zur strategischen Integration der raumbezogenen Datenverarbeitung in die unternehmensweite IT. Die wirtschaftlichen Nutzenaspekte des Kunden stehen hierbei im Mittelpunkt.

born & partner gehört zu den Pionieren der **Optimierung raumbezogener Geschäftsprozesse**. Durch die Integration von GIS in Workflow-Management-Systeme wird die durchgängige, medienbruchfreie Prozessbearbeitung, die Übergabe von Daten in SAP-Module und die anwendungsgerechte Prozesskontrolle und –steuerung sichergestellt. Standardisierte Referenzprozesse für EVU und Kommunen stehen kostengünstig zur Verfügung und garantieren die qualitativ hochwertige und wirtschaftliche Prozessbearbeitung.

Aus **Luftbild- und Satellitenbild**-Rohdaten entstehen bei born & partner durch professionelle Bearbeitung thematische Bildprodukte, bspw. zur Vitalität von Vegetation oder Bodeneigenschaften. Solche Informationen werden dem Kunden gebrauchsfertig zur Verfügung gestellt oder entsprechende Informationssysteme aufgebaut und beim Kunden installiert.

Location-based Services Lösungen von born & partner stellen mittels WEB-Technologien schnelle Zugriffe auf Lokationen sicher und ermöglichen bspw. bei wireless-Anwendungen

Firmenprofile

SMS- oder WAP-Anbindungen auf Basis dynamischer Kundenprofile.

Durch eine Vielzahl von Veröffentlichungen sowie Beiträgen auf nationalen und internationalen Kongressen hat das Unternehmen wesentlich zur Entwicklung und Integration von GIS in Europa beigetragen. born & partner zählt zu den aktiven Gründungsmitgliedern des DDGI und engagiert sich dort in zahlreichen Gremien.

con terra GmbH

Straße: Martin-Luther-King-Weg 24
PLZ, Ort: 48155 Münster
Land: D-
Telefon: ++49 (0)251 74 74-0
Telefax: ++49 (0)251 74 74-100
E-mail: conterra@conterra.de
Internet: www.conterra.de
Zweigstellen in: —
Partnerfirmen: ESRI Geoinformatik GmbH
Geschäftsführer: Dr. Albert Remke
Leiter der Anwenderberatung:
Christoph Uhlenküken
Schulungsleiter: Dagmar Scheifinger
Anzahl der Mitarbeiter: 41
Gründungsjahr: 1994
Gesamtumsatz 2002: —
Umsatz im GIS Bereich: —

Produkte und Dienstleistungen:

Softwareprodukte: GISPAD, FDM, terra-Catalog
Dienstleistungen: Hosting, Erfassung, Analyse, Aufbereitung
Weitere Produkte im Vertrieb: PenPC, GPS

Firmenprofil: Die con terra GmbH ist ein interdisziplinäres Softwareentwicklungs-, Handels- und Dienstleistungsunternehmen. Schwerpunkt der Firmentätigkeit ist die Erarbeitung von Lösungen zur Erfassung, Verwaltung, Verarbeitung und Visualisierung raumbezogener Informationen. Angebotsschwerpunkte sind:

- *Consulting*
  - Systemanalyse, UML-Modellierung, Software-Architekturen
  - Integration der Verarbeitung von Geodaten in existierende IT-Infrastrukturen, Aufbau von Geodateninfrastrukturen
- *Softwareentwicklung*
  - Komponenten für den Aufbau von Geodateninfrastrukturen
  - Internet-Anwendungen
  - ArcGIS-Applikationen
  - Geodatenserver, Geodatenbanken
  - Mobile Datenerfassung
- *Dienstleistungen*
  - Erfassung, Aufbereitung, Analyse und Visualisierung von Geodaten
  - Hosting von Geo-Services und Web-Anwendungen
- *Vertrieb & Support*
  - alle ESRI-Produkte, ImageAlchemy, FME, GISPAD, FDM
  - Geobasisdaten, GeoFachdaten
  - Hardware zur mobilen Datenerfassung (PenComputer, GPS-Empfänger)
- *Schulung*
  - Technologieschulungen, Produktschulungen, Fachworkshops, Schnupperkurse

Die con terra GmbH ist assoziiertes Mitglied des Open GIS Consortiums und unterstützt aktiv die Entwicklung und Verbreitung von Standards zur Realisierung interoperabler GIS-Komponenten. Als Mitglied des DDGI, des Ingeoforum un der GDI-Initiative in Nordrhein-Westfalen unterstützt con terra den Aufbau der nationalen Geodateninfrastruktur in Kontext der internationalen SDI-Aktivitäten. In Nordrhein-Westfalen ist con terra an der pilothaften Umsetzung des ALKIS-Konzeptes der ADV (GEOBASIS.NRW) beteiligt.

Die con terra GmbH ist ESRI Business Partner und wurde bereits mehrfach für herausragende Leistungen von ESRI ausgezeichnet.

Firmenprofile

c-plan® gmbh

Straße: Marktstr. 42
PLZ, Ort: 71711 Steinheim/Murr
Land: D
Telefon: 07144/8012-0
Telefax: 07144/8012-80
E-mail: vertrieb-de@c-plan.com
Internet: www.c-plan.com
Zweigstellen in: —
Partnerfirmen: 8
Geschäftsführer: Frank Markus
Vertriebsleiter: Peter Ganser
Leiter Anwenderberatung: Norbert Maier
zuständig für Hotline: Joachim Göhringer
Schulungsleiter: Susanne Zucker
Anzahl der Mitarbeiter: D: 30, CH 38
Gründungsjahr: 1996
Gesamtumsatz 2001: 15,6 Mio. DM
Umsatz im Bereich GIS: 15,6 Mio. DM

Produkte und Dienstleistungen:

Softwareprodukte: GIS
Digitale Datenprodukte: —
Dienstleistungen: Schulung, Projektcoaching
Weitere Produkte im Vertrieb: ATLAS DGM, CADRaster

Referenzen:

Firmen (Auswahl):
Stadtvermessungsamt Reutlingen, Herr Kullen
Stadt Werne, Herr Reinhold

Hauptsitz in c-plan AG
Worbstr. 223
CH-3073 Gümligen/Bern
Tel.: +41/31/9582020
Fax: +41/31/9582022
E-Mail: vertrieb-ch@c-plan.com

Firmenprofil: c-plan® ist mit ca. 70 Mitarbeitern einer der führenden Anbieter von GIS-Lösungen im deutschsprachigen Raum. Die von uns entwickelte Lösung **TOPOBASE**™ basiert auf der Datenbank von ORACLE und der Grafiktechnologie von autodesk®. Auf diesen Standards stehen Fachschalen für sämtliche Arbeiten in der Planung, Bearbeitung, Verwaltung und Analyse geographischer Daten zur Verfügung. Durch das Einhalten der OpenGIS-Spezifikationen wird eine einfache, kostengünstige und vor allem zukunftssichere Arbeitsweise unterstützt. Mit seinen zwei Standorten vor den Toren von Stuttgart (D) und Bern (CH) sowie 10 qualifizierten Vertriebspartnern wird der GIS-Markt auf ideale Weise erreicht.

GIS ist nicht GIS

Der Markt für Geografische Informations-Systeme befindet sich momentan in einem starken Umbruch. Während in den letzten Jahren immer mächtigere GIS-Funktionen und Analyse-Tools propagiert wurden, hat sich nun der Schwerpunkt ganz klar zu Gunsten der offenen Technologie verlagert. Die Kunden haben festgestellt, dass ihre Daten das Wichtigste sind und rücken dementsprechend auch die Haltung dieser Daten in den Vordergrund. Dazu kommt, dass die Software-Lebenszyklen zur Zeit unter einem Jahr liegen. Das nächste Release mit neuem und erweitertem Funktionalitätsumfang steht bereits vor der Tür, während die Einarbeitung in das gerade installierte System noch in voller Bearbeitung ist. Heute stehen daher folgende Kriterien für einen Systementscheid auf der Basis unseres GIS-Systems **TOPOBASE**™ im Mittelpunkt:

Die Offenheit

bedeutet für **c-plan®**-Kunden, dass er seine Daten jederzeit unter Kontrolle hat. Als unser Kunde kennen Sie ihre Datenstruktur und Sie können mit Standardtools, wie SQL auf alle Daten zugreifen. Keine Objekte sind in BLOBS oder proprietären Zeichnungen gespeichert.

Die Flexibilität

bedeutet für unsere Kunden, dass Sie flexibel auf Wünsche Ihrer Auftraggeber reagieren können. Wird da oder dort noch ein Attribut benötigt: als **c-plan®**-Kunde können Sie die Struktur mit den geeigneten Applikationen selbst erwei-

Firmenprofile

tern und profitiert von einer standardisierten Struktur.

Die Unterstützung von Standards
bedeutet für die Anwender der **TOPOBASE**™-Kunden vor allem einen Investitionsschutz. Die Globalisierung erfordert auch von Ihnen, sich nicht nur an nationalen Richtlinien zu orientieren. Sie müssen auch einen Blick über die Grenzen wagen und die Ideen von dort mit den lokalen Ideen und Vorschriften verschmelzen. Standards werden entweder durch Vorschriften oder aber durch eine große Verarbeitung geschaffen. Es ist wichtig, die globale Distribution einer Lösungskomponente in Betracht zu ziehen - sei es im Bereich der Datenbank oder des Grafik-Frontends.

DIALOGIS GmbH

Straße: Friedrichstr. 48
PLZ, Ort: 53111 Bonn
Land: D
Telefon: 0228/9639620
Telefax: 0228/9639622
E-Mail: info@dialogis.de
Internet: www.dialogis.de
Geschäftsführer: Schmidt, Wansidler
Vertriebsleiter: Schmidt
Gründungsjahr: 2001

Produkte und Dienstleistungen:

Softwareprodukte: D-Mapper
Dienstleistungen: Konzeption und Entwicklung individueller Lösungen für kartenbasierte Auskunftssysteme. Integration interaktiver ‚Mapping'-Komponenten in bestehende Systeme.
Als Solution-Provider begleiten wir Sie von der Anforderungsanalyse bis zur Inbetriebnahme Ihrer Mapping-Lösung.

Firmenprofil: Die DIALOGIS ist Spezialist für kartenbasierte Auskunftssysteme. Mit Hilfe der D-Mapper Technologie visualisieren wir Ihre Datenbankinhalten auf informativen, leicht zu bedienenden Karten im Browser. Durch die ‚Verortung' der Datenbankinhalten werden Informationen schneller erfasst und in ihrer räumlichen Dimension für weite Benutzerkreise zugänglich gemacht.

Technik:
Der D-Mapper kann als ‚stand-alone' Auskunftsplatz betrieben werden oder als kartographische Visualisierungskomponente an bestehende Systeme in einem Netzwerk angebunden werden. Das DIALOGIS Team realisiert dabei für Sie die notwendigen Schnittstellen zur Integration der D-Mapper Komponente in Ihre Systemumgebung. Der Einsatz Plattform-unabhängiger Java-Technologie und die Verwendung offener Standards garantiert Netzwerkfähigkeit und schafft Ihnen Investitionssicherheit.

Einsatz:
Die D-Mapper Technologie ermöglicht die Erstellung individueller Management-Informationssysteme (MIS). Die interaktive Karte als Benutzeroberfläche bietet einen ‚visuellen Zugriff' auf standortbezogene Informationen. D-Mapper Solution sind bereits erfolgreich im Immobilien-Management, in Web-Portalen, in der Mobilfunkplanung, sowie in der Regionalplanung im Einsatz.

ENSECO GmbH

Straße: Aidenbachstr. 54
PLZ, Ort: 81379 München
Land: D
Telefon: 0 18 01/36 73 26
Telefax: —
E-Mail: info@enseco.de
Internet: www.enseco.de
Zweigstellen in: Bamberg, Crailsheim, Erfurt, Hamburg, Hannover, Karlsfeld, Leipzig, Maxdorf, Osterode a. Harz, Regensburg, Saalfeld, Singen
Partnerfirmen: —
Geschäftsführer: Herr Stefan Sedlacek, Herr Alois Weig
Vertriebsleiter: Herr Karl-Heinz Gerl

Firmenprofile

Leiter Anwendungsberatung:
Herr Rolf Müller-Hermes
Schulungsleiter, zuständig für Hotline: —
Anzahl der Mitarbeiter: ca. 500
Gründungsjahr: 2000
Gesamtumsatz 2000: —
Umsatz im Bereich GIS 2000: —

Produkte und Dienstleistungen:

Dienstleistung im GIS Umfeld:
GeodatenService
- Datenerhebung, Ortung und Einmessung vor Ort
- Datenerfassung auf Basis marktgängiger GIS
- Scanservice, Raster/Vektorkonvertierung, Georeferenzierung, Farbseparation
- Plot-Service
- Unterstützung durch Fachkundiges Personal vor Ort in allen Phasen von GIS Projekten
- Übernahme von Geschäftsprozessen im Bereich Dokumentation als Serviceleistung

SystemService
- Einführung - Anpassung von Produkten verschiedener Anbieter sowie deren Migration Integration von Geodaten in die Geschäftsprozesse von Logistik und Instandhaltung, besonders in den Bereichen Instandhaltung und Störfallmanagement, Dispatching (Steuerung des Außendienstes)

Beratung in allen Fragen des Geodatenmanagements unter besonderer Berücksichtigung qualitativer und wirtschaftlicher Aspekte zu den Themen
- Qualitätsmanagements für Geodaten
- Aufbau innovativer und kostengünstiger Lösungen für die Nutzung von Geodaten
- Review von GIS Projekten, Wirtschaftlichkeitsanalysen
- Entwicklung von Weiterführungsstrategien von GIS Projekten
- Geschäftsprozessanalyse, -optimierung und -realiisierung im Bereich Geodaten
- Hotline, Wartung und Online-Beratung (www.gisportal.de)
- Schulung und Seminare

Firmenprofil: Die ENSECO GmbH, München, zählt in Deutschland zu den innovativen Serviceunternehmen im liberalisierten Energiemarkt. Als anerkannter Partner der Energiewirtschaft unterstützen wir Unternehmen bei der effizienten Kundenbetreuung und im wirtschaftlichen Betrieb der Netze.

Unsere Kerngeschäfte sind Service und Beratung in den Bereichen Kundenbetreuung, Abrechnung, Zähler und Messdaten sowie in der Netzdokumentation. Mit einem modularen Dienstleistungsangebot bieten wir Energiehändlern und Netzbetreibern Serviceleistungen aus einer Hand.

500 Mitarbeiter/innen im Innen- und Außendienst stellen über unsere regionalen Büros und Tochterfirmen eine flächendeckende Betreuung sicher.

Dokumentations Service

In allen Fragen einer nutzenoptimalen Einführung und des wirtschaftlichen Betriebs von Geographischen- bzw. Netz- und Betriebsmittelinformationssystemen ist die ENSECO GmbH seit vielen Jahren kompetenter Partner zahlreicher Infrastrukturbetreiber aus den Bereichen Energie und Telekommunikation sowie Kommunen. Hervorgegangen aus der GDV-Service Schüle GmbH bzw. der EBIT GmbH zählt die ENSECO GmbH seit über zwei Jahrzehnten zu den namhaften Geoservice-Unternehmen im deutschsprachigen Raum. Die Ausrichtung bestehender GIS-Projekte auf die Anforderungen des liberalisierten Marktes, die Integration von Geodaten durch kostengünstige Lösungen in eine ganzheitliche Wertschöpfungskette und die Übernahme von Dokumentationsprozessen als externe Serviceleistung gehören zu den Schwerpunkten des Leistungsangebots.

Wir kennen Ihre Herausforderungen und haben Ideen für Ihren Erfolg.

Firmenprofile

ESG Elektroniksystem- und Logistik-GmbH

Straße: Einsteinstr. 174
PLZ, Ort: 81675 München
Land: D-
Telefon: +49 (89) 9216-0
Telefax: +49 (89) 9216-2631
E-Mail: info@esg.de
Internet: www.esg.de
Gesellschafter: EADS Deutschland GmbH, Rohde & Schwarz GmbH, Thales Communications GmbH, Litef GmbH
Geschäftsführung:
Dipl.-Math. Gerhard Schempp (Vorsitzender)
Dipl.-Oec. Gerhard Derriks
GIS-Ansprechpartner: Dr. Timm Ohloff (-2285)
Verbindungsbüros: Berlin, Bonn, Koblenz
Gründung: 1967 in München
Mitarbeiter: ca. 900
Gesamtumsatz 2001: 126 Mio. EUR
Umsatz im Bereich GIS 2001: Auf Anfrage

Produkte und Dienstleistungen:

Die Arbeitsschwerpunkte der ESG im Bereich der Geo- und Bilddatenverarbeitung liegen in der Konzeption und Realisierung von:
- Geo-Informationssystemen für die hybride Verarbeitung von Bild-, Vektor-, Raster-, Höhen- und Kartendaten
- Archivierungs-, Management- und Auskunftssystemen für Geodaten (GeoBroker)
- Web-basierten und mobilen GIS-Komponenten
- Workflows in den Bereichen Photogrammetrie, GIS, Kartographie und Bildverarbeitung
- Software für die automatisierte Bildauswertung und Objektextraktion
- Software für die Karte/Lage Darstellung
- Software zum Erzeugen von Geodatenbasen für Simulationssysteme
- Konvertierungs-Software für Rasterdatenformate, Vektordatenformate, Matrixdatenformate und Simulationsdatenformate
- Bodensegmenten für hochauflösende optische und Radar-Aufklärungssatelliten

Als Intergraph Business Partner konzipiert und integriert die ESG Systemlösungen, die auf Intergraph Software (MGE, GeoMedia, Image Analyst etc. basieren. Darüber hinaus werden Systeme auf der Basis der Software-Pakete ARC/INFO, Genasys, EASI/PACE, ERDAS Imagine, HALCON und Ocapi entwickelt.

Das Unternehmen:

Die ESG Elektroniksystem- und Logistik-GmbH ist eines der führenden System- und Softwarehäuser Deutschlands. Sie begleitet nationale und internationale Kunden aus dem Verteidigungsbereich, den Behörden und der Industrie mit den Schwerpunkten

- Automotive
- Aerospace
- Transport & Verkehr
- Telekommunikation

während des gesamten Lebenszyklus ihrer High-Tech-Produkte.

Die ESG plant, entwickelt und integriert maßgeschneiderte Elektronik- und Informationssysteme für

- Luftfahrzeuge (Avioniksysteme)
- Landfahrzeuge (Vetroniksysteme)
- Führungssysteme
- Aufklärungssysteme.

Sie begleitet die Systementwicklung mit rechnergestützten Simulationen sowie mit Simulatoren, die sie erstellet und betreibt. Als System- und Softwarehaus liegen die Schwerpunkt der ESG im System-Engineering, in der Software-Entwicklung sowie in der System-Integration.

Firmenprofile

Die ESG sorgt außerdem für eine leistungsfähige Logistik, mit der Systeme verfügbar und wirtschaftlich bleiben. Mit der breiten Palette ihrer Logistiklösungen kann sie alle logistischen Forderungen im Lebenslauf eines Systems von der Entwicklung und Einführung über den Betrieb bis hin zur Aussonderung abdecken. Die ESG bietet Logistiklösungen in den Bereichen

- Materialmanagement
- Product Support
- Logistics Consultancy.

Die ESG erarbeitet ferner innovative Lösungen zur Prozessoptimierung auf den Gebieten E-Business, Informationsmanagement, Transportlogistik, Instandhaltung, Infotainment sowie Netzplanung und Netzoptimierung. Sie konzipiert E-Learning-Plattformen, schult Mitarbeiter ihrer Kunden, erstellt Fahrzeugliteratur, entwickelt web-basierte Informationssysteme etc.

ESRI
ESRI Geoinformatik GmbH

ESRI Geoinformatik GmbH

Straße: Ringstr. 7
PLZ, Ort: 85402 Kranzberg
Land: Deutschland
Telefon: 08166/677-0
Telefax: 08166/677-111
E-Mail: info@ESRI-Germany.de
Internet: http://ESRI-Germany.de
Zweigstellen in: Bonn, Hannover, Leipzig, Zürich und Nyon
Partnerfirmen: über 80
(siehe http://ESRI-Germany.de
Geschäftsführer:
Herr Dr. G. Haude, Herr M. Sittard
Vertriebsleiter: Herr T. Beissel
Leiter Anwendungsberatung:
Herr P. Jäger
Schulungsleiter: Herr R. Pappenberger
Hotline: Herr R. Pappenberger

Anzahl der Mitarbeiter: 105
Gründungsjahr: 1979
Gesamtumsatz 2001: 20 Mio. EUR
Umsatz im Bereich GIS 2001: 20 Mio. EUR

Produkte und Dienstleistungen:

Softwareprodukte:
ArcGIS Desktop: ArcView, ArcEditor, ArcInfo, ArcPad
ArcGIS Dienste: ArcSDE, ArcIMS
GIS-Entwicklungssoftware: MapObjects
umfangreiche Erweiterungen und Schnittstellen

Digitale Datenprodukte: ESRI Gemeindegrenzen2001, ESRI PLZgrenzen2001, Geo-Post Schweiz, ArcWorld, Digital Chart of the World, Vertrieb zahlreicher Basisdaten von verschiedenen Datenprovidern, wie z.B. DDS, GfK, Infas-Geodaten, WIGeoGIS, MicroGIS, Tele Atlas.

Dienstleistungen:
Applikationsentwicklung, Consulting, Schulung, Support

Niederlassungen in

Deutschland: ESRI Geoinformatik GmbH
Niederlassung Bonn
Rheinallee 24
D-53173 Bonn
Tel.: 0228 - 329 69-0
Fax: 0228 - 329 69-11
E-Mail:
info@Bonn.ESRI-Germany.de

ESRI Geoinformatik GmbH
Niederlassung Hannover
Lister Meile 27
D-30161 Hannover
Tel.: 0511-3 34 16-0
Fax: 0511-3 34 16-11
E-Mail:
info@Hannover.ESRI-Germany.de

Firmenprofile

ESRI Geoinformatik GmbH
Niederlassung Leipzig
Fechnerstr. 8
D-04155 Leipzig
Tel.: 03 41-7 11 96-0
Fax: 03 41-7 11 96-611
E-Mail:
info@Leipzig.ESRI-Germany.de

Schweiz:
ESRI Geoinformatik AG
Beckenhofstr. 72
CH-8006 Zürich
Tel.: +41-(0)1-360 24 60
Fax: +41-(0)1-360 24 70
E-Mail: info@ESRI-Suisse.ch
Internet: http://ESRI-Suisse.ch

ESRI Géoinformatique S.A.
Suisse romande
7 Route du Cordon
CH-1260 Nyon
Tel.: +41-(0)22-363 77 00
Fax: +41-(0)22-363 77 01
E-Mail:
info@Nyon.ESRI-Suisse.ch

ESRI
Partnerport (SAP)
Altrottstr. 31
D-69190 Waldorf
Tel.: 06227/38 14 09
Fax: 06227/38 12 00
E-Mail:
B.Pointner@ESRI-Germany.de

Firmenprofil: Die ESRI Geoinformatik GmbH mit Hauptsitz in Kranzberg ist alleiniger Distributor des Environmental Systems Research Institute, Inc., aus Redlands, USA, für Deutschland und die Schweiz.
ESRI Inc. stellt seit über 30 Jahren Mapping-Software und Geographische Informationssysteme her. Diese kommen weltweit bei über 1.000.000 Anwendern zum Einsatz. Der ESRI Anwenderkreis erstreckt sich über nahezu alle Branchen und Fachdisziplinen. Als weltweit erfolgreichste Firmengruppe auf dem Gebiet der Geographischen Informationssysteme prägt ESRI entscheidend die Entwicklung des GIS-Marktes und arbeitet mit bei der Definition und Durchsetzung von Standards. Das ESRI-Angebot an Dienstleistungen umfaßt Produktberatung, Support, Schulung und Consulting. Neben dem Vertrieb von Anwendungsprodukten entwickelt die ESRI GmbH fach- und benutzerspezifische Applikationen.

ESRI Software-Strategie:
Mit **ArcGIS** macht ESRI den Schritt in eine neue Software-Generation. Es wurde eine durchgängige ESRI-GIS-Plattform geschaffen, auf deren Basis alle Produkte realisiert werden. ESRI führt damit einen neuen Produktstandard ein, an dem sich zukünftig alle ArcGIS Anwendungen orientieren werden. Darüber hinaus wurden Standards zeitgemäßer IT aufgegriffen und in die Plattform bzw. die Produkte integriert. Um die Dimension der neuen Technologie und die Einheitlichkeit zwischen den Produkten zu verdeutlichen, hat ESRI für die Kernprodukte in ArcGIS den Sprung auf die Version 8.1 gemacht. Die ArcGIS Produkte lassen sich grundsätzlich unterscheiden in ArcGIS Desktop und ArcGIS Dienste (Client- und Serverprodukte).
ArcGIS Desktop

ArcView 8.1 ist an das weltweit erfolgreichste Desktop-GIS - ArcView GIS 3.x - angelehnt. Jedoch erinnern die technischen Möglichkeiten von **ArcView 8.1** in ArcGIS mehr an ArcInfo. ArcView bietet umfangreiche GIS-Funktionalitäten für die Eingabe, Verwaltung, Analyse und Ausgabe räumlicher und tabellarischer Daten und eine Datenbankanbindung an MS-Access.
Der **ArcEditor 8.1** ist funktional auf die Anforderungen eines Editierarbeitsplatzes abgestimmt. Er beherrscht die Erstellung, die Pflege und das Management großer Geodatenbestände im Multiuser-Zugriff. In der Geodatabase können Objektrelationale Datenbanken in verschiedenen Versionen erstellt und verwaltet werden.
ArcInfo 8.1 ist das High-End-GIS in der ArcGIS-Familie. Es ist allen Anforderungen professioneller Geoanalytik gewachsen und verfügt über den

Firmenprofile

maximalen Funktionsumfang zum Datenprocessing und Datenmanagement.

ArcPad ist das GIS für den Einsatz auf tragbaren Feldcomputern und Handheld PCs. Neben der Erfassung, Bearbeitung und Anzeige von geographischen Daten kann ArcPad durch die Erweiterung mit einem Global Positioning System (GPS) auch für Echtzeit-Positionierungen genutzt werden. Ein weiteres Highlight von ArcPad ist die Einbeziehung stets aktueller Online-Informationen. Mit Hilfe einer Internetverbindung, z.B. per Mobiltelefon, können die Kartendienste des ArcIMS (Internet Mapserver) jederzeit in Anspruch genommen werden. Auf diese Weise steht das zentrale und aktuelle Datenmaterial auch im mobilen Einsatz zur Verfügung.

ArcGIS Dienste
ArcSDE 8.1 ist die Schnittstelle zur Datenbank: Hier werden große Mengen von Geo- und Sachdaten verwaltet. Die besondere Stärke von ArcSDE zeigt sich bei zahlreichen, gleichzeitigen Zugriffen auf die zentralen Daten im RDBMS. Weitere Highlights von ArcSDE 8.1. sind lange Transaktionen, Versionierung und die Integration großer Rasterdaten im RDBMS. ArcSDE 8.1. unterstützt alle gängigen Datenbanksysteme wie Oracle, Informix, DB2 oder MS-SQL Server. Mit ArcSDE hat ESRI als einziger GIS-Hersteller ein erstes OGC-Lizensiertes Produkt.

ArcIMS ist ein sehr leistungsfähiger Map-Server zur Bereitstellung von Kartendiensten im Intra- bzw. Internet. Sein Funktionsumfang erstreckt sich von einfachen Kartendiensten bis hin zu professionellen Auswertungen in verteilten Netz-Strukturen. Die moderne Architektur des ArcIMS erlaubt den Einsatz in einer hochfre-quentierten Serverumgebung und somit die Einbindung zahlreicher Nutzer.
Online-Daten aus dem Internet können mit allen Desktop-Produkten in ArcGIS aus dem Internet eingebunden werden. Dabei findet dank der ArcIMS-Technologie die perfekte Synthese von Web- und lokalen Daten (LAN, RDBMS) statt.
Alle Produkte können beliebig miteinander kombiniert werden. Der Anwender hat somit die Möglichkeit, die für ihn passende Lösung zu wählen.

Die Skalierbarkeit aller Produkte erlaubt ihm, mit den Anforderungen zu wachsen. ArcGIS bietet somit immer die richtige Lösung für alle Bedürfnisse.

Weitere Software Produkte:
MapObjects ist eine Sammlung leistungsstarker Mapping- und GIS-Komponenten und enthält ActiveX-Control- (OCX) und mehr als dreißig ActiveX-Automation-Objekte. Mit MapObjects entwickeln Sie einfach und schnell Anwendungen. MapObjects arbeitet unter Windows in Standardentwicklerumgebungen wie Visual Basic, Delphi, Visual C++ und anderen.

FICHTNER COSULTING & IT AG

Straße: Sarweystr. 3
PLZ, Ort: 70191 Stuttgart
Land: D
Telefon: 0711/8995-10
Telefax: 0711/8995-1450
E-mail: info@fcit.fichtner.de
Internet: www.fcit.fichtner.de
Zweigstellen in: Dresden, Ulm

Unternehmensportrait

Die Firma FICHTNER CONSULTING & IT AG (FCIT) entstand aus der Bündelung der Aktivitäten der CADIS GmbH und des Geschäftsbereichs Consulting der Fichtner GmbH & Co. KG. Mit diesem Schritt kann FCIT jetzt ein umfassendes, kundenorientiertes Spektrum für die Branchen EVU, Kommunen und Verbände und ÖPNV anbieten. Neben der traditionellen Managementberatung stehen die Entwicklung und Implementierung von IT-Lösungen insbesondere im Bereich der GIS-Anwendung im Vordergrund. Die Implementierung von IT-Lösungen reicht von der Systemauswahl über die Realisierung und Anpassung bis hin zur Datenerfassung. Wo die verfügbaren Produkte am Markt einer modernen Lösung nicht gerecht werden, entwickelt FCIT auch eigene Tools. Abgerundet wird das Leistungsspektrum durch den IT-Service und ein angeschlossenes Call-Center.

Firmenprofile

Dienstleistungs- und Produktangebot

Geospatial Solutions

In der Nutzung offener Strukturen und Datenbanken für die Integration und das Handling von geocodierten Informationen im Web ist FCIT eines der etablierten Kompetenzzentren in der BRD. FCIT arbeitet im Bereich Geospatial Services mit den Marktführern zusammen und kann aufgrund umfassender Kenntnisse der verfügbaren Lösungen für jede Anforderung das richtige Konzept anbieten. FCIT bietet auf der Grundlage langjähriger Erfahrung im Handling und der Nutzung geocodierter Daten folgende Lösungen für Geospatial Services:

- *Klassische GIS Anwendungen*
  Sie umfassen den Einsatz von GIS Software für die Erfassung, Bearbeitung und Auswertung vor allem auf technisch orientierten Anwendungen.

- *Geowarehouses*
  sind Lösungen, in denen geocodierte Daten unterschiedlichster Formate (SICAD / Intergraph / ESRI / Smallworld...) in einer offenen Datenbankstruktur integriert und mit weiteren Informationen aus anderen Systemen (SAP / CRM / GIS) verknüpft werden.

- *WEB-Lösungen*
  um die Mehrwertoptionen durch die Nutzung von geocodierten Daten zu realisieren, ist es entscheidend, die Informationen einfach und transparent für den Anwender nutzbar zu machen. Web-Lösungen, in naher Zukunft auch mobil, erfüllen diese Zwecke.

Organisationsberatung

Konzeption und Umsetzung nachhaltiger Verbesserungen unternehmensspezifischer Strategien, Organisationsstrukturen sowie Arbeits- und Geschäftsprozesse.

Privatisierung

Durchführung von nationalen und internationalen Restrukturierungs- und Privatisierungsprojekten in den Bereichen Energie, Umwelt und Infrastruktur.

Infrastrukturmanagement

Beratungsleistungen von der Optimierung bis zur Neuausrichtung von technisch-organisatorischen Prozessen.

IT-Consulting

Strategische, anwendungsspezifische und DV-technische Beratung.

Energiemanagement

Beratung zu Themen der kostenoptimalen Energiebereitstellung, Bezugs- und Lieferverträge, Portfoliozusammensetzung und Prognose von Absatzmärkten und Preisentwicklungen.

IT-Service/HelpDesk

Erfahrene Experten mit breit gefächertem Hard- und Software-Know-how meistern auch vielschichtige IT-Problemstellungen.

Produktneuigkeit

SQL-View

FCIT realisiert integrierte Geoinformationssysteme für Unternehmen und öffentliche Verwaltungen. Geografische und alphanumerische Daten unterschiedlicher Herkunft werden in einem (Geo-)DataWarehouse zusammengeführt, das als bereichsübergreifende Datenbasis dient. Das System wird für interne Aufgaben wie die Planung von Baumaßnahmen, Betriebsführung und Instandhaltung genutzt. Es bietet darüber hinaus die Möglichkeit, Informationen via Internet bereit zu stellen. Wesentliche Komponente der integrierten Geoinformationssysteme ist das

Firmenprofile

Analyse- und Viewing-Tool SQL-View von FCIT. Neben SQL-View kommen für die Lösung weitere hochentwickelte IT-Produkte zum Einsatz - für die Datenhaltung wird eine ORACLE Datenbank genutzt, die Übertragung der gewünschten Daten in die Datenbank geschieht mittels Standard-Schnittstellen von CISS TDI.

Anforderungen

Wichtige Anforderungen an ein integriertes Geoinformationssystem zur Unterstützung der internen Arbeitsabläufe sind:
- Schaffung einer gemeinsamen, bereichsübergreifenden Datenbasis,
- effektive, rasche und zuverlässige Versorgung von Sachbearbeitern, Planern und Entscheidern sowie der Öffentlichkeit mit Informationen,
- Aufbau einer einheitlichen Informationsplattform für Intranet und Internet,
- einfache, intuitive Systemnutzung ohne besondere Vorkenntnisse.

Das integrierte Geoinformationssystem von FCIT

- integriert geografische Daten unterschiedlicher Herkunft und Struktur nahtlos mit alphanumerischen Sachdaten in einem Geo-Data-Warehouse,
- ermöglicht leistungsstarke Analyse und Präsentation neu kombinierter raumbezogener Daten,
- bietet sehr gute Möglichkeiten der Zugriffsregelung und Datensicherung,
- baut auf zukunftssicheren Technologien auf,
- gewährt völlige Wahlfreiheit hinsichtlich der zu nutzenden Daten, Technologien und Anwendungen.

Präsentation und Analyse mit SQL-View

SQL-View wurde zur Analyse und Präsentation neu kombinierter raumbezogener Daten direkt aus dem Geo-DataWarehouse entwickelt.

SQL-View
- ist einfach zu bedienen,
- kann flexibel auf Benutzeranforderungen angepasst werden,
- hat einen identischen Client im lokalen Netz sowie in Intranet und Internet und ist plattformunabhängig durch Java.

Vorteile eines Planungsinformationssystems
- Absicherung von Entscheidungen durch Berücksichtigung zuverlässiger, zeitrichtiger und genauer Daten,
- Optimierung des bereichsübergreifenden technischen Datenflusses (weniger Schnittstellen, Definition verbindlicher Datenformate),
- Verfügbarkeit aller relevanten Daten für die Einbindung in Arbeitsprozesse,
- Sicherung und konsequente Nutzung früherer Investitionen in Daten,
- Basis für den Aufbau einer unternehmensweiten Integration von Daten und Anwendungen,
- Ablösung vorhandener Systeme ist nicht erforderlich.

GAF AG

Straße: Arnulfstr. 197
PLZ, Ort: 80634 München
Land: D
Telefon: 089/121528-0
Telefax: 089/121528-79
Internet: www.gaf.de
E-Mail: info@gaf.de
Zweigstellen in: —
Partnerfirmen: Euromap GmbH
Geschäftsführer: Dr. Rupert Haydn
Anzahl der Mitarbeiter: 31
Gründungsjahr: 1985
Gesamtumsatz 2001: 6,9 Mio. EUR
Umsatz im Bereich GIS 2001: —

Produkte und Dienstleistungen:

Softwareprodukte:
GeoRover: Mapping Tool für die geologische Feldaufnahme

Firmenprofile

LaFIS: Landwirtschaftliches Flächeninformationssystem zur Unterstützung behördlicher Anwendungen
Agroview: Farm-Management SW für landwirtschaftliche Betriebe
Zeus: Spezielle SW für die fernerkundliche Kontrolle von geförderten landwirtschaftlichen Flächen
PatchEdit: SW für die schnelle Nachbearbeitung von Klassifikationsergebnissen
LandRegister: schlüsselfertige SW-Lösung für die Verwaltung von Liegenschaften
CTMS: spezielle SW für die Verwaltung von Bergbaurechten
Sigtim: Informationssystem für Umweltfragen und die Verwaltung von Bergbaurechten in Madagaskar

Digitale Datenprodukte
- Satellitendaten aller aktuellen zivilen Systeme von 0,6 m bis 1 km
- Luftbilder deutscher Städte mit 0,25 m Auflösung
- Landnutzungsdaten (Clutter) BRD
- "EURO-MAPS: hochauflösende (5m), großflächige Satellitenbildmosaike von Europa - eine zuverlässige, aktuelle und kosteneffektive Informationsbasis für die Raumplanunf"

Dienstleistungen
- Projektkonzeption und Projektmanagement
- Consulting
- Beratung, Schulung und Aufbau von Institutionen im Bereich Fernerkundung, GIS, LIS und IT
- Software Design und Entwicklung
- Aufbau und Management von raumbezogenen Informationssystemen (GIS, LIS)
- Digitale Bildverarbeitung
- Forschung und Entwicklung
- Kartenproduktion
- Virtual Reality und Multimedia
- Vertrieb von Geodaten
- SW Vertrieb

Weitere Produkte im Vertrieb
- Digitales Höhenmodell MONA Pro von Europa
- Interferometrie SW Atlantis EarthView
- Kompressions SW MrSID

GIS Referenzen

Project: Design, Programming, and Implementation of a State-wide Forest GIS and Register for the Federal State of Sachsen-Anhalt
Years: 2001 - ongoing
Country: Germany
Service(s): Forestry, GIS Application Development, Land Administration, DB Design and Application Development, SW Design and Development, Institutional Assessment/Strengthening, IT Procurement

Project: Development of Information Tools for Farmers including SW, Large Scale Aerial Surveys, Precision Farming Assistance
Years: 2000
Country: Germany
Service(s): Agriculture, GIS Application Development, DB Design and Application Development, SW Design and Development, Data Capture

Project: GIS-Strengthening to Support Regional Transportation Studies and Highway Planning
Years: 2001 - ongoing
Country: Peru
Service(s): GIS Application Development, DB Design and Application Development, SW Design and Development, Mapping and Monitoring, Institutional Assessment/Strengthening, IT Procurement, Image Processing, Data Capture

Project: GIS based Planning Information System for Regional Transportation Planning and Infrastructure Management
Years: 1998 - 2000
Country: Chile
Service(s): GIS Application Development, DB Design and Application Development, SW Design and Development, Mapping and Monitoring,

Firmenprofile

Planning, Infastructure Management, Institutional Assessment/Strengthening, IT Procurement, Image Processing, Data Capture

Project: GIS based Decision Support System for Transportation Planning and Infrastructure Management
Years: 1998 - 2000
Country: Bolivia
Service(s): GIS Application Development, DB Design and Application Development, SW Design and Development, Institutional Assessment/Strengthening, IT Procurement, Image Processing, Data Capture

Firmenprofil: Die GAF AG, mit Firmensitz in München, wurde 1985 von Dr. Rupert Haydn gegründet. Als international agierendes und renommiertes Unternehmen arbeitet die GAF AG mit industriellen Kunden und öffentlichen Auftraggebern als kompetenter Dienstleister für Projektkonzeption und Projektmanagement zusammen. Die GAF AG setzt neue Standards in Qualität, Kompetenz und Zuverlässigkeit und bietet gleichzeitig ein anspruchsvolles, multidisziplinäres Produkt- und Dienstleistungsportfolio.

Dies umfasst - neben dem Satellitendatenvertrieb - den gesamten Bereich Geo Datenprozessierung, Aufbau und Management von raumbezogenen Informationssystemen (GIS, LIS), Software-Entwicklung bis hin zu Planung, Implementierung und Management komplexer Projekte in verschiedenen thematischen Fachbereichen auf internationaler Ebene.

Die Kernkompetenzen der GAF AG:

- Vertrieb von Satellitendaten: GAF ist führender Anbieter von Satellitendaten und darauf basierender Produkte und Dienstleistungen in Europa. GAF bietet mit dem Tochterunternehmen Euromap die komplette Bandbreite der im zivilen Bereich verfügbarer Satellitendaten an.
- Aufbau und Management von raumbezogenen Informationssystemen (GIS, LIS)
- Projektkonzeption und Projektmanagement
- Geo-Datenprozessierung
- Design und Entwicklung von speziellen SW Produkten
- Consulting: Planung, Implementierung und Management komplexer Projekte in Fachbereichen wie Umwelt, Landwirtschaft, Forstwirtschaft, Kataster, Transportwesen, Geologie - auf internationaler Ebene.

GDV - Gesellschaft für geografische Datenverarbeitung mbH

Straße: Binger Str. 51
PLZ, Ort: 55218 Ingelheim
Land: D
Telefon: 06132/7148-0
Telefax: 06132/7148-28
Internet: www.gdv.com
E-Mail: info@gdv.com
Gesellschaftsform: GmbH
Zweigstellen in: —
Partnerfirmen: ESRI GmbH, Oracle, Infraplan-Syscon
Geschäftsführer: Dipl.-Geographen T. Riehl und D. Hübener
Vertriebsleiter: Thomas Riehl, Kushtrim Krasniqi
Leiter Anwendungsberatung: Burkhart Schaffrath
Hotline: Paul Hurys
Schulungsleiter: Joachim Müller
Anzahl der Mitarbeiter: 10
Gründungsjahr: 1993
Gesamtumsatz 2001: —
Umsatz im Bereich GIS 2001: —

Firmenprofile

Produkte und Dienstleistungen:

Softwareprodukte: AvAtkis, AvAlk, AvTrans, ShapeClean, ShapeEDBS, GDV-MapServer, JShapeXi
Programmierung: (C, C++, Java, JavaScript, VB): Schnittstellen, ArcView-Anpassungen, GIS-Tools (Stand-Alone + Extensions), Analyse-Applikationen, Inter/Intranet
Digitale Datenprodukte: Datenaufbereitung von ALK- und ATKIS-Daten, Digitale Geländemodelle
Dienstleistungen: Web-Mapping, Projekt-Programmierung, Datenerfassung- und aufbereitung, Projektkonzeptionierung und -durchführung, Ultraleicht-Objektbefliegungen (auch Digital-Video)
Weitere Produkte im Vertrieb: ArcView GIS 3.x, ArcGIS-Produktreihe, ArcIMS, ArcSDE, verschiedenste Kommunal-Fachschalen für ArcView GIS

Firmenprofil: Die GDV - Gesellschaft für geografische Datenverarbeitung mbH, beschäftigt sich mit den Möglichkeiten moderner EDV-Technik bei der Datenerfassung und -aufbereitung für die weitere Nutzung in Geographischen Informations-, bzw. Auskunftssystemen. Durch den starken Bedarf an Inter-/Intranetfähigen Lösungen, wurde schon seit den frühen Anfängen dieser Technologie, massiv Know-How im Bereich **Web-Mapping** gebildet und in operativer Projektarbeit umgesetzt. Generell ist die Konzeption, Betreuung und Durchführung von GIS-Projekten immer wieder die Keimzelle von (meist kundenspezifischen) Softwareentwicklungen gewesen. Seit 1993 wurden aus der Projektarbeit heraus, verschiedene Programme zur Konvertierung, Aufbereitung und Ableitung großer Datenmengen aus den Datenbeständen der Landesvermessungsämter entwickelt (ATKIS-, DHM- Rasterdaten der TK's sowie Luftbilder). Zunehmend mehr Bedeutung erlangen auch die ALK- und ALB-Daten der Katasterverwaltungen.
Die Entwicklung spezifischer Applikationen oder GIS-Tools wurde im Lauf der Jahre zu einem wichtigen „Standbein". So hat der Geschäftsbereich **Software-Entwicklung** durch Programme wie AvAtkis, AvAlk, ShpTrans oder AvTrans eine schwunghafte Entwicklung erfahren. Auch für die Zukunft hat es sich die GDV zum Ziel gemacht, GIS-Anwendern durch einfach zu bedienende Hilfsprogramme, das professionelle Arbeiten mit GIS-Daten so einfach und preiswert wie möglich zu machen. In diesem Rahmen werden auch Partnerschaften mit Software-Firmen eingegangen, deren Produkte den gleichen Ansprüchen genügen.
Die besondere Erfahrung in dem Bereich der amtlichen Datenformate, sowie die aktive Partnerschaft mit der Infraplan Syscon GmbH machen den Bereich Kommunal-GIS zu einem weiteren Schwerpunkt. Durch den Aufbau einer eigenständigen Abteilung profitieren auch Kunden in diesem Bereich, von den preiswerten und funktionalen GDV-Lösungen.
Voraussetzung für individuelle Lösungen ist die Kommunikation mit dem Kunden, die in der Zusammenarbeit immer im Vordergrund steht. Ein Kompetenzschwerpunkt für Speziallösungen hat sich im Laufe der Zeit für die ESRI-Desktop-Produktlinie ergeben. Das Tätigkeitsfeld umfaßt ebenso die Ersteinführung von GIS-Produkten. Angeboten werden Komplett- und Teillösungen, bestehend aus **Software**, **Consulting**, **Schulung** und **Datenaufbereitung**. Auch die Begleitung von Einstiegsprojekten in die GIS-Technologie ist Bestandteil der Angebotspalette. Angesprochen sind hier ebenso Unternehmen und Behörden, für die GIS schon lange kein Fremdwort mehr ist, wie Kunden, die durch das inzwischen erreichte Maß an Unübersichtlichkeit im GIS-Marktsegment, mit der Einführung dieser Technologie bisher gezögert haben.

Firmenprofile

GE Network Solutions

Straße: Europaring 60
PLZ, Ort: 40878 Ratingen
Land: D
Telefon: 02102/108-0
Telefax: 02102/108-111
E-mail: smallworld@smallworld.de
Internet: www.gepower.com/networksolutions
Zweigstellen in: Berlin, Freiburg, München
Partnerfirmen: —
Geschäftsführer: Stefan Bakenhus
Vertriebsleiter: —
Leiter Anwenderberatung: —
Schulungsleiter: —
zuständig für Hotline: —
Anzahl der Mitarbeiter: 140
Gründungsjahr: 2001
Gesamtumsatz 2001: —
Umsatz im Bereich GIS 2001: —
Weitere Produkte im Vertrieb: —

Produkte und Dienstleistungen:

Softwareprodukte: Smallworld Core Spatial Technology (GIS), Smallworld Fachschalen, Smallworld Design Manager, Smallworld PowerOn, Smallworld Spatial Intelligence, Smallworld Internet Application Server
Digitale Datenprodukte: —
Dienstleistungen: Beratung, Implementierung, Schulung, Wartung, Support & Service

Firmenprofil: Mit über 340.000 Mitarbeitern und einem Umsatz von über 125 Mrd. US$ ist GE eines der größten Unternehmen weltweit, das ein breit gefächertes Spektrum an Dienstleistungen und Hightech- Qualitätsprodukten anbietet. Von GE Power Systems bis zu GE Plastics, von GE Capital bis zu NBC sieht sich das Unternehmen verpflichtet, seine Dienstleistungen und Technologien, die der weltweiten Kundenbasis angeboten werden, weiter auszubauen.

GE Network Splutions ist die Integration von GE Smallworld, GE Harris und Sofion. Der Name des Unternehmens unterstreicht die Strategie, das breiteste Lösungssprektrum für die Mission "Designing and Managing the World's Networks" aus einer Hand anzubieten.

GE Network Solutions entwickelt und vermarktet mit weltweit knapp 1000 Mitarbeitern raumbezogene Software-Technologie für die Bereiche Versorgungswirtschaft, Telekomunikation, öffentliche Verwaltung, Transport und Logistik sowie Echtzeitsysteme für die Versorgungswirtschaft. Das Lösungsspektrum umfaßt neben raumbezogenem Informations-Management die Bereiche Netzplanung und Netzbetrieb. Dabei gehört Internet-Technologie genauso zum Portfolio wie Anwendungs-Integration z.B. mit kaufmännischen Applikationen.

Darüber hinaus bietet GE Network Solutions Dienstleistungen zur schnellen Implementierung und Integration ihrer Softwareprodukte an. GE Network Solutions verfügt über mehr als 900 Kunden in über 40 Ländern rund um die Welt.
In Deutschland ist GE Network Solutions mit insgesamt ca. 140 Mitarbeitern an den Standorten Ratingen, Freiburg, München und Berlin vertreten.

GEF-RIS AG

Straße: Ferdinand-Porsche-Str. 4a
PLZ, Ort: 69181 Leimen
Land: D
Telefon: 0 62 24 / 97 13-60
Telefax: 0 62 24 / 97 13-90
E-mail: info@gef.de
Internet: www.gef.de
Zweigstellen in: Laufach, Bassenheim
Parterfirmen: ABB, beusen Solutions, EVM Koblenz etc.
Geschäftsführer: Dr. Martin Icking, Dr. Klaus Blettner
Vertriebsleiter: Dr. Klaus Bauer
Leiter Anwenderberatung: Bernd Eisermann
Schulungsleiter: Dr. Ulrich Kornstädt

Firmenprofile

zuständig für Hotline: ca. 10 Supporter
Anzahl der Mitarbeiter: 30
Gründungsjahr: 1988
Gesamtumsatz 2001: —
Umsatz im Bereich GIS: 80%

Produkte und Dienstleistungen:

Softwareprodukte: sisNET, sisHYD, sisKMR
Digitale Datenprodukte: —
Dienstleistungen: Projektmanagement, Beratung, Qualitätssicherung, Managementlösungen, Entwicklung, Datenmanagement etc.
weitere Produkte im Vertrieb: MicroStation, Oracle

Referenzen:

GIS-Dienstleistungen: EVM Koblenz, Neckarwerke Stuttgart, Kreiswerke Hanau, swb Norvia, Stadtwerke Lemgo etc.
GIS-Firmen: siehe GIS-Dienstleistungen

Niederlassungen in Österreich: —
Niederlassungen in der Schweiz: —
Firmenprofil: Die GEF-RIS AG engagiert sich seit ihrer Gründung im Jahre 1988 in den innovativen Wachstumsmarkt der Geo-Informationssysteme, fokussiert auf die Zielmärkte Versorgungsunternehmen, Kommunen und Industrie.

Im Mittelpunkt stehen die anwenderfreundlichen Standard-Informations-System-Lösungen (sis) für raumbezogenes Wissensmanagement.Dazu zählen neben der homogenen GIS-Lösung **sisNET** für Energieversorger, Kommunen und die Industrie beispielsweise die Produktlinien **sisHYD** und **sisKMR** Rohrnetzberechnungen sowie **sisFLP**, eine in Kooperation mi ABB realisierte Software für den Strom-Freileitungsbau.

Darüber hinaus bietet GEF-RIS AG sisNET-Lösungen für den Bereich Umwelt an, sowie Schnittstellenlösungen für Facility-Management, Kabelmanagement sowie Instandhaltung und Betriebsführung von Versorgungsnetzen.

Die weiterführende Entwicklung und der Vertrieb der Standardinformationssysteme, zu denen auch Case-Tools für Individualanpassungen zählen, sind Unternehmensziele der GEF-RIS AG.

Auf Ergonomie ausgerichtete, standardisierte Daten-, Funktions- und Prozessmodelle werden auch zukünftig die praxisnahen Anwendungslösungen bestimmen.

Die GEF-RIS AG ist aber nicht nur Applikationshersteller und Systemdienstleister, sondern versteht sich als Lösungsanbieter auch als Data-Service-Provider und Systemintegrator.

GEOBYTE SOFTWARE GmbH

Straße: Kupferstr. 36
PLZ, Ort: 70565 Stuttgart
Land: D
Telefon: (0711) 78 19 06-0
Telefax: (0711) 78 19 06-11
E-mail: info@geobyte.de
Internet: www.geobyte.de, www.metropoly.de
Geschäftsführer: Peter Scheumann, Roland Lutz, Klaudius Chlebosch
Vertriebsleiter: Peter Scheumann, Roland Lutz
Anzahl der Mitarbeiter: 11
Gründungsjahr: 1998

Produkte und Dienstleistungen:

Softwareprodukte: METROPOLY SIAS, METROPOLY MapWork, METROPOLY MapWeb, METROPOLY GATE, METROPOLY Grünflächenmanagement
Dienstleistungen: Consulting, Projektleitung, Softwareerstellung, Datenkonvertierung
Referenzen:
GIS Dienstleistungen (auch Produktkunden): ZIMAS Landeshauptstadt München, SIAS Landeshauptstadt Stuttgart, SIAS Stadt Tübingen, SIAS Stadt Freiburg, SIAS Energie und Wasser Lübeck GmbH, Grünflächenmanagement Landeshauptstadt Stuttgart

Firmenprofile

Firmenprofil: Die 1998 mit Sitz in Stuttgart gegründete GEOBYTE SOFTWARE GmbH ist für mittlere und große Kommunalverwaltungen, Energieversorger und Industriekunden tätig.
Auf Basis ihrer METROPOLY GIS-Produktfamilie erstellt die GEOBYTE individuelle Integrationslösungen für Ihre Kunden, die effiziente, mehrfache Nutzung von Geo- und Sachdaten ermöglichen. Die Lösungen der GEOBYTE zeichnen sich durch ihre modulare Softwarearchitektur und hohe Flexibilität aus und sind damit eine ideale Basis für langlebige und einfach erweiterbare Anwendungssysteme. Die Kompetenz des GEOBYTE Teams erstreckt sich dabei weit über das GIS Segment hinaus.

Paradebeispiele für integrierte METROPOLY-Lösungen aus jüngster Zeit sind das Münchner Zentrale Informations-Management und Analyse System ZIMAS, das auf einem Data Warehouse aufbaut und das Stuttgarter Grünflächenmanagement GFM mit Online SAP-Anbindung. Während die Dreischichten-Architektur des GFM auf Grundlage der METROPOLY Client/Server Architektur mit den Produkten METROPOLY SIAS und MapWork entwickelt wurde, ist das Münchner ZIMAS eine Web-basierte Anwendung auf Grundlage des METROPOLY Java-Applets MapWeb – natürlich auch hier mit einem METROPOLY SIAS Server als Backend.

Open GIS: Seit kurzem verfügbar sind auch die METROPOLY SIAS-Schnittstellen zu den gängigen GIS Datenbanksystem Oracle Spatial und IBM DB2 Spatial Extender und ein OGC-konformer Web Mapping Server auf Grundlage der METROPOLY MapWeb Komponenten.

GEOCOM INFORMATIK AG

Straße: Bernstr. 21
PLZ, Ort: 3400 Burgdorf
Land: CH
Telefon: ++41 34 428 30 30
Telefax: ++41 34 428 30 32
E-mail: info@geocom.ch
Internet: www.geocom.ch
Zweigstellen in: —
Partnerfirmen: —
Geschäftsführer: Markus Wüthrich
Vertriebsleiter: Pol Budminger
Leiter Anwenderberatung: Stefan Flury
Schulungsleiter: Pascal Megert
zuständig für Hotline: Bruno Liechti
Anzahl der Mitarbeiter: >30
Gründungsjahr: 1995
Gesamtumsatz 2001: —
Umsatz im Bereich GIS 2001: —

Produkte und Dienstleistungen:

Softwareprodukte: GEONIS, Plot Studio, InterGis Studio, GRICAL, GPlot
Digitale Datenprodukte: —
Dienstleistungen: Applikationsentwicklung, Beratung, Schulung, Individualentwicklung
weitere Produkte im Vertrieb: Arc GIS, Geomedia, Microstation

Firmenprofil: Seit 1995 vertreibt die GEOCOM Informatik AG als Software- und Systemhaus GIS- und CAD-Lösungen diverser Hersteller. Für ArcGIS 8.x, Geomedia und Microstation fertigt GEOCOM standardisierte Applikationen für die Ver- und Entsorgung, für das Vermessungswesen sowie für die öffentliche Hand. Das Produkt GEONIS gehört in der Schweiz zu den führenden Netzinformationssystemen. In der Produktelinie GEONIS werden zu den durchgängigen Erfassungs-, Abfrage und Web-Lösungen praxisorientierte Fachschalen angeboten. Das Erfassungssystem GEONIS expert für ArcGIS 8.x ist modular aufgebaut und unterstützt die Medien

Firmenprofile

Wasser, Gas, Abwasser, Elektro, Telekommunikation, usw.. Die generischen Werkzeuge lassen sich mit XML einfach konfigurieren.

Im Katasterbereich werden schweizerische Lösungen für die Punktberechnung und die Amtliche Vermessung nach DM.01-AV entwickelt. Diese Lösungen basieren auf Basistechnologie von Leica Geosystems und überzeugen mit einem optimierten Datenfluss zwischen Vermessungssensoren und GIS. Die Expertensysteme können mit Feld-GIS-Lösungen und mobilen Abfragesystemen ergänzt werden.
Für die Abfrage und Analyse von kommunalen Geodaten stehen mit GEONIS user und GEONIS web optimal auf das Erfassungssystem abgestimmte Lösungen zur Verfügung.
Für die Planausgabe nach den gängigen Zeichnungsvorschriften kann für die Produktelinie GEONIS die flexible Plotsoftware Plot Studio genutzt werden. Mit dem Konvertierungswerkzeug Interlis Studio ist der Austausch von beliebigen Datenformaten und –modellen sichergestellt.

Zu den Kernkompetenzen der GEOCOM Informatik AG zählen weiter die Erarbeitung von Konzepten zur GIS-Integration in bestehende Informatikumgebungen, Entwicklung von komplexen Datenbank- und fachspezifischen Gesamtlösungen sowie Businessapplikation (SAP, usw.), Büroautomation und Netzwerke.

GEOCOM Informatik AG ist Ihr Partner für anspruchsvolle GIS-Projekte.

GEOGRAT®
INFORMATIONSSYSTEME

GEOGRAT Informationssystem GmbH

Straße: Schloßstr. 7
PLZ, Ort: D-91792 Ellingen
Land: D
Telefon: 09141/8671-0
Telefax: 09141/3372
E-Mail: info@geograt.de
Internet: www.geograt.de
Zweigstellen in: —
Partnerfirmen: 6
Geschäftsführer: Armin Gromoll
Vertriebsleiter: Dipl.-Ing. (FH) Michael Schwara
Anzahl der Mitarbeiter: 12
Gründungsjahr: 1990
Gesamtumsatz 2001: —
Umsatz im Bereich GIS 2001: —

Produkte und Dienstleistungen:

Softwareprodukte: GeoGIS, GIS, Fachschalen, Internet-Browser, Schnittstellen, Geodatenserver
Digitale Datenprodukte: —
Dienstleistungen: Beratung, ystemeinführung, Projektbetreuung, Schulung, Hotline, Wartung, Unterstützung
Weitere Produkte im Vertrieb: —
Verbreitungsgrad Ende 2001:

Erstinstallation PC: 1990
Lizenzen D, CH, A, PC: 1.690
Lizenzen weltweit PC: 1.700
Erstinstallation WS:
Lizenzen D, CH, A, WS: —
Lizenzen weltweit WS: —

Firmenprofile

Firmenprofil:

Arbeitsschwerpunkte:
- Entwicklung der eigenen GIS, NIS, LIS-Produkte
- gemischte Raster-/Vektorverarbeitung
- Rasterentzerrung
- Datenbanken- und Analyseprogramme auch unter Netzwerk und UNIX
- ingenieurtechn. Entwurfs-, Berechnungs- und Planungsprogramme
- Zeichnungsprogramme auf der Basis von AutoCAD bzw. FelixCAD

Fachbereiche:
- Karten und Pläne
- Flächen und Objekte
- Kanal, Gas, Wasser, Elektro, Fernwärme
- Facility-Management

personelle Kapazität:
- Bauingenieure/Vermessungsingenieure
- EDV-Systemingenieure/Systeprogrammierer
- technische Zeichner/Verwaltungskräfte

eigene Software:
- GeoGIS-Produktfamilie
- GIS^x Produktfamilie

DVGW:
- GAWANIS-zertifiziert

FelixCAD:
- OEM (Original Equipment Manufacturer)
- Systementwickler

Oracle:
- OCP = Oracle Partner Certification Progr. (Alliance Member / Solution Provider)
- Systementwickler

Die Firma GEOGRAT INFORMATIONSSYSTEM GMBH ist seit über 10 Jahren im Bereich GIS und NIS tätig. GEOGRAT entwickelt und vertreibt seine Software unter den Marken GeoGIS und GIShochX.

GEOGRAT zählt heute mit über 1.600 installierten Lizenzen zu den erfolgreichsten Anbietern von im deutschsprachigen Raum.

GEOGRAT ist einer der wenigen GIS-Anbieter, der für seine Gas- und Wasserfachschalen die Bescheinigung des DVGW erhielt.

GEOGRAT Produkte zeichnen sich aus durch funktionelle Vollständigkeit und ein besonders gutes Preis/Leistungsverhältnis.

Unser Erfolg beruht auf umfangreicher praktischer Erfahrung bei Ingenieursleistungen im Bereich Ver- und Entsorgung und auf dem engen Kontakt mit unseren Kunden.

Das Team von GEOGRAT verfügt über erstklassige und erfolgreich angewandte Fähigkeiten in den Bereichen: Softwareentwicklung (GIS, CAD, Datenbanken, JAVA, Internet), Konzeption, Projektmanagement, Arbeitsplanung, Betreuung im laufenden Betrieb, Dokumentation, Schulung und Ingenieurleistungen.

Die komplette System-Programmierung erfolgt in Deutschland. Das Systemhaus und fachkompetente Stützpunkt-Partner vor Ort betreuen die Kunden. Somit sind Wege und Reaktionszeiten kurz.

Dem Anwender stehen über 60 unterschiedliche thematische Anwendungen zur Auswahl. Von den „klassischen" Netzfachschalen für Kanal, Gas, Wasser, Strom usw. über die Liegenschaftsverwaltung bis zum Umweltschutz. Vom einfachen Auskunftsplatz bis zum anspruchsvollen Ingenieurarbeitsplatz bietet GEOGRAT leistungsfähige und kostengünstige Lösungen für Kommunen, Ämter, Stadtwerke, Versorger, Entsorger, Ingenieurbüros, Architekten, Gewerbe und Industrie.

Geo - IT GmbH

Straße: Guggenberg 3
PLZ, Ort: 82380 Peissenberg
Land: D
Telefon: 08803/498372
Telefax: 08803/498373
E-mail: info@geo-it.com
Internet: www.geo-it.com
Partnerfirmen: Geo-Ökologie Consulting
Geschäftsführer: A. Paukner-Ruzicka, D. Robrecht
Leiter Anwendungsberatung: —

Firmenprofile

Schulungsleiter: —
zuständig für Hotline: —
Anzahl der Mitarbeiter: 3
Gründungsjahr: 2001
Gesamtumsatz 2001: —
Umsatz im GIS Bereich: —

Produkte und Dienstleistungen:

Strategieberatung zum GIS-Einsatz im Unternehmen:
Ausgehend von einer individuellen Analyse Ihrer Geschäftsprozesse und Anforderungen unterstützen wir Sie herstellerneutral bei der Auswahl der geeigneten Produkte. Bei Bedarf übernehmen wir auch Anpassungen oder die Entwicklung maßgeschneiderter Lösungen auf Basis von OpenSource-Software.

Web-GIS:
Im Bereich Web-GIS haben wir im Rahmen mehrerer Projekte mit der OpenSource-Software Mapserver der Universität von Minnesota umfangreiche Erfahrungen gesammelt.
Anwendungsbereich ist die Visualisierung großer Bestände an Vektor- und Rasterdaten über das Internet. Der Benutzer benötigt lediglich einen gängigen Internetbrowser, um alle Funktionen des Mapservers wie Zoom, Pan oder Attributabfrage nutzen zu können. Aufgrund der hohen Flexibilität der Software ist eine einfache Visualisierung von GIS-Daten ebenso realisierbar wie komplexe Auskunftssysteme für Fachanwender.

MobileGIS-Anwendungen:
Im Rahmen eines Projektes für das Deutsche Zentrum für Luft und Raumfahrt (DLR) wurde eine mobile GIS-Applikation auf Basis der OpenSource Bibliothek OpenMap erstellt. Das System ist als multiuserfähiges, serverunabhängiges Auskunfts- und Datenerfassungssystem für den mobilen Einsatz konzipiert. Ein Datenabgleich mit dem Server kann jederzeit über eine beliebige Internetverbindung erfolgen. Durch den Einsatz einer Datenbank zur Speicherung von Raum- und Sachdaten ist ein zentrales Datenmanagement, eine zentrale Datenverteilung und die Unterstützung einer großen Anzahl von Benutzern bei gleichzeitig gesicherter Datenintegrität gewährleistet.

Datenbanken:
Das Leistungsspektrum der Geo-IT GmbH im Bereich Datenbanken reicht von der Konzepterstellung über Datenbankdesign und Applikationsarchitektur bis zur Applikationsentwicklung, -installation und -administration. Wir sind mit allen gängigen Datenbanksystemen vertraut.

Datenerfassung
Neben der Georeferenzierung und Entzerrung von gescannten Plänen, Karten und Luftbildern übernehmen wir auch die Digitalisierung oder Vektorisierung analoger Vorlagen.

Datenanalyse und -präsentation
Wir erstellen komplexe Kartenlayouts zu wasserwirtschaftlichen und landschaftsplanerischen Pflege- und Entwicklungsplänen, die mit hochwertigen Plottern bis zum Format DIN A0 ausgegeben werden können.

GI Geoinformatik GmbH

Straße: Bürgermeister-Ulrich-Str. 160
PLZ, Ort: 86179 Augsburg
Land: D-
Telefon: 0821/25869-0
Telefax: 0821/25869-40
E-mail: Info@gi-geoinformatik.de
Internet: www.gi-geoinformatik.de
Zweigstellen in: —
Partnerfirmen: ESRI Geoinformatik GmbH, Trimble GmbH
Geschäftsführer: Herr Dr. Brand, Herr Hallischafsky, Herr Stahl
Vertriebsleiter: Herr Brand
Leiter Anwendungsberatung: Herr Stahl
Schulungsleiter: Herr Hallischafsky
zuständig für Hotline: Herr Hallischafsky
Anzahl der Mitarbeiter: 10

Firmenprofile

Gründungsjahr: 1993
Gesamtumsatz 2001: —
Umsatz im GIS Bereich: —

Produkte und Dienstleistungen:

Softwareprodukte: Vertrieb und Support von ESRI-Software
Digitale Datenprodukte: —
Dienstleistungen: GIS-Dienstleistungen
Weitere Produkte im Vertrieb: GPS-Produkte von Trimble

Referenzen:
GIS-Dienstleistungen (Auswahl):
Aufbau von landesweiten GIS-Datenbeständen für die Fachbereiche Naturschutz, Wasserwirtschaft, Forst und Geologie (Landesämter in Bayern und Baden-Württemberg, Bundesbehörden
GIS-Firmen: —

Firmenprofil: Die GI Geoinformatik GmbH bietet Ihnen das **gesamte Spektrum an Dienstleistungen rund um raumbezogene Datenverarbeitung und digitale Kartenerstellung**. Wir verstehen GIS-Umsetzungen als Chance, durch eine raumbezogene Lösung eine neue Informationsqualität zu erreichen. Der Raumbezug verschafft ihnen den Überblick für strategische Entscheidungen.

Bauen Sie auf 9 Jahre Erfahrung im Bereich Geographischer Informationssysteme:
Wir unterstützen Sie bei der Konzeption von GIS-Lösungen und der **Neuerfassung und Aufbereitung von bestehenden Daten- und Kartenbeständen**. Unsere interne **GIS-gestützte Qualitätssicherung** garantiert Ihnen Ergebnisse auf gleich bleibend hohem Niveau.

Wir bauen auf die Produkte der Weltmarktführer ESRI (GIS) und Trimble (GPS). Als **Solutionpartner** bieten wir die Beratung, den Verkauf und den technischen Support mit Hotline und Schulungen. Für den mobilen GIS-Einsatz bietet GPS von Trimble die ideale Ergänzung zu den ESRI-Produkten. Sie profitieren von den **ge-** **meinsamen Entwicklungen** dieser Firmen, die zudem die **Datenstandards** in ihren Marktsegmenten setzen. Das garantiert Ihnen langfristige **Investitionssicherheit** und **durchgängige Datenformate**.

Ihre Vorteile

- **9 Jahre Erfahrung** im Aufbau von Geographischen Informationssystemen.
- **Komplettangebot aus einer Hand – durchgängige Lösungen**
  ESRI-Softwarehandel und Trimble GPS-Lösungen: Beratung, Schulung, Programmierung, Datenerfassung, Plotservice und Hotline.
- **Qualitätssicherung**
  Einsatz hausinterner Prüfprogramme zur auftragsspezifischen GIS-gestützten Qualitätssicherung von raumbezogenen Datenbeständen.
- **Erfahrung im Umgang mit großen Datenbeständen**
  Wir haben verschiedene landesweite GIS-Datenbestände aufgebaut und können Referenzen aus Großprojekten vorweisen.
- **Zufriedene Kunden**
  Die Wünsche unserer Kunden sind die Grundlagen unserer Lösungen und Dienstleistungen. Gerne nennen wir Ihnen Referenzkunden.

GIS Consult GmbH

Straße: Schultenbusch 2
PLZ, Ort: 45721 Haltern
Land: D-
Telefon: 02364/9218-0
Telefax: 02364/9218-72
E-mail: Info@gis-consult.de
Internet: www.gis-consult.de
Zweigstellen in: —
Partnerfirmen: GE Network Solutions
Geschäftsführer: R. Baltersee, W. Schwartz, C. Vogt
Vertriebsleiter: W. Schwartz
Leiter Anwendungsberatung: C. Vogt
Schulungsleiter: A. Bräunig
zuständig für Hotline: T. Hermes

Firmenprofile

Anzahl der Mitarbeiter: 33
Gründungsjahr: 1996
Gesamtumsatz 2001: 2,8 Mio. EUR
Umsatz im GIS Bereich: 2,8 Mio. EUR

Produkte und Dienstleistungen:

Softwareprodukte:
- NWSIB - das Straßeninformationssytem für Bundesländer, Kommunen und Kreise
- GDF on Oracle - GDF-Daten Verwaltung in Oracle spatial
- GeoTron - das schnelle Viewing System für geographische Objekte
- CRE-LIS - das geographische Liegenschaftssystem zur Ergänzung von SAP RE, SAP RE-LUM
- KomLIS - das geographische Liegenschaftssystem für Kommunen

Digitale Datenprodukte:
- Karten des Landesvermessungsamtes NRW
- NavTech Straßendaten

Dienstleistungen:
- DV- und GIS-Beratung
- Projektkonzeption und Projektdurchführung
- Projektkoordination und -leitung
- Datenerfassung und -migration

Weitere Produkte im Vertrieb:
- GE Smallworld GIS + Fachschalen

Referenzen

GIS-Dienstleistungen:
(Auswahl)
- Landesbetrieb Straßenbau NRW
- Niedersächsisches Landesamt für Straßenbau
- Hessisches Landesamt für Straßen- und Verkehrswesen
- Bundesministerium für Verkehr, Bau- und Wohnungswesen
- Bundesanstalt für Straßenwesen
- E.ON Kraftwerke
- ThyssenKrupp Immobilien
- ThyssenKrupp Stahl
- Viterra Wohnen
- Steag
- Stadt Frechen
- Stadt Hattingen
- Stadt Rastatt
- Stadtwerke Rastatt

GIS-Firmen:
(Auswahl)
- GE Network Solutions

Firmenprofil: GIS Consult - ein starker Partner für anspruchsvolle Projekte
GIS Consult GmbH ist ein Systemhaus, dessen Schwerpunkt die Realisierung komplexer GIS Projekte bildet. Dazu gehören auch die Integration der Geographischen Informationssysteme in bestehende IT-Systemlandschaften. Neben den Kenntnissen im GIS Umfeld verfügt GIS Consult über umfangreiche Erfahrungen und Know-how im Bereich verschiedener Anwendungsschwerpunkte: Hardware, Netzwerke, Internet, Datenbanken und Schnittstellen.
Damit ist GIS Consult einer der leistungsstarken GE Network Solutions Partner (GE NS); für den Bereich kommunaler Lösungen ist GIS Consult vorrangiger Partner von GE NS.
GIS Consult GmbH besteht seit 1996 und hat heute, Mitte 2002, 33 Mitarbeiter, die vorwiegend große, eigenständige Projekte konzipieren, leiten, realisieren, qualitätssichern, dokumentieren, installieren und einführen.

Geschäftsfelder
- Straßen-Datenbank-Systeme (NWSIB, BISStra, Digitale Verkehrsmanagement Karte Hessen)
- Liegenschaftssysteme mit SAP-Anbindung (SAP RE, SAP RE-LUM)
- GIS Systeme für Kommunen und Versorger
- Werksinformationssysteme für Industrieanlagen
- Werkssicherheitssysteme für Industriekomplexe
- Smallworld- und Oracle-Datenbankdesign
- Schnittstellen GIS - SAP
- WEB, Intranet- und Internetapplikationen
- Datenerfassung und -migration
- Vertriebspartner von GE NS für Smallworld GIS
- Vertriebspartner der Straßenbauverwaltung NRW (NWSIB)

Firmenprofile

Erfolgsfaktoren
- Langjährige gute Kundenbeziehungen durch umfassende Dienstleistungen
- enge Anbindung an Forschung, Lehre und Praxis
- umfangreiche Projektentwicklungserfahrung
- Hochqualifizierte Mitarbeiter

GISquadrat AG
Gesamtlösungen für integrierte GEO-Informationssysteme

Straße: Margaretenstraße 70/I/1
PLZ, Ort: 1050 Wien
Land: A-
Telefon: +43 (1) 586 86 12-0
Telefax: +43 (1) 586 86 12-24
E-mail: office@gisquadrat.com
Internet: www.gisquadrat.com
Mitglieder des Vorstandes:
Georg Hammerer, Günter Probst
Anzahl der Mitarbeiter gesamt: 75
Gründungsjahr: 2000
Gesamtumsatz 2001: 11,3 Mio. EUR
Umsatz im Bereich GIS: 11,3 Mio. EUR

Niederlassungen in Österreich:

GISquadrat AG
Regionalbüro Ost
Birkfelderstr. 10
A-8160 Weiz
Tel.: +43 (3172) 44 775-0
Fax: +43 (3172) 44 775-20
E-Mail: office@gisquadrat.com

GISquadrat AG
Regionalbüro Süd
Gutenbergstr. 3
A-9020 Klagenfurt
Tel.: +43 (463) 59 44 52
Fax: +43 (463) 59 44 52-21
E-Mail: office@gisquadrat.com

GISquadrat AG
Regionalbüro West
Techcenter, Hafenstr. 47-51
A-4020 Linz
Tel.: +43 (732) 9015-5470
Fax: +43 (732) 9015-5489
E-Mail: office@gisquadrat.com

GISquadrat AG
Büro Salzburg
Kirchengasse 5 H
A-5020 Salzburg
Tel.: +43 (662) 423 078-0
Fax: +43 (662) 423 349-0
E-Mail: office@gisquadrat.com

Tochtergesellschaft Deutschland (100%)

GISquadrat
Softwaresysteme und EDV-Services GmbH
Fuggerstr. 1b
D-04448 Leipzig
Tel.: +49 (341) 525 58-0
Fax: +49 (341) 525 58-24
E-Mail: office@gisquadrat.com

GISquadrat
Softwaresysteme und EDV-Services GmbH
Niederlassung Wiesbaden
Rheingaustr. 132
D-65203 Wiesbaden
Tel.: +49 (611) 186 12 17
Fax: +49 (611) 186 12 19
E-Mail: office@gisquadrat.com

GISquadrat
Softwaresysteme und EDV-Services GmbH
Niederlassung München
Reichenbachstr. 3
D-85737 Ismaning

Geschäftsführer:
Dipl.-Ing. Frank Biedermann, Dr.-Ing. Uwe Knoth

Firmenprofile

Beteiligung in Kroatien (34%)

galaGIS d.o.o.
za geoinformaticko savjetovanje i razvoj
Trg J.F. Kennedya 6a
HR-10000 Zagreb
Tel.: +385 (1) 23 15 781
Fax: +385 (1) 23 15 781
E-Mail: office@galagis.com
Internet: www.galagis.com

Produkte und Dienstleistungen:

Software-Eigenentwicklungen:

ResPublica Intranet
ResPublica Bürgerservice
ResPublica Kataster-Modul
ResPublica F- & B-Plan
ResPublica Leitungs-Modul
ResPublica Objekt-Modul
ResPublica Siedlungswasserbau (Kanalprojektierung)
GISquadrat WebSolutions für:
- Geomarketing Portale
- Geo- und Metadaten Portale
- Land- und Forstwirtschaft
- Bürgerservice
- Utility Intranet Lösungen
- Location Based Services

Firmenprofil: GISquadrat ist ein IT-Gesamtdienstleistungs-Unternehmen. Kernkompetenzen und Schwerpunkt des 2000 gegründeten Unternehmens liegen in der gesamtheitlich-allumfassenden Entwicklung und Implementierung von lokalen und insbesondere Web-basierenden Geoinformations-Systemen (GIS) für Gemeinden, Behörden, Magistrate, Ver- und Entsorgungsunternehmen, Umwelttechnik, für die Telekommunikation und die Land- und Forstwirtschaft sowie für das Verkehrswesen.

Das stark expandierende, software- und produktunabhängige Unternehmen mit Hauptsitz in Wien (GISquadrat AG) hat Niederlassungen und Töchter in Deutschland (GISquadrat GmbH) und Kroatien. Ein Team von 75 hochqualifizierten GIS-Experten produziert - völlig unbeeindruckt von der Komplexität und vom Ausmaß der Anforderungen - maßgeschneiderte und schlüsselfertige Geoinformations-Gesamtlösungen. Eine handverlesene Einheit beschäftigt sich dabei eigens mit der Entwicklung von state of the art Web-basierenden GIS-Applikationen.

grit graphische Informationstechnik Beratungsgesellschaft mbH

Straße: Landwehrstr. 143
PLZ, Ort: 59368 Werne
Land: D
Telefon: 02389/9827-0
Telefax: 02389/9827-27
E-Mail: info@grit.de
Internet: www.werne.grit.de
Zweigstellen in: Berlin, Olpe
Partnerfirmen: SICAD GEOMATICS
Geschäftsführer:
Herr M. Zurhorst, Herr Dr. A. Rose,
Herr M. Schultheis
Vertriebsleiter: Herr M. Zurhorst
Leiter Anwendungsberatung: Herr Dr. A. Rose
Schulungsleiter: Herr L. Liesen
zuständig für Hotline: Herr O. Schimmich
Anzahl der Mitarbeiter: 18
Gründungsjahr: 1990
Gesamtumsatz 2001: 3 Mio. DM
Umsatz im Bereich GIS 2001: 3 Mio. DM

Produkte und Dienstleistungen:

Softwareprodukte: HOMAGE, RAPS, ALCON
Digitale Datenprodukte: —
Dienstleistungen: Beratung, Schulung, Programmierung
Weitere Produkte im Vertrieb: SICAD, SICAD-Internet Map Server, AUTARK

Verbreitungsgrad Ende 2001:

Erstinstallation PC: —
Lizenzen D, CH, A, PC: —

Firmenprofile

Lizenzen weltweit PC: —
Erstinstallation WS: 1990
Lizenzen D, CH, A, WS: 420
Lizenzen weltweit WS: 420

Firmenprofil: Die grit - graphische Informationstechnik Beratungsgesellschaft mbH - wurde im Jahre 1990 gegründet, um das in den Büros der Gründer vorhandene Wissen bei der Erstellung digitaler Informationssysteme zu bündeln und innerhalb einer Ingenieurgesellschaft als Dienstleistung anzubieten.

Der Schwerpunkt der Tätigkeit der grit GmbH liegt vor allem im Bereich Kataster und Herstellung und Einrichtung der Automatisierten Katasterkarte (ALK). Mit zunehmender Bereitstellung von ALK-Datenbeständen durch die Katasterverwaltungen hat jedoch auch die Nutzung digitaler Karten erheblich an Umfang gewonnen, so dass sich der Arbeitsschwerpunkt in diese Richtung ausweitete. Wichtige Nutzer sind vor allem Energieversorgungsunternehmen und sonstige Leitungsbetreiber sowie die Kommunen. Mit diesen Anwendern wurden diverse Projekte durchgeführt, die von der Einrichtung eines Betriebsmittelinformationssystems bis hin zur Kartenbereitstellung und –auskunft im Internet gehen.

Das Programmsystem HOMAGE ist eines der wichtigsten Produkte der grit. Es dient zur geometrischen Verbesserung digitalisierter Karten und zur nachbarschaftstreuen Einpassung von Fortführungen. Als funktionale Ergänzung zu HOMAGE dient das Programm RAPS zur Zusammenführung von Karten unterschiedlicher Quellen und automatisierten Bearbeitung von Kartenrändern. Die Programme sind speziell für den Katasterbereich konzipiert und werden von den Verwaltungen in 8 Bundesländern eingesetzt. Für den Bereich der Leitungsbetreiber steht das Ergänzungspaket HOMAGE NETZ bereit, in dem Sonderfunktionen zur Homogenisierung von Leitungsnetzen realisiert wurden. Das Programm ALCON ist eine Internetauskunft für diverse Anwendungen (z.B. ALK, ALB, Punktdatei, Risse). Mit dem Programm AUTARK steht ein Produkt für die georeferenzierte Speicherung von Skizzen etc. in einem Dokumentenmanagementsystem (DMS) zur Verfügung. Die Programme sind für verschiedene Betriebssysteme verfügbar.

Ein weiterer Zweig der Softwareentwicklung ist die Realisierung kundenspezifischer Anwendungen, sowohl in Anpassung an bestehende Systeme als auch vollständige Neuentwicklungen.

Die grit GmbH ist Qualified Partner von SICAD GEOMATICS und der Siemens AG und vertritt in dieser Eigenschaft alle Produkte dieser Partner im Sektor Geoinformationssysteme.

Die Kernkompetenzen der grit GmbH liegen im Bereich Geographische Informationssysteme, hier: ihrer Einführung, ihrer Einbettung, ihrer Nutzung und ihres Betriebes. Dieses Feld ist insofern komplex und vielschichtig, als die Einführung von GIS-Systemen stets eine strategische Zielsetzung beinhaltet und diese Systeme vielfältig mit anderen Systemen verzahnt sind. Weiterhin ist eine Fülle von Randbedingungen zu beachten, die von Verwaltungsvorschriften bis hin zu personellen und organisatorischen Anpassungen führt. Die langjährige und vielfältige Erfahrung der grit-Mitarbeiter ist hier besonders von Nutzen.

In diesem vielschichtigen Umfeld bietet die grit GmbH vor allem folgende Leistungen an:

- Erstellung von Fachvorgaben und Sollkonzepten
- Kostenvergleichs- und Investitionsrechnung
- Beratung bei der Einführung und Erweiterung von Datenverarbeitungssystemen
- Lieferung „schlüsselfertiger" Systeme (Hard- und Software einschließlich Datenbestand)
- Integration vorhandener DV-Lösungen und Einbindung in heterogene Netzwerke einschließlich der zugehörigen Installation
- Bereitstellung und Nutzung von Geodaten im Intranet/Internet auf Basis der SICAD-Internet Produkte sowie Verknüpfung mit kundenspezifischen Informationssystemen
- Planung, Abwicklung, Leitung und Controlling komplexer DV-Projekte
- Personalschulung und Organisationsberatung

Firmenprofile

HHK Datentechnik
HHK Datentechnik GmbH

Straße: Richard-Wagner-Str. 1-2
PLZ, Ort: 38106 Braunschweig
Land: D-
Telefon: +49 531 2881 0
Telefax: +49 531 2881 111
E-mail: info@hhk.de
Internet: www.hhk.de
Niederlassungen in: Berlin & Kerpen
Partnerfirmen: AKG Software Consulting GmbH in Ballrechten-Dottingen, Ingenieurbüro Burg in Eltville, softPlan Informatik GmbH in Wettenberg, KANIS Computer & Software in Lauchhammer, u.a.
Geschäftsführer:
Dipl.-Ing. Bernd Hartwig, Dipl.-Ing.Helmut Hoitz, Dipl.-Ing. Clemens Meyer-Hoitz, Dipl.-Ing. Friedhelm Olthuis
Leiter Anwendungsberatung, sowie Schulungsleiter:
Lutz Ludwig (GEOgraFIS),
Norbert Sperhake (GEOgraf)
zuständig für Hotline:
Dagmar Schöttler (GEOgraFIS)
Norbert Sperhake (GEOgraf)
Anzahl der Mitarbeiter: 65
Gründungsjahr: 1984
Gesamtumsatz 2001: 10 Mio. DM

Produkte und Dienstleistungen:

Softwareprodukte:
GEObüro®
(560 Installationen, 3.500 Arbeitsplätze)
GEOgraf®
(1600 Kunden, 12.500 Arbeitsplätze)
GEOgraFIS
(100 Installationen, 35 Arbeitsplätze)
KIVID® (Kooperation mit Ingenieurbüro Burg)

GEObüro und GEOgraf sind eingetragene Warenzeichen der HHK Datentechnik GmbH, Braunschweig; KIVID ist ein eingetragenes Warenzeichen des Ingenieurbüro Burg, Eltville.
Digitale Datenprodukte: —
Dienstleistungen: —
Weitere Produkte im Vertrieb: —

Firmenprofil: Jedes Produkt ist die Summe aus Wissen, Erfahrung, Kreativität und dem Willen zur Leistung. Über 17 Jahre Erfahrung haben uns zum führenden Anbieter grafischer geodätischer Software in Deutschland gemacht.
In Zusammenarbeit mit über 2000 Kunden in Deutschland und Europa haben wir unsere Produkte zu dem entwickelt, was sie heute sind: Zukunftweisende, innovative und produktive Software. Mehr als 60 Mitarbeiter sind heute bei uns tätig, die meisten in der Entwicklung und im Support zur Unterstützung der Kunden. Unsere Produktreihe - von der Büroverwaltung über CAD bis zum geografischen Informationssystem - bietet kommunalen Verwaltungen, Energieversorgern, Ingenieurbüros und Katasterämtern das notwendige Know-how für Verwaltung, Planung, raumbezogene Datenhaltung und Dokumentation.
Beratung, Support und Schulungen erhalten Sie als Interessent oder Kunde von unseren Mitarbeitern in unseren Niederlassungen Berlin, Braunschweig und Kerpen oder von unseren qualifizierten Vertriebspartnern im gesamten Bundesgebiet. Die aktive Zusammenarbeit mit Hochschulen und anderen Bildungseinrichtungen stellt sicher, dass Sie gut ausgebildetes Fachpersonal beim Einsatz unserer Produkte unterstützt und aktuelle Erkenntnisse direkt in dieProduktentwicklung einfließen. HHK Datentechnik GmbH wurde 1984 -im beginnenden PC-Zeitalter- durch drei Ingenieure der Elektrotechnik gegründet.
Im Laufe unserer Existenz haben wir folgende Ziele gesetzt und sind mit diesen Zielen groß geworden:

1. Die Produkte sollen praxisgerecht sein, Sie werden in enger Zusammenarbeit mit dem Kunden entwickelt.

Firmenprofile

2. Die individuell zugeschnittenen Schulungskonzepte und kompetente Beratung sollen die schnelle Einführung der Systeme ermöglichen und ein qualifizierter Support soll für einen reibungslosen Arbeitsablauf im täglichen Betrieb sorgen.

3. Unser Kunde soll unser Partner sein!

4. Unsere Produkte sollen offen sein: Daten- und Programmierschnittstellen sollen eine enge Verbindung zur „Außenwelt" herstellen und sich in vorhandene Systemlandschaften nahtlos einfügen. Kontinuität wird großgeschrieben! Wir wollen technologisch in vorderster Reihe stehen, ohne jedoch die Kunden durch permanente Veränderungen zu überfordern.

IAC mbH

Straße: Karl-Heine-Str. 99
PLZ, Ort: 04229 Leipzig
Land: D-
Telefon: 0341/4912250
Telefax: 0341/4912262
E-Mail: info@iac-leipzig.de
Internet: www.iac-leipzig.de
Zweigstellen in: —
Partnerfirmen: SWBB, Kirkel
Geschäftsführer: Dipl.-Ing. Rolf Lüdicke
Vertriebsleiter: Dipl.-Geol. Ghaith Hamameh
Leiter Anwendungsberatung:
Dipl.-Ing. Arne Müller
Schulungsleiter: Dipl.-Geol. Frank Lehrach
Hotline: Dipl.-Ing. Mario Triebe
Anzahl der Mitarbeiter: 16
Gründungsjahr: 1990
Gesamtumsatz 2001: 3,1 Mio. DM
Umsatz im Bereich GIS 2001: 3,1 Mio. DM

Produkte und Dienstleistungen:

Softwareprodukte: PolyGIS, PolyGIS-Light, PolyGIS-View, Kanal- Wasser-, Indirekteinleiterkataster, Kleinkläranlagen, Verkehrsschildkataster, Kommunale Straßen-Informationsdatenbank, Liegenschafts-, Friedhofsverwaltung, Biotop-, Baum-, Grünflächen-, Altlastenkataster, Kataster für Elektro, Gas, Fernwärme, Kommunale Statistik, Planung-Wartung-Instandhaltung
Digitale Datenprodukte: —
Dienstleistungen: Einrichtung von Datengrundlagen, Schulung, Einführungsunterstützung
Weitere Produkte im Vertrieb: PolyGIS-Schnittstellen, individuelle Programmanpassungen

Firmenprofil: Die Ingenieurgesellschaft für angewandte Computertechnik befaßt sich seit Gründung im Jahr 1990 in Leipzig mit der Entwicklung von technischen Softwarelösungen Das Leistungsangebot der Firma IAC mbH konzentriert sich auf die Konzipierung, Entwicklung, Einführung und den Support GIS-basierender Systemlösungen in planerischen, kommunalen und kommunal-technischen Bereich.

1992 wurde mit der Neuentwicklung des geografischen Informationssystems PolyGIS unter Windows begonnen. Heute präsentiert sich PolyGIS® als branchenorientierte, internetfähige GIS-Lösung zur effektiven Nutzung großer Datenmengen.

Mit seinen erfahrenen Mitarbeitern bietet IAC seinen Kunden auf dem Dienstleistungssektor Beratung, Gedatenmanagement, Schulung, Einführungsunterstützung, nutzenbegleitende Dienstleistungen, Hotline, Anpassungsentwicklungen, Schnittstellenentwicklungen und Spezialentwicklungen.

Firmenprofile

CARD/1

IB&T GmbH

Straße: An'n Slagboom 51
PLZ, Ort: 22848 Norderstedt
Land: D
Telefon: 040/53412-0
Telefax: 040/53412-100
E-Mail: info@card-1.com
Internet: www.card-1.com

Zweigstellen in: Berlin, Düsseldorf, München, Stuttgart
Partnerfirmen: IGM Interaktive Grafik Milde GmbH (Bannewitz), Ingenieurbüro Dietmar Spotke (Aachen), CARD/1POL sp.z.o.o (Polen), Xi'an CARD1/Software Co.,Ltd. (P.R. China), A+S Consult (GUS/CIS-Staaten)
Geschäftsführer: Dipl.-Ing. Harry Basedow
Vertriebsleiter: Larry Terwey
Schulungsleiterin: Birgit Sowada
Consulting: Jochen Haker
Anzahl der Mitarbeiter: 75
Gründungsjahr: 1988

Produkte und Dienstleistungen:

Softwareprodukte: CARD/1
Digitale Datenprodukte: —
Dienstleistungen: Consulting, Schulungen

Weitere Produkte im Vertrieb:
- eView (Digitaler Planungsordner)
- GeoVerwaltung (Büroverwaltungssoftware in Kooperation mit CLDATA)
- Software für Beschilderung (Kooperation mit EDV - Dr. Haller & Co. GmbH)

Österreich:

CARD/1 Büro Österreich
Ingenieurbüro Reinhard Burkelz
Rainleiten 73
A-8045 Graz
Tel.: +43 (0) 316 38 21 71
Fax: +43 (0) 316 38 21 71 38

Firmenprofil: Die IB&T GmbH entwickelt und vertreibt die Software CARD/1. Die leistungsstarke CAD-Software hat sich als Standard für Infrastrukturplanungen etabliert. Die Schwerpunkte der Software liegen in den Bereichen Vermessung, Straßen-, Bahn- und Kanalplanung sowie GIS.

Zusammen mit seinen Vertriebspartnern betreut IB&T gegenwärtig 5.400 zufriedene Anwender national und international – bis hin zum chinesischen Markt.
CARD/1 ist seit 17 Jahren auf dem Markt. Entwickelt wurde die Software von Diplom-Ingenieur Harry Basedow, Geschäftsführer der IB&T GmbH.

Heute arbeiten 75 hochmotivierte qualifizierte Mitarbeiter zusammen, um die Software kontinuierlich auszubauen und zu vertreiben. Unterstützt wird die Zentrale in Norderstedt bei Hamburg durch ein Entwicklungsbüro in Halle sowie Niederlassungen in Berlin, Düsseldorf, München und Stuttgart. Gemeinsam mit weiteren regionalen Vertriebspartnern werden flächendeckend Support, Hotline-Service, umfassende Schulungsangebote sowie projektunterstützendes Consulting bereitgestellt. Erweitert wird das Leistungsspektrum durch die IB&T Tochtergesellschaft GEO DIGITAL GmbH: Der Düsseldorfer Spezialist für Verkehrsbetriebe und Geoinforma-

Firmenprofile

tionssysteme bietet als IT-Systemhaus mit der Produktlinie GEOPAC praxisbewährte Softwarelösungen zur Trassierung und Bestandsdokumentation schienengebundener kommunaler Verkehrssysteme an. Die IB&T Tochtergesellschaft in der V.R. China sowie Partner in Österreich, Polen und in den CIS-Staaten unterstützen die internationale Ausrichtung des Unternehmens.

IB&T gewinnt in der Zusammenarbeit mit kompetenten Entwicklungspartnern zusätzliches Know-how. Von zentraler Wichtigkeit war IB&T bei der Softwareentwicklung immer die produktive Teamarbeit und interdisziplinäre Arbeitsweise der Spezialisten aus den Bereichen Informatik, Ingenieurwesen und Vermessungstechnik. Der Einsatz moderner Entwicklungswerkzeuge und eine permanente Weiterbildung der Mitarbeiter sind weitere Erfolgsfaktoren, von denen die Anwender stets profitieren. Entscheidende Vorgabe war für IB&T der Gedanke eines einheitlichen Gesamtsystems, welches dem Ingenieur die Konzentration auf die eigentlichen Aufgaben erlaubt. Das Produkt CARD/1 zeichnet sich daher durch eine praxisgerechte Oberflächengestaltung und durch intuitive Benutzerführung aus. IB&T pflegt dauerhafte und intensive Partnerschaften mit namhaften Unternehmen, Ingenieurbüros, öffentlichen Auftragnehmern und Hochschulen, die einen stetigen Informationsaustausch garantieren.

CARD/1 ist auf viele Anwendungsgebiete spezialisiert und ist deshalb in Planungs- und Ingenieurbüros, in der Verwaltung und Kommunen und bei der Bahn verbreitet. Vermesser, Straßenplaner, Bahnplaner und Kanalplaner finden in CARD/1 die optimale Lösung für die Projektbearbeitung. Auch Baufirmen, Landschaftsplaner, Bauabrechner, Architekturbüros im Umfeld Regionalplanung und Stadtplanung sowie Stadtsanierer setzen auf CARD/1. Die Software wurde für den deutschsprachigen Raum entwickelt. Viele in Deutschland gültige Richtlinien, Merkblätter, Normen und Zeichenvorschriften sind hinterlegt. Die Software ist auch bestens geeignet für den internationalen Einsatz. Derzeit werden Versionen in den Sprachen Englisch, Chinesisch, Russisch und Polnisch angeboten.

Damit präsentiert sich IB&T als hochleistungsfähiges und international ausgerichtetes Unternehmen, welches für alle relevanten Planungsaufgaben und zunehmend auch für die GIS-Welt komfortable Lösungen bereithält. IB&T blickt auf diese kundenorientierte Entwicklung mit Stolz zurück, versteht sie aber auch als stetige Herausforderung für zukünftige Aufgaben.

ili gis-services

Straße: Alte Poststr. 43
PLZ, Ort: 85356 Freising
Land: D
Telefon: 08161/43430
Telefax: 08161/43472
E-mail: kontakt@ili-gis.com
Internet: www.ili-gis.com
Zweigstellen in: —
Partnerfirmen: —
Geschäftsführer: Christoph Richter
Vertriebsleiter: —
Leiter Anwendungsberatung: —
Schulungsleiter, zuständig für Hotline: —
Anzahl der Mitarbeiter: —
Gründungsjahr: 1994
Gesamtumsatz 2001: —
Umsatz im Bereich GIS 2001: —
Produkte und Dienstleistungen:

Softwareprodukte: DataGuard, PublicView
Digitale Datenprodukte: —
Dienstleistungen: Digitalisieren, Georeferenzieren, Plotservice
GIS-Partnerschaft: Digitale Bearbeitung umfangreicher Projekte unter ArcInfo in Zusammenarbeit mit Fachbüros.
Entwicklung von Routinen und Applikationen in AML, Avenue und VB/VBA.
Mobile GIS-Systeme: Beratung, Installation und Anpassung von Soft- und Hardwarekomponenten, Schulungen und Projektsupport

Firmenprofile

Weitere Produkte im Vertrieb:
Software: ESRI-Produkte, GISPAD (conterra)
Hardware: Pen-PC (FUJITSU Siemens), GPS-Geräte (Leica Geosystems, Garmin)

Firmenprofil: ili gis-services bietet seit 1994 umfangreiche und hochwertige Dienstleistungen rund um geografische Informationssysteme an. Dabei reicht die Palette von einfachen Services wie Georeferenzieren, Digitalisierung und Plotservice bis zur komplexen GIS-Bearbeitung umfangreicher Projekte unter ArcInfo sowie der Durchführung von individuellen Schulungen und Support.

GIS-Partnerschaft

Für aufwändige GIS-Projektbearbeitungen nutzen wir im Haus selbst die Produktlinie der Firma ESRI Geoinformatik. Mit dem Einsatz der weltweit führenden GIS-Systeme ArcInfo und ArcView unterstützen wir unsere Kunden bei der EDV-technischen Umsetzung in der Bearbeitung großer Projekte. Diese GIS-Partnerschaft in Zusammenarbeit mit Planungsbüros verschiedener Fachrichtungen ermöglicht jedem Beteiligten, seine Stärken gezielt einzubringen und das Projekt gemeinsam zu einem erfolgreichen Abschluss zu bringen. Auf Wunsch entwickeln wir für unsere Kunden Applikationen für spezielle Aufgabenstellungen im GIS-Bereich. Im Vordergrund steht dabei die Anwendungsentwicklung unter ArcInfo und ArcView, um wiederkehrende Arbeitsabläufe anwenderfreundlich und zeitsparend abwickeln zu können.

Als ESRI-Partner können wir dabei in der Anpassung und im Verkauf der Produkte auf langjährige eigene Erfahrungen mit der Software zurückgreifen, was uns eine kompetente und anwendungsbezogene Beratung der Interessenten ermöglicht. Auch hier gilt selbstverständlich, daß wir unseren Kunden mit Schulungsangeboten, Supportunterstützung und z.B. der Organisation von Anwendertreffen auch nach dem Kauf beratend zur Seite stehen.

Mobile GIS

Einen besonderen Schwerpunkt bildet der Bereich Mobile GIS-Anwendungen. Als autorisierter Vertriebspartner der Firmen Fujitsu Siemens und Leica Geosystems können wir unseren Kunden zuverlässige Lösungen für den mobilen Einsatz vollwertiger geländetauglicher Pen-Computer mit GPS-Unterstützung anbieten. Beratung vor und Service nach dem Kauf sowie die Unterstützung bei der Auswahl geeigneter Software runden das Angebot der mobilen GIS-Systeme ab.

Besonders interessant in diesem Zusammenhang sind die tragbaren, geländetauglichen Rechner von Fujitsu Siemens mit einem Gewicht von 1-1,5 kg und der Leistungsfähigkeit eines Notebooks. Damit können Aufgaben, die sonst nur von leistungsstarken Desktop-PC im Büro ausgeführt werden, direkt vor Ort beim Kunden oder im Gelände erledigt werden. In Kombination mit GPS und effizienter Kartiersoftware wie z.B. GISPAD können Sie an jedem beliebigen Einsatzort Daten neu erfassen bzw. bestehende Datenbestände kontrollieren.

ili gis-services bietet Ihnen im Bereich Mobile GIS ein maßgeschneidertes, komplettes Lösungspaket „aus einer Hand" an - kompetente Beratung, Lieferung und Einrichtung der Soft- und Hardwarekomponenten sowie Schulung und Betreuung des Projektes.

IMP GmbH

Straße: Grenzstr. 26
PLZ, Ort: 06112 Halle
Land: D
Telefon: (03 45) 5 70 62-0
Telefax: (03 45) 5 70 62-99
E-mail: imp@imp-gmbh.de
Internet: www.imp-gmbh.de
Zweigstellen in: Arnsberg, Bochum

Firmenprofile

Partnerfirmen: GISA GmbH, AGIS GmbH
Geschäftsführer: Dr. Günter Reinemann
Vertriebsleiter GIS: Jochen Volmari
Leiter Anwendungsberatung: —
Schulungsleiter, zuständig für Hotline: —
Anzahl der Mitarbeiter: 205
Gründungsjahr: 1993
Gesamtumsatz 2001: —
Umsatz im Bereich GIS 2001: —

Produkte und Dienstleistungen:

Softwareprodukte: IMPGeoWeb®, Seil++
Digitale Datenprodukte: Geodaten-Auskunft über Internet
Dienstleistungen: GIS Service Providing, Ingenieurvermessung, Grafische Datenverarbeitung, Trassierung, Projektierung, Leitungsrechtserwerb, Softwareentwicklung, Scann-Service
Weitere Produkte im Vertrieb: —

Firmenprofil: Die IMP GmbH ist eine Ingenieurgesellschaft, die im Bereich des Geodaten-Service tätig ist. Als Tochterunternehmen der MEAG und der RWE Systems AG bedienen wir Ver- und Entsorgungsunternehmen, Kommunen, Telekommunikationsunternehmen, die Industrie und die Bauwirtschaft mit hochwertigen Dienstleistungen.
- Vermessung
- Trassierung
- Grafische Datenverarbeitung
- Projektierung
- Softwareentwicklung
- GIS Service Providing
- Scann-Service

Über 200 Mitarbeiter stellen die erfolgreiche Durchführung auch umfangreicher Projekte sicher. Dabei bringen wir unser Know-how sowie langjährige Erfahrung mit Vermessungstechnik, GIS, Trassierung, Leitungsrechtserwerb, Genehmigungsverfahren, Grundbuchbereinigungsgesetz und Softwareentwicklung ein.

Zuverlässigkeit und Qualität
Die ganzheitliche Betreuung unserer Kunden verbinden wir mit dem Einsatz modernster Technologien wie GPS-Systeme oder Anwendungen auf der Basis von Geografischen Informationssystemen (GIS).
Die Zertifizierung nach DIN EN ISO 9001 sowie ein umfassendes Qualitätsmanagement dokumentieren die Hochwertigkeit unserer Produkte und Dienstleistungen. Durch die Ausrichtung des gesamten Unternehmensgeschehens an den Wünschen unserer Kunden schaffen wir die Voraussetzung für die ständige Erfüllung unserer Vision „Durch Kundenorientierung zur ersten Adresse".

IMPGeoWeb®
In Kooperation mit unseren Partnern bieten wir unseren Kunden eine modulare Lösung zur Erstellung, Pflege und zum Betrieb eines Geografischen Informationssystems (GIS) sowie zur Darstellung von Geodaten über Internet. Stadtwerke, Kommunen und regionale Energieversorgungsunternehmen werden so bei der täglichen Arbeit durch die kostengünstige Bereitstellung der benötigten GIS-Applikationen unterstützt.

infas GEOdaten
Gesellschaft für mikrogeographische Marktanalysen mbH

Straße: Zeppelinstr. 7a
PLZ, Ort: 53177 Bonn
Land: D
Telefon: 0228 - 84 96 0
Telefax: 0228 - 84 96 130
E-mail: info@infas-geodaten.de
Internet: www.infas-deodaten.de, www.geojournal.de

Produkte und Dienstleistungen:

GIS: branchenspezifische Applikationen, ASP
Strukturdaten: Geometrien der PLZ, Kreise, Gemeinden, Stat. Bezirke, Ortsteile, Stimmbezirke, Straßenabschnitte, Koordinaten, Points of interest

Firmenprofile

Karten: digitale Raster- und Vektorkarten, Kartendrucke
Sachdaten: soziodemographische Daten, Kaufkraft, Firmendaten, Gebäudedaten, PKW-Daten, Typologien, Mobilität, Beschäftigung, Lifestyledaten, etc.
Dienstleistungen: Geocodierung, Analyse, Adressanreicherung, Customizing, Consulting, Schulung
Adressen: Firmen- und Privatadressen, Lifestyleadressen

Firmenprofil: infas GEOdaten GmbH ist als einer der führenden Geomarketing-Spezialisten für intelligente Management- und Informationssysteme (GIS) mit einem umfangreichen Angebot an Geodaten - und das alles in feinsten geographischen Strukturen, wie z. B. über 75.000 homogene, analysetaugliche Mikromarktzellen - bekannt und anerkannt. Bisher konnten wir unseren Kunden schon ein hervorragendes Leistungsspektrum bieten, das mittels kartographischer Darstellungen über Kundenverhalten, Marktpotenziale, soziodemographische Strukturen oder Einzugs- und Vertriebsgebiete als Grundlage für Ihre Managemententscheidungen diente.

Mit noch präziseren Daten, noch intelligenteren Lösungen und zukunftsweisenden Systemen verfügt infas jetzt über einen in Deutschland einzigartigen Informationspool mit Geo-, Consumer- und Business-Daten. Die Consumer-Datenbank liefert Ihnen z. B. Informationen über aktuelle Kaufgewohnheiten Ihrer Kunden und Potenziale, Informationen über Haushalte mit Konsumwünschen, die Sie zielgerichtet für Ihre Marketingaktionen oder Marktforschung einsetzen können, und über topaktuelle kurz- und mittelfristige konkrete Kaufabsichten, die durch Sie zu realisieren sind. infas bietet Ihnen damit Einblicke in Trends und Schwerpunkte der Marktentwicklung, und wir liefern Ihnen die dazu passenden, zielgruppengenauen Haushaltsadressen.

infas hat den direkten Zugriff auf Deutschlands umfangreichsten, topaktuellsten und differenziertesten Datenpool für Marktinformationen, Lifestyleinformationen, Wirtschaftsinformationen, Geoinformationen und Branchenverzeichnisse. Alles auf allerfeinsten Strukturen, zum Teil bis auf das einzelne Gebäude. Moderne, maßgeschneiderte Lösungen für digitales Mapping, Location based Services, Data Mining, Analyse, Reporting und Datenintegration helfen, kundeneigene und externe Daten jetzt noch schneller und effizienter einzusetzen und auszuwerten.

Die gezielte Datenauswahl und die Möglichkeit, entsprechende Sachinformationen kartographisch durchschaubar zu machen, sollen weitere Bewertungsmaßstäbe für Unternehmensentscheidungen schaffen. Vor allem die Vernetzung von unterschiedlichen raumbezogenen Daten mittels der Geoinformationstechnologie gilt als Grundlage zur Optimierung der Geschäftsprozesse. Fachleute bezeichnen GIS als einen der zukunftsweisenden Trends für die Unternehmensführung. Entscheidungen, die auf einem breiten Wissensfundament aufsetzen, sind verständlich, nachvollziehbar und einfach zu kommunizieren. Sie sichern den langfristigen Erfolg eines Unternehmens.

Unser Leistungsangebot wendet sich an all die Unternehmen, die in Zukunft noch stärker auf eine ganz präzise raumbezogene Marketing- und Vertriebsanalyse setzen und dafür aussagefähige Informationen über ihre Kunden und ihre Märkte benötigen. In Zukunft haben die Anwender die Möglichkeit, Geomarketing-Daten von infas GEOdaten ohne arbeitsaufwendige Importier- und Verknüpfungsoperationen direkt in ihrer eigenen Softwarelösung sichtbar zu machen und nach gewünschten Fragestellungen abzuklopfen. Diente Geomarketing bisher meist dazu, den Außendienst übergeordnet zu steuern und zu kontrollieren, bietet die infas-Leistungspalette jetzt Möglichkeiten direkt vor Ort. Einzelhandelsunternehmen und Autohäuser können damit künftig beispielsweise pro Filiale oder Niederlassung das Nachfrageverhalten ihrer Kunden durchschauen, Konsumdeckung, Konsumbedarf und Konsumwunsch präzisieren und anhand der gewonnenen Informationen sowie der passenden geographischen Zusatzdaten das Sortiment

Firmenprofile

jedes Ladens unabhängig von einer zentralen Leistung zusammenstellen. Banken und Sparkassen können den bestmöglichen Standort für ihre Filialen und die angeschlossenen Geldautomaten ermitteln. Immer mehr Unternehmen aus Industrie und Handel, Banken und Versicherungen entdecken, wie wertvoll raumbezogen bewertete Kundendaten bei der Planung, Koordination und Kontrolle ihrer Marketingaktivitäten sind.

Für diese Unternehmen bieten wir passgerechte Geographische Informations- und Management-Systeme an, die auf die unternehmensrelevanten Kernfragen:

Wo sind meine Kunden? Wo finden wir neue Kunden?

Antworten liefern.

Unsere Informationen und Lösungen helfen bei der Beantwortung aller wichtigen Fragen zur Markt- und Zielgruppenbearbeitung. Sie sind die Voraussetzung für erfolgreiches (geografical) Customer Relationship Management (gCRM) und für profitable Neukundengewinnung.

Infraplan Syscon GmbH

Straße: Tiestestr. 16-18
PLZ, Ort: 30171 Hannover
Land: D
Telefon: 0511/850303-0
Telefax: 0511/8500303-30
E-Mail: info@syscon.infraplan.de
Gesellschaftsform: GmbH
Zweigstellen in: Celle
Partnerfirmen: ca. 10 Vertriebspartner in Deutschland und dem europäischen Ausland
Geschäftsführer: Herr Marc Kodetzki
Vertriebsleiter: Herr Steffen Freiberg
Entwicklung: Herr Hauke Thomsen
Schulungsleiter: Frau Simone Düvel
zuständig für Hotline: Frau Ina Müller
Anzahl der Mitarbeiter: 45
Gründungsjahr: 1994

Gesamtumsatz 2001: —
Umsatz im Bereich GIS 2001: —

Produkte und Dienstleistungen:

Softwareprodukte: Infraplan Syscon bietet verschiedenste Produkte und Lösungen zu folgenden Themenbereichen:
- Geobasisdaten/Liegenschaften
- Leitungskataster
- Bauleitplanung
- Umwelt
- Internet
- DMS
- Facility Management

Digitale Datenprodukte: —

Dienstleistungen: Folgende Dienstsleistungen weren von Infraplan Syscon angeboten:
- Datenanalysen und -recherchen
- Erstellung von Konzepten/Expertisen
- Digitalisierungen
- Datenübernahme/-aufbereitung: Datenübernahme aus analogen und digitalen Beständen verschiedenster Datengrundlagen
- Datenkonvertierungen
- Installation und Einweisungen
- Netzwerkdienstleistungen
- interne und externe Schulungen

Weitere Produkte im Vertrieb: —

Firmenprofil: Infraplan Syscon versteht sich als innovatives Software- und Systemhaus im GIS-Umfeld öffentlicher Verwaltungen. Als führender ESRI-Partner basieren die GIS-Lösungen dabei auf den skalierbaren und weltweit führenden Produkten aus dem Hause ESRI.
Infraplan Syscon entwickelt und implementiert auf den individuellen Bedarf seiner Kunden ausgerichtete Software- und Systemlösungen. Interdisziplinäres Arbeiten ist dabei die Basis für den Erfolg der Produkte und Dienstleistungen.
Neben (Geo-) Graphischen Informationssystemen (GIS) und individuellen Datenbankentwicklungen beschäftigt sich Infraplan Syscon mit bedarfsorientierten Internetanwendungen sowie mit Implementierung von Dokumenten-Management Systemen (DMS). Ein weiterer Schwer-

Firmenprofile

punktbereich ist Facility Management (fm). Dabei steht die Beratung und Vermittlung von qualifiziertem Wissen bei den Anwendern vor Ort im Vordergrund.
Das Ergebnis sind finanzierbare und für jedermann verständliche Lösungen, die bei mehr als 250 Kunden bundesweit im öffentlichen und privatwirtschaftlichen Umfeld im Einsatz sind.

INTEND Geoinformatik GmbH

Straße: Ludwig-Erhard-Strasse 12
PLZ, Ort: 34131 Kassel
Land: D
Telefon: 0561/316 799 0
Telefax: 0561/316 799 7
E-mail: info@intend.de
Internet: www.intend.de
Geschäftsstellen in: —
Partnerfirmen: ESRI, Spot Image, GISCON, Sun Microsystems, Leica, Oracle
Geschäftsführer: Michael Zintel
Vertriebsleiter: —
Leiter Anwenderberatung: —
Schulungsleiter: —
zuständig für Hotline: —
Anzahl der Mitarbeiter: 12
Gründungsjahr: 2000
Gesamtumsatz 2001: —
Umsatz im Bereich GIS: —

Produkte und Dienstleistungen:

Softwareprodukte: Geonardo
Digitale Datenprodukte: —
Dienstleistungen: Beratung, Consulting, Schulungen, Softwareentwicklung, Support
Weitere Produkte im Vertrieb: ESRI-Produktpalette, Leica GPS-Geräte

Firmenprofil: Die INTEND Geoinformatik GmbH ist ein junges, expandierendes Beratungs- und Softwareunternehmen, welches sich auf die Konzeption, den Aufbau und die Einführung der GIS-Technologie im Forst- und Umweltbereich spezialisiert hat.
Unser vordringlichstes Ziel sehen wir in der Konzeption und Implementierung eines unternehmensweiten raumbezogenen Informationssystems, welches in die Geschäftsprozesse des Unternehmens integriert ist und diese gleichzeitig optimal unterstützt. Dabei stehen die wirtschaftlichen Nutzenaspekte für unsere Kunden immer im Vordergrund.
Zu den wichtigsten Dienstleistungen der INTEND Geoinformatik GmbH gehören neben der Beratung beim Aufbau und der Implementierung eines raumbezogenen Informationssystems die Wartung des Systems, die individuelle Anpassung von bestehenden Fachanwendungen sowie innovative zukunftsorientierte Neuentwicklungen und Auftragsprogrammierungen.
Bei unseren Entwicklungen setzen wir vorwiegend auf die GIS-Produkte der ESRI Geoinformatik GmbH. Als Vertriebs- und Entwicklungspartner bieten wir einen ganzheitlichen Kundenservice, der neben Beratung, Entwicklung und Vertrieb auch individuelle Schulungen und Support beinhaltet. Dadurch gewährleisten wir unseren Kunden stets eine fachkundige Betreuung.
Ein weiteres Standbein der Firma ist die mobile Datenerfassung und der Einsatz von GIS / GPS im Forst- und Umweltbereich. Wir vertreiben GPS-Geräte der Firma Leica Geosystems und entwickeln in diesem Zusammenhang Verfahrenslösungen für die GPS-Datenerfassung im Forst-, Landwirtschafts- und Umweltbereich. Fachspezifische und anwendungsbezogene Schulungen runden unser Profil in diesem Bereich ab.
Daneben bietet die INTEND Geoinformatik GmbH auch Dienstleistungen im Bereich digitaler Fernerkundungsdaten an. Unser Leistungsspektrum erstreckt sich hier auf eine individuelle fachspezifische Beratung, die Datenbeschaffung, die Datenprozessierung und die Datenanalyse.

Firmenprofile

INTERGRAPH

INTERGRAPH (Deutschland) GmbH

Straße: Reichenbachstr. 3
PLZ, Ort: 85737 Ismaning
Land: D
Telefon: ++49 (0)89 961 06 0
Telefax: ++49(0)89 961 100
E-mail: info-germany@intergrap.com
Internet: www.intergraph.de
Geschäftsstellen in: Hamburg, Düsseldorf, Bonn, Frankfurt/M. (siehe: www.intergraph.de/about/adressen.asp)
Partnerfirmen: siehe www.intergraph.de/gis
Geschäftsführung: Dr. Horst Harbauer
Vertriebsleiter: Dr. Josef Kauer, Maximilian Weber
Leiter Anwenderberatung: Achim Bloch
Schulungsleiter: Achim Bloch
zuständig für Hotline: Achim Bloch
Anzahl der Mitarbeiter: 130 (D), 4500 (weltweit)
Gründungsjahr: 1978 (D), 1969 (USA)
Gesamtumsatz 2001: 532 Mio. USD (weltweit)
Umsatz im Bereich GIS: 310 Mio USD (weltweit)

Produkte und Dienstleistungen:

Softwareprodukte: GeoMedia-Produktfamile, Dynamo, Digital Cartographic Suite, G/Technology
Digitale Datenprodukte: siehe www.wenninger.de
Dienstleistungen: Service & Support
Weitere Produkte im Vertrieb: —

Niederlassungen

Österreich
Exklusiv-Vertrieb/Support via:

> GISquadrat AG
> Palais Waagner
> Margaretenstr. 70 / I / 1
> A-1050 Wien
> Tel.: ++43 1 58 68 612
> Fax: ++43 1 58 68 612 24
> E-Mail office@gisquadrat.com
> Internet: www.gisquadrat.com

Schweiz
Intergraph (Schweiz) AG
Thurgauerstr. 40
CH-8050 Zürich
Tel.: ++41 1 308 48 48
Fax: ++41 1 308 49 19
E-Mail: info-ch@intergraph.com
Internet: www.intergraph.ch

Firmenprofil: Innovative Lösungen und bahnbrechende Technologien ließen Intergraph zu einem der weltweit führenden Anbieter Geographischer Informationssysteme (GIS) werden. Mit rund 4.500 Mitarbeitern, davon 130 in Deutschland, erzielte die Intergraph Corp., Huntsville/Alabama (USA), im Jahr 2001 einen Umsatz von 532 Mio. US-Dollar und schloß – entgegen dem globalen ökonomischen Trend – mit deutlichem Gewinn ab.

Die Komplexität und Varianz der Daten, die bei geographischen Anwendungen verarbeitet werden müssen, verlangte früher nach technisch kreativen Ansätzen. Heute dagegen stellt sich die Frage, wie bislang einzeln verfügbare geographische Informationen auf breiter Front effektiv genutzt, verarbeitet und kommuniziert werden können. Ob Verwaltung, Instandhaltung, Netzmanagement, Liegenschaften oder Marketing – stets ist das Attribut „Wo?" ein entscheidender Faktor. Intergraphs GIS-Lösungen stellen diesen wichtigen Bezug her, verschneiden diese Daten mit anderen Informationen und gestatten eine integrierte Erfassung, Bearbeitung,

Firmenprofile

Analyse und Darstellung von raumbezogenen Informationen. Aus der geographischen Betrachtung ergibt sich eine neue Sichtweise auf Informationen. Die raumbezogene Veredelung von Daten unterstützt Entscheidungen aller Art.

Intergraphs GeoMedia-Produktfamilie hat mit dem revolutionären Data-Warehouse-Konzept die GIS-Welt von Grund auf verändert. Entsprechend den Forderungen des OpenGIS Consortiums (OGC) ermöglicht GeoMedia die Integration und Verbindung unterschiedlichster Daten und Anwendungen. Es erfolgt ein Zugriff auf verschiedenste Informationsquellen – ohne ein eigenes neues Datenformat zu generieren. Intergraph folgt damit dem Motto „durchgehend skalierbar – von der Datenerfassung am Einzelarbeitsplatz bis hin zur Betrachtung, Analyse und Veränderung georelevanter Daten via Internet".
Weitere Informationen unter:
www.intergraph.com/gis & www.intergraph.de/gis

ITS
Informationstechnik
Service GmbH

Straße: Karl-Marx-Str. 32
PLZ, Ort: D-44141 Dortmund
Land: NRW
Telefon: 0231/55 75 111
Telefax: 0231/55 32 15
Internet: www.its-dortmund.de
E-Mail: its@its-dortmund.de
Zweigstellen in: Berlin, Kaufbeuren
Partnerfirmen: —
Geschäftsführer: Ludger Schulte
Vertriebsleiter: Sascha Rommel
Leiter Anwendungsberatung:
Dr. Jörg Klonowski
Schulungsleiter: Daniel Rehbein
zuständig für Hotline: Gerrit Ossadnik
Anzahl der Mitarbeiter: 30
Gründungsjahr: 1997
Gesamtumsatz 2001: —
Umsatz im Bereich GIS 2001: —

Produkte und Dienstleistungen:

Softwareprodukte:
SMALLWORLD GIS, SICAD/open, DAVID u.a.
Raster-Lader: Automatisches Einlesen, Laden und Georeferenzieren von Rasterdaten (Batchlauf) für Ihre Blattschnittsysteme sowie Standardkartenwerke. Halbautomatisches Trimmen und Georeferenzieren bei Karten mit Rändern. Fortführung bereits vorhandener Karten. Dokumentierte Programmschnittstelle für eigene Anpassungen.

ASKO-Lader: Einlesen von ASCII - KOordinatendateien (beispielsweise aus Tachymeteraufnahmen) mit automatischer Erzeugung von Punkt-, Linien- und Flächenobjekten im GIS auf Basis der im Außendienst bei der Messung eingegebenen Punkt-, Linien- und Flächenkodierungen. Gängige Formate, wie MINKA2000, werden unterstützt.

DET: Multifunktionales **D**aten**E**rfassungs**T**ool. Wesentliche Eigenschaften:
1. Automatisierte Erzeugung und gleichzeitige Bemaßung von Hausanschlüssen. Durch ein automatisiertes Erkennen der Versorgungsleitungen werden die entsprechenden Sachattribute für Leitungen und Abzweige übernommen und alle anderen Sachattribute in einem Editor übersichtlich dargestellt.
2. Einfache Konstruktion und automatisches Setzen von Bemaßungen inkl. Kettenbemassung.
3. Schnelltasten für die Erfassung z.B. Raster an/aus, Variation der Formen von Klammern für berechnete oder gemessene Maße etc.
4. Drag & Drop-Funktionalität für Objekte.
5. Automatische Generierung von Formstückbaugruppen per Maß oder konstruierter Vorgabe.

Desktop-Saver: Laden und Speichern aller vorhandener GIS-Oberflächen. Berücksichtigt werden alle Editoren, RWO-Editoren, aktuelle Objektklasseneinstellungen, Hauptgraphikfenster samt Ausschnitt sowie die Alternativen. Optional kann die gespeicherte Einstellung direkt beim Starten des GIS geladen werden.

Firmenprofile

Aggregations-Merker: Freies Setzen von Bemerkungstext mit optionaler Zuweisung von beliebigen Fachschalenobjekten. Darüber hinaus sind Themen auswählbar und zugeordnete Objekte aufgehellt sichtbar und selektierbar.
Style-Plotter: Erzeugung eines Plots, der die Styles frei vorgebbarer Objektklassen einer Fachanwendung darstellt. Die Darstellung erfolgt maßstabsgetreu und visualisiert die festgelegten Sichtbarkeitseinstellungen
Flurstücks-Navigator: Navigation im Katasterdatenbestand über Gemarkung, Flur und Flurstück. Die Auswertung des Flurstückskennzeichens ermöglicht die Navigation auch bei fehlenden Gemarkungs- oder Flurobjekten.
ITS-Blattschnitt: Werkzeug zur Generierung und Haltung von Blattschnitten unterschiedlichster Blattschnittsysteme.
LEHO®: Leitungsnetz-Homogenisierung für das SMALLWORLD GIS
Company-Web: Dienstleistung zur Anpassung der Auskunftsoberfläche auf der Basis der SMALLWORLD ActiveX-Controls auf die Bedürfnisse des jeweiligen Unternehmens.
Viewer für SMALLWORLD GIS: Darstellung von original SMALLWORLD-Plotdateien im Offline-Betrieb. Zoom- und Druckfunktionalitäten sind vorhanden. Kein Verlust von graphischer Qualität, da dieselbe Auflösung wie im SMALLWORLD GID benutzt wird. Der Viewer arbeitet ohne Lizenzen.
LocationViewer©: Das Offline-Auskunftssystem für den Einsatz im Störungsdienst. Neben Zoom- und Plotfunktionalitäten wird die Navigation über die Lokationsobjekte, die in eine Access-Datenbank ausgelagert werden, ermöglicht. Ein Höchstmaß an Automatismen ist im Zusammenhang mit dem **LocationSpooler©** gegeben.
LocationSpooler©: Ergänzungswerkzeug für den **LocationViewer©** zur Definition beliebiger Blattschnittsysteme und Planwerke sowie zur Generierung von Blattschnitten. Geometrische Änderungen im Datenbestand werden zur Laufzeit automatisch registriert und die betroffenen Blattschnitte werden automatisch in Dateien geplottet. Diese aktualisierten Blattschnitte werden auf ein beliebiges Medium kopiert und dem **LocationViewer©** zur Verfügung gestellt, so dass dort stets tagaktuelle Pläne vorliegen. Der **LocationSpooler©** beinhaltet eine Funktionalität zum Ausspielen der Lokationsobjekte des GIS in eine Access-Datenbank.

Dienstleistungen:
- Beratung bei der Einführung Geographischer Informationssysteme
- Bestands- und Bedarfsanalysen
- Konzepte zur Nutzung bzw. zum Einsatz von Geographischen Informationssystemen
- Schulungen (zertifizierter SMALLWORLD Seminarpartner)
- Projektmanagement
- Erstellung von Fachschalen/Softwareentwicklung
  (zertifizierter SMALLWORLD Entwicklungspartner)
- Lieferung, Installation und Konfiguration von Softwareprodukten
  (zertifizierter SMALLWORLD Applikationsentwicklungspartner)
- Datenerfassung (Konstruktion und Digitalisierung)
- Hardwareberatung/-beschaffung

Das Unternehmen: Die ITS Informationstechnik Service GmbH ist ein etabliertes und innovatives Dienstleistungsunternehmen im Bereich der Geographischen Informations-Systeme (GIS). Die ITS Informationstechnik Service GmbH erbringt erfolgreich Dienstleistungen in GIS-Projekten aller Größenordnungen und Schwierigkeitsgrade. Hierzu gehören:

- GIS-bezogene und GIS-nahe Geschäftsprozessanalysen, Schwachstellenanalysen und Sollkonzepte bei mittleren und großen Versorgungsunternehmen
- Mehrsparten-GIS-Einführungen für kommunale Anwender und Versorgungsunternehmen
- Produktentwicklung im gesamten Spektrum zwischen Standard-Fachschalen und prozessunterstützenden kundenspezifischen Applikationen
- Schulung und Training
- Datenerfassungsmanagement und Datenerfassung

Firmenprofile

Als ein Unternehmen der Unternehmensgruppe Tiemann & Schulte greift die ITS Informationstechnik Service GmbH auf fundiertes Know-how bezüglich aller relevanten Rechnerplattformen und GIS-Software-Umgebungen zurück.
Unsere Erfahrungen reichen bis in die Jahre des Beginns der graphischen Datenverarbeitung.
Die ITS Informationstechnik Service GmbH sieht sich als Unternehmen in dem Zukunftsmarkt der geographischen Informations-Systeme und stellt sich dessen drängenden Aufgabenfeldern.
Die ITS Informationsstechnik Service GmbH legt Wert auf ihre Beratungskompetenz und einen hohen Ausbildungsstand ihrer Mitarbeiter. In der Entwicklung von Lösungen komplexer Problemstellungen und der Begleitung ihrer Umsetzung liegt unsere Stärke!

IVU Traffic Technologies AG

Straße: Bundesallee 88
PLZ, Ort: 12161 Berlin
Land: D
Telefon: 030/859 06-0
Telefax: 030/859 06-111
E-mail: post@ivu.de
Internet: www.ivu.de
Geschäftsstellen in: Hannover, Aachen, Rom, Paris, Birmingham
Partnerfirmen:
Vorstand: Prof. Ernst Denert (Vorsitzender), Dr. Olaf Schemczyk
Vertriebsleiter: Carsten Recknagel (GIS)
Leiter Anwenderberatung:
Schulungsleiter:
zuständig für Hotline:
Anzahl der Mitarbeiter: 421
Gründungsjahr: 1976
Gesamtumsatz 2001: 25,5 Mio. EUR
Umsatz im Bereich GIS: —

Produkte und Dienstleistungen:

Softwareprodukte: Filialinfo, Filialinfo Web
Digitale Datenprodukte: —
Dienstleistungen: Consulting
Weitere Produkte im Vertrieb: —

Firmenprofil:

1. Geschäftsfeld
Die IVU Traffic Technologies AG bietet IT-Lösungen

- zur Planung und Steuerung von Verkehrs- und Transportsystemen,
- zur Optimierung und Überwachung logistischer Prozesse,
- zur Planung von Unternehmens- bzw. Filialstandorten und
- zur Optimierung und Steuerung von Vertriebsaktivitäten.

Das Software-Unternehmen aus Berlin legt den Schwerpunkt seiner Geschäftstätigkeit auf die Entwicklung und Vermarktung innovativer Produkte sowie die Durchführung nachhaltiger Projekte im B2B-Umfeld. Hierbei führt die IVU – basierend auf einer über 25jährigen Unternehmensgeschichte ihre Kundenaufträge als Systemintegrator und Generalunternehmer aus.

2. Kunden
Zu den Kunden der IVU gehören Verkehrs-, Logistik- und Filialunternehmen, öffentliche Verwaltungen und Gebietskörperschaften sowie Unternehmen der Entsorgungswirtschaft und aus dem Security-Bereich. Der Großteil der IVU-Geschäftspartner hat ihren Sitz im deutschsprachigen Raum, doch in immer stärkerem Maße kommen Kunden aus dem europäischen Ausland hinzu, die aus den Niederlassungen in Birmingham, Paris, Rom und Veenendaal (Niederlande) betreut werden.

3. Kompetenzen
Neben der Branchenkompetenz bildet das technologische Know-how der IVU den Kern des unternehmerischen Erfolgs. Ob nun der intelligente Einsatz von innovativen Internet-Plattfor-

Firmenprofile

men, die Weiterentwicklung von Geografischen Informationssystemen (GIS) oder die Entwicklung von Komponenten aus den Bereichen Telematik, GPS- und GSM-Ortung: Die IVU setzt technologische und qualitative Benchmarks von der Analyse über die Planung bis zum Betrieb - gemäß dem Motto: schneller, verlässlicher, pünktlicher und sicherer.

KIRCHNER EDV-Service GmbH

Straße: Teichstr. 3
PLZ, Ort: 31655 Stadthagen
Land: D
Telefon: 05721/8095-0
Telefax: 05721/8095-95
E-Mail: info@kirchner-ingenieure.de
Internet: www.kirchner-ingenieure.de
Zweigstellen in: Bremen, Braunschweig, Gommern, Westerstede
Partnerfirmen: —
Geschäftsführer: Lutz Kirchner
Vertriebsleiter: Hans-Dieter Miersch
Leiter Anwendungsberatung: Christian Rapp
Akquisitionsleiter: Christian Rapp
Schulungsleiter: Michael Göker
zuständig für Hotline: Michael Göker
Anzahl der Mitarbeiter: 17
Gründungsjahr: 1986
Gesamtumsatz 2001: —
Umsatz im Bereich GIS 2001: —

Produkte und Dienstleistungen:

Softwareprodukte: Desktop-GIS PRO INFO und CAD-GIS PRO OPEN mit den Fachschalen für Kanalkataster (PRO KIS), Grabenkataster (PRO GRESS), Kleinkläranlagenverwaltung (PRO KKA), Liegenschaftsverwaltung (PRO GRUND), Netzinformationssystem (PRO NIS), Indirekteinleiterkataster (PRO INDI), Fachinformationssystem (PRO FIS) sowie mobiles GIS/GPS-Auskunftssystem (Open/MobileGIS)
Digitale Datenprodukte: —

Dienstleistungen:
GIS-Beratung: Analysen
Konzepte
Einführungsstrategien
Datenbankdesign
Installation und Schulung
Auftragsprogrammierung
Individuelle Datenbankanpassungen
Datenkonvertierung (z.B. ALB / ALK / ATKIS)

Datenerfassung: Vermessung
Digitalisierung
Scan-Service
Vektorisierung

Weitere Produkte im Vertrieb:
AutoCAD Map, AutoCAD LDDT, CAD Overlay, 3D Studio VIZ, GEOgraf GIS, Speedikon FM

Firmenprofil: Die KIRCHNER EDV-Service Bremen GmbH ist Bestandteil der KIRCHNER Firmengruppe. Das Unternehmen wurde bereits 1966 als Ingenieur- und Vermessungsbüro gegründet. Mittlerweile sind über 100 Mitarbeiter in 5 Niederlassungen in folgenden Geschäftsfeldern tätig:

- Ingenieurberatung
- Straßenplanung
- Wasserwirtschaft
- Landschaftsplanung
- Pipelinetechnik / Gasversorgung
- Ingenieurvermessung
- Graphische Datenverarbeitung
- Geographische Informationssysteme
- Facility Management

Die KIRCHNER EDV-Service Bremen GmbH entwickelt für Kommunen, Behörden, Versorgungsunternehmen und Planungsbüros maßgeschneiderte Software-Lösungen aus einer Hand. Dabei kombinieren wir die eigenen praktischen Erfahrungen aus 33 Jahren Ingenieurleistungen im Bau- und Vermessungswesen mit den Anregungen und Wünschen unserer zahlreichen Kunden.

Firmenprofile

So entstanden und entstehen flexible Programme, die den vielfältigen technischen und wirtschaftlichen Aufgabenstellungen unserer Kunden auf ideale Weise gerecht werden. Deshalb betrachten wir uns als Ihr kompetenter und zuverlässiger Ansprechpartner für alle Aufgaben der graphisch-technischen Datenverarbeitung. Unser umfangreiches Dienstleistungsangebot im EDV-Bereich lässt kaum einen Wunsch offen und durch die interdisziplinäre Zusammenarbeit unserer verschiedenen Abteilungen bieten wir unseren Kunden Problemlösungen, die über den reinen Einsatz von EDV hinausgehen.

Leica Geosystems GmbH

Straße: Hans-Bunte-Str. 5
PLZ, Ort: 80997 München
Land: D-
Telefon: 089/149810-0
Telefax: 089/149810-33
E-mail: Sepp.Englberger@leica-geosystems.com
Internet: www.leica-geosystems.com
Zweigstellen in: Berlin, Düsseldorf
Partnerfirmen: ESRI, AED
Geschäftsführer: Lothar Aßenmacher
Vertriebsleiter: Raik Frankenberger, Willi Dinzinger, Kim Gebauer
Leiter Anwendungsberatung:
Dr. Klaus Fitzensmeier
Schulungsleiter: Dr. Klaus Fitzensmeier
Anzahl der Mitarbeiter: 108
Gründungsjahr: 1997
Gesamtumsatz 2001: —
Umsatz im GIS Bereich: —

Produkte und Dienstleistungen:

Softwareprodukte: GIS Data Pro, FieldLink
Digitale Datenprodukte: —
Dienstleistungen: —
Weitere Produkte im Vertrieb: GPS, Tachymeter, GIS-GPS

MapInfo GmbH

Straße: Kelsterbacher Str. 23
PLZ, Ort: 65479 Raunheim
Land: D
Telefon: +49 6142 - 203400
Telefax: +49 6142 - 203444
E-mail: germany@mapinfo.com
Internet: www.mapinfo.de
Zweigstellen in: —
Partnerfirmen: über 60 Partner (siehe www.mapinfo.de)
Geschäftsführer:
Michael Maucher, David Flower
Vertriebsleiter: Thomas Ranke
Leiter Anwendungsberatung: —
Schulungsleiter, zuständig für Hotline: —
Anzahl der Mitarbeiter: 30
Gründungsjahr: 1994
Gesamtumsatz 2001: —
Umsatz im Bereich GIS 2001: —

Produkte und Dienstleistungen:

Softwareprodukte: Out-of-the-Box: MapInfo Professional, MapInfo Professional for SQL Server, MapInfo TargetPro, MapInfo Drivetime, MapInfo MapMaker Desktop, MapInfo Discovery
Entwickler-Produkte: MapInfo MapBasic, MapInfo MapX, MapInfo MapX Mobile, MapInfo MapXtreme for Windows, MapXtreme Java Edition, MapInfo MapXtend, MapInfo SpatialWare, MapInfo MapMarker Server, MapInfo MapMarker Java, MapInfo Routing J Server.
LBS-Plattform: MapInfo miAware
Digitale Datenprodukte: MapInfo StreetPro, MapInfo Cartique, MapInfo PostMap, MapInfo WorldInfo, MapInfo TargetPro PowerPacks sowie der Vertrieb von weltweiten Basisdaten verschiedener Datenanbieter.
Dienstleistungen: Applikationsentwicklung, Support, Schulungen und Consulting.

Firmenprofile

Firmenprofil: MapInfo bietet als weltweit agierendes Unternehmen und Technologieführer in seinem Markt unternehmensweit einsetzbare Location Intelligence Lösungen an, die zum besseren Verständnis der Märkte und Kunden und damit zur Schaffung von Wettbewerbsvorteilen beitragen.

MapInfo-Daten, Software und Lösungen sind in 20 Sprachen verfügbar und werden in 60 Ländern angeboten. Das Headquarter befindet sind in Troy im US-Bundesstaat New York. Weltweit gibt es Niederlassungen in Australien, Deutschland, England, Japan und Kanada mit über 600 Mitarbeitern sowie ein internationales Netzwerk von Distributoren und Partnern. Die MapInfo GmbH (Raunheim) betreut seit 1994 die Vertriebsregionen Deutschland, Schweiz, Österreich, Italien und Frankreich.

MapInfo liefert führende Lösungen in den Bereichen Location Based Intelligence (LBI), Location Based Services (LBS) und analytical CRM (aCRM). Weltweit nutzen über 600.000 Anwender MapInfo-Produkte aus nahezu allen Branchen. MapInfo ist Principal Member im OGC und arbeitet dort an der Definition und Durchsetzung von Standards.

MapInfo bietet ein umfassendes Portfolio an Entwicklungswerkzeugen, Client/Server Lösungen, Internet- und Desktop Applikationen basierend auf Windows und Java Standards sowie geografische, demografische, unternehmensbezogene und marktrelevante Daten für Desktop- und Internet-Lösungen.

MapInfo Professional® ist die Desktop-Lösung zur Visualisierung und Analyse von Daten aus einer geografischen Perspektive für Unternehmen. MapInfo Professional® bietet umfangreiche GIS-Funktionalitäten zur Eingabe, Bearbeitung, Analyse und Präsentation. Es ist einfach anzuwenden, leistungsfähig und läßt sich leicht mit weiteren Mappingapplikationen verbinden oder mit Hilfe von **MapBasic®** kundenspezifisch anpassen.

MapInfo Professional® for Microsoft® SQL Server ist die Out-of-the-Box Lösung zu MapInfo Professional für die zentrale Datenhaltung von Sach- und raumbezogenen Daten im Microsoft® SQL Server. MapInfo Professional for Microsoft® SQL Server gewährleistet hierbei den Datenzugriff, Integrität, Skalierbarkeit, Zuverlässigkeit und Sicherheit.

MapInfo® Discovery™ ist eine Erweiterung zu MapInfo® Professional® und für jeden geeignet, der Geoinformationen innerhalb oder außerhalb seiner Abteilung über das Web zur Verfügung stellen möchte. MapInfo Discovery ist einfach in der Handhabung und erfordert keine Programmier- oder Internetkenntnisse.

MapInfo® MapXtreme® ist der Mapping Anwendungsserver für das Internet. MapXtreme ist als 100% Java sowie Windows Version verfügbar. Das umfassendes Objekt-Modell bietet alle Funktionen für kundenspezifische Mapping-Applikationen. Als Erweiterung zum MapInfo MapXtreme Java Mapping Server bietet **MapInfo® MapXtend™** die Möglichkeit zur Entwicklungsstandortbasierter Applikationen für mobile Endgeräte.

MapInfo MapX® ist eine führende ActiveX Control und wird weltweit von führenden Software-Unternehmen in deren Standardprodukte verwendet, um Mapping-Funktionalität in bestehende Applikationen zu integrieren. **MapInfo MapX® Mobile** ist das Entwicklungswerkzeug für die Erstellung standortbasierter Applikationen auf dem Pocket PC.

MapInfo® SpatialWare® ist der Geodatenserver zur Speicherung, Verwaltung und der schnellen Abfrage raumbezogener Daten aus führenden Datenbanken wie IBM Informix und Microsoft SQL Server. MapInfo SpatialWare liefert mehr als 150 raumbezogene Funktionen - die reichhaltigste Funktionalität seiner Klasse und entspricht dem ISO SQL-1999 und ISO SQL/MM Standard.

Firmenprofile

Weiterhin bietet MapInfo zur Geokodierung **MapInfo® MapMarker®** als Windows und Java Version sowie **MapInfo® Routing J Server** und **MapInfo® Drivetime®** für das Routing und Isochronen/Isodistanzen basierende Einzugsgebietsanalysen. **MapInfo® TargetPro®** mit seinen **TargetPro® PowerPacks** bietet die Add-On Lösung zu MapInfo Professional für geodemografische Analysen.
MapInfo® StreetPro®, MapInfo® Cartique®, MapInfo® WorldInfo™, MapInfo® PostMap™ sowie der Vertrieb von Basisdaten vieler unterschiedlicher Datenanbieter runden das weltweite Datenangebot ab.

MAPS geosystems GmbH

Straße: Truderinger Str. 13
PLZ, Ort: 81677 München
Land: D-
Telefon: 089 472083
Telefax: 089 47 3435
E-mail: info@maps-geosystems.com
Internet: www.maps-geosystems.com
Zweigstellen in: Frankreich, Portugal, Rumänien, Senegal, Guinea, Libanon, Vereinigte Arabische Emirate, Oman, Saudi Arabien
Partnerfirmen: Bentley, ESRI
Tochterfirmen: GISTEC, SDI
Geschäftsführer: Gerhard Thaller
Vertriebsleiter: Bernhard Bruckmaier
Anzahl der Mitarbeiter: 200
Gründungsjahr: 1974
Gesamtumsatz 2001: 10 Mio. EURO

Produkte und Dienstleistungen:

Softwareprodukte: PromptServer, PromptInfo, Prompt-View-IE, LIMA, GenCont, MicroMAPS, ESRI- und MicroStation Erweiterungen

Digitale Datenprodukte: Orthophotos, Gelände- und Höhenmodelle, T-3D Vektordaten, topographische/thematische Karten (Bestandspläne, Stadtgrundkarten, Luftbildkarten etc.)

Dienstleistungen: Beratung, Bildflug, Ingenieurvermessung, Photogrammetrie, Fernerkundung, Application Service Provision, Datenverarbeitung, Systementwicklung, Schulung
Weitere Produkte im Vertrieb: Bentley- und ESRI- Produkte

Firmenprofil: MAPS – 1974 gegründet – zählt weltweit zu den führenden Unternehmen in der Erfassung, Umsetzung und Einbindung von geographisch/technischen Daten und der Entwicklung von kundenorientierten Anwendungen.

MAPS ist durch 11 überregionale Büros in Europa, Afrika und den Mittleren Osten vertreten. Die Firmenzentrale liegt in München. Mit mehr als 200 Mitarbeitern besitzt MAPS Projekterfahrungen aus über 50 Ländern. Allein 40 Mitarbeiter sind mit der Entwicklung, Implementierung und Wartung von Softwareprodukten beauftragt. MAPS verwirklichte über 1000 regionale und überregionale Projekte.

MAPS verfügt über zwei Bildflugzeuge, die international operieren. Mit Hilfe von GPS-gestützten Bildflugsystemen und dem Einsatz von digitalen Auswertestationen erstellt MAPS hochpräzise, digitale Geländemodelle, Orthophotos und topologisch strukturierte 3D Vektordaten.

MAPS entwickelt Softwareprodukte sowohl für Kunden als auch für die eigene Produktion. MAPS Entwicklungen stehen für einfache Handhabung, wirtschaftliche Datenaufbereitung und ein hohes Maß an Datenqualität.

Softwareprodukte

PromptServer ist ein unabhängiger Bilddaten-Server, der alle gängigen GIS/CAD Systeme bedient. Neben schnellen Zugriffszeiten und einer einfachen Datenverwaltung ermöglicht er eine on the fly Bilddatenaufbereitung. Alle übliche Bilddatenformate werden unterstützt. Mit ***PromptServer*** stehen Datensätze redundanzfrei einer Vielzahl von Nutzern und Anwendungen als zusammenhängende Ansicht zur Verfü-

Firmenprofile

gung. On the fly werden Bilddaten mosaikiert, Farbe und Kontrast angepasst, in 2D und 3D Anwendungen eingebunden, überlappende Bilddaten verwaltet, um Objekte aus unterschiedlichen Richtungen zu betrachten - alles auf Knopfdruck.

PromptInfo ist ein anwendungsorientierter Daten-Viewer für Raster- und Vektordaten mit einem hohen Bedienungskomfort. Die einfache Menüführung gestattet einen sofortigen Einstieg in Arbeitsprozesse. *PromptInfo* kann in andere Programme eingebunden werden oder auf externe Funktionalitäten und Abläufe zugreifen. So erhalten Nutzer entscheidungsrelevante Informationen, ohne zwingend mit anspruchsvollen GIS vertraut sein zu müssen. Im Intranet wird *PromptInfo* über einen Standardserver automatisch eingerichtet und gewartet, minimiert somit die Wartungskosten.

Wie bei allen Prompt Modulen wird der Zugriff auf Geoinformationen über Zugriffsrechte geregelt.

mensch❋maschine
CAD as CAD can
Mensch und Maschine Software AG

Straße: Argelsrieder Feld 5
PLZ, Ort: 82234 Wessling
Land: D
Telefon: 08153/933-0
Telefax: 08153/933-100
E-Mail: info@mum.de
Internet: www.mum.de
Zweigstellen in: Hamburg, Berlin, Düsseldorf, Bad Boll, Wiesbaden, München, Salzburg, Zürich, Mailand, Paris, Lodz, Thame (UK), Stockholm
Partnerfirmen: —
Geschäftsführer: Adi Drotleff
Vertriebsleiter: Peter Baldauf
Leiter Anwenderberatung:
Christoph Aschenbrenner
Schulungsleiter: Bernd Geibel

zuständig für Hotline: Ralf Swhajor
Anzahl der Mitarbeiter: ca. 300
Gründungsjahr: 1984
Gesamtumsatz 2001: ca. 147 Mio. EURO
Umsatz im Bereich GIS 2001: —

Produkte und Dienstleistungen:

Softwareprodukte:
Autodesk Standard Produkte für die Bereiche Stadt- und Kommunalplanung, Energieversorger, Ingenieurbau, Vermessung, (geo) graphische Informationssysteme, Rasterbearbeitung....
Autodesk MAP, Autodesk MapGuide, Autodesk Land Desktop, Rasterbearbeitungssoftware sowie die Geodatenserver Technologie Topobase

Dienstleistungen: Schulung und Integration

Niederlassungen in:

Mensch und Maschine Software AG
Argelsrieder Feld 5
82234 Wessling
Tel: 08153 / 933-0
Fax: 08153 / 933-100
mailto:info@mum.de

Mensch und Maschine Ges.m.b.H.
Alpenstraße 48 A
A-5020 Salzburg
Tel: +43 662 626150
Fax: +43 662 626150-10
mailto:info@mum.at

Mensch und Maschine AG
Opfikonerstr. 45
CH-8304 Wallisellen
Tel: +41 848 100 001
Fax: +41 1 883 74 74
mailto:info@mum.at

Firmenprofil: Die Mensch und Maschine Software AG betätigt sich auf den Gebieten CAD / GIS und Visualisierung, sowie den dazugehörigen Bereichen Dokumentenmanagement und Integrationsservices. Hierbei liegt der Hauptfokus

Firmenprofile

ganz klar auf dem Vertrieb von Standard Software für den CAD / GIS Bereich von Autodesk. Durch die enge Kooperation mit seinen Partnern kann die Mensch und Maschine Software AG die breit gefächerten Anforderungen des CAD / GIS Marktes kompetent abdecken. Diese Branchenlösungen greifen vornehmlich auf die Autodesk Produkte Autodesk Map und Autodesk Land Desktop zurück. Beispielhaft seien hier das Vermessungswesen, Stadt- und Kommunalplanung, Tiefbau und der Bereich der EVUs sowie der Telekommunikation erwähnt.

Neben dem klassischen Bereich der Erfassungs- und Planungswerkzeuge gewinnt in jüngster Vergangenheit die Sparte WEB Publishing und WEB Technologien extrem an Bedeutung. In diesem Umfeld hat sich die Autodesk MapGuide Technologie auf dem Markt etabliert. Speziell in dieser dienstleistungsintensiven Sparte profitiert der Kunde von dem gemeinschaftlichen Auftreten der Mensch und Maschine Software AG mit seinen Lösungspartnern.

Die Mensch und Maschine Software AG ist in mehr als 9 Ländern in Europa direkt vertreten. Somit können die Erfahrungswerte der lokal bewährten Technologien und Anbieter zu starken nationalen und internationalen Allianzen genutzt werden. Aktuelles Beispiel hierfür ist die Verbreitung ausgereifter Geodatenserver Technologie wie der Topobase.

Die Mensch und Maschine Software AG (MuM) ist einer der führenden europäischen Anbieter von Computer Aided Design (CAD) mit Standorten in Deutschland, Österreich, der Schweiz, Frankreich, Italien, England, Belgien, Schweden und Polen. Das MuM-Angebotsspektrum ist breit gefächert und umfasst CAD-Lösungen in verschiedenen Preis- / Leistungsklassen für die wichtigsten Branchen (z.B. Maschinenbau, Elektrotechnik, Architektur, Haustechnik, Geographie). Der Vertrieb erfolgt primär über ein engmaschiges Netz von Fachhändlern. MuM hat seinen Hauptsitz in Wessling bei München und kann seit Gründung 1984 auf ein stetiges Wachstum zurückblicken. Der Konzernumsatz betrug 2001 rund 147 Mio Euro. Seit Juli 1997 ist Mensch und Maschine an der Wachstumsbörse Neuer Markt notiert.

Mettenmeier

Mettenmeier GmbH

Straße: Klingenderstr. 10-14
PLZ, Ort: 33100 Paderborn
Land: D
Telefon: (05251)1 50-3 00
Telefax: (05251)1 50-3 11
E-Mail: mettenmeier@mettenmeier.de
Internet: www.mettenmeier.de
Zweigstellen in: Berlin-Teltow
Partnerfirmen: GE Smallworld, HST IT GmbH, MBS GmbH, FGE GmbH, MapInfo GmbH, Hermann Sewerin GmbH, SICAD
Geschäftsführer: Ulrich Mettenmeier, Wilfried Scharmacher, Dr. Ulf Dunker
Vertriebsleiter: Ulrich Mettenmeier
Leiter Anwendungsberatung:
Wilfried Scharmacher**Schulungsleiter:** Michael Lumperda
zuständig für Hotline: Frank Mügge
Anzahl der Mitarbeiter: 140
Gründungsjahr: 1981
Gesamtumsatz 2001: —
Umsatz im Bereich GIS 2001: —

Produkte und Dienstleistungen:

Softwareprodukte: Smallworld Fachschalen Strom, Gas, Wasser und Kanal, NetFlow®, Conic GIS®, GIS4aLL®, Mettenmeier Planauskunft, Mettenmeier Tools zum Smallworld GIS, K3open
Digitale Datenprodukte: GIS-Daten im Internet
Dienstleistungen: Consulting, Softwareentwicklung, Workflow-Management, Professional Services, Datenerfassung, Schulung
weitere Produkte im Vertrieb: Smallworld Produktlinie, KANiO®, Lotus Notes®, Microport Pencomputer, SeCuRi®-SAT, MapInfo Produktlinie, SysBau®

Firmenprofile

Firmenprofil: Das Systemhaus Mettenmeier gehört zu den marktführenden Unternehmen in der raumbezogenen sowie prozessorientierten Informationsverarbeitung. Schwerpunktmäßig bedienen wir die Marktsegmente der Energieversorger und Kommunen sowie der Telekommunikation mit innovativen Produkten und hochwertigen Dienstleistungen.

Als eines der Pionierunternehmen der Branche ist die Mettenmeier GmbH bereits seit 1981 im Bereich der geografisch-interaktiven Datenverarbeitung tätig und konnte seither eine Vielzahl von Produkten und Kundenlösungen entwickeln, wie z. B. die Referenzlösung NetFlow® zum workflow-gesteuerten Betriebsmanagement von Ver- und Entsorgungsnetzen auf GIS-Basis.

Mettenmeier entwickelt intelligente Softwarelösungen und verbindet sie mit moderner Hardware und qualifizierten Dienstleistungen wie Consulting, Datenerfassung und Schulungen. Zielsetzung ist die kundenspezifische Konzeption und somit die ganzheitliche Betreuung der Kunden in allen System-Fragen.

Hochwertige Dienstleistungen auf der Basis innovativer, bedarfsgerechter Produkte unterstützen unsere Kunden beim Aufbau kostengünstiger unternehmensweiter DV-Lösungen von hervorragender Leistungsfähigkeit. Als Spezialist in Sachen Workflow-Management zeigen wir Wege auf, wie unsere Kunden zu einer effizienteren Umsetzung der Arbeitstechniken und Geschäftsprozesse gelangen.

Die Zertifizierung der Mettenmeier GmbH nach der DIN EN ISO 9001 und ein unternehmensweites prozessorientiertes Qualitätsmanagement im Sinne des TQM garantieren unseren Kunden ein Höchstmaß an Qualitätssicherung. Alle Geschäftsprozesse sind standardisiert, dokumentiert und mit Verantwortlichkeiten hinterlegt. Die Verankerung des TQM in der Unternehmensphilosophie ist eine wesentliche Voraussetzung für die Qualität unseres ganzheitlich angelegten Lösungsspektrums und zur ständigen Erfüllung des Unternehmensziels 'Kundenzufriedenheit'.

MGIS Gesellschaft für Consulting und Innovative Software mbH

Straße: Lipowskystr. 10
PLZ, Ort: 81373 München
Land: D
Telefon: 089/890568-0
Telefax: 089/890568-39
E-mail: info@mgis.de
Internet: www.mgis.de
Zweigstellen in: —
Partnerfirmen: —
Geschäftsführer: Dipl.-Ing. Lothar Pieper, Dipl.-Inform. Heinz Sander
Vertriebsleiter: Petja Röschke
Leiter Anwendungsberatung: Dipl.-Inform. Heinz Sander
Schulungsleiter: Kirstin Wiedenmann
zuständig für Hotline: —
Anzahl der Mitarbeiter: 22
Gründungsjahr: 1997
Gesamtumsatz 2001: 3 Mio. EUR
Umsatz im Bereich GIS 2001: 3 Mio. EUR

Produkte und Dienstleistungen:

Softwareprodukte: SMALLWORLD-Fachschale Strom Trasse, SMALLWORLD-Tool "Visualisierung Differenzdaten", SMALLWORLD-Tool "Checker Datenintegrität"

Digitale Datenprodukte: Prozessmodelle von Geschäftsprozessen in Versorgungsunternehmen

Dienstleistungen:
Consulting und Softwareentwicklung GIS für Versorgungsunternehmen:
- GIS-Anforderungsanalyse und -Einführungsberatung
- GIS-Produktentwicklung
- GIS-Wartung, -Schulung und -Support
- Geschäftsprozessoptimierung und Spatial Resource Planning (SRP) für Versorgungsunternehmen

Firmenprofile

- Geschäftsprozessanalyse und -optimierung
- Systemintegration
- Produktentwicklung integrierter IT-Lösungen für Geschäftsprozesse mit Raumbezug (SRP)

Weitere Produkte im Vertrieb: —

Firmenprofil: Die MGIS Gesellschaft für Consulting und Innovative Software mbH ist ein stark wachsendes Unternehmen für Beratung und Softwareentwicklung, spezialisiert auf IT-Lösungen für die Versorgungswirtshaft, die eine ganzheitliche und medienbruchfreie Unterstützung von Geschäftsprozessen garantieren. MGIS steht für Konzepte, die die Einführung eines GIS nicht als eine reine Ablösung von analogen Planwerken begreifen, sondern als die Verwirklichung eines unternehmensweiten raumbezogenen Informationssystems, das die Geschäftsprozesse des Unternehmens durchgängig und optimal unterstützt. In den von uns durchgeführten Projekten entstehen deshalb zukunftsweisende Konzepte und integrierte IT-Lösungen zur optimalen Unterstützung der Kernprozesse in der Versorgungswirtschaft.

Dabei setzen wir auf Produkte aus dem Hause SMALLWORLD, dem Anbieter des technologisch führenden GIS am Markt. Als dessen World Class Partner designen, entwickeln, betreuen und vertreiben wir komplexe GIS-Lösungen.

Durch unsere enge Zusammenarbeit mit der Stadtwerke München GmbH, die eine unserer Gesellschafterinnen ist, entstehen in unseren Projekten praxiserprobte Lösungen zur optimalen Umsetzung von technischen Kernprozessen in großen Versorgungsunternehmen.

ÖKODATA GmbH

Straße: Gildehofstr. 1
PLZ, Ort: 45127 Essen
Land: D
Telefon: 0201/10580-0
Telefax: 0201/10580-33
E-mail: info@oekodata.de
Internet: www.oekodata.de
Niederlassungen in: ÖKODATA GmbH, Hamburg
Geschäftsführung: Werner Schwarz
Anzahl der Mitarbeiter: 43
Gründungsjahr: 1985
Gesamtumsatz 2002: —
Umsatz im Bereich GIS: —

Produkte und Dienstleistungen:

Softwareprodukte: AQUASPLIT®, integriertes GIS für Stadtreinigungsbetriebe, Software für die Entsorgungs- und Recyclingbranche
Digitale Datenprodukte: —
Dienstleistungen: Beratung, Projektdurchführung, Applikationsentwicklung, Datenprogrammierung, Schulung, Hotline/Wartung
Weitere Produkte im Vertrieb: Gesamtlösungen inkl. Hardware, Internet-Sicherheitsprodukte, Archiv- und Workflowsysteme, ESRI-Produkte

Firmenprofil: ÖKODATA GmbH betreut und entwickelt bundesweit Standardlösungen für die Entsorgungs- und Recyclingwirtschaft und GIS-Komponenten, welche sich sowohl bei kommunalen als auch bei privaten Kunden bewähren. Die Dienstleistungen umfassen – auch in Partnerschaft mit anderen Unternehmen – komplexe EDV-Leistungen; dies reicht von der systemanalytischen Beratung über die Realisierung geeigneter (GIS-) Lösungen und Schulung bis zur laufenden Betreuung.

Firmenprofile

Dienstleistungen: ÖKODATA bietet vielfältige Dienstleistungen in den Bereichen

- Applikationsentwicklung: z.B. MapObjects, Visual Basic und Avenue
- Datenbankdesign und –programmierung: z.B. Oracle, MS Access
- Client-/Serverlösungen: z.B. Erstellung von Geodatenservern mit ArcSDE, Verbindung von GIS und Datenbank, SAP-Schnittstelle
- Beratung, Projektplanung und -durchführung: Projektsteuerung, Datenaufbereitung, Kartographie, GIS-Entwicklung und -Einführung bei kommunalen und privaten Kunden

Software-Produkte: AQUASPLIT® für die Veranlagung von Schmutz- und Regenwassergebühr verwaltet sämtliche erhebungsrelevanten Sach- und Geodaten (ausgewertete Luftbildflächen, ALK-Daten, ALB-Daten etc.) und wickelt das Verfahren zur Erhebung der gebührenrelevanten Daten ab (Eigentümerbefragung etc.).

Integriertes GIS für die Optimierung betrieblicher Leistungsabläufe in Stadtreinigungs-/Entsorgungsbetrieben mit Schnittstellen zu Tourenplanung und SAP.

MADAR (Managementsystem Digitale Abfallwirtschaft und Recycling) unterstützt den gesamten Geschäftsprozess eines Entsorgungs- oder Recyclingbetriebes vom Angebot über die Disposition, den Transport, die Verwertung bis hin zur Rechnungsschreibung, Statistik und Führung des Betriebstagebuches.

Phoenics Dienstleistungsgesellschaft für digitale Photogrammetrie und GIS mbH

Straße: Karmarschstr. 50
PLZ, Ort: 30159 Hannover
Land: D-
Telefon: 0511/368436-60
Telefax: 0511/368436-66
E-Mail: phoenics@phoenics.de
Internet: www.phoenics.de
Zweigstellen in: —
Partnerfirmen: —
Geschäftsführer: M. Guretzki
Prokuristen: S.Brandt, S. Patzig
Vertriebsleiter Geodaten/GIS: S. Patzig
Vertriebsleiter Photogrammetrie: S. Brandt
Vertriebsleiter Europaprojekte: Dr. D. Hermsmeyer
Leiter Anwendungsberatung: S. Patzig
Schulungsleiter: H. Schroeder
Hotline: —
Anzahl der Mitarbeiter: 30
Gründungsjahr: 1994
Gesamtumsatz 2001: —
Umsatz im Bereich GIS 2001: —

Firmenprofil: Die PHOENICS GmbH ist ein Dienstleistungsunternehmen mit den folgenden Schwerpunkten:

- Projektmanagement
- Photogrammetrische Datenerfassung
- 3D-Visualisierung
- Geodatenvertrieb
- Applikationsentwicklung (ESRI-Produkte)
- 3D- Gebäudemodellerfassung

Wir bieten Ihnen für Ihre Aufgaben im Geodatenbereich Consulting und schlüsselfertige Lösungen. Unsere 30 Mitarbeiter verfügen über langjährige Erfahrung in der Erfassung und Verar-

Firmenprofile

beitung von heterogenen Datenbeständen inclusive Management und Controlling von Großprojekten und Multiprojekten.

Dank unseres durchgängig digitalen Workflows sind wir in der Lage, in kurzen Zeiträumen große Flächen und photogrammetrische Datenbestände zu generieren. Neben mehreren digitalen Auswertestationen unterschiedlicher Hersteller gilt unser besonderes Interesse der Weiterverarbeitung in geographischen Informationssystemen. Hier nutzen wir ESRI – Produkte.

Geodaten

Durch die Vertriebspartnerschaft mit Vodafone D2 hat PHOENICS exclusiven Zugriff auf die umfangreichsten Gebäudemodellbestände in Deutschland. Unsere Deutschlanddaten decken ca. 30.000 km² Fläche (vorrangig städtische Gebiete) mit folgendem Inhalt ab:

- Orthophotos
- Oberflächenmodell
- Geländemodell
- Gebäudemodell

Wir garantieren innerhalb unseres Wartungsvertrages die permanente Aktualisierung unserer Datenbestände.
In unserer Homepage www.phoenics.de finden Sie unser Angebot zu den lieferbaren und in Bearbeitung befindlichen digitalen Stadtmodellen.
Dort erhalten Sie auch Informationen zu verfügbaren topographischen Karten, Satellitenbildkarten, Straßendaten u.a. Speziell für Ihre 3D-Visualisierungen können wir Sie mit weitreichenden Daten und Leistungen versorgen. Die Orthophotos der verfügbaren Städte zur Nutzung in Ihrem GIS können Sie über unsere Homepage schnell und preiswert bestellen.

PLEdoc GmbH

Straße: Gladbeckerstr. 404
PLZ, Ort: 45326 Essen
Land: D-
Telefon: +49 (0)201 3659-0
Telefax: +49 (0)202 3659-161
E-mail: info@pledoc.de
Internet: www.pledoc.de
Zweigstellen in: Nürnberg
Partnerfirmen: —
Geschäftsführer: Dr. Uwe Meyer
Vertriebsleiter: Friedhelm Gahr
Leiter Anwenderberatung: Casten Schmidt
Schulungsleiter: —
zuständig für Hotline: —
Anzahl der Mitarbeiter: 100
Gründungsjahr: 1992
Gesamtumsatz 2001: —
Umsatz im GIS Bereich: —

Produkte und Dienstleistungen:

Softwareprodukte: GeoNV telco edition ist die Fachlösung für die Planung und Dokumentation von LWL-, Kabel-, Signal- und Übertragungsnetzen und Anlagen in den Bereichen Nachrichten-, Kommunikations- und Informationstechnik.

where2dig is die professionelle Lösung zur Automatisierung von Fremdplanungs- und Bauvoranfragen. Sie dient der Erteilung einer rechtsverbindlichen Auskunft, ob ein bestimmter geografischer Bereich durch Leitungsrechte belegt ist oder nicht.

GISWebObjects realisiert die hochperformante Distribution von Geodaten über eine Internet/Intranet-Lösung

Intergraph GeoMedia- und **Aperture CAFM-**Produkte

Digitale Datenprodukte: —

Firmenprofile

Dienstleistungen:
- Consulting und Projektmanagement bei der Realisierung, Einführung und Nutzung von GIS und CAFM
- Realisierung, Einführung und Betrieb von maßgeschneiderten GIS, ASP- und LBS-Lösungen im Internet/Intranet
- Realisierung und Hosting von Metadatenbanken, Web-Services
- Realisierung von GIS-Weblösungen in Verbindung mit e-Commerce
- Realisierung, Einführung und Anpassung von fachspezifischen Lösungen für EVU und Netzbetreiber
- Systemintegration (z.B. GIS, SAP, CAFM, und Internet)
- Realisierung und Einführung von CAFM-Systemen
- Ortung, Vermessung und mobile Datenerfassung von Betriebsmitteldaten (Grafik- und Sachdaten)
- Datenerfassung, Datenpflege, Datenmigration Digitalisierung, Scannen, Objektbildung, Polylining, Qualitätssicherung für GIS und CAD
- Beratung bei der Analyse und Optimierung von Organisationsstrukturen und Unternehmensprozessen
- Unterstützung bei der Zertifizierung im Qualitätsmanagement nach DIN EN ISO 9001//2/3

Weitere Produkte im Vertrieb: —

Produkte und Dienstleistungen:

GIS-Dienstleistungen (Auswahl):
Ruhrgas AG, Terra Map Server GmbH

GIS-Firmen (Auswahl): —

POPPENHÄGER GRIPS GMBH

Straße: Pfalzbahnstr. 20
PLZ, Ort: 66538 Neunkirchen
Land: D
Telefon: 06821/2406-0
Telefax: 06821/2406-117
Internet: www.grips.de
Zweigstellen in: —
Partnerfirmen: Compaq, ORACLE, Schleupen, Neutrasoft
Geschäftsführer: Herr Dipl.-Ing. H. Poppenhäger, Frau N. Poppenhäger
Leiter Kundenmanagement: Herr F. M. Adrat
Leiter Anwendungsberatung: Herr V. Simon
Schulungsleiter, zuständig für Hotline:
Herr R. Schwedhelm, Herr H.-G. Gerstner
Anzahl der Mitarbeiter: 80
Gründungsjahr: 1970
Gesamtumsatz 2001: —
Umsatz im Bereich GIS 2001: —

Produkte und Dienstleistungen:

Softwareprodukte:

GIS-Fachschalen für Ver- und Entsorgungsunternehmen:
- GRIPS-Beleuchtung
- GRIPS-Elektro
- GRIPS-Fernwärme
- GRIPS-Gas
- GRIPS-Wasser

GIS-Fachschalen für Kommunen:
- GRIPS-Bebauungsplan
- GRIPS-Beleuchtung
- GRIPS-Flächennutzungsplan
- GRIPS-Freiflächenkataster
- GRIPS-Kanal
- GRIPS-Liegenschaften (ALK, ALB)

Firmenprofile

Fachübergreifendes Desktop-GIS
- GRIPSinfo

Optimierung von elektr. NS- und MS-Netzen:
- IONN
- ODIN

Digitale Datenprodukte: —

Dienstleistungen:
- Datenservice:
Digitalisierung, Scan-Service, Datenkonvertierung, Vektorisierung

- Beratung:
GIS-Consulting (Analysen, Konzepte, Realisierung, Einführungsunterstützung) GIS-Projektmanagement, Optimierung von Geschäftsprozessen, Schulungen
- Systemtechnik:
Softwareprojekte, Datenbanklösungen, IT-Service, Netzwerktechnik, Systemintegration
- Elektrische Netzplanung:
Netzanalyse und optimierung, Lastflussberechnung, Verlust- und Investitionskostenberechnung, Kurzschlussstromberechnung und -schutzauslegung
- Vermessungstechnik:
Grundlagen- und Ingenieurvermessung, Kanalbestandserfassung, Leitungsdokumentation

Weitere Produkte im Vertrieb:
COMPAQ Hardware und Peripherie

Firmenprofil: Mit 30 Jahren Know-how und rund 80 Mitarbeitern zählt die POPPENHÄGER GRIPS GMBH zu den führenden Anbietern von GIS-Software im deutschsprachigen Europa. Weit über 300 GRIPS-Installationen dokumentieren seine Bedeutung. Andere mögen es Firmenphilosophie nennen, bei POPPENHÄGER GRIPS ist es die wichtigste und von allen Mitarbeitern verinnerlichte Leitlinie unternehmerischen Handelns: konsequente Kundenorientierung und täglich praktizierte Kundennähe. Ein Ausdruck dafür ist die langfristige, gute Partnerschaft mit den Kunden, kalkulierbare, faire Kosten und hohe Termintreue.

Indem sie dabei helfen, Geschäftsprozesse zu optimieren, gewinnen geographische Informationssysteme zunehmend an Bedeutung. Deshalb hat das Systemhaus für GRIPS folgendes Anforderungsprofil formuliert:

Das System muss als Standardapplikation allgemein einsetzbar und dennoch flexibel sein, dass der Anwender individuelle Anpassungen und Erweiterungen problemlos durchführen kann; und es muss jedem Systemeinsteiger eine schnelle, gewinnbringende Produktivität bieten.

Neben dem Geographischen Informationssystem GRIPS und seinen systemspezifischen Applikationen für Ver- und Entsorgungsunternehmen sowie Kommunen bietet die POPPENHÄGER GRIPS GMBH eine lückenlose Kette von Ingenieur-Dienstleistungen zur Vermessung, Erfassung, Verwaltung, Aktualisierung und Visualisierung von raumbezogenen Informationen. Bei der Planung, Konzeption und Realisierung von GIS-Lösungen unterstützt das Unternehmen seine Kunden mit langjähriger Erfahrung und Fachkompetenz.

Individuelle Anforderungen im GIS- und im Systembereich werden von einem fachkundigen Team aus Ingenieuren und Informatikern in praxisgerechte Produkte umgesetzt.

Dem immer stärker wachsenden Kundenwunsch nach Komplettlösungen aus einer Hand können wir somit voll entsprechen.

Firmenprofile

RIB Software AG

Straße: Vaihinger Str. 151
PLZ, Ort: 70567 Stuttgart
Land: D-
Telefon: 0711/7873-0
Telefax: 0711/7873-201
Internet: www.rib.de
E-Mail: info@rib.de
Zweigstellen in: Deutschland, Tschechien, Schweiz, Österreich, England, USA, UK
Partnerfirmen:
Schweiz: BAUCAD, bbi Informationstechnologie AG
Österreich: DI Krauss
Vorstand: Heinz J. Gollert, Dr. Hans-Peter Sanio, Michael Sauer
Vertriebsleiter: Wilfried Zmyslony
Leiter Anwendungsberatung: Uwe Hüttner
Schulungsleiter: Martin Walz
zuständig für Hotline: Helmut Walz
Anzahl der Mitarbeiter: 270
Gründungsjahr: 1961 (RIB Bausoftware GmbH)
Gesamtumsatz 2001: 32.000 EUR
Umsatz im Bereich GIS 2001: ca. ???

Produkte und Dienstleistungen:

Software: STRATIS®, kaRIBik®, ARRIBA® CA3D, ARRIBA® mobil, ARRIBA® planen, ARRIBA® bauen, ARRIBA® finanzen, ARRIBA® FM, RIBTEC®, IT-Beratung, Schulung, Training und Projektunterstützung
Digitale Datenprodukte: —
Dienstleistungen: Hotline, Schulungen
Produkte im Vertrieb: HeinzeBauDaten, dbd-Bauteile, STLB BAU, Sirados, Cobra Adress plus, digimass, SIGEPlan, MWMprimo, Power Project teamplan, WINplan, RAL Digital, TILOS Weg-Zeit-Planung, eVIT

Die RIB Software AG bietet durchgängige Softwarelösungen für Architekten, Ingenieure und Bauunternehmen, die öffentliche Hand und die Industrie in den Bereichen:

- Baubetrieb, Logistik, Rechnungswesen, Controlling, Kalkulation, Baumanagement, Personal (ARRIBA®*bauen*, ARRIBA®*finanzen*)
- die Baustellenlösung, kleiner Terminal: wetterfest, handlich, robust (ARRIBA® *mobil*)
- AVA, Kostenschätzung, -verfolgung, Raumbuch, Mengenermittlung (ARRIBA® *planen*)
- 3D-CAD für die Gebäudeplanung, Mengenermittlung (ARRIBA® *CA3D*)
- Facility Management (ARRIBA® *FM*)
- Statik, CAD und Finite Elemente / FEM (RIBTEC®/ZEICON®)
- Fortführung des integrierten Liegenschaftskatasters (kaRIBik®)
- Straßen- und Tiefbau, Vermessung, Verkehrswegeplanung, Kanalinformation und Infrastruktur Information (STRATIS®)
- IT-Beratung, Training und Projektunterstützung

Die RIB-Softwarelösungen verbinden alle Bauphasen miteinander. Durchgängig decken sie alle Bereiche von der Planung über die Ausführung bis hin zur Nutzung ab. Somit ist für eine effektive Zusammenarbeit aller am Bau beteiligten Planungs- und Ausführungsunternehmen gesorgt. Das Komplettsystem ARRIBA® z.B. integriert alle relevanten Anwendungen aus der CAD oder der kaufmännischen DV und sorgt z.B. mit der integrierten Mengenermittlung und Raumbuch für eine schnelle, effiziente Bauabrechnung, auch im Tiefbaubereich. Neben der technischen Facility Management-Lösung bietet RIB im Rahmen der Arbeitsgemeinschaft Facility Management public sector auch ein umfassendes Dienstleistungskonzept speziell für Kommunen.

Durch neue Online-Anbindungen wird eine durchgängige Informationskette im Internet zwischen allen am Bau Beteiligten erreicht.

Firmenprofile

Niederlassungen:

Tschechien:
RIB stavebni software s.r.o.
U strze 150/1
140 00 Praha 4
fon:++42 (0)2 / 41442078/79
fax:++42 (0)2 / 41440085
info@rib.cz

UK:
RIB Software UK (Ltd.)
Boundary House
1 County Place
Chelmsford
Essex CM2 ORE

Vertriebspartner:

Schweiz:
BBI Informationstechnologie AG
Industriestrasse 13
CH-6010 Kriens
fon: ++41 (0) 41/ 348 01-48
fax: ++41 (0)41 / 348 01- 49
E-mail: bbi@bbi.ch

BAUCAD AG
DV im Bauwesen
Wülflingerstrasse 12
CH-8400 Winterthur
fon: ++41 (0) 52 / 269 01 80
fax: ++41 (0) 52 / 269 01 81
E-Mail: Ribcon@baucad.ch

Österreich:
DI KRAUS & CO. GmbH
W.A. Mozartgasse 29
A-2700 Wiener Neustadt
fon: +43 (0)2622 / 89497
fax: +43 (0)2622 / 89496
E-Mail: eduakraus@aol.com

● ○ SAG Energie-
● versorgungslösungen

SAG Energieversorgungslösungen GmbH Geschäftsgebiet CeGIT Center für GeoInformations Technologie

Straße: Mathias-Brüggen-Str. 78
PLZ, Ort: 50287 Köln
Land: D-
Telefon: 0221/59703-0
Telefax: 0221/59703-809
E-Mail: info@sag-el.com
Internet: www.sag-el.com
Zweigstellen in: —
Partnerfirmen: SICAD GEOMATICS, BERIT, SMALLWORLD
Geschäftsführer: Herr Jörg Figge
Vertriebsleiter: —
Leiter Anwendungsberatung: Herr Peter Kern
Schulungsleiter: Herr Peter Kern, Herr Peter Schnorrenberg
Leiterin der Hotline: —
Anzahl der Mitarbeiter: SAG EL: 1.480; CeGIT: 330
Gründungsjahr: 2002
Gesamtumsatz 2001: ca. 176 Mio. EUR
Umsatz im Bereich GIS 2001: ca. 22 Mio. EUR

Produkte und Dienstleistungen:
Softwareprodukte:
BONUS GeoWeb, BONUS-ZAK, FM-FREILEITUNGSMANAGEMENT, TERRA-Tools, MIRO-Tools
Digitale Datenprodukte: -
Dienstleistungen:
- Konzeptberatung
- Geschäftsprozessanalyse
- Wirtschaftlichkeitsanalyse
- Projektmanagement
- Netzwerkkonzeption
- Systemintegration
- Einführungsprojekte
- Schulungen
- Softwareentwicklung GIS/NIS

Firmenprofile

- Softwareentwicklung Enterprise Ressource Planning (ERP)
- Softwareentwicklung Spatial Ressource Planning (SRP)
- Softwareentwicklung Internet-Server
- Softwareentwicklung eBusiness
- Softwareentwicklung Integrationssoftware
- Lösungsgebundener IT-Service
- Plandaten-Ersterfassung und – Fortführung, Digitalisierung, Rasterdatenerfassung, manuelle Planerstellung
- Vermessung (Versorgungsnetze, Abwassernetze, Hoch- und Tiefbau)
- Geodaten-Management (Erzeugung, Veredelung, Bereitstellung, Verteilung)
- GIS-Outsourcing & Betrieb
- Regionaler GIS/NIS-Betrieb
- Projektierung, Genehmigungsverfahren, Leitungs- und Wegerechtserwerb, Leistungen im Rahmen „Grundbuchbereinigungsgesetz" in den neuen Bundesländern
- Trassierung/Nachtrassierung (Hochspannungsleitungen, Gastransportleitung, Telekommunikationsleitungen)

Weitere Produkte im Vertrieb:
Software der Systeme SICAD/open, MicroStation, SMALLWORLD, LIDS

Firmenprofil: Die SAG Energieversorgungslösungen GmbH, Frankfurt am Main, ist ein führender europäischer Dienstleister für die energietechnische Infrastruktur. Sie ist System- und Lösungsanbieter für die Steuerung und die Überwachung von Energieversorgungsnetzen, bietet Leistungen an von der Planung, Trassierung, Errichtung bis hin zur Instandhaltung von Hochspannungsnetzen sowie Mittel- und Hochspannungsschaltanlagen und führt Dienstleistungen für Geo- und Netzinformationssysteme aus. Das Unternehmen erzielt einen Jahresumsatz von etwa 176 Mio. Euro und beschäftigt rund 1480 Mitarbeiter.

Im Zuge einer Neuorganisation wird aus dem Geschäftsgebiet NIS-Vermessung der SAG EL GmbH das Geschäftsgebiet CeGIT, Center für GeoInformationsTechnologie. CeGIT ist in drei Fachbereichen, denen Kerngeschäftsfelder zugeordnet wurden, aufgestellt. CeGIT Solutions mit den Kerngeschäftsfeldern „Business Solutions", „Consulting" und „Softwarelösungen & IT Services". CeGIT Services mit den Kerngeschäftsfeldern „GIS/NIS-Datenservices" und „Geodatenservices" sowie der Fachbereich Trassierung mit dem Kerngeschäftsfeld „Projektierung/Trassierung".

Hierbei wird das gesamte Spektrum an Dienstleistungen von der Beratung, der kundenspezifischen Systemeinführung über die Schulung und Weiterentwicklung der Systeme bis hin zur Erfassung und Integration aller betriebsrelevanten Daten in den jeweiligen Kerngeschäftsfeldern ausgebildet, um aus einem daraus abzuleitenden ganzheitlichen Lösungsansatz Mehrwert für unsere Kunden zu generieren.

Erfassungs- und Vermessungsdienstleistungen sowie Trassierungsvorhaben werden sowohl mit eigenem Personal als auch unter Einsatz von Subunternehmern zeit- und kostenoptimiert mit den Methoden eines modernen Projektmanagements abgewickelt.

Die IT- und GIS-gestützte Optimierung bis hin zum Störfallmanagement der Kunden-Geschäftsprozesse mit Raumbezug unterstreicht die Kompetenz des CeGIT.

Die umfassende Zusammenarbeit mit den weiteren Kerngeschäftsfeldern der SAG EL GmbH, wie Leitungsbau, Schaltanlagenbau sowie der Leit- und Steuerungssysteme prädestinieren uns als Produkt- und Lösungsanbieter rund um Ihre Netze und Anlagen. Die regionale Aufstellung des CeGIT garantiert Kundennähe und schnellen Service vor Ort.

Firmenprofile

SCHLEUPEN AG

Straße: Adenauerstr. 16
PLZ, Ort: 33184 Altenbeken
Land: D-
Telefon: 052 55 / 98 66-0
Telefax: 052 55 / 98 66-99
E-mail: gisinfo@schleupen.de
Internet: www.schleupen.de
Zweigstellen in: 76275 Ettlingen
Partnerfirmen: Poppenhäger GRIPS GMBH, Hummingbird Communications, Pavone AG
Geschäftsführer: Herr Heinz Heinecke
Bereichsleiter GIS: Herr Martin Oesterhaus
Vertrieb GIS: Herr Frank Kittendorf
Leiter Support/Beratung: Herr Dietmar Drewes
zuständig für Hotline: Herr Arno Helfer
Anzahl der Mitarbeiter: ca. 320
Gründungsjahr: 1970
Geamtumsatz: —
Umsatz GIS: —

Produkte und Dienstleistungen:

Softwareprodukte und Kompetenzfelder:

CS.GEO
Geografisches Informationssystem

Wer heute die komplexen Ver- und Entsorgungsnetze (Strom, Gas, Wasser, Fernwärme, Abwasser, Telekommunikation) sicher im Griff haben will, ist auf die schnelle und zuverlässige Verfügbarkeit grafischer und technischer Informationen angewiesen.
Das von uns angebotene geografische Informationssystem GRIPS der POPPENHÄGER GRIPS GMBH bietet
- effiziente Datenerfassung, schnellen Zugriff und komfortable Visualisierung aller relevanten Geometrie- und Sachdaten,
- Kostenreduktion, Effizienzsteigerung und einen Zugewinn an Entscheidungssicherheit,
- integrierte Datensicherheit und
- modernste Informationstechnologie: Client-Server-Architektur, SQL-fähige relationale Datenbank, Hardwareunabhängigkeit.

Geografische Informationssysteme gewinnen zunehmend an Bedeutung bei der Optimierung von Geschäftsprozessen mit raumbezogenen Informationen. Die GRIPS-Anwendungen sind fachgerecht für den jeweiligen Anwendungsbereich und Einsatzzweck konfigurierbar. Die Fachapplikationen sind modular aufgebaut und ermöglichen den schrittweisen Aufbau eines maßgeschneiderten geografischen Informationssystems.

GRIPS-EVU schafft die notwendige Transparenz, um
- Netzerweiterungen oder Netzerneuerungen auf den Punkt zu planen und durchzuführen,
- bei Schadens- und Störungsfällen schnell und gezielt einzugreifen und
- alle gespeicherten Informationen schnell und bedarfsgerecht abzurufen.

Eine durchgehende und einheitliche Bedienung erleichtert die Einarbeitung in alle Anwendungen. Die Applikationen laufen unter Windows NT und allen gängigen UNIX-Systemen.

CS.GM
Geobasiertes Management Informationssystem

Für ein Optimum an Kunden-, Anlagen- und Energie-Management müssen möglichst alle zugehörigen Unternehmensinformationen möglichst einfach, schnell und bedarfsgerecht zur Verfügung stehen.Die gesammelten Daten aus den Bereichen „Kunde", „Anlage" und „Energie- bzw. Wasser/Abwasser-Management" zu führen, auszuwerten und zu verarbeiten, ist ein zentraler Prozess, der Kundenmanagement, Anlagenbetrieb sowie Energiemanagement optimiert. Genau mit dieser Aufgabe befasst sich der Kompetenzbereich CS.GM mit den folgenden Leistungskomponenten:

Firmenprofile

- Integration beliebiger alphanumerischer und geografischer Informationsbestände
- Datenauswertung und Analysen
  - Alphanumerische Abfragen über Abfragegeneratoren
  - Raumbezogene Datenanalysen auf der Grundlage von Geodaten

- Reports:

  - Alphanumerische Ergebnisreports (Listen, Diagramme o. ä.)
  - Geografische Reports (Planausschnitte, thematische Kartierungen, planbezogene Diagrammdarstellungen)

Die enge Integration von Geodaten in die anderen Anwendungen von Schleupen.CS und/oder weitere Unternehmensinformationen ermöglicht den schnellen und transparenten Zugriff auf die Daten. Aber vor allem auch die Möglichkeit, sie direkt weiterzuverarbeiten: egal ob im Marketing, im Energiedatenmanagement oder etwa in der Instandhaltung.
BI/Query von Hummingbird ist ein Abfrage- und Berichtsgenerator, der es dem Anwender in einfacher Weise erlaubt, beliebige relationale Datenbestände unternehmensweit und anwendungsübergreifend zu analysieren und diese in aussagekräftigen tabellarischen oder statistischen Berichten aufzubereiten. Damit stellt die Schleupen AG ein intuitives Management-Reportingtool zur Verfügung, das Versorgungsunternehmen die flexible und problemorientierte Auswertung ihrer Unternehmensinformationen ermöglicht. Standardisierte Schnittstellen unterstützen die Weiterverarbeitung in Office-Anwendungen wie MS-Word und MS-Excel.
Darüber hinaus ermöglicht unser Produkt GISLink die alphanumerischen Ergebnisdaten mit Geodaten zu koppeln und sie einer weitergehenden Raumanalyse bzw. thematischen Kartierung zuzuführen. Ein Anwendungsbeispiel ist die Kopplung von Verbrauchsdaten mit den Hausanschlüssen einer GIS-bezogenen Netzplandokumentation.

Diese Werkzeuge sind für eine Vielzahl von Anwendungen der Energie- und Wasserwirtschaft einsetzbar, wie beispielsweise:
- direkter Einsatz als Abfrage- und Reporting-Tool
- Kopplung der Verbrauchs- und Kundendaten mit geografischen Netzdaten
- Anbindung von ALB-Daten
- Anbindung von Instandhaltungsprogrammen
- Kopplung beliebiger externer Betriebsmitteldokumentationen (Zähler-, Trafo-, Stationsverwaltungen usw.) an das GIS.

CS.GW
Geobasiertes Workflowmanagement

CS.GW_Geobasiertes Workflowmanagement beschreibt die Kompetenz, beliebige Geschäftsprozesse systemgestützt abzubilden und automatisiert zu steuern.
Die Workflow-Lösung für das Hausanschlussverfahren HA-Flow steuert die Realisierung von Hausanschlüssen aller Sparten von der Beantragung über die bautechnische und genehmigungsrechtliche Realisierung bis zur Kostenabrechnung. Besonderes Gewicht lag bei der Entwicklung auf einer vollständigen Abbildung des Geschäftsprozesses. Der Bearbeitungsstand aller im Verfahren erfassten Hausanschlussanträge ist ständig transparent. Unterstützt werden die HA-Anträge zu den Sparten Gas, Wasser, Strom, Abwasser und Fernwärme.
Als Workflowmanagement-System wird PAVONE Espresso Workflow basierend auf Lotus Notes/Domino (Version 4 und 5) eingesetzt. Die Workflow-Steuerung und -Abwicklung erfolgt innerhalb von Lotus Notes/Domino Datenbanken, auf die mit Hilfe von Notes Clients und/oder Web Browsern zugegriffen werden kann.

Digitale Produkte: —
Dienstleistungen:

Fullservice:
- Systemeinführung und Konzeption
- Systeminstallation Hard -Software
- Programmierung / Datenkonvertierung

Firmenprofile

- Datenerfassung
- Schulung
- Hotline

Weitere Produkte im Vertrieb:

Vivaldi
Das Programm Vivaldi dient dazu, grafische Fortführungsdaten (sogenannte Differenzdaten z.B. ALK, DFK) kontrolliert in das GIS-System GRIPS-EVU zu übernehmen und die Änderungen am Bildschirm zu visualisieren. Damit ist eine Bewertung und Nachbearbeitung von Leitungsnetzen möglich.

GRIPS Produktlinie für:
- Energieversorger
- Entsorger
- Kommunen

Niederlassungen:

33184 Altenbeken
Adenauerstrasse 16
Tel: 05255_9866-0
Telefax: 05255_9866-99

01157 Dresden
Warthaer Strasse 12
Tel: 0351_42904-0
Telefax: 0351_42904_21

14165 Berlin
Berlepschstrasse 42
Tel: 030_80974-90
Telefax: 030_80974-910

31515 Wunstorf
Albert - Einstein - Strasse 7
Tel: 05031_963-0
Telefax: 05031_963-299

47441 Moers
Richard - Löchel - Strasse 7
Tel: 02841_912-0
Telefax: 02841_16307

76275 Ettlingen
Otto - Hahn - Strasse 20
Tel: 07243_321-0
Telefax: 07243_321-131

Firmenprofil: Die SCHLEUPEN AG ist seit über 30 Jahren mit innovativen Lösungen Partner der Energie- und Wasserwirtschaft.
Zuerst mit den klassischen kaufmännischen Lösungen im Markt verbreitet, entwickelte die SCHLEUPEN AG aus der Erkenntnis, dass 80 Prozent aller Unternehmensdaten einen räumlichen Bezug haben, das Netzinformationssystem NEBIS2000.
Mit einer fast 15 Jährigen Erfahrung als Systemhaus und Dienstleister im GIS-Bereich bietet Schleupen nunmehr GIS-Lösungen aus der POPPENHÄGER GRIPS GMBH Produktlinie an. Durch die gemeinsame Neuausrichtung der Systemarchitektur und die damit verbundene Bündelung der Entwicklungs-/Vetriebsressourcen und des Know-hows beider Unternehmen profitiert letztendlich jeder Kunde von dieser Zusammenarbeit.
Neben dem zentralen Geoinformationssystem bestimmt die Entwicklung innovativer horizontaler Integrationsprodukte wie z.B. unternehmensweite Informationssysteme und ablaufoptimierte Workflowsysteme die strategische Ausrichtung der SCHLEUPEN AG. Bei der Integration kommerzieller Systeme kann die SCHLEUPEN AG auf ein umfassendes Know-how im eigenem Haus und ein Potenzial von über 500 Kunden direkt zurückgreifen.
Neben der Produktentwicklung und Implementierung liegt der Fokus auf der Ausführung qualitativ hochwertiger Dienstleistungen im GIS - Bereich. Dazu verfügt die Schleupen AG über einen Stab kompetenter speziell ausgebildeter Mitarbeiter, die alle Aufgabebereiche von der Systemplanung und Datenerfassung über die Systemeinführung bis hin zur Integration in spezifische Unternehmensstrukturen, fachgerecht realisieren können.

Firmenprofile

SICAD Geomatics GmbH & Co. oHG

Straße: Otto-Hahn-Ring 6
PLZ, Ort: 81739 München
Land: D
Telefon: 089/636-01
Telefax: 089/636-42253
E-mail: sicad@sicad.de
Internet: www.sicad.com / www.sicad.de
Gesellschaftsform: GmbH & Co oHG
Zweigstellen in: Berlin, Freiburg, Hamburg, Hannover, Köln, Eschborn, Karlsruhe, Mannheim, Ulm
Partnerfirmen: zahlreiche Partnerunternehmen in Deutschland sowie International
Geschäftsführer: Dr. Holger Schade, Dr. Thomas Engert, Werner Lück, Thomas Heim
Vertriebsleiter:
Bund/Land/Kommunen:
Manfred Schmitt, Eschborn
Utilities:
Wolfgang Loske, Eschborn
International:
Thomas Heim (komm.), München
Leiter Anwendungsberatung:
Bund/Land/Kommunen:
Gerd Schmidt, Eschborn
Utilities:
Klaus Klimpel, München
International:
Theo Itzen, München
Schulungsleiter: Dr. Bernhard Gollan, München
Hotline: Jan Grabke
Anzahl der Mitarbeiter:
rund 180 (SICAD-Konzern)

Produkte und Dienstleistungen:

Softwareprodukte: SICAD-UT, SICAD-LM, SICAD/open, SICAD Internet Suite, SICAD Spatial Desktop (SICAD/SD), SICAD Mobile Suite, SICAD Geo Service Providing (SICAD GSP), SICAD-PLOT
Digitale Datenprodukte: —
Dienstleistungen: Beratung, umfassende Projekt-Dienstleistungen, Migration, Systemintegration, Installation, Schulung, Wartung, Service

Weitere Produkte im Vertrieb: High-End Applikationen für Landmanagement und Kataster, Standardapplikationen für Ver- und Entsorgungsunternehmen, Kommunale Fachanwendungen und Online-Auskunftssysteme, Geoinformationssysteme für die Immobilienwirtschaft, Banken und Versicherungen sowie die Industrie

Firmenprofil:

SICAD GEOMATICS – Die Mission

SICAD Geomatics GmbH & Co. oHG (SICAD GEOMATICS) ist international als Lösungs-Anbieter und Integrator von Geoinformationssystemen tätig. AED Graphics und SICAD GEOMATICS formieren sich gemeinsam zum europaweit führenden Powerhouse für GIS-Applikationen.
Durch unsere Kompetenz und Erfahrung bieten wir in enger Kooperation mit unseren Partnern maßgeschneiderte Applikationen und Kunden-Lösungen auf der Grundlage von SICAD- und ESRI-Basistechologie.

Auf Basis der weltweit gängigen IT-Plattformen entwickelt SICAD GEOMATICS innovative Standard-Applikationen und Branchenanwendungen. Hierbei setzen wir konsequent auf offene Technologien sowie die intensive Nutzung des Internets und mobiler Lösungen.

SICAD-Lösungen werden eingesetzt von der öffentlichen Verwaltungen, Ver- und Entsorgungsunternehmen, Kommunen & Metropolen sowie der Immobilienwirtschaft, Banken und Versicherungen sowie der Industrie. Unsere deutschen und internationalen Kunden profitieren besonders von der Georeferenzierung ihrer Informationen und Geschäftsprozesse.

Partner können prinzipiell in allen Wertschöpfungsstufen der Aktivitäten von SICAD GEOMATICS eingebunden sein. Besondere Stärken der Partnerunternehmen liegen beispielsweise in der räumlichen Nähe zum Kun-

Firmenprofile

den, dem engen Bezug zu dessen Lösung sowie der Abdeckung des gerade bei Kapazitätsspitzen anfallenden Bedarfs an Dienstleistungen. In Anwendungssegmenten wie im Bereich der Kommunen hat die Integration von Partnerlösungen einen besonderen Stellenwert.

SICAD GEOMATICS – Das Unternehmen

Der SICAD-Konzern ist mit über 180 Mitarbeitern (Stand: 01.03.02) ein internationaler Marktführer für Geographische Informationssysteme und Branchenapplikationen. Wir bieten das volle Spektrum raumbezogener IT-Lösungen – von der Entwicklung bis hin zur Implementierung und durchgehenden Prozessbegleitung.

SICAD-Technologie ist seit 1979 auf dem Markt und vereint so wie kein anderes System Erfahrung und kontinuierlichen Fortschritt. Entsprechend konsequent zielen wir auf die aktuellen Chancen und Potenziale durch das Internet sowie mobile Lösungen ab. Unsere Kernsegmente sind die Bereiche Landmanagement und Versorgung.

Bis zum 31.05.2002 konsolidierte SICAD GEOMATICS als Tochterunternehmen der Siemens Business Services GmbH & Co. oHG (SBS) in der Konzernbilanz der SIEMENS AG, einem weltweiten Technologieanbieter mit einem Umsatz von 87 Mrd EUR (mit Infineon) im Geschäftsjahr 2001. Der Geschäftsbericht der SIEMENS AG ist veröffentlicht im Internet unter http://www.siemens.de/
und wird Ihnen jederzeit gern auf Anfrage zugesandt.

Seit 1.06.2002 ist SICAD GEOMATICS 100%-tiges Tochterunternehmen der AED Graphics AG, Bonn. AED Graphics und SICAD GEOMATICS bündeln damit ihr Wissen und ihre Kompetenzen mit dem Ziel, optimale Applikationen und Kunden-Lösungen in den Kernsegmenten Landmanagement und Utilities zu schaffen. Der Firmenverbund setzt dafür auf die jeweilige eigene GIS-Basistechnologie, die ständig weiter entwickelt und gepflegt wird. Gemeinsame Neuentwicklungen werden auf Basis der GIS-Software des Weltmarktführers ESRI und der Leica Geosystems Technologie durchgeführt.

AED Graphics und SICAD GEOMATICS werden eine gemeinsame Lösung für den kommenden Standard ALKIS®, das Amtliche Liegenschaftskataster-Informationssystem, auf ESRI-Basistechnologie entwickeln. Die strategische Bedeutung von ALKIS® für die Nutzer und Anbieter von Geoinformationssystemen stellt den zentralen Antrieb für die Kooperation von AED Graphics und SICAD GEOMATICS dar. Dazu werden die Fachressourcen beider Firmen so gebündelt, dass das Wissen und die Erfahrungen zur zeitnahen Realisierung einer optimalen Standardlösung genutzt werden können. Darüber hinaus erhalten die bestehenden Kunden besondere Unterstützung bei der Migration ihrer Daten und Systeme sowie beim Übergang auf ALKIS®.

SICAD GEOMATICS hat sich in den entscheidenden GIS-Technologien sowie den integrierten Komplettlösungen und Anwendungssegmenten in Deutschland ebenso wie international eine führende Marktposition erworben. Unter Berücksichtigung der Kooperationsvereinbarungen vereinigt nunmehr die Gruppe AED Graphics, SICAD GEOMATICS, ESRI und Leica Geosystems einen Weltmarktanteil von mehr als 38%.

Bei GIS-Software für PC (unter Windows NT) rangiert SICAD GEOMATICS nach Angaben der DARATECH-Studie in 2001 unter den im globalen Maßstab führenden fünf Unternehmen. Im Bereich der GIS-Anwendungen für Workstation unter UNIX/ SOLARIS nimmt SICAD GEOMATICS als weltweit zweitgrößter Anbieter eine besonders exponierte Spitzenposition ein. Mit einem weltweiten Marktanteil von über 10% ist SICAD GEOMATICS gemäß DARATECH einer der fünf größten Anbieter von GIS-Komplettlösungen für den Bereich Utilities. Auch im Segment Telekommunikation nimmt SICAD

Firmenprofile

GEOMATICS einen Rang unter den fünf weltweit führenden Lösungsanbietern ein.
Laut DARATECH-Marktanalyse zählt SICAD GEOMATICS im Jahr 2001 zu den drei weltweit umsatzstärksten Anbietern von GIS-Komplettlösungen für den Public Sector ebenso wie für den Anwendungsbereich Digitale Kartographie.

Wir bei Ihnen

Entscheidend für den wirtschaftlichen Erfolg sind effizient gestaltete sowie integrierte kaufmännische und technische Prozesse – eine Herausforderung, der sich heute die Unternehmen und die öffentliche Verwaltung gleichermaßen stellen.
Mit SICAD gehören die klassischen Schranken Geographischer Informationssysteme zur übrigen DV-Landschaft der Vergangenheit an. Für Ihre Organisation entsteht aus dieser Integration in die unternehmensweite IT eine deutliche Steigerung der Prozesseffizienz und somit der Schlüssel zum Erfolg.
Ihre Geodaten – bislang eher eine „stille Reserve" – werden mit SICAD zu einem wichtigen Faktor im Pool der Unternehmensinformation. Als integrative Plattform nutzt SICAD mit der Internet-Technologie die maßgebliche Informations-Drehscheibe des neuen Jahrtausends.
Von der Intranet-Anwendung bis hin zur weltweiten Lösung mit E-Commerce-Funktion stehen Ihnen alle Wege offen! Ihr Unternehmen reduziert seine Kosten, baut seine Marktposition aus und steigert die Akzeptanz beim Kunden – so formt unsere Stärke Ihren Erfolg.

SICAD bedeutet ein Höchstmaß an Stabilität gepaart mit technologischer Innovation. Diese optimale Kombination ist Ihr Garant für eine langfristig gesicherte Investition in Geodaten und System. SICAD ist GIS und Katalysator zugleich: Komplexe und verteilte Informationen werden intelligent zusammengeführt und bringen bei einfachem Handling vielfachen Nutzen. Sie gewinnen die notwendigen Entscheidungsgrundlagen und Instrumente, um Ihre Geschäftsziele Realität werden zu lassen.

Innovationsstark und engagiert – unsere Mitarbeiter

Jedes Produkt ist so gut, wie die Menschen, die dahinter stehen. Durch die Qualifikation und Motivation unserer Mitarbeiter bietet SICAD GEOMATICS seinen Kunden Kompetenz und professionelle Beratung. Bei unserem Mitarbeiterstamm entfällt ein überwiegender Teil auf hochqualifizierte Mitarbeiter in der Fachberatung, im Vertrieb und in der Forschung & Entwicklung. Durch die bundesweit verteilten Standorte von SICAD GEOMATICS sind unsere Berater vor Ort präsent, um gemeinsam mit Ihnen den Weg zu optimalen Lösungen zu gehen. Dass bei den Produkten von SICAD GEOMATICS technologische Kompetenz Trumpf ist und dass wir Innovationen konsequent in direkten Kundennutzen umsetzen, zeigt die Expertise unserer Forschung & Entwicklung. So verfügen unsere Mitarbeiter über spezifisches Know-How in allen gängigen Programmiersprachen (JAVA, Visual Basic, C/C++, Microsoft-Technologien/COM) sowie fundierte Erfahrungen in Internet-Technologien und -Design, die sich in der Praxis beim Anwender bestens bewährt haben. Wir bieten Ihnen alle notwendigen Ressourcen bei der Installation und dem Tuning von Datenbanken sowie der Migration von Datenbeständen. Auf strategischer Ebene beherrschen unsere Mitarbeiter aus der Forschung & Entwicklung sowie der Fachberatung die professionelle Projektleitung und das Projektmanagement bei unternehmenskritischen IT-Vorhaben.

SICAD – klar auf Erfolgskurs

Maximaler Kundennutzen entsteht aus der Synthese von technologischem Know-How und fachlicher Kompetenz. Dass unser Konzept aufgeht, beweisen die Erfolge von SICAD eindrucksvoll – in jeder unserer Zielbranchen zählt unser Geographisches Informationssystem zu den Marktführern und ist best in class:

- Im Vermessungswesen mit seinem exponierten Anspruch an Sicherheit und Genauigkeit bauen über zwei Drittel der deutschen Vermessungsverwaltungen auf SICAD.

Firmenprofile

- Für Versorgungsunternehmen ist SICAD das führende Netzinformationssystem und setzt die Standards bei den verschiedenen Spartenanwendungen sowie der Prozessintegration.

- Im Bereich der Kommunen decken SICAD-Anwendungen ein breites Spektrum kommunaler Aufgaben ab – in Großstädten ebenso wie in vielen mittleren und kleineren Gemeinden.

- Auch die hervorragende internationale Position bei Geoinformationssystemen baut SICAD weiter aus – zu den Anwendern zählen bereits Boomtowns wie Shanghai und Versorgungsunternehmen wie die österreichische WIEN-STROM. AED Graphics und SICAD GEOMATICS bilden zusammen das europäische Kompetenzzentrum für öffentliche Geoinformationssysteme.

Die SICAD-Produktfamilie

Unser Produktportfolio besteht aus offenen GIS Plattform-Technologien, die sich mit entsprechenden Standardanwendungen zu allen wichtigen Fachgebieten kombinieren. Für den SICAD-Nutzer bedeutet dies maßgeschneiderte Lösungen mit denkbar vielfältigen Einsatz- und Verknüpfungsmöglichkeiten – schließlich ist die Grundlage unserer Produktentwicklung ein integriertes Konzept.

Die SICAD-Standardapplikationen sind erprobt in zahlreichen Einsätzen und stehen für eine kontinuierliche Weiterentwicklung. So werden die finanziellen und personellen Ressourcen des Nutzers geschont und die Integration mit vielfältigsten Systemen ermöglicht. Folgende Standardapplikationen bieten wir an:

- SICAD UT setzt die Standards bei Netzinformationssystemen für die Versorgungswirtschaft. Mit Fachanwendungen für Elektrizität, Gas, Wasser, Fernwärme sowie Telekom- und Datennetze deckt SICAD-UT ein weites Spektrum an Versorgungsleistungen ab. Der Nutzer kann Betriebsmittelinformationen per Internet abrufen, seine Netze mittels mobiler Workforce Management Systeme Instand halten und Auswertungen mit MS® Office vornehmen. Verantwortlich für die Pflege und Weiterentwicklung von SICAD-UT ist das Tochterunternehmen SICAD Utilities GmbH (SICAD UTILITIES).

- SICAD-LM umfasst die Standardprodukte von SICAD GEOMATICS im Landmanagement. Somit deckt die SICAD-LM Produktfamilie die gesamte Prozesskette im Vermessungswesen vollständig ab: Von der Erfassung über die Punkt- und Grundrissfortführung bis hin zur Bereitstellung der Ersteinrichtungs- und Fortführungsdaten für den Datennutzer. Ganz im Sinne unserer Nutzer aus der öffentlichen Verwaltung bieten wir die gesamte Produktpalette von SICAD-LM sowie SICAD-PLOT seit 2002 auch unter der Plattform Linux an.

- Metropolitane Informationssysteme & kommunale Anwendungen im Rahmen von SICAD-Standardapplikationen bieten die optimale Lösung für die vielfältigen kommunalen Aufgaben. Ob im Kataster- und Vermessungswesen, der Bauleitplanung, dem Liegenschaftsmanagement, dem Kanalmanagement oder der Umweltplanung – SICAD hält professionelle Antworten für die raumbezogenen Fachaufgaben, die ämterübergreifende Vernetzung und sowie Bürger Services im Internet bereit!

Folgende SICAD Plattformen bieten wir an:

- Mit der SICAD Internet Suite eröffnen sich dem Anwender alle Möglichkeiten durch das World Wide Web. Der SICAD Internet Map Service (SICAD-IMS) dient als Auskunftsinstrument und präsentiert verschiedenste Daten im Inter-, Intra- oder Extranet – der einfachste und schnellste Weg zu Geoinformationen! Den professionellen Geodatenvertrieb via Web ermöglicht der SICAD Internet Data Service.

- SICAD/open ist die Plattform für die SICAD-Standardapplikationen SICAD-UT, SICAD-LM

Firmenprofile

sowie die verschiedenen kommunalen Fachanwendungen. In modernster Entwicklungsumgebung – wie dem COM-Interface sowie Microsoft Tools – können Sie anspruchsvolle Anwendungen problemlos erstellen. Die Startanwendung Plug&Go-Kit dient zur einfachen Konfigurierung von GIS-Anwendungen.

- SICAD Spatial Desktop (SICAD/SD) dient zur Analyse, Auskunft und Präsentation von Geodaten. Zu den Stärken der Desktop-Anwendung zählt die Integration verschiedenster Datenformate (Raster-, Vektor- und Sachdaten) auch aus anderen Anwendungen ebenso wie die Einbindung von SICAD/SD in MS© Office.

- Die SICAD Mobile Suite verbindet den Mehrwert der Georeferenzierung mit der Verfügbarkeit standortbezogener Informationen und Dienste. Durch Nutzung des mobilen Internets mittels der SICAD Internet Map Services sowie des SICAD Geocoding Servers werden nicht nur GIS-Anwendungen „mobil gemacht", sondern es eröffnen sich auch völlig neue Möglichkeiten im Sinne der Location Based Services.

- SICAD-PLOT ermöglicht das zentrale Plot-Management via Intranet/Internet. Hiermit kann der Nutzer über eine einheitliche Oberfläche in transparenter Weise auf die Plot- und Druckperipherie im Netzwerk zugreifen. SICAD-PLOT differenziert nach Administrator- und Anwenderrechten und ist plattformunabhängig.

- Der SICAD Geodatenserver (SICAD-GDS) erweitert Standarddatenbanken für geographische Anwendungen und ermöglicht so die intelligente und sichere Handhabung komplexer Datenstrukturen! Als Kernmodul von SICAD/open ist der SICAD-GDS somit der Schlüssel für optimales Geodatenmanagement in Client-Server-Architektur.

- Mittels SICAD Geo Service Providing (SICAD-GSP) verfügt der SICAD-Nutzer erstmals über die volle GIS-Funktionalität via Internet.

Softplan Informatik GmbH

Straße: Herrngarten 14
PLZ, Ort: 35453 Wettenberg
Land: D-
Telefon: +49 641 98 246-0
Telefax: +49 641 98 246-20
E-mail: info@softplan-informatik.de
Internet: www.ingrada.de
Zweigstellen in: Stuttgart
Partnerfirmen: HHK Datentechnik, Braunschweig, Autodesk GmbH, München
Geschäftsführer: Dipl.-Ing. Jörg Tieben, Dipl.-Inf. Ulrich Künkel, Gerhard Veit
Vertriebsleiter: Ingolf Weidl
Schulungsleiter: Anja Beyer
Anzahl der Mitarbeiter: 40
Gründungsjahr: 1991
Gesamtumsatz 2002: —
Umsatz im GIS Bereich: —

Produkte und Dienstleistungen:

Softwareprodukte: INGRADA (2700 Installationen), INGRADA web
Digitale datenprodukte: —
Dienstleistungen: Schulungen, Installationen, Betreuung und Beratung von Geoinformationssystemen
Weitere Produkte im Vertrieb: —

Firmenprofil: Die Softplan Informatik GmbH ist eines der führenden Systemhäuser für geografische Informationssysteme in Deutschland. Eingebunden in ein weites Partnernetz bietet Softplan kommunalen Verwaltungen, Katasterämtern, Ingenieurbüros und Energieversorgern Know-how zur Planung und Verwaltung der Infrastruktur sowie zur raumbezogenen Dokumentation.
Das Leistungsspektrum: Grafik und Information für alle Standards. Individuelle Lösungen mit offenen Standards, die auf moderner und zuverlässiger Software beruhen, bilden das Fundament des Unternehmens. Das Leistungsspektrum umfasst den gesamten Bereich rund um geografische Informationen: Ausgestattet mit

Firmenprofile

intelligenten Werkzeugen zur Durchführung effizienter Planung, Verwaltung und Auswertung bietet Softplan mit INGRADA modernes Infrastrukturmanagement. Mit dem modularen System realisiert der GIS-Spezialist flexibel individuelle Lösungen für einzelne Bereiche aus Ver- und Entsorgung, Stadtverwaltung, Stadtplanung und Umwelt. Vorbereitende Beratung, Einbindung vorhandener IT-Landschaften sowie Support und begleitende Schulung ergänzen das Angebot.

Branchenkenntnis eines Marktführers
Mehr als 2.700 Installationen (Stand 1.6.2002) bei öffentlichen und privaten Institutionen machen Softplan zum führenden Systemhaus im Bereich GIS. Zu den Kunden gehören Städte und deren Betriebe, Katasterämter, Rechenzentren, Energieversorgungsunternehmen sowie Vermessungs- und Ingenieurbüros im gesamten Bundesgebiet.

Dr.-Ing. Stein Ingenieurbüro GmbH

Straße: Biedenkamp 11B
PLZ, Ort: 21509 Glinde
Land: D
Telefon: 040/713753-0
Telefax: 040/7136933
E-Mail: idp@idp.de
Internet: www.idp.de
Zweigstellen in: —
Partnerfirmen: —
Geschäftsführer: Herr Dr.-Ing. Arno Stein,
Vertriebsleiter: Dipl.-Ing. Volker Schütt
Leiter Anwendungsberatung: Volker Schütt
Schulungsleiter: Volker Schütt
zuständig für Hotline: Sven Bork
Anzahl der Mitarbeiter: 45
Gründungsjahr: 1980
Gesamtumsatz 2001: —
Umsatz im Bereich GIS 2001: —

Produkte und Dienstleistungen:

Softwareprodukte: CUBIS/POLIS mit den Fachschalen für Strom, Gas, Wasser, Fernwärme, Straßenbeleuchtung, Kanalkataster, B-Plan, ALB, Straßenkataster, Umweltkataster, Baumkataster, Gundstücksverwaltung, Workflow-Management und Internet/Intranet-Anwendungen
Digitale Datenprodukte: —
Dienstleistungen:
- Einführungsstudien- und beratung
- Schulungen
- Systeminstallationen
- Datendienste
- projektbegleitende Beratung
- Systementwicklung

Weitere Produkte im Vertrieb: Connect Master, HP Hardware, Autodesk Produkte, GRIPS, Oracle

Firmenprofil: Dr.-Ing. Stein Ingenieurbüro GmbH wurde 1980 als Dienstleistungs- und Systementwicklungsunternehmen gegründet. Als innovatives Unternehmen hat die Firma früh mit der Entwicklung von technisch-(geo)grafischen Informationssystemen begonnen und 1989 die erste Installation des eigenen Produktes **CUBIS/POLIS** vorgenommen. Durch die bisher auf 70 Installationen mit etwa 1.500 Arbeitsplätzen angewachsene Zahl von Anwendern ist **CUBIS/POLIS** zu einem Standard im Bereich von GIS entwickelt worden. In regelmäßigen Fachgesprächen mit den Anwendern wird das System gemäß den Anforderungen aus der Praxis in einem Team von 40 erfahrenen Spezialisten fortlaufend weiterentwickelt.

Dr.-Ing. Stein Ingenieurbüro GmbH bietet als Systemintegrator komplette Leistungen:
- Untersuchungen, Analysen, Gutachten
- projektbegleitende Beratung
- Schulungen und Einweisungen
- Organisationsberatung
- HOT-LINE-Service
- Erstellung von Pflichtenheften und Ausschreibungen
- Systemintegration, Hard- und Softwarekonfiguration und -installation

Firmenprofile

- Datenerfassungs-, Datenübernahme- und Digitalisierungsaufgaben
- Scan-Services

Erklärtes Ziel des Unternehmens ist es, auf der Basis einer soliden wirtschaftlichen Entwicklung die Herausforderungen des Marktes aufzugreifen und aufbauend auf den sich abzeichnenden Standards ausgereifte Lösungen und Dienstleistungen anzubieten. Kunden und Anwender in der Energieversorgung und in den Kommunen erhalten wirkungsvolle, zukunftssichere und in die bestehende Umgebung integrierbare Instrumente, die zur Steigerung der Effizienz und Wettbewerbsfähigkeit beitragen.

team heese AG

Strasse: Marie-Calm-Str. 1-5
PLZ, Ort: 34131 Kassel
Land: D
Telefon: +49-561-9328-200
Telefax: +49-561-9328-240
Internet: www.teamheese.de
E-Mail: info@teamheese.de
Zweigstellen in: Hamburg
Partnerfirmen: ITRS GmbH, Darmstadt
Geschäftsführer: Dipl.-Ing. Roland Heese
Vertriebsleiter: Sandra Schröder
Leiter Anwendungsberatung: Roland Heese
Schulungsleiter: Sandra Schröder
zuständig für Hotline: Patrick Becker
Anzahl der Mitarbeiter: 15
Gründungsjahr: 1989
Gesamtumsatz 2001: 4 Mio. DM
Umsatz im Bereich GIS 2001: 3 Mio. DM

Produkte und Dienstleistungen:

Softwareprodukte: ACAD Engine, RZI Tiefbau, BaSYS, GemGIS, StadtCAD HIPPODAMOS, LANDCADD, MapGuide City, ARCHIKART, ArcIMS, ArcView

Digitale Produkte: umfangreiches Angebot an Geodaten
Dienstleistungen: Internet-GIS, Geodaten-Server, Consulting, Programmierung, Schulungen, Datenkonvertierungen
Weitere Produkte im Vertrieb: EDBS- und SICAD-Konverter für AutoCAD Map und ArcView

Firmenprofil:
team heese AG – die Brücke für Ihren Projekterfolg.

Wir bieten Ihnen:

- Know-How aus über 12 Jahren Projekterfahrung und über 400 Kunden europaweit

- Ausgewiesene Kompetenz als Autodesk System Center (ASC) GIS und ESRI-Solution-Partner

Wir sind:

- autorisierter Entwicklungs- und Vertriebspartner der Firmen Autodesk, ESRI und Oracle
- Vertragspartner des Hessischen Landesvermessungsamtes

Unsere Lösungsschwerpunkte sind:

- Internet-GIS-Lösungen mit MapGuide und ArcIMS
- Geodatenserver-Lösungen auf Basis von Oracle 8i Spatial und ArcSDE
- Integrierte Software-Lösungen für Vermessung und Tiefbauplanung auf Basis von Autodesk
- Lieferung von amtlichen Geodaten als Vertragspartner des HLVA
- Datenerfassung mittels Großformatscannern, manueller und automatischer Vektorisierung
- Datenumwandlung und Software-Anpassung bei Migration von SICAD
- Beratung, Konzeption und Betreuung bei der GIS-Einführung
- Lösungsentwicklung in AutoLisp, Visual Basic, Avenue, HTML, Java
- Installation, Schulung und Support von Autodesk- und ESRI-Produkten

Firmenprofile

Unsere Techniker, Informatiker und Ingenieure für Geographie, Geodäsie, Tiefbau- und Städteplanung sind mit den Anforderungen unserer Kunden aus eigener beruflicher Erfahrung bestens vertraut und garantieren eine optimale fachliche Betreuung.

Tele-Info Digital Publishing AG

Straße: Carl-Zeiss-Str. 27
PLZ, Ort: 30827 Garbsen
Land: D-
Telefon: 05131/7000-0
Telefax: 05131/7000-15
E-mail: info@teleinfo.de
Internet: www.teleinfo.de
Gesellschaftsform: Aktiengesellschaft
Zweigstellen in: —
Vorstand: Ralf A. Sood
Vertriebsleiter: Peter Liebing
Anzahl der Mitarbeiter: 70
Gründungsjahr: —
Gesamtumsatz 2001: —
Umsatz im GIS Bereich: —

Produkte und Dienstleistungen:

Softwareprodukte:
Digitale Datenprodukte: City Server, Bilddatenbank
Dienstleistungen: Internet-Services, Mobil Services
Weitere Produkte im Vertrieb: —
Firmenprofil:
Standortbezogene Informationen intelligent verknüpfen
Die Tele-Info Digital Publishing AG in Garbsen ist ein 'Provider von intelligentem Content für raum- und infrastrukturbezogene Visualisierung'. Tele-Info bietet Produkte und Services, die aus der Verbindung von digitalen Karten und digitalen Bildern oder Videostreams sowie weiteren Daten für eine Vielzahl standortbezogener Anwendungen im B-to-B- und im B-to-C-Bereich eine einmalige Informationsdichte erreichen.

Basis dafür ist die CityServer-Technologie, ein mobiles Aufnahmesystem, das täglich Millionen hoch aufgelöster, automatisch mit den geografischen Positionsdaten verknüpfter Farbaufnahmen liefert. Tele-Info hat damit eine Datenbank mit Millionen digitalen Bildern von Häusern, Gebäuden, Straßen und Straßenführungen in Deutschland und Europa aufgebaut.

Daraus sind Online- und Offline-Anwendungen für die Wirtschaft, Behörden und Institutionen sowie Endkunden entstanden, die diese raumbezogenen Informationen mit hochwertigen Kartendaten von Tele-Atlas und weiteren Geo-Informationen verknüpfen. Diese können Städte und Gemeinden, Banken und Versicherungen, Polizei und Rettungsdienste sowie nationale und internationale Institutionen offline in Bereichen wie Gebäude- und Anlagenmanagement, Risk Assessment, Stadt- und Verkehrsplanung, Katastrophenschutz oder Dokumentation einsetzen.

Anbieter wie das Immobilien-Portal Planethome.com nutzen diese Technologie bereits mit Erfolg. Daneben ist Tele-Info einer der Marktführer bei Produkten für die Routenplanung, die sowohl auf CD wie im Internet angeboten werden. Im Internet, wo die Site www.tele-info.de über 600.000 Besucher und mehr als 11 Millionen Seitenabrufe monatlich zählt, sind vor kurzem neue kostenpflichtige Premium-Dienste rund um das Thema Mobilität online gegangen. Diese Services können von Usern privat und beruflich direkt genutzt werden, sie werden aber auch als Content für Anbieter wie Portalbetreiber, Internet-Provider, Telefonanbieter oder Industrieunternehmen vermarktet.

Zu den auf der CeBIT 2002 präsentierten Neuheiten gehört mit dem 'Mobile Pilot' die erste am Markt verfügbare Offboard-Lösung für die europaweite Navigation via PDA, SmartPhone oder Autoradio. Zu den jüngsten Entwicklungen zählen die WorldVistaPoint-Produkte, die attraktive Plätze der Welt mit extrem hochauflösenden Bildern im 360 Grad-Rundum-Blick und in 3D auf CD oder DVD bannen.

Firmenprofile

Terra Map Server GmbH

Straße: Stockholmer Allee 24
PLZ, Ort: 44269 Dortmund
Land: D
Telefon: 0231/477 39 60
Telefax: 0231/477 39 89
Internet: www.terramapserver.com
E-Mail: info@terramapserver.com
Zweigstellen in: —
Partnerfirmen: —
Geschäftsführer: Dr. Uwe Meyer, F. J. Große-Enking
Vertriebsleiter: —
Leiter Anwendungsberatung: —
Schulungsleiter: —
zuständig für Hotline: —
Anzahl der Mitarbeiter: —
Gründungsjahr: 1999
Gesamtumsatz 2001: —
Umsatz im Bereich GIS 2001: —

Produkte und Dienstleistungen:

Softwareprodukte: DER KNOPF
Digitale Produkte: Luftbilder, topographische Karten
Dienstleistungen: Hosting, Consulting
Weitere Produkte im Vertrieb: Andes Daten, Navigations-Daten, GfK-Daten, Gebäudekoordinaten

Firmenprofil: Die Terra Map Server GmbH wurde im Dezember 1999 auf Initiative der Landesregierung Nordrhein-Westfalen gegründet. Der Geschäftszweck des Unternehmens ist, die Wirtschaft mit flächendeckenden Daten und Diensten so einfach und schnell wie möglich zu versorgen.
Terra Map Server hat dazu die Internet-Plattform www.terramapserver.com errichtet. Über diese werden karten, Luftbilder und Demoskopiedaten vertrieben und über daruf aufbauende Geobasis-Dienste per eBusiness bereitgestellt.
Der terramapserver ist europaweit die sowohl technologisch als auch wirtschaftlich führende Plattform. Beleg für die Leistungsfähigkeit ist das zur Zeit größte im Internet verfügbare Datenangebot von über 5 Tera-Byte sowie eine Hard- undSoftware-Plattform, deren Design auf den Fokus Hochverfügbarkeit, Skalierbarkeit und Performenz ausgerichtet worden ist. Bei durchschnittlicher Systemauslastung sind bereits heute mehr als 2,5 Mio. Kartentransaktionen pro Tag möglich.
Terramapserver garantiert seinen Kunden diese Leistung durchgängig an allen 365 Tagen pro Jahr. Terramapserver-Nutzer können somit rund um die Uhr eruropaweit auf navigierbare Straßendaten oder andere Informationen wie Luftbilder oder topografische Karten zurückgreifen.

Daten, Dienste, Hosting ...

Neben den Geodaten, die von öffentlichen und privaten Anbietern beschafft und bei Terra Map Server für den Vertrieb über das Internet aufbereitet und veredelt werden, gibt es auch moderne eBusiness-Lösungen. Diese sind vornehmlich auf die Bedürfnisse der Wirtschaft abgestimmt und bieten beliebigen Wirtschaftszweigen Geoinformationen on-demand.

Das Terra Map Server hat aber noch mehr parat: neben dem klassischen Hosting gehören auch weitergehende Leistungen wie nutzungsabhängige Abrechnungsverfahren zum Angebot. Erfahrene Business-Consulter beraten hier bei der Realisierung maßgeschneiderter Lösungen. Ergänzt wird diese Basis aus Daten, Diensten und Dienstleistungen durch ein hochentwickeltes Partnerkonzept. Eine hohe Flexibilität schafft dabei Freiräume für eine Vielzahl an B2B und B2C-Modellen. Terra Map Server bietet damit seinen Partnern die Unterstützung, die sie zur individuellen Bedienung ihrer Kunden benötigen.

eBusiness und DER KNOPF

Alles bei Terra Map Server ist auf beste Qualität bei einfachster und schnellster bedienung ausgelegt. Als Konsequenz aus dieser Leitlinie wurde ein durchgängiges Konzept für sogenannte Geobasis-Dienste per eBusiness entwickelt.

Firmenprofile

Dadurch entsteht eine durchgängige, automatisierte Nutzungskette von Geoinformationen, angefangen in der Datenbank bis hin in beliebige Endanwendungen wie z.B. Office-Produkte. Der Vorteil für die Nutzer dieser Dienste liegt in der unmittelbaren Anwendung per Knopfdruck aus beliebigen Programmen heraus.
Die Dienste beinhalten u.a.

- Geokodierung: liefet die richtige Koordinate zu einer bestimmten Adresse
- Datenauskunft: liefert einen Katalog oder in einer bestimmten Region verfügbaren Daten
- Datenübertragung: überträgt die gewünschten Karten und Luftbilder; bei GIS-oder CAD werden diese georeferenziert in die Applikation eingebettet

"DER KNOPF" ist das Vermarktungssynonym für diese am Markt neuartige Zugriffsmöglichkeit auf Geoinformationen und Dienste, die gepaart mit einfacher Installation und handhabung sowie kundengerechter Abrechnung schnelle Akzeptanz und Verbreitung findet.

Terra map Server ist damit Partner und für alle Nutzer von maßgeschneiderten, modernen eBusiness-Lösungen.

Trimble GmbH

Straße: Am Prime Parc 11
PLZ, Ort: 65479 Raunheim
Land: D-
Telefon: 02054/875 157
Telefax: 02054/875 158
E-mail: Martin_Roeseler@Trimble.com
Internet: www.Trimble.com
Zweigstellen in: 20 Ländern weltweit
Partnerfirmen: in Deutschland:
Geonav/Wunstorf, Euronav/Leipzig, Lasat/Bergisch Gladbach, Geo-Konzept/Adelschlag, Allnav/Backnang, GI-Geoinformatik/Augsburg
Geschäftsführer: Jürgen Kliem
Vertriebsleiter GIS & Mapping: Martin Roeseler
Leiter Anwenderberatung: —
Schulungsleiter: Ulrike Bielke

zuständig für Hotline: Partnerfirmen
Anzahl der Mitarbeiter: ca. 2000
Gründungsjahr: 1978
Gesamtumsatz 2001: ca. 498 Mio. USD
Umsatz im GIS Bereich: ca. 57,7 Mio. USD

Produkte und Dienstleistungen:

Softwareprodukte: Datenerfassungssoftware, Feldsoftware
Digitale Datenprodukte: —
Dienstleistungen: Pathfinder Express
Weitere Produkte im Vertrieb: Handheld GPS, Pocket GPS, GPS für GIS, GPS-Komponenten

Referenzen:
GIS-Dienstleistungen (Auswahl): —
GIS-Firmen (Auswahl): Kooperation und Allianzen mit GIS Anbietern

Niederlassungen in:

Österreich: AGIS
              Linke Wienzeile 4
              A-1060 Wien
              Tel.: 0043/1 587 90 70
              Fax: 0043/1 587 90 70-79

Schweiz: Allnav
              Obstgartenstr. 7
              CH-8035 Zürich
              Tel.: 0041/43 255 20 20
              Fax: 0041/43 255 20 21
              E-Mail: allnave@allnav.com

Firmenprofil: Das Unternehmen Trimble ist die führende Innovationskraft für globale Positionierungssysteme (GPS). Zusätzlich zu seinem Angebot fortschrittlicher GPS-Komponenten, erweitert Trimble GPS mit anderen Positionierungstechnologien sowie drahtloser Kommunikation und Software, um komplette Kundenlösungen zu erzeugen.
Um das bestehende Produktportfolio zu erweitern und als globaler Anbieter vertreten zu sein, wurden Spectra Precision und Zeiss Optics in das Unternehmen integriert.

Firmenprofile

Die Unternnehmensdivisionen Engineering & Construction, Maschinensteuerung, OEM-Business, Agriculture sowie GIS & Mapping stellen eine Befriedigung der Bedürfnisse verschiedenster Marktsegmente sicher.
Im Bereich geografischer Datenerfassungssysteme für GIS Spezialisten gilt Trimble seit 1987 als Pionier. Mit neuen Konzepten für die Aktualisierung von Geodatenbanken im Aussendienst, für die Feldkartierung sowie Attributierung und Navigation zu bekannten Positionen gehört Trimble zu den Innovatoren im Bereich GPS fuer GIS. Permanente Neuerungen und Erweiterungen bestehender Produkte sowie die Einfuehrung von Marktneuheiten, wie in jüngster Zeit das GPS im Taschenformat Pathfinder Pocket, sichern Trimble die Stellung als Marktführer. Die Produktpalette fuer GIS Spezialisten
enthält sowohl fertige Anwendersysteme wie Rucksacklösungen und Handhelds inklusive Datenerfassungssoftware, wie auch Einzelkomponenten für die Integration von GPS in alle möglichen Arten geografischer Software, gleich welchen Herstellers.

WASY GmbH

Straße: Waltersdorfer Str. 105
PLZ, Ort: 12526 Berlin
Land: D-
Telefon: 030/6 79 998-0
Telefax: 030/6 79 998-99
E-mail: mail@wasy.de
Internet: www.wasy.de
Zweigstellen in:
Niederlassung Dresden,
Niederlassung Brandenburg, Bestensee
Büro Köln
Partnerfirmen:
ESRI Geoinformatik GmbH (Beta-Tester)
seit September 2001 "Microsoft Certified Partner"
Geschäftsführer: Prof. Hans-Jörg Diersch, Dr. Stefan Kaden, Ingo Michels
Vertriebsleiter: Karl-Heinz Pöschke
Leiter Anwenderberatung: Jürgen Rusch
Schulungsleiter: Jürgen Rusch
zuständig für Hotline: Dr. Stefanie Kübler
Anzahl der Mitarbeiter: 45
Gründungsjahr: 1990
Gesamtumsatz 2001: 5,8 Mio. DM
Umsatz im GIS Bereich: 1,5 Mio. DM

Produkte und Dienstleistungen:

Softwareprodukte:
Grundwasser: **FEFLOW** (3D-Grundwassersimulationssystem) **ArcSIWA®** (Software zur Berechnung der Grundwasserneubildung)
Oberflächenwasser: **ArcGRM** (Modellsystem für die Rahmen- und Bewirtschaftungsplanung in Flussgebieten) **HQ-EX®** (Programm zur Berechnung von Hochwasserwahrscheinlichkeiten) **ProfleGG** (Programm zur flexiblen Gestaltung von Gewässerrandstreifen)
Netzinformationssysteme: **ARANIS** (Netzinformationssystem für die Wasserversorgung und Abwasserentsorgung) **ArcVerm** (Präprozessor für vermessungsbasierte Daten über Wasserleitungen)
GIS-Tools: **WGEO®** (Software zum Georeferenzieren und Transformieren digitaler Karten) **GeoDAta eXchange®** (Importieren von Daten in ESRI-Geodatabases)
Digitale Datenprodukte: —
Dienstleistungen: Beratung, Schulungen, Support, Scannen, Plotten, Digitalisieren
Weitere Produkte im Vertrieb: Komplette ESRI-Produktpalette

Firmenprofil:

Aufgabenschwerpunkte:

- Consulting für Wasserwirtschaft und Umweltschutz
- Erstellung kundenspezifischer Lösungen für Informations- und Entscheidungsprozesse
- Entwicklung von Softwareprodukten unter besonderer Berücksichtigung wasserwirtschaftlicher Problemstellungen

Firmenprofile

Wer sind wir?

WASY GmbH Berlin ist der Spezialist für die Lösung Ihrer Aufgaben in der Wasserwirtschaft und im Umweltschutz. Mit unserer Simulationssoftware sowie leistungsfähigen GIS- und CAD-Systemen gewährleisten wir eine effiziente und qualitätsgerechte Bearbeitung Ihrer Problemstellungen. Da wir parallel zum Consulting die ständige Weiterentwicklung unserer Software verfolgen, können wir jederzeit die effektivsten Methoden und modernsten Instrumentarien zur Anwendung bringen.

Beispiele unserer Consultingtätigkeit:

- Grundwasserströmungs- und Schadstofftransportuntersuchungen für den ehemaligen Uranbergbau der Wismut GmbH
- Wasserwirtschaftliche Rahmen- und Bewirtschaftungsplanung für das Oderbruch

WASY-Software wird in Umweltämtern, Genossenschaften, Betriebs- und Ingenieurgesellschaften in den Bereichen Planung, Erfassung und Visualisierung sowie zur Entscheidungshilfe nicht nur in der Wasserwirtschaft und im Umweltschutz eingesetzt, zum Beispiel:

- Umweltinformationssystem zur Verwaltung und kartografischen Darstellung von Wasserbeschaffenheitsdaten im Umweltbundesamt
- Netzinformationssystem ARANIS für die DNWAB Dahme-Nuthe Wasser- und Abwasserbetriebsgesellschaft mbH
- Entscheidungshilfesystem für Großschadensfälle der Berliner Feuerwehr
- GIS-basiertes Informationssystem ArcWFD zur Umsetzung der EU-Wasserrahmenrichtlinie

Unsere Stärken im Bereich raumbezogener Informationssysteme

Unsere Lösungen basieren auf zukunftssicheren Technologien und Produkten. Damit bieten wir unseren Kunden Investitionsschutz und Unabhängigkeit durch die Verwendung weltweiter Standards:

- Arbeit mit objektorientierten Programmiersprachen (C++, C#, JAVA), etablierten Standardprogrammiersprachen (VB, VBA) und Internet-Scriptsprachen (VBScript, JAVAScript)
- Verwendung moderner Datenmodellierungssysteme wie ER- und UML-Tools
- Langjährige Erfahrungen mit GIS-Technologien als Test- und Entwicklungspartner von ESRI
- Zugang zu neuesten ESRI-Entwicklungen, beispielsweise zur Geodatabase
- Einsatz moderner Datenbankbetriebssysteme führender Hersteller (z. B. ORACLE, Microsoft SQL-Server)

Wenninger Systems GmbH

Straße: Reichenbachstr. 3
PLZ, Ort: 85737 Ismaning
Land: D-
Telefon: +49 (0)89 42 74 22-0
Telefax: +49 (0)89 42 74 22-25
E-mail: hw@wenninger.de
Internet: www.wenninger.de
Zweigstellen in: Gera/Thüringen
Partnerfirmen: IVC, Intergraph, GISquadrat
Geschäftsführer: Helmut Wenninger
Vertriebsleiter: —
Leiter Anwenderberatung: Johannes Glossner
Schulungsleiter: —
zuständig für Hotline: Matthias Kessler
Anzahl der Mitarbeiter: 5
Gründungsjahr: 2002
Gesamtumsatz 2001: —
Umsatz im GIS Bereich: —

Produkte und Dienstleistungen:
Softwareprodukte: TerraGIS, CADdy++, Geomedia
Digitale Datenprodukte: Straßennetz BRD, A, CH, Satellitenatlas BRD, DGM BRD
Dienstleistungen: Datenmigration, Digitalisierung
Weitere Produkte im Vertrieb: Road SCOUT, Fleet SCOUT, Geo SCOUT

Firmenprofile

Referenzen:

GIS-Dienstleistungen (Auswahl):
Terra Bavaria, Zürs

GIS-Firmen (Auswahl): Intergraph, IVC, GISquadrat

Fimenprofil: Das Unternehmen wurde 1972 von Helmut Wenninger als Ingenieurbüro gegründet. Als Vermessungsingenieur mit abgeschlossener Fachhochschulausbildung wurden dabei noch Planungsaufgaben, Bauwerksvermessungen und Architekturaufgaben im In- und Ausland übernommen. Seit 1978 ist Herr Wenninger auch berufspolitisch engagiert und neben der Mitarbeit in vielen Ausschüssen auch seit 1984 Vorsitzender des VDV in Bayern. Sein Hauptinteresse gilt dort der Umstrukturierung des Berufsbildes der Vermessungsingenieure sowie der Liberalisierung des Geodatenmarktes.

1982 wurde auch das Ingenieurbüro Wenninger mit dem Geschäftsfeld „Entwicklung von Geoinformationssystemen" erweitert. Mit der Entwicklung innovativer grafischer Software in Zusammenarbeit mit Ziegler Informatics und der Produktreihe CADdy avancierten diese Produkte schon bald zum Marktführer mit über 5000 Installationen. Niederlassungen in Gera und Aachen erweiterten die Vertriebsplattform.

Im Zuge neuer Technologien wurde 1990 das erste grafische Feldbuch mit Touchscreen Bedienung vorgestellt. 1992 die CARDY GmbH zusammen mit Ziegler gegründet, die als Geschäftsziel die Entwicklung und Vermarktung von Telematiksystemen für Verkehr und Logistik hatte. Nach dem Rückzug aus dieser Kooperation wurde die Scout Geomatics GmbH gegründet, wobei der Schwerpunkt auf Navigation und Konsumerprodukte gelegt wurde.

Schon 1992 wurde mit der Erfassung von Geodaten begonnen und Wenninger verfügt heute über den größten und weitreichensten privaten Geodatenbestand von Straßendaten, Satelliten- und Luftbildern, DGM wie auch Katasterdaten im deutsprachigen Raum. Damit wurde der Grundstein gelegt für Kooperationen mit Intergraph, IVC AG und auch AKG die in diesem Zusammenhang auch die Vermarktung der professionellen Softwaretools übernehmen.

Seit 2002 hat die Wenninger Systems GmbH wieder den Vertrieb der CADdy++ Geomedia Produkte im süddeutschen Raum übernommen. Zusammen mit GIS² wird dabei speziell die Publikation von Diensten und Daten im Web forciert.
Die gesamte Firmengruppe setzt sich dabei aus drei Firmen zusammen die verschiedene Segmente des Geoinformationsmarktes abdecken:

Ingenieurbüro Wenninger:
Entwicklung von Tools und Geodaten
Scout Geomatics GmbH: Telematik und Navigation
Wenninger Systems GmbH: GIS und Webapplikationen
Geschäftsführung: Helmut Wenninger
Dipl. Ing. Vermessung

WIDEMANN SYSTEME
CAD- und GIS-Systemhaus e.K.

Straße: Egerstr. 2
PLZ, Ort: 65205 Wiesbaden
Land: D-
Telefon: 0611/778190
Telefax: 0611/7781999
E-Mail: info@widemann.de
Internet: www.widemann.de
Zweigstellen in: Hamburg, Düsseldorf, München
Partnerfirmen: Autodesk, ESRI, HP
Geschäftsführer: Dipl.-Ing. Rainer Wideman
Vertriebsleiter: Frank Dietrich
Anzahl der Mitarbeiter: 40
Gründungsjahr: 1985
Gesamtumsatz 2001: 10 Mio. DM
Umsatz im Bereich GIS 2001: 7 Mio. DM

Firmenprofile

Produkte und Dienstleistungen:

Softwareprodukte: IRIS – Integratives Rauminformationssystem, WS·LANDCAD
Digitale Datenprodukte:
Dienstleistungen: Datenintegration, Projektunterstützung, Seminare, etc.
Weitere Produkte im Vertrieb: PLATEIA® für Straßenplanung, CANALIS für Kanalprojektierung, PLANTUS Pflanzendatenbank, eVIT digitaler Planungsordner

Referenzen:
GIS-Dienstleistungen (Auswahl): auf Anfrage

GIS-Firmen (Auswahl):

**Firmenprofil: WIDEMANN SYSTEME
- Spezialist für CAD und GIS im Bauwesen**
Seit 1985 ist WIDEMANN SYSTEME als CAD- und GIS-Systemhaus im Markt erfolgreich tätig. Als registrierter AutoCAD-/Autodesk Map-Entwickler liefert Widemann Systeme grafische Komplettlösungen für alle Bereiche des Bauwesens.

IRIS – Integratives Rauminformationssystem
auf Basis von Autodesk MapGuide
Das netzbasierende Auskunftssystem IRIS ermöglicht jedem innerhalb eines Unternehmens oder einer Kommune schnell und einfach auf alle vorhandenen Informationen zuzugreifen und diese zu nutzen - sogar übers Internet. Die Daten können aus verschiedenen bereits vorhandenen Grafikformaten und Datenbanken stammen, denn das System kann auf eine Vielzahl von GIS- CAD- und Rasterbild-Dateiformaten sowie relational-räumliche Datenbanken direkt zugreifen (z.B. DWG, ESRI Shape, MapInfo, MS Access, Oracle Spatial usw.). IRIS ist universell einsetzbar - sowohl im kommunalen Bereich als auch in verschiedenen Unternehmenssparten.

WS·LANDCAD auf Basis von AutoCAD, Autodesk Map, ADT und LT
WS·LANDCAD ist die seit Jahren marktführende Fachapplikation für die Stadtplanung, Landschaftsplanung und Landschaftsarchitektur. WS·LANDCAD wird in über 1.700 Büros und 350 Städten und Gemeinden, darunter acht Landeshauptstädten, erfolgreich eingesetzt.

Basierend auf Autodesk Map stellt **WS·EasyMap** als komfortable GIS-Applikation zum kleinen Preis alle Funktionen zum Aufbau eines individuellen GIS-Systems zur Verfügung: Integration externer Datenbanken, Datenbankberechnungen, Erstellung Thematischer Karten und Analysen wie Verschneidungen und Pufferung.

ZEBRIS Geoinformationsysteme und Consulting

Straße: Lipowskystr. 26
PLZ, Ort: 81373 München
Land: D-
Telefon: 089/58 99 88 86
Telefax: 089/58 95 86 53
E-Mail: info@zebris.com
Internet: www.zebris.com
Zweigstellen in: —
Partnerfirmen: Bosch & Partner, Ecozept, GeoConzept-Systeme, RSS
Geschäftsführer: Zerweck, Brendel, Rücker
Vertriebsleiter: J. Brendel
Leiter Anwendungsberatung: G. Rücker
Schulungsleiter: T. Zerweck
zuständig für Hotline: —
Anzahl der Mitarbeiter: —
Gründungsjahr: 1998
Gesamtumsatz 2001: —
Umsatz im Bereich GIS 2001: —

Produkte und Dienstleistungen:
Softwareprodukte: WebView, WSG-Manager
Digitale Datenprodukte: —
Dienstleistungen: GIS-Projektarbeit, Applikationsentwicklung, Datenbankprogrammierung,

Firmenprofile

Internetanwendungen, Fernerkundung, Beratung, Schulung
Weitere Produkte im Vertrieb: AquaInfo, Aqua TIS

Firmenprofil: ZEBRIS bietet seit 1998 hochwertige Dienstleistungen und Produkte im Bereich Geoinformationssysteme.

Dienstleistungen

Unsere Dienstleistungen umfassen:
- Applikationsentwicklung, z. B. in Visual Basic, ArcObjects, MapObjects und Avenue
- Datenbankdesign und –programmierung, z. B. in MS Access und Oracle, und Anbindung von Datenbanken an ein GIS
- Client-/Serverlösungen, z.B. Erstellung von Geodatenservern mit ArcSDE
- Internetlösungen, z B. Programmierung in HTML, JavaScript und Perl, und Webmapping Lösungen, z.B. mit WebView, MapServer, ER Mapper Image Web Server oder ArcIMS
- Fernerkundung, z.B. digitale Bildverarbeitung, Analyse von Radar- und optischen Satellitenbildern, Orthorektifizierung von Luftbildern, Geländeüberprüfung von fernerkundungsgestützten Kartierungen
- Beratung: Projektplanung, Projektsteuerung, Datenbankdesign, GIS-Einführung in Unternehmen und Behörden
- Schulung: ArcView, Avenue, MapObjects
- GIS-Projektarbeit: Durchführung räumlicher Analysen, Datenaufbereitung, Kartographie.

Wir sind der Ansicht, dass jedes GIS-Projekt einmalig ist und dass es für individuelle Erfordernisse individuelle Lösungen geben muss.

Durch umfassende Beratung und Schulung unterstützen wir Unternehmen und Behörden bei Auswahl, Einführung und Nutzung ihres Geoinformationssystems und gewährleisten dadurch, dass Software und Daten optimal genutzt werden können. In enger Zusammenarbeit mit unseren Kunden entwickeln wir spezielle Anpassungen - von Erweiterungen für ArcView GIS bis hin zu kompletten Client-/Serverlösungen.

Produkte

Unser Dienstleistungsangebot wird ergänzt um die Produkte

- WebView
- WSG-Manager
- AquaInfo und AquaTIS.

WebView, die Internet Extension für ArcView und ArcGIS, ist eine kostengünstige und einfach zu bedienende Erweiterung, die es jedem Anwender ermöglicht, seine Karten im Internet zu präsentieren.

WSG-Manager ist ein Informationssystem auf der Basis von ArcView GIS und MS Access zur Verwaltung, Auswertung und Präsentation landwirtschaftlicher Flächen und wasserwirtschaftlicher Messdaten.

AquaInfo und AquaTIS sind Produkte unserer Partnerfirmen Geoconcept und Jacta zur Verwaltung von Bohrpunkten, Pegel und Abstichsdaten. Durch die Schnittstelle dieser zwei Programme mit WSG-Manager können wir ein umfassendes Informationssystem zum Trinkwasserschutz anbieten.

Adressenverzeichnis öffentlicher Sektor

5.1 öffentlicher Sektor

Amt der Tiroler Landesregierung
FB TIRIS und Gemeindeservice
Michael-Gaismair-Straße 1
A - 6020 Innsbruck
Tel.: 0043 / 512 / 508-3650
Fax: 0043 / 512 / 508-3605
www.tirol.gv.at/tiris

Arbeitsgruppe SIK-GIS
Organisationsamt des Kantons Bern
Kapellenstrasse 5
CH - 3011 Bern
Tel.: 0031 633 41 11
Fax: 0031 633 41 10
www.sik-gis.ch

Baudirektion Kanton Zürich, Amt für Raumordnung und Vermessung
GIS-Zentrum
Stampfenbachstr.12
CH - 8090 Zürich
Tel.: 0041/01 259 40 94
Fax: 0041/01 259 51 79
www.gis.zh.ch

Bayerische Landesanstalt für Bodenkultur und Pflanzenbau
Menzinger Str. 54
D - 80638 München
Tel.: 089 / 178 00 - 330
Fax: 089 / 178 00 - 313
www.lbp.bayern.de

Bayerisches Geologisches Landesamt
Heßstr. 128
D - 80797 München
Tel.: 089 / 1213 - 2629
Fax: 089 / 1213 - 2647
www.geologie.bayern.de

Bayerisches Landesvermessungsamt
Alexandrastr. 4
D - 80538 München
Tel.: 089 / 2129-1633
Fax: 089 / 2129-21633
www.geodaten.bayern.de,
www.bayern.de/vermessung

Bayerisches Staatsministerium für Landesentwicklung und Umweltfragen
Postfach 81 01 40
D - 81901 München
Tel.: 089 / 9214-3367
Fax: 089 / 9214-2580
www.umweltministerium.bayern.de,
www2.bayern.de

Behörde für Bau und Verkehr - Amt für Geoinformation und Vermessung
Postfach 100504
D - 20097 Hamburg
Tel.: 040 / 42826-5740
Fax: 040 / 42826-5967
www.geoinfo.hamburg.de

Bezirksregierung Hannover
Dez. 201
Postfach 203
D - 30002 Hannover
Tel.: 0511 / 106 - 7349
Fax: 0511 / 106 - 7517
www.bezreg-hannover.niedersachsen.de

Bundesamt für Bauwesen und Raumordnung (BBR)
Abt.1
Postfach 200130
D - 53131 Bonn
Tel.: 0228/ 401-2241
Fax: 0228/ 401-2260
www.bbr.bund.de

Bundesamt für Eich- und Vermessungswesen (BEV)
Abteilung M4
Schiffamtsgasse 1-3
A - 1025 Wien
Tel.: ++43 / 1 / 211 76 4700
Fax: ++43 / 1 / 211 76 4701
www.bev.gv.at

Bundesamt für Kartographie und Geodäsie (BKG)
Richard-Strauss-Allee 11
D - 60598 Frankfurt am Main
Tel.: 069 / 63 33 - 1
Fax: 069 / 63 33 425
www.bkg.bund.de,
www.geodatenzentrum.de

Adressenverzeichnis öffentlicher Sektor

Bundesamt für Landestopographie
Marketing und Verkauf Geodaten
Seftigenstraße 264
CH - 3084 Wabern
Tel.: ++4131963 2411
Fax: ++4131963 2459
www.swisstopo.ch

Bundesamt für Naturschutz (BfN)
Konstantinstr. 110
D - 53179 Bonn
Tel.: 0228 / 84 91 - 0
Fax: 0228 / 84 91 200
www.bfn.de

Bundesamt für Statistik
- Servicestelle GEOSTAT
Sektion Raumnutzung
Schwarztorstr.96
CH - 3003 Bern
Tel.: 031 / 322 6984
Fax: 031 / 992 0562
www.statistik.admin.ch

Bundesanstalt für Gewässerkunde (BfG)
Postfach 200253
D - 5602 Koblenz
Tel.: 0261 / 1306-5255
Fax: 0261 / 1306-5333
www.had.bafg.de

DFD DLR - Deutsches Zentrum für Luft- und Raumfahrt e.V.
Datenmanagement
Postfach 1116
D - 82230 Oberpfaffenhofen / Obb.
Tel.: 08153 / 28- 13 14
Fax: 08153 / 28 -14 45
www.dfd.dlr.de

Eidgenössische Forschungsanstalt für Wald, Schnee und Landschaft
Züricherstr. 111
CH - 8903 Birmensdorf
Tel.: ++41/1/ 7392474
Fax: ++41/1/ 7374080
www.wsl.ch/land/products/toposkop

Etat de Genève/SITG   Service des systemes d'information et de gèomatique
Service des systemes d'information et de geomatique
Boulevard de St-Georges 19, Case postale 36
CH - 1211 Genève 8
Tel.: +41 22 / 327 54 16
Fax: +41 22 / 327 50 70
www.geneve.ch/sitg

Fachhochschule Nürtingen
Institut für Angewandte Forschung
Schelmenwasen 4-8
D - 72622 Nürtingen
Tel.: 07022 / 404 152
Fax: 07022 / 404 166
www.fh-nuertingen.de

Geologischer Dienst Nordrhein-Westfalen - Landesbetrieb-
Postfach 100763
D - 47707 Krefeld
Tel.: 02151 / 897 381
Fax: 02151 / 897 505
www.gd.nrw.de

Geologisches Landesamt Rheinland-Pfalz
Postfach 10 02 55
D - 55133 Malnz
Tel.: 06131 / 92 54- 145
Fax: 06131 / 92 54 -124
www.gla-rlp.de

GIS-Fachstelle des Kantons Zug
Aabachstrasse 5
CH - 6300 Zug
Tel.: ++41 / 41 / 728 56 50
Fax: ++41 / 41 / 728 56 59
www.zug.ch/gis

Grundbuch- und Vermessungsamt des Kantons Basel-Stadt
Fachstelle für Geoinformation
Münsterplatz 11
CH - 4001 Basel
Tel.: +41 61 267 9147
Fax: +41 61 267 9256
www.gva.bs.ch

Adressenverzeichnis öffentlicher Sektor

Hessisches Landesamt für Umwelt und Geologie
Leberberg 9
D - 65193 Wiesbaden
Tel.: 0611 / 537-250
Fax: 0611 / 537-327
www.hlug.de

Hessisches Ministerium für Wirtschaft, Verkehr und Landesentwicklung
Kaiser-Friedrich-Ring 75
D - 65185 Wiesbaden
Tel.: 0611 / 815 2920
Fax: 0611 / 815 492920
www.landesplanung-hessen.de

Kommunalverband Ruhrgebiet
Der Verbandsdirektor
Kronprinzenstr. 35
D - 45128 Essen
Tel.: 0201 / 20 69 370
Fax: 0201 / 20 69 240
www.kvr.de,
www.ruhrgebiet.de/geodatenserver

Land Steiermark
LBD-INT / GIS-Stmk
Stempfergasse 7
A - 8010 Graz
Tel.: ++43 / 316 / 877-3948
Fax: ++43 / 316 / 877-2067
www.stmk.gv.at/land/gis

Landesamt für den Nationalpark „Schleswig-Holsteinisches Wattenmeer"
Schloßgarten 1
D - 25832 Tönning
Tel.: 04861 / 616 - 46
Fax: 04861 / 616 - 59

Landesamt für Geologie und Bergwesen
Köthener Str. 34
D - 06118 Halle
Tel.: 0345-52120
Fax: 0345-5229910
www.mw.sachsen-anhalt.de/gla

Landesamt für Geologie, Rohstoffe und Bergbau Baden-Württemberg
Albertstr. 5
D - 79104 Freiburg
Tel.: 0761 / 204-4426
Fax: 0761 / 204-4438
www.lgrb.uni-freiburg.de

Landesamt für Geowissenschaften und Rohstoffe Brandenburg (LGRB)
Stahnsdorfer Damm 77
D - 14532 Kleinmachnow
Tel.: 033203 36 640
Fax: 033203 36 702
www.lgrb.de

Landesamt für Kataster-, Vermessungs- und Kartenwesen
Von der Heydt 22
D - 66115 Saarbrücken
Tel.: 0681 / 9712-226
Fax: 0681 / 9712-200
www.LKVK.saarland.de

Landesamt für Landesvermessung und Datenverarbeitung
Barbarastraße 2
D - 06110 Halle (Saale)
Tel.: 0345 / 1304-555
Fax: 0345 / 1304-997
www.geobasis.sachsen-anhalt.de

Landesamt für Umwelt, Naturschutz und Geologie Mecklenburg-Vorpommern
Goldberger Str. 12
D - 18273 Güstrow
Tel.: 03843 / 777-434
Fax: 03843 / 777-639
www.lung.mv-regierung.de

Landesamt für Vermessung und Geobasisinformation
Ferdinand - Sauerbruch-Str.15
D - 56073 Koblenz
Tel.: 0261 / 492-319
Fax: 0261 / 492-492
www.lvermgeo.rlp.de

Landesanstalt für Umweltschutz Baden-Württemberg (LfU)
Informationstechnisches Zentrum
Postfach 210752
D - 76185 Karlsruhe
Tel.: 0721 / 983-13 60
Fax: 0721 / 983-1515
www.lfn.baden-wuerttemberg.de

Adressenverzeichnis öffentlicher Sektor

Landeshauptstadt Magdeburg
Stadtvermessungsamt
An der Steinkuhle 6
D - 39128 Magdeburg
Tel.: 0391 540 5166
Fax: 0391 540 5192
www.magdeburg.de

Landesvermessung + Geobasisinformation
Niedersachsen
Podbielskistr. 331
D - 30659 Hannover
Tel.: 0511 / 64609-375
Fax: 0511 / 64609-164
www.lgn.de/

Landesvermessung und Geobasisinformation
Brandenburg
Landesbetrieb / Dezernat 32
Heinrich-Mann-Allee 103
D - 14473 Postdam
Tel.: 0331/8844-223
Fax: 0331/964918
www.lverma-bb.de

Landesvermessungsamt Baden-Württemberg
Referat 44
Postfach 102962
D - 70025 Stuttgart
Tel.: 0711/ 123 - 3112
Fax: 0711/ 123 - 2980
www.lv-bw.de

Landesvermessungsamt
Mecklenburg-Vorpommern
Lübecker Str. 289
D - 19059 Schwerin
Tel.: 0385 / 74 44 - 431
Fax: 0385 / 7 44 4-398
www.lverma-mv.de

Landesvermessungsamt Sachsen
Postfach 100244
D - 01072 Dresden
Tel.: 0351 / 82 83 3401
Fax: 0351 / 82 83 202
www.verma.smi.sachsen.de

Landesvermessungsamt Schleswig-Holstein
Postfach 5071
D - 24062 Kiel
Tel.: 0431 / 383 20 80
Fax: 0431 / 383 20 99
www.schleswig-holstein.de/lverma

Ministerium des Innern und für Sport
Rheinland-Pfalz
Oberste Landesplanungsbehörde
Schillerplatz 3-5
D - 55116 Mainz
Tel.: 06131 / 16 27 97
Fax: 06131/ 16 27 96
www.ism.rlp.de

Ministerium für Landwirtschaft, Umweltschutz
und Raumordnung
Des Landes Brandenburg; Referat UH3
Postfach 601164
D - 14473 Postdam
Tel.: 0331 / 866 71 13
Fax: 0331 / 866 70 61
www.brandenburg.de/land/mlur

Ministerium für Raumordnung, Landwirtschaft
und Umwelt
Olvenstedter Str. 5
D - 39108 Magdeburg
Tel.: 0391 / 567 32 21
Fax: 0391 / 567 17 27
www.mrlu.lsa-net.de

Niedersächsisches Landesamt für
Bodenforschung
Unterabt. Bodenkartierung
Postfach 510153
D - 30631 Hannover
Tel.: 0511 / 643 -35 79
Fax: 0511 / 643 -36 67
www.bgr.de

Niedersächsisches Umweltministerium
Postfach 4107
D - 30041 Hannover
Tel.: 0511 / 120-3451
Fax: 0511 / 120-3697
www.mu.niedersachsen.de

Adressenverzeichnis öffentlicher und privater Sektor

Saarland, Ministerium für Umwelt
Halbergstr. 50
D - 66121 Saarbrücken
Tel.: 0681 / 501-4733
Fax: 0681 / 501-4728
www.umwelt.saarland.de

Sächsisches Landesamt für Umwelt und Geologie (LfUG)
Zur Wetterwarte 11
D - 01109 Dresden
Tel.: 0351/ 8928 - 338
www.umwelt.sachsen.de/lfug

Senatsverwaltung für Stadtentwicklung
Abt. V - Geoinformation,
Vermessungswesen und Wertermittlung
Mansfelder Str.16
D - 10713 Berlin
Tel.: 030 / 9012 7553
Fax: 030 / 9012 3028
www.stadtentwicklung.berlin.de

Senatsverwaltung für Stadtentwicklung Umweltschutz und Technologie
Brückenstr. 6
D - 10173 Berlin
Tel.: 030 / 9025-2135
Fax: 030 / 9025-2520
www.stadtentwicklung.berlin.de/umwelt/umweltatlas/

**Stadtentwicklungsbehörde
- Amt für Landschaftsplanung**
Postfach 112109
D - 20421 Hamburg

Statistik Austria
Techn.-Method. Abteilung
Hintere Zollamtsstr. 2b
A - 1033 Wien
Tel.: +43/1/71128-7773
Fax: +43/1/71128-7088
www.statistik.gv.at

Statistisches Bundesamt (Destatis)
Gustav-Stresemann-Ring 11
D - 65189 Wiesbaden
Tel.: 0611 / 75-2730
Fax: 0611 / 75-3971
www.destatis.de

Thüringer Landesvermessungsamt
Abteilung 4
Hohenwindenstraße 13a
D - 99086 Erfurt
Tel.: 0361/ 37 83 340
Fax: 0361/ 37 83 699
www.thueringen.de/vermessung

Vermessungsamt des Kantons Graubünden
GIS-Zentrale
Grabenstrasse 8
CH - 7000 Chur
Tel.: ++41 81 257 24 66
Fax: ++41 81 257 21 43
www.kogis.ch/sik gis

Vermessungsamt des Kantons Schaffhausen
Mühlentalstrasse 105
CH - 8201 Schaffhausen
Tel.: 0041 / 52 / 632 76 89
Fax: 0041 / 52 / 632 78 44
www.kogis.ch/sik-gis/

5.2 privater Sektor

A. Domeisen Consulting GmbH
Röhrliberg 14a
CH - 6330 Cham

a/m/t/ software service AG
Obergasse 2a
CH - 8400 Winterthur
aadiplan int'l GmbH
Liebigstr.13
D - 85757 Karlsfeld
Tel.: ++49 / 831 / 95072
Fax: ++49 / 831 / 95074
www.aadiplan.de

AED Graphics AG
Mallwitzstr. 1-3
D - 53177 Bonn
Tel.: ++49 / 228 / 9542-0
Fax: ++49 / 228 / 9542-111
www.aed-graphics.de

AGIS GmbH Frankfurt am Main GmbH
Anwender-Geo-Informations-Systeme
Schönberger Weg 9
D - 60488 Frankfurt a. M.
Tel.: 069 / 247 014-17
Fax: 069 / 247 014-20
www.geoas.de

Adressenverzeichnis privater Sektor

AGIS GmbH
Linke Wienzeile 4
A - 1060 Wien
Tel.: ++43 / 1 / 58790 70
Fax: ++43 / 1 / 58790 79
www.agis.at

alta4 Geoinformatik AG
Frauenstr. 8+9
D - 54290 Trier
Tel.: 0651-96626-0
Fax: 0651-96626-26
www.alta4.de

AUTODESK GmbH
Hansastraße 28
D - 80686 München
Tel.: ++49 / 89 / 54769-0
Fax: ++49 / 89 / 54769-300
www.autodesk.de/gis

Autodesk GmbH
Hansastraße 28
D - 80686 München
Tel.: 089-547690
Fax: 089-54769300
www.autodesk.de

B & B Ingenieurgesellschaft mbH
Raiffeisenstr. 40
D - 78166 Donaueschingen
Tel.: ++49 / 771 / 83262-0
Fax: ++49 / 771 / 83262-40
www.bbsoft.de

Baral - Geohaus Consulting AG
Geohaus Consulting AG
Aulberstr. 25
D - 72764 Reutlingen
Tel.: 07121 / 9464-16
Fax: 07121 / 9464-22
www.baral.de

Barthauer Software GmbH
Pillanstr. 1a/1b
D - 38126 Braunschweig
Tel.: ++49 / 531 / 23533-0
Fax: ++49 / 531 / 23533-99
www.barthauer.de

BB - ZWO Software GbR
& Unternehmensberatung GmbH
Hauptstraße 16
D - 87740 Buxheim
Tel.: ++49 / 8331 / 974 8030
Fax: ++49 / 8331 / 974 8035
www.bb-zwo.de

Bentley Systems Germany GmbH
Carl-Zeiss-Ring 3
D - 85737 Ismaning
Tel.: ++49 / 89 / 962432-0
Fax: ++49 / 89 / 962432-20
www.bentley.de u. www.bentley.com

BERIT GmbH
Mundenheimer Str. 55
D - 68219 Mannheim
Tel.: ++49 / 621 878 05- 0
Fax: ++49 / 621 878 05 20
www.berit.com

born & partner Gmbh
Pfungstädter Str. 18-20
D - 64297 Darmstadt
Tel.: 06151/9412-0
Fax: 06151/9412-20
www.bornundpartner.com

Braunstein+Berndt GmbH
Etzwiesenberg 15
D - 71522 Backnang
Tel.: ++49/7191/9144-14
Fax: ++49/7191/9144-24
www.soundplan.de

BT-GIS Benndorf Technologie für
Geoinformationssysteme GmbH
Euskirchener Str. 43
D - 53121 Bonn
Tel.: 0228/97 851-23
Fax: 0228/97 851-11
www.bt-gis.de

CADMAP Consulting Ingenieurgesellschaft mbH
Weserstraße 101
D - 45136 Essen
Tel.: ++49 / 201 / 82765-50
Fax: ++49 / 201 / 82765-99
www.cadmap.de

Adressenverzeichnis privater Sektor

CGI Systems GmbH
Pettenkoferallee 39
D - 82402 Seeshaupt
Tel.: 08801 912 322
Fax: 08801 912 338
www.cgisystems.de

CISS TDI Technische DV-Informationssysteme GmbH
Barbarossastr. 36
D - 53489 Sinzig
Tel.: ++49 / 2642 / 9780-15
Fax: ++49 / 2642 / 9780-10
www.ciss.de

COMMUNICATION & NAVIGATION GIS/GPS-Technology
Durisolstr.7
A - 4600 Wels
Tel.: +43/7248/66233
Fax: +43/7248/66433
www.c-n.at

con terra GmbH
Gesellschaft für Angewandte Informationstechnologie mbH
Martin-Luther-King-Weg 24
D - 48149 Münster
Tel.: ++49 / 251/7474-0
Fax: ++49 / 251/7474-100
www.conterra.de

c-plan Ingenieur-Software GmbH
Marktstr. 42
D - 71711 Steinheim/Murr
Tel.: ++49 / 7144 / 80 12- 0
Fax: ++49 / 7144 / 80 12- 80
www.c-plan.com

CWSM GmbH
Rothensee Str.24
D - 39124 Magdeburg
Tel.: 0391/2561 180
Fax: 0391/2561 181
cwsm.de

DATAflor GmbH
EDV für die Grüne Branche
August-Spindler-Str. 20
D - 37079 Göttingen
Tel.: 0551/5066-550
Fax: 0551/5066-559
www.dataflor.de

DDS digital data services GmbH
Stumpfstr. 1
D - 76131 Karlsruhe
Tel.: 0721/9651-405
Fax: 0721/9651-419
www.spatialdata.de

DEFINIENS IMAGING GmbH
Trappentenstrasse 1
D - 80331 München
Tel.: 089/23 11 80 33
Fax: 089/23 11 80 90
www.DEFINIENS.COM

DI FORSTHUBER GmbH
Entwicklung und Wartung Technischer Software Dipl.-Ing. Forsthuber GmbH
Kohlbauernstraße 17
A - 2630 Ternitz
Tel.: ++43 / 2630 / 382 50-0
Fax: ++43 / 2630 / 382 50-14

DIALOGIS GmbH
Friedrichstrasse 48
D - 53111 Bonn
Tel.: +49/228/963 9620
Fax: +49/228/963 9622
www.dialogis.de

disy Informationssysteme GmbH
Stephanienstraße 30
D - 76133 Karlsruhe
Tel.: +49 721 / 1 600 620
Fax: +49 721 /1 600 605
www.disy.net

DORSCH CONSULT Ingenieurgesellschaft mbH
Postfach 210243
D - 80672 München
Tel.: ++49/89/5797-734
Fax: ++49/89/5797-805
www.dorsch.de

Dresden Geoinformationssystem Service GmbH
Heinrich-Gläser-Straße 22
D - 01454 Radeberg
Tel.: ++49 / 3528 / 451 263
Fax: ++49 / 3528 / 451 261
www.dgis.de

Adressenverzeichnis privater Sektor

DVM Consulting GmbH
Neustiftgasse 67-69
A - 1070 Wien
Tel.: ++43-1-9076007
Fax: ++43-1-9076007-99

EDO-Software
Gutenbergstr. 7
D - 70794 Filderstadt
Tel.: ++49 / 711 / 776707
Fax: ++49 / 711 / 772426
www.edo-software.de

EFTAS Fernerkundung GmbH
Technologietransfer
Ostmarkstrasse 92
D - 48145 Münster
Tel.: 0251-133070
Fax: 0251-1330733

EnergieSystemeNord GmbH
Hopfenstr.1d
D - 24114 Kiel
Tel.: 0234-97133-55
Fax: 0234-97133-99
www.esn.de

ENSECO GmbH
Aidenbachstr. 54
D - 81379 München
Tel.: 01801/367326
www.enseco.de

ESG Elektroniksystem- und Logistik GmbH
Einsteinstr. 174
D - 81675 München
Tel.: 089-9216-0
Fax: 089-9216- 2631
www.esg-gmbh.de

ESRI Geoinformatik GmbH
Ringstraße 7
D - 85402 Kranzberg
Tel.: ++49 / 8166 / 677-0
Fax: ++49 / 8166 / 677-111
ESRI-Germany.de u. www.esri.com

euro GIS IT-Systeme GmbH
IT-Systeme
Bahnhofstr. 30
D - 85591 Vaterstetten
Tel.: ++ 49 / 8106 / 35 43 - 21
Fax: ++ 49 / 8106 / 35 43 - 28
www.eurogis.de

Fichtner Consulting & IT AG
Informationssysteme GmbH
Sarweystrasse 3
D - 70007 Stuttgart
Tel.: ++49 / 711 8995 1462
Fax: ++49 / 711 8995 1450
www.fcit.fichtner.de

Forstware Informationssysteme GmbH
von-Lassbergstr. 35/ PF 1410
D - 88704 Meersburg
Tel.: 07532-43240
Fax: 07532-432420
www.forstware.de

FUGRO CONSULT GmbH
Geodin Marketing Manager
Wolfener Str. 36 K
D - 12681 Berlin
Tel.: 030-93651361
Fax: 030-93651300
www.geodin-system.de

GAF AG
Gesellschaft für Angewandte
Fernerkundung mbH
Arnulfstr. 197
D - 80634 München
Tel.: ++49 / 89 / 12 15 28-0
Fax: ++49 / 89 / 12 15 28-79
www.gaf.de

Gänger & Bruckner
Dipl. Geographen in Partnerschaft
Weimarer Str. 18
D - 21107 Hamburg
Tel.: 040 75 / 665 156
Fax: 040 75 / 665 158
www.gaenger-bruckner.de

GCE Gesellschaft für Computerengineering mbH
Neustadter Str. 23-27
D - 67454 Haßloch
Tel.: ++49 / 6324 / 59 97-26
Fax: ++49 / 6324 / 59 97-11
www.gce.de

GDV -Gesellschaft für geografische
Datenverarbeitung mbH
Binger Str. 51
D - 55218 Ingelheim
Tel.: 06132/7148-0
Fax: 06132/7148-28
www.gdv.com

Adressenverzeichnis privater Sektor

GE Network Solutions GmbH
Europaring 60
D - 40878 Ratingen
Tel.: ++49 / 2102 / 108-183
Fax: ++49 / 2102 / 108-111
www. GISimInternet.de

Gebig GIS mbH Gesellschaft für Informationstechnik und Systeme mbH
Lindenstr. 14
D - 50674 Köln
Tel.: 030 / 6750 98-0
Fax: 030 / 6750 98-55
www.gebig-gis.de

GEF - RIS AG
Gesellschaft für EDV-Software
Ferdinand-Porsche-Str. 4a
D - 69181 Leimen
Tel.: 06224/9713-60
Fax: 06224/9713-90
www.GEF.DE

GEG mbH
Hannah-Vogt-Str. 1
D - 37085 Göttingen
Tel.: ++ 49 / 551 / 770 50 13
Fax: ++ 49 / 551 / 770 50 17
www.topol.de

Geobyte Software GmbH
Kupferstr.36
D - 70565 Stuttgart
Tel.: 0711/78 19 06-0
Fax: 0711/78 19 06-11
www.geobyte.de

GEOCOM Informatik AG
Bernstrasse 21
CH - 3400 Burgdorf
Tel.: ++41/ 34 428 3030
Fax: ++41/ 34 428 3032

GEOGRAT GmbH
Informationssysteme GmbH
Schloßstr. 7
D - 91792 Ellingen
Tel.: ++49 / 9141 / 8671-0
Fax: ++49 / 9141 / 3372
www.geograt.de

geoinform AG
Friedrich-Bergius-Ring 11
D - 97076 Wuerzburg
Tel.: ++49/ 931 27 00 500
Fax: ++49/ 931/27 00 50 70
www.geoinform.de

GEO - IT GmbH
Guggenberg 3
D - 82380 Peissenberg
Tel.: 08803/498372
Fax: 08803/498373
www.geo-it.com

GEOINFORMATIK GmbH
Bürgermeister- Ulrich-Str. 160
D - 86179 Augsburg
Tel.: 0821/25869-0
Fax: 0821/25869-40
www.gi-geoinformatik.de

geo-konzept GmbH
gesellschaft für umweltplanungssysteme
Gut Wittenfeld
D - 85111 Adelschlag
Tel.: ++ 49 / 8424 / 89 89 0
Fax: ++ 49 / 8424 / 89 89 80
www.geo-konzept.de

GEOSYSTEMS GmbH
Riesstraße 10
D - 82110 Germering
Tel.: ++49 / 89 / 894343-11
Fax: ++49 / 89 / 894343-99
www.geosystems.de u. www.erdas.com

geoVAL Informationssysteme GmbH
Technische Anwendungen und raumbezogene Informationssysteme
Graf-Moltke-Str. 62
D - 28211 Bremen
Tel.: 0421/34 892-24
Fax: 0421/34 892-19
www.geoval.de

GfI Gesellschaft für Informationstechnologie mbH
Philipp-Rosenthal-Str. 9
D - 04103 Leipzig
Tel.: 0341 / 961 331-0
Fax: 0341 / 961 331-1
www.gfi-gis.de

Adressenverzeichnis privater Sektor

GfK Marktforschung GmbH / DataGis GbR AG
Bereich Marktforschung,
Regionalforschung
Nordwestring 101
D - 90319 Nürnberg
Tel.: 0911/3953472
Fax: 0911/395 4004
www.gfk.de

GIS & GPS Systeme
Geographische Informationssysteme und
Satellitennavigation
Hans-Bunte-Str. 10
D - 69123 Heidelberg
Tel.: ++49 / 6221 / 753334
Fax: ++49 / 6221 / 753335
www.helff.de

GIS Consult GmbH
Schultenbusch 2
D - 45721 Haltern
Tel.: 02364/9218-0
Fax: 02364/9218-72
www.gis-consult.de

GIS Project
Büro für Geo-Informatiossysteme und GIS-
Projekte
Bahnhofstr. 32
D - 66111 Saarbrücken
Tel.: 0681-950939-0
Fax: 0681-9509392
www.GIS-PROJECT.de

GIS Team
Kerkrader Straße 9
D - 35394 Giessen
Tel.: ++49 / 641 / 94 83 023
Fax: ++49 / 641 / 94 83 044
www.microimages.de

GISA GmbH
Gesellschaft für Organisation und
Informationsverarbeitung Sachsen-Anhalt mbH
Leipziger Chaussee 191a
D - 06112 Halle
Tel.: ++49/345/585 21 52
Fax: ++49/345/585 23 80
www.gisa-halle.de

GISCAD Computersysteme GmbH
Philipp-Müller-Str. 12
D - 23966 Wismar
Tel.: 03841-758221
Fax: 03841-758370
www.giscad.com

GISolution GmbH
EDV-Handel und -Service
Sägewerkstraße 3
D - 83395 Freilassing
Tel.: ++49 / 8654 / 497 154
Fax: ++49 / 8654 / 497 152

GISquadrat AG
Margaretenstraße 70
A - 1050 Wien
Tel.: ++49/ 586 86 12-0
Fax: ++49/ 586 86 12-24
www.gisquadrat.com

GPS GmbH
Lochmamer Schlag 5a
D - 82166 Gräfelfing
Tel.: 089 / 85 83 64-0
Fax: 089 / 85 83 64-44
www.garmin.de www.FUGAWI.de und .com

graphikon GmbH
Gesellschaft für Bildverarbeitung + Computergraphik mbH
Mandelstr. 16
D - 10409 Berlin
Tel.: 030 / 42 10 47 27
Fax: 030 / 42 10 47 50
www.graphikon.de

Graphservice Gesellschaft für graphische Datenverarbeitung mbH
Im Ermlisgrund 18
D - 76337 Waldbronn
Tel.: ++49 / 07243 / 5641-0
Fax: ++49 / 07243 / 5641-99
www.graphservice.de

GRASS Entwickler-Team GmbH
Physische Geographie und
Landschaftsökologie, Universität Hannover
Schneiderberg 50
D - 30167 Hannover
Tel.: 0511/762-4494
Fax: 0511/762-3984
www.geog.uni-hannover.de/grass/

Adressenverzeichnis privater Sektor

GreenLab GmbH
Regattastr. 55
D - 12527 Berlin
Tel.: ++49 / 30 / 679 001-0
Fax: ++49 / 30 / 679 001-20
www.greenlab.de

grit graphische Informationstechnik Beratungsgesellschaft mbH
Landwehrstr. 143
D - 59368 Werne
Tel.: 02389/9827-0
Fax: 02389/9827-27
www.werne.grit.de

Hansa Luftbild/ ICF GmbH
Lannstraße 1
D - 48145 Münster
Tel.: ++49 / 251 / 2330-186
Fax: ++49 / 251 / 2330-188
www.icf.muenster.de

HarbourDom Consulting GmbH
Riehler Platz 1
D - 50668 Köln
Tel.: ++49 / 221 / 7392-599
Fax: ++49 / 221 / 733-598
www.harbourdom.de

HHK Datentechnik GmbH,
Braunschweig
Dieselstraße 1
D - 38122 Braunschweig
Tel.: ++49 / 531 / 2881-0
Fax: ++49 / 531 / 2881-111
www.hhk.de

Hydrotec GmbH
Ingenieurgesellschaft für Wasser und Umwelt
Bachstr. 62-64
D - 52066 Aachen
Tel.: 0241 / 946 89 98
Fax: 0241 / 50 68 89

IABG mbH
Geodaten-Service
Einsteinstr. 20
D - 85521 Ottobrunn
Tel.: 089/6088 2399
Fax: 089/6088 2355
www.iabg.de

IAC mbH
Ingenieurgesellschaft für angewandte Computertechnik mbH
Karl-Heine-Sr. 99
D - 04229 Leipzig
Tel.: ++49 / 341 / 491 22 50
Fax: ++49 / 341 / 491 22 62
www.iac-Leipzig.de

IB&T GmbH
Ingenieurbüro Basedow & Tornow
An'n Slagboom 51
D - 22848 Norderstedt
Tel.: ++49 / 40 / 53412-0
Fax: ++49 / 40 / 53412-100
www.card-1.com

IBM GmbH
GIS Competence Center Bonn - Productmanagement EMEA
Godesberger Allee 115
D - 53175 Bonn
Tel.: ++49 / 228 / 881-537
Fax: ++49 / 228 / 881-476
giswww.pok.ibm.com

ibR Ges. für Geoinformation mbH
Sebastianstraße 189
D - 53115 Bonn
Tel.: ++49 / 228 / 97985 - 0
Fax: ++49 / 228 / 97985 - 55
www.ibr-bonn.de

ili gis-services
Alte Poststr. 43
D - 85356 Freising
Tel.: 08161/43430
Fax: 08161/43472
www.ili-gis.com

IMP GmbH
Grenzstraße 26
D - 06112 Halle
Tel.: ++49/ 2931 5205 43
Fax: ++49/ 2931 5205 10

infas GEOdaten GmbH
Zeppelinstr. 7a
D - 531767 Bonn
Tel.: 0228/ 8496-0
Fax: 0228/ 8496130
www.infas-geodaten.de;
www.geojournal.de

Adressenverzeichnis privater Sektor

Infraplan Syscon GmbH
Tiestestr. 16-18
D - 30171 Hannover
Tel.: 0551-8503030
Fax: 0511-85030330
www.infraplan.de

Ingenieurbüro Feiler, Blüml, Hänsel
Messbacher Str. 59
D - 08527 Plauen
Tel.: ++49/3741/22 91 74
Fax: ++49/3741/22 91 76

Ingenieurbüro für Geoinformatik
Dipl. Ing. Helmut Wenniger
Wenninger Systems GmbH Scout Geomatics
Reichenbachstr. 3
D - 85737 Ismaningen/München
Tel.: 089 / 427422-0
Fax: 089 / 427422-25
www.wenninger.de

INTEND Geoinformatik GmbH
Ludwig-Erhard-Straße 12
D - 34131 Kassel
Tel.: 0561 / 316 799 - 0
Fax: 0561 / 316 799 - 7
www.intend.de

INTERGRAPH GmbH
Reichenbachstr. 3
D - 85737 Ismaning
Tel.: ++49 / 89 / 96106-0
Fax: ++49 / 89 / 961100
www.intergraph.de

inthal software
Hof-Sorge Straße 5
D - 35329 Gemünden

ITS Informationstechnik Service GmbH
Ingenieurleistungen für GEO-Informationssysteme
Karl-Marx-Str. 32
D - 44141 Dortmund
Tel.: ++49 / 231 / 55 75 11-30
Fax: ++49 / 231 / 55 32 15
www.its-dortmund.de

IVC AG
Nobelstraße 3-5
D - 41189 Mönchengladbach
Tel.: ++49/ 2166 955 661
Fax: ++49/ 2166 955 669
www.caddy.de

IVT GmbH
Informationssysteme für Verkehr und Technik
Auf der Morgenweide 46
D - 55276 Oppenheim
Tel.: 06133/925030
Fax: 06133/925031

IVT-OPPENHEIM.DE
K2-Computer Softwareentwicklung GmbH
Billungsstr. 2
D - 06484 Quedlinburg
Tel.: ++49 /3946/6895-0
Fax: ++49 /3946/6895-79
www.k2-computer.com

IVU Traffic Technologies AG
Bundesallee 88
D - 12161 Berlin
Tel.: 030/85906-0
Fax: 030/85906-111
www.ivu.de

Kirchner EDV-Service Bremen GmbH
Software-Entwicklung, Beratung und Schulung
Teichstr. 3
D - 31655 Stadthagen
Tel.: 05721/8095-20
Fax: 05721/8095-95
www.kirchner-ingenieure.de

KISTERS AG
Mühlheimer Straße 214
D - 47057 Duisburg
Tel.: ++49 / 203 / 37 88-257
Fax: ++49 / 203 / 37 88-105
www.kisters.de/

LAND+SYSTEM GmbH
Geo-Informationssysteme für die
Umweltplanung GmbH
Brahmsstr. 2
D - 28209 Bremen
Tel.: ++49 / 421 /3478 926
Fax: ++49 / 421 / 3478 722
www.LAND-SYSTEM.DE

lat/lon Fitzke, Fretter, Poth GbR
Meckenheimer Allee 178
D - 53115 Bonn
Tel.: 0228-73-2831
Fax: 0228-73-2153

Adressenverzeichnis privater Sektor

Leica Geosystems AG
Hans-Bunte-Str. 5
D - 80997 München
Tel.: 089/149810-0
Fax: 089/149810-33
www.leica-geosystems.com

LIVEMAP GmbH
Kantstr. 150
D - 10623 Berlin
Tel.: 0303100982
Fax: 03031010998

LUTUM + TAPPERT DV-Beratung GmbH
Andreas-Hermes-Str. 7-9
D - 53175 Bonn
Tel.: ++49 / 228 / 95 9140
Fax: ++49 / 228 / 9591 444
www.geomarketing.de

M.O.S.S. Computer Grafik Systeme GmbH
Hohenbrunner Weg 13
D - 82024 Taufkirchen
Tel.: ++49 / 89 / 666 75-100
Fax: ++49 / 89 / 666 75-180
www.moss.de

MACON AG
Gustav-Struve-Allee 1
D - 68753 Waghäusel
Tel.: ++49 / 7254 / 983-0
Fax: ++49 / 7254 / 983-290
www.macon.de

MapInfo GmbH
Kelsterbacher Straße 23
D - 65479 Raunheim
Tel.: ++49 / 6142 / 203-400
Fax: ++49 / 6142 / 203-444
www.mapinfo.de u. www.mapinfo.com

MAPS geosystems GmbH
Truderingere Str. 13
D - 81677 München
Tel.: 089/472083
Fax: 089/473435
www.maps-geosystems.com

megatel GmbH
Wienerstr. 3
D - 28359 Bremen
Tel.: ++49 / 421 / 22 095-0
Fax: ++49 / 421 / 22 095-16
www.megatel.de

Mensch und Maschine Software AG
Argelsrieder Feld 5
D - 82234 Wesseling
Tel.: 08153/933-0
Fax: 08153/933-100
www.mum.de

METTENMEIER GmbH
Vermessung und Graphische
Datenverarbeitung
Klingender Str. 10-14
D - 33100 Paderborn
Tel.: ++49 / 5251 / 150-330
Fax: ++49 / 5251 / 150-333
www.mettenmeier.de

MGIS Gesellschaft für Consulting und Innovative Software mbH
Lipowskystr.10
D - 81373 München
Tel.: 089/890568-0
Fax: 089/890568-39
www.mgis.de

microm
Micromarketing-Systeme und Consult GmbH
Hellersbergstr. 14
D - 41460 Neuss
Tel.: 0 2131-10 97 01
Fax: 0 2131-10 97 77
www.microm-online.de

Microsoft GmbH
Konrad-Zuse-Straße 1
D - 85716 Unterschleißheim
Tel.: +49-89-3176-0
Fax: +49-89-3176-1000
www.microsoft.de

Moskito GIS GmbH
Geo Informations Systeme
Mengeder Str. 623
D - 44359 Dortmund
Tel.: 0231/933 41 33 3
Fax: 0231/933 41 19
www.moskito-gis.de

Müller & Richter Informationssysteme
Mainstarsse 2
D - 63571 Gelnhausen
Tel.: ++49-6051-92600
Fax: ++49-6051-926010
www.goe-muerich.de

Adressenverzeichnis privater Sektor

norBIT GmbH
Rheinstr. 13
D - 26506 Norden
Tel.: ++49 / 4931 / 922297
Fax: ++49 / 4931 / 922655
www.norBIT.de

ÖKODATA GmbH
Gildehofstr. 1
D - 45127 Essen
Tel.: 0201/10580-0
Fax: 0201/10580-33
www.oekodata.de

OSC GmbH
OFFIS Systems and Consulting
Industriestraße 11
D - 26121 Oldenburg
Tel.: 04 41/ 3 50 42-3 05
Fax: 04 41/ 3 50 42-380
www.o-s-c.de, www.intergis.de

Phoenics GmbH
Karmarschstr. 50
D - 30159 Hannover
Tel.: 0511/368436-60
Fax: 0511/368436-66
www.phoenics.de

PLEdocingrada* GmbH
Gladbeckerstr. 404
D - 45329 Essen
Tel.: 0201-3659-220
Fax: 0201-3659-163
www.pledoc.de

POPPENHÄGER GRIPS GmbH
Pfalzbahnstraße 20
D - 66538 Neunkirchen
Tel.: 06821 / 2406 215
Fax: 06821 / 2406 117
www.grips.de

POWERSOFT R. PIAN
Route de la Pierre
CH - 1024 Ecublens
Tel.: ++ 41 / 21 / 6956303
Fax: ++ 41 / 21 / 6956304
www.powersoft-rp.com

PRO DV Software AG
Hauert 6
D - 44227 Dortmund
Tel.: ++49 / 231 / 9792-0
Fax: ++49 / 231 / 9792-200
www.prodv.de

PTV AG
Planung Transport Verkehr
Stumpfstr. 1
D - 76131 Karslruhe
Tel.: ++49 / 721 / 9651-637
Fax: ++49 / 721 / 9651-684
www.ptv.de

RIB Bausoftware AG
Vaihingerstraße 151
D - 70567 Stuttgart
Tel.: 0711-78 73-0
Fax: 0711-78 73-201
www.rib.de
ribeka.com GmbH

Int. Software
Rathausgasse 30
D - 53111 Bonn
Tel.: 0228-9766267
Fax: 0228-9766268
www.ribeka.com

ribeka.com GmbH
Rathausgasse 30
D - 53111 Bonn
Tel.: 0228-9766267
Fax: 0228-9766268
www.ribeka.com

RIWA GmbH
Gesellschaft für Geoinformationen
Bahnhofstraße 20
D - 87700 Memmingen
Tel.: ++49/8331/9272-14
Fax: ++49/8331/9272-20
www.riwa-gis.de

rmDATA Datenverarbeitungsgesellschaft m.b.H.
Prinz Eugen-Str. 12
A - 7400 Oberwart
Tel.: ++43/3352/38482
Fax: ++43/3352/3848276
www.rmdata.at / www.rmdata.de

Adressenverzeichnis privater Sektor

RWE Systems Applications GmbH
Informationstechnik für Systeme
Alfredstrasse 28
D - 45130 Essen
Tel.: ++49/ 201-12-21374
Fax: ++49/ 201-12-27158
www.rwesystemsapplications.com

SAG Energieversorgungslösungen mbH
Matthias-Brüggen-Str. 78
D - 50287 Köln
Tel.: 0221/59703-0
Fax: 0221/59703-809
www.sag-el.com

SCHLEUPEN AG
Adenauerstr. 16
D - 33184 Altenbeken
Tel.: 05255/9866-0
Fax: 05255/9866-99
www.schleupen.de

Schubert & Partner GeoMarketing GmbH
Kremser Landstr. 2
A - 3100 St. Pölten
Tel.: ++43 / 2742 / 362 564 73
Fax: ++43 / 2742 / 362 564 81
www.geolook.at, www.geomarketing.at

Screenpaper Communication GmbH
Schumannstr. 6
D - 53359 Rheinbach
Tel.: 02226-909616
Fax: 02226-909617
www.screenpaper.de

SELB CAD / CAM / CAE SoftwareDistribution
Rathgasse 18
A - 2500 Baden
Tel.: ++43 / 2252 / 459 60
Fax: ++43 / 2252 / 459 60-18
www.selb.at/selb

SICAD GEOMATICS
Otto Hahn Ring 6
D - 81739 München
Tel.: 089 / 63601
Fax: 089 / 636-42253
www.sicad.de

Softplan Informatik GmbH
Herrngarten 14
D - 35435 Wettenberg-Launsbach
Tel.: ++49 / 641 / 98 246-0
Fax: ++49 / 641 / 98 246-20
www.ingrada.de

speediKon Facility Management AG
Berliner Ring 89
D - 64625 Bensheim
Tel.: ++49/6251/584-0
Fax: ++49/6251/584-303
www.speedikonfm.com

SRP Ges. f. Stadt- u. Regionalplang. mbH
Berliner Str. 112A
D - 13189 Berlin
Tel.: 030 / 44 37 21 0
Fax: 030 / 44 37 21 99
www.srp-gmbh.de

Dr.-Ing. Stein Ingenieurbüro GmbH
Biedenkamp 11b
D - 21509 Glinde
Tel.: ++49 / 40 / 713 753-20
Fax: ++49 / 40 / 713 69-33
www.idp.de

SynerGIS Informationssysteme GmbH
Gerbersruh Str. 2
D - 69168 Wiesloch
Tel.: ++49-6222-573125
Fax: ++49-6222-573131
www.synergis.de

Systemhaus HEMMINGER
Fritz-Müller-Str. 107
D - 73730 Esslingen
Tel.: ++49/711/315 08-00
Fax: ++49/711/315 08-01
www.hemminger.de

team heese AG
Marie-Calm-Straße 1-5
D - 34131 Kassel
Tel.: 0561-9328-211
Fax: 0561-9328-411
www.teamheese.de

Adressenverzeichnis privater Sektor

Tele Atlas Deutschland GmbH
BV Deutschland
Am Neuen Horizont
D - 31177 Harsum
Tel.: ++ 49 / 5127 / 408-0
Fax: ++ 49 / 5127 / 40880
www.teleatlas.com

Tele-Info Digital Publishing AG
Carl-Zeiss-Str. 27
D - 30827 Garbsen
Tel.: 05131/7000-0
Fax: 05131/7000-15
www.teleinfo.de

TERRADATA & Co GmbH
Chemnitzer Str. 198-200
D - 12621 Berlin
Tel.: 030/56702019
Fax: 0305677325

Terra Map Server GmbH
Stockholmer Allee 24
D - 44269 Dortmund
Tel.: 0231/4773960
Fax: 0231/4773989
www.terramapserver.com

TRIGIS Vermessung & Geoinformatik GmbH
Ehrenfelsstr. 44
D - 10318 Berlin
Tel.: ++49/30/501 506 -0
Fax: ++49/30/501 506 -60
www.trigis.de

Trimble
Am Prime Parc 11
D - 65479 Raunheim
Tel.: 02054/875157
Fax: 02054/875158
www.Trimble.com

TYDAC AG, Bern, Schweiz AG
Luternauweg 12
CH - 3006 Bern
Tel.: 0041-31-368-0180
Fax: 0041-31-368-0180
www.tydac.ch / www.neapolys.ch

UMGIS Informatik GmbH
Robert-Bosch-Straße 7
D - 64293 Darmstadt
Tel.: 0 61 51 / 872 40 02, Fax: 0 61 51 / 872 40 09
www.umgis.de

Umweltdata Ges.m.b.H.
Loquaiplatz 12/4
A - 1060 Wien
Tel.: +43 (1) 535 6131
Fax: +43 (1) 535 6131 - 19
www.umweltdata.at

WASY GmbH
Waltersdorfer Str. 105
D - 12526 Berlin
Tel.: 030/679998-0
Fax: 030/679998-99
www.wasy.de

Wenninger Systems GmbH
Schatzbogen 58
D - 81829 München
Tel.: 089 / 427 422-50
Fax: 089 / 427 422-90
www.wenninger.de

WGI Westfälische Gesellschaft für Geoinformation und Ingenieurleistungen mbH
Kampstr. 86
D - 44137 Dortmund
Tel.: ++49-231-913003-33
Fax: ++49-231-913003-99
www.wgi-gmbh.de

Widemann Systeme
CAD-und GIS - Systemhaus
Egerstr. 2
D - 65205 Wiesbaden
Tel.: ++49 / 611 / 77 819-17
Fax: ++49 / 611 / 77 819-99
www.widemann.de / www.plateia.de

Woköck Geotechnik
Am Erxer 10
D - 38302 Wolfenbüttel
Tel.: ++49 / 5331 / 857 408
Fax: ++49 / 5331 / 857 412
www.wokoeck.de

ZEBRIS
Lipowskystr. 26
D - 81373 München
Tel.: 089 / 5899 8886
Fax: 089 / 5895 8653
www.zebris.com

Adressenverzeichnis EUROGI-Dachverbände

5.3 Adressenverzeichnis der EUROGI-Dachverbände

EUROGI
European Umbrella Organisation for Geographic Information
Hofstraat 1
7311 KZ Apeldoorn
Telefon: +31 55 528 5523, Fax: +31 55 528 5032
E-mail: eurogi@euronet.nl

Belgien
CC Belgium
Coordination committee for digital geographical information
Mr. J. De Smet
c/o Institut Géographique National
Abbaye de la Cambre 13
B-1000 Bruxelles
Telefon: +32 2 629 82 19, Fax: +32 2 629 82 12
E-mail: jds@ngi.be

Dänemark
GeoForum Denmark
GeoForum Denmark - society for Geographical Information
Peter Normann Hansen
Lindevangs Allé 4
DK 2000 Frederiksberg
Telefon: + 45 38 86 02 52, Fax: + 45 38 86 02 52
E-mail: geoforum@geoforum.dk

Deutschland
DDGI
German Umbrella Organisation for Geoinformation
Dr. Joachim Wächter
Telegrafenberg A51
D-14473 Potsdam
Telefon: +49 331 288-1680, Fax: +49 331 288-1703
E-mail: wae@gfz-potsdam.de

Finland
ProGIS
Finnish Association for Geographic Information
Mrs. Mari Vaattovaara
Ministry of Agriculture and Forestry
PO Box 30
FIN-00023 Government
Telefon: +358-9-160 88 629, Fax: +358-9-160 2450
E-mail: antti.vertanen@mmm.fi

Frankreich
AFIGÉO
Association Française pour l'Information Géographique
Mr. Jean Berthier
136 bis, Rue de Grenelle
75700 PARIS 07 SP
Telefon: +33 1 43 98 83 12, Fax: +33 1 43 98 85 66
E-mail: lummaux@cnig.fr

AFIGÉO
Association Française pour l'Information Géographique
Mr. Jean Berthier
136 bis, Rue de Grenelle
75700 PARIS 07 SP
Telefon: +33 1 43 98 83 12, Fax: +33 1 43 98 85 66
E-mail: lummaux@cnig.fr

Griechenland
HELLASGIS
Hellenic geographic Information Society
Christos Zambelis
T. Vassou Str. 115-21
Athen
Telefon: +301 6446776, Fax: +301 6447039
E-mail: hellasgi@otenet.gr

Großbritannien
AGI
Association for Geographic Information
Lord Chorley
157 Farringdon Road
London ECIR 3 AD
Telefon: +44 (0) 20 7278 6345,
Fax: +44 (0) 20 7278 0266
E-mail: info@agi.org.uk

Irland
IRLOGI
Irish Organisation for Geographic Information
Tony O'Hara
Museum Building
Trinity College
Dublin 2
Telefon: +353 1 6082544, Fax: +353 1 6773072
E-mail: rcox@tcd.ie

Island
LISA
LISA an Organisation of Geographical Information for all in Iceland
Heidar Th. Hallgrimsson
LISA Organisation
Sidumuli 15
8411, 128 Reykjavik
Telefon: +353 1 6082544, Fax: +353 1 6773072
E-mail: rcox@tcd.ie

Adressenverzeichnis EUROGI-Dachverbände

Italien
AM/FM Italia
Automated Mapping/Facilities Management /
Geographic Information System
Prof. Mauro Salvemini
viale America 11
00144 Roma
Telefon : +39 6 54220449 , Fax : +39 6 54229385
E-mail : info@amfm.it

Luxemburg
GTIM-SIG
Groupe de Travail Interministériel SIG
Mr. André Majerus
c/o Administration du Cadastre et de la Topographie
54, Ave Gaston Diderich
BP 1761
L-1017 Luxembourg
Telefon : +35244901272 , Fax : +35244901288
E-mail : andre.majerus@act.etat.lu

Niederlande
Ravi
Netherlands Council for Geographic Information
Ir. G.C. van Wijnbergen
P.O. Box 508
3800 AM Amersfoort
Telefon : +31 334604100 , Fax : +31 334656457
E-mail : secretariaat@ravi.nl

Norwegen
GeoForum
Organisasjon for geografisk informasjon
Ivar Maalen-Johansen
Storgaten 11
N-3510 Hønefoss
Telefon : +47 32 12 31 66 , Fax : +47 32 12 06 16
E-mail : Geoforum@geoforum.no

Österreich
AGEO
Austrian Umbrella Organization for Geographic
Information
Dipl.-Ing. Manfred Eckharter
Bürgerstr. 34
A-6010 Innsbruck
Telefon : +43 512 588411-60
Fax : +43 512 588411-61
E-mail : gerda.schennach@bev.gv.at

Polen
GISPOL
National Land Information System Users Association
Edward Mecha
ul. Urbanowicza 37
41-500 CHORZOW

Telefon : +48 22-6423189, Fax : -
E-mail : gispol@gispol.org.pl

Portugal
CNIG
Centro Nacional de Informaçao Geográfica
Mr. Rui Gonçalves Henriques
Tagus Park
Núcleo Central, 301
2780 Oeiras
Telefon : +351 21 421 9800 , Fax : +351 21 421 9856
E-mail : cnig@cnig.pt

Schweden
ULI
The Swedish Development Council for
Land Information
Mr. Anders Granat
SE-801 82 Gävle
Telefon : +46 26 611 050, Mobil: +44 (0)70 636 6995
Fax : +46 26 613 277
E-mail : uli@uli.se

Schweiz
SOGI
Swiss Organization for Geo-Information
Prof. Dr. Alessandro Carosio
c/o AKM
P.O. Box 6
4005 Basel
Telefon : +41 61 691 51 11 , Fax : +41 61 691 81 89
E-mail : info@akm.ch

Slowenien
GIC SLOVENIA
GeoInformation Centre of the Republic of Slovenia
Dunajska cesta 48
1000 Ljubljana
Telefon : +386 1 478 7343 , Fax : +386 1 478 742
E-mail : gic@gov.si

Spanien
AESIG
Asociación Española de Sistemas de Información
Geográfica
Jordi Guimet Pereña
Cardenal Silíceo 37 B1
28002 Madrid
Telefon : +34 91 413 66 87 , Fax : +34 91 416 13 32
E-mail : aesig@sinix.net

Adressenverzeichnis EUROGI-Dachverbände

Tschechien
CAGI
Czech Association for Geoinformation
Dr. Josef Hojdar
Italská 34
12000 Praha 2
Telefon +42 2 222 500 15, Fax: +42 2 222 522 91
E-mail : eva.pauknerova@terezango.cz

Ungarn
HUNAGI
Hungarian Association for Geo-Information
Mr. Zsolt Sikolya
P.O. Box 1
H-1860 Budapest 55
Telefon : +36 1 3014052 , Fax ; +36 1 3014691
E-mail : gabor.remetey@fvm.hu

6. Glossar

Zusammengestellt und ergänzt nach folgenden Quellen: BARTELME (1995), BILL & FRITSCH (1991), BUHMANN & GENKINGER (1991),FÜRST et al. (1996), GTZ (1994), KLOOS (1990), MUHAR (1992), PARSONS (1994), SITTEK (1997), WAGNER (2000) Schilcher, Pichelmann, Plabst (2001)

ActiveX Technik von Microsoft, Anwendungen automatisch um bestimmte Fähigkeiten zu erweitern und ein Interagieren zwischen Anwendungen zu ermöglichen. Im Prinzip als Grundlage für ein Komponentenmodell gedacht, hat ActiveX auch als Möglichkeit für Active Content bei Web-Browsern Bedeutung erlangt, auf Grund der damit verbundenen Sicherheitsprobleme jedoch nur sehr geringe.

ALB Automatisches LiegenschaftsBuch. Im ALB sind beschreibende Daten von Flurstücken (z. B. Gemarkung, Eigentümer, etc.) hinterlegt. Das ALB hat urkundlichen Charakter und bildet zusammen mit der **ALK** den Kern des Liegenschaftskatasters der Vermessungsverwaltung in Deutschland.

ALK Die automatisierte Liegenschaftskarte (ALK) ist die digitale, kartenmäßige Darstellung des Liegenschaftskatasters. Sie stellt die amtliche Karte der Grundbuchordnung dar und liegt in Maßstäben zwischen 1:500 und 1:2.000 vor.

ALKIS Amtliches Liegenschaftskataster-Informations-System". Modell der Vermessungsverwaltung zur Integration von ALB und ALK in einheitliches Datenmodell.

AM/FM Automated Mapping/Facilities Management bezeichnet eine spezielle GIS-Anwendung zur Verwaltung und Produktion von Netzplänen, wie Kabel, Leitungen, Schilder usw. Eine häufig verwendete GIS-Anwendung für Stadtverwaltungen und Versorgungsbetriebe.

Applet bezeichnet ein Programm, das von einem *Browser* bei Bedarf automatisch von einem *WWW*-Server geladen wird. Applets sind in der Programmiersprache Java geschrieben und auf allen Rechnerplattformen lauffähig.

API „Application Programming Interface" ist die Schnittstelle für Anwendungsprogramme, die von Programmentwicklern als vorprogrammierte Routinen genutzt werden.

ATKIS ist die Abkürzung für Amtliches Topographisch-Kartographisches Informationssystem. Wesentlicher Bestandteil des ATKIS ist das Digitale Landschaftsmodell (DLM), das die topographischen Objekte und das Relief der Erdoberfläche in digitaler Form und geometrischer Genauigkeit enthält. Das ATKIS wird derzeit bundesweit und -einheitlich als Basis-Informationssystem der Vermessungsverwaltungen in drei unterschiedlichen Maßstäben aufgebaut.

Attachment Anhang, eine an eine E-Mail angehängte Datei.

Attribute kennzeichnen thematische Inhalte von raumbezogenen Objekten. Siehe hierzu die Ausführungen zu den *Sachdaten*.

Auflösung drückt die Größe des kleinsten Objekts eines digitalen Datensatzes aus, das beschrieben werden kann. Der Begriff wird im Allgemeinen im Zusammenhang mit dem Rasterdatenmodell gebraucht. Die Auflösung eines Rasters entspricht der Größe der Zelle in der realen Welt. Eine höhere Auflösung erfordert mehr Speicher und eine höhere Verarbeitungsleistung.

Backdoor *Server*, der versteckt auf einem Computer läuft und einem Angreifer mehr oder weniger vollständigen Zugriff ermöglicht.

Betriebssystem steuert den Betrieb des Computers selbst. Anwendungsprogramme, wie auch GIS-Software, laufen unter einem Betriebssystem. Beispiele für Betriebssysteme sind heute Windows 98, Windows NT, UNIX, DOS, MacOS und OS/2.

Bildanalyse Begriff aus dem Bereich der elektronischen Bildverarbeitung, umfaßt u. a. automatische Mustererkennung. Einsatz in Anwendungen für Geologie, Kartographie, Medizin und Fernerkundung.

BLOB ist die Abkürzung für Binary Large Object. BLOBs werden in der Datenbanktechnik dazu benutzt, um unstrukturierte binäre Daten (z. B. Bilder) als Felder in Datenbanktabellen zu speichern. Manche GIS-Software legt Geometriedaten in BLOBs ab.

Business Geographics wird der Einsatz von GIS bei Banken, Handel und Versicherungen bezeichnet. Dabei spielen statistische Auswertungsmethoden und die raumbezogene Präsentation der Daten eine große Rolle. Wichtige Einsatzgebiete sind Marketing und Marktpotentialanalysen.

Business-Map-GIS: als Softwarekategorie im GIS-Report – ein GIS-Programm mit interaktivem GUI, einfaches kartographisches Werkzeug mit geringen GIS-Funktionen (z. B. Microsoft MapPoint)

Bouncer Diese Art von Software läuft meist auf einer *Shell* und ermöglicht dem Benutzer eine Verbindung ins *IRC*-Netz. Der Vorteil dabei ist, dass nicht die eigene *IP-Adresse* zum IRC-Server übermittelt wird, sondern die der entsprechenden Shell.

Browser sind Programme zum Navigieren in und Anzeigen von im *WWW* angebotenen Inhalten. Alle Browser verstehen das *HTTP* und können in *HTML* codierte Textseiten anzeigen. Die Fähigkeiten von Browsern können durch Plugins, *Java-Applets* und/oder *Active-X-Controls* erweitert werden.

Buffer Overflow bezeichnet einen Stapelüberlauf. Dieser Angriff führt zu einem Fehler, der unter Umständen dazu ausgenutzt werden kann, beliebigen Code auf einem Fremdrechner auszuführen.

CAD ist die Abkürzung für Computer Aided Design (z. B. AutoCAD, CADdy, MicroStation) und steht für Software-Anwendungen zum Entwerfen, Konstruieren und Präsentieren von Grafiken. Ursprünglich zur Herstellung von Produktionszeichnungen konzipiert, werden CAD-Systeme heute auch häufig in der Kartografie eingesetzt.

CAD-GIS: als Softwarekategorie im GIS-Report – ein GIS-Programm mit interaktivem GUI, umfangreiche GIS-Applikation auf der Basis eines CAD-Programms (z. B. AutoCAD Map, CADdy Vermessung, ArcCAD, MicroStation GeoGraphics)

CHAP Challenge Handshake Protocol, Authentifizierungsmethode für *PPP* mit verschlüsselten Passwörtern.

Chat Zwei oder mehrere Teilnehmer kommunizieren, indem sie online per Tastatur Nachrichten austauschen. Chat-Foren sind themengebundene Anlaufstellen, wo viele Anwender an einer Diskussion teilnehmen.

CISC steht für Complex Instruction Set Computer und bezeichnet eine Computerarchitektur mit einem komplexen Befehlssatz, z. B. Intel X86, Motorola 68000 (Gegensatz: *RISC* - Reduced Instruction Set Computer).

Client bezeichnet ein Programm, das Daten von einem *Server* empfängt. Ein Rechner wird zum Client, wenn entsprechende Software darauf läuft. Darunter fallen alle Programme, die Zugang zu Internetdiensten erlauben, wie etwa Web-Browser.

COGO steht für den englischen Begriff coordinate geometry. Es handelt sich dabei um Algorithmen zum Handhaben von einfachen zwei- und dreidimensionalen Vektoreinheiten, die in jeder Vermessungs-, Mapping- und GIS-Software integriert sind.

Computergestützte Kartographie Ein Gebiet, das sich mit der Herstellung von Karten unter Einsatz von EDV befaßt. Die Erstellung von Karten gehört zu den Grundfunktionen von GIS-Systemen.

CPU ist die Zentraleinheit eines Rechners. Sie ist das Kernstück einer EDV-Anlage und besteht aus Rechenwerk, Steuerwerk und Arbeitsspeicher.

Cracker bezeichnet Personen, die Software ‚knacken', um den Kopierschutz zu entfernen, in der Sicherheitsthematik aber auch Leute, die sich Zugriff auf fremde Rechner verschaffen und diese ausspionieren oder ernsthaften Schaden anrichten. Im Gegensatz zu einem *Hacker* zeichnet sich der Cracker durch kriminelle Energie aus und verschafft sich in der Regel persönliche Vorteile.

Dateisystem unterscheidet sich vom *Datenbanksystem* dadurch, dass keine zentralen, sondern parallele, von der Anwendung abhängige Datenbestände geführt werden. Hinsichtlich der Datenstruktur und -sicherheit werden keine allzu hohen Anforderungen gestellt.

Datenbank (DB) kennzeichnet die zentrale Komponente eines GIS. In ihr sind die raumbezogenen Daten geordnet hinsichtlich ihrer Position, *Topologie* und Thematik.

Datenbankmanagementsystem (DBMS) oder Datenbankverwaltungssystem trägt zu einer reibungslosen Übertragung der Daten eines *Datenbanksystems* innerhalb der externen, konzeptionellen und der internen Ebene bei. Es sichert die Daten bei Mehrfachzugriffen, sorgt für die Datenkonsistenz und gewährleistet somit einen funktionsfähigen Datenbestand.

Datenbanksystem ergibt sich aus der Kombination des *Datenbankmanagementsystems* mit den Daten, die in mehreren *Datenbanken* abgespeichert sein können. Als Datenbanksystem sollte nur ein System bezeichnet werden, das über Mechanismen wie ein Transaktionskonzept, Objektdefinitionen sowie -relationen usw. verfügt.

Datenerfassung Eingabe von digital zu speichernder und zu verarbeitender Information. In der GIS-Anwendung wird die „Digitalisierung" von Geometrien (manuell oder mit Scanner) und die Erfassung von Attributen unterschieden.

Datenformat „Data Format" Bei Datenformaten unterscheidet man zwischen Textdaten (alphanumerischen Sachdaten) und graphischen Daten in Vektor- oder Rasterformat. Um den Datenaustausch zu erleichtern bzw. überhaupt zu ermöglichen, gibt es eine Reihe von standardisierten Austauschformaten. Viele Formate werden in Form von lesbaren Texten (ASCII) in Tabellen (z.B. Meßwerte) oder auch mit einer einfachen Syntax geschrieben (z. B. **PostScript**). Diese einfachen Datenformate sind problemlos zwischen den verschiedenen Rechnersystemen austauschbar, haben allerdings den Nachteil, relativ viel Speicher zu benötigen. Für Rasterdaten verwendet man daher meistens Formate, bei denen die Daten komprimiert werden (z. B. **Runlength-Kodierung**).

Datenmodell, die generalisierte, benutzerdefinierte Darstellung von Daten, die die reale Welt - z.B. in einem GIS-System - abbilden.

Datenschnittstellen „Data Interface" werden zum Zugriff auf gespeicherte Daten (interne Datenschnittstellen) und zum Austausch von Daten (externe Datenschnittstellen) benötigt. Der Austausch erfolgt in den meisten Fällen über standardisierte Datenformate, manchmal auch über Offenlegung interner Formate. Auch bei der direkten **Konvertierung** von einem Format in das andere entstehen jedoch in der Regel Informationsverluste.

Denial of Service (DoS) Eine Attacke mit dem Ziel, die Verbindung eines Rechners zum Internet zu kappen. Es existieren zahlreiche Varianten, die zu einem Denial of Service führen: Das kann ein „einfaches" *Flooding* sein, aber auch trickreiche Methoden, die den Zielrechner dazu bringen, sich durch exzessive Kommunikation selbst lahm zu legen. Ein Denial-of-Service-Angriff, an dem sich mehrere Rechner beteiligen, wird als Distributed DoS bezeichnet.

DEM steht als Abkürzung für Digital Elevation Model (oder Terrain-Model) und bezeichnet ein digitales Geländemodell zur Darstellung einer topografischen Oberfläche, oft auf einem Raster mit einem Höhenwert für jede Zelle oder auf einem Satz unregelmäßiger Dreiecke basierend (siehe auch *TIN*).

Desktop-GIS: als Softwarekategorie im GIS-Report – ein GIS-Programm mit interaktivem GUI und reduzierter GIS-Funktionalität, überwiegend zur Visualisierung von GIS-Daten (z. B. ArcView GIS, MapInfo Professional, SICAD/WinCAT, Autodesk World, GEOMEDIA)

DHCP Dynamic Host Configuration Protocol. Methode zur automatischen Vergabe von festen oder dynamischen *IP-Adressen* an *Clients*. Neben der IP-Adresse überträgt der DHCP-Server auch Angaben zu Gateway- und *DNS-Adressen*.

Digitale Bildverarbeitung (DBV) ist der Sammelbegriff für ein Fachgebiet, zu deren Entwicklung viele Einzeldisziplinen wie z.B. Elektro- und Nachrichtentechnik, Physik, Mathematik, Informatik, Optik und Optoelektronik sowie die Ingenieurwissenschaften beigetragen haben. Ihre Methoden und damit verbunden entsprechende Softwarewerkzeuge werden zur Auswertung von digitalen Bildern herangezogen.

Digitalisieren von einer analogen Form (Papier) konvertiert diese in digitale Daten, normalerweise in Form von kartesischen Koordinaten. Dies kann mit Hilfe eines Tabletts und eines von Hand geführten Cursors oder eines Scanners geschehen.

Digitalisiertablet, „Digitizer" das klassische Eingabegerät zum Erfassen von (rechtwinkligen) Lagekoordinaten aus einer graphischen Vorlage. Digitalisierungstische werden zunehmend verdrängt durch teilautomatische Digitalisierungstechniken mit Scanner, Vektorisierungssoftware und Nachbearbeitung am Bildschirm (**Raster/Vektor-Konvertierung**).

DNS Domain Name System, Protokoll zur Auflösung von *Host*-Namen in *IP-Adressen*. Die Datenbank für diese Umsetzung verwaltet ein DNS-Server. Statt dieser dynamischen Namensauflösung lässt sich in kleinen Netzen auch eine statische Umsetzung über die Datei hosts erreichen, in der alle am *LAN* beteiligten Rechner mit Name und IP-Adresse festgehalten sind.

Domain Endung einer E-Mail- oder Internet-Adresse, Name eines realen Rechners im Internet

Download „Herunterladen", bezeichnet die Möglichkeit, Dateien (Programme) aus dem Internet auf die eigene Festplatte herunterzuladen.

DVD Digital (Video/Versatile) Disk ist ein neues Medium zum Speichern von Daten im Formfaktor einer CDROM. Die Datenspeicherkapazität beträgt derzeit zwischen ca. 2.5-5 GB. DVDs existieren als DVD-ROM, DVD-RW und als DVD-RAM.

EDBS (Einheitliche Datenbankschnittstelle) definiertes Datenaustauschformat speziell für geometrische Grundlagendaten wie z. B. ATKIS- und ALK-Daten, das inzwischen als Quasi-Standard anerkannt ist.

Ebenenprinzip ist ein thematisches Modell in der raumbezogenen Datenhaltung zur Separation unterschiedlicher thematischer Daten. Dabei sind die Geometriedaten in verschiedenen, gleichberechtigten Ebenen vorgehalten, die dann durch Überlagerung zur gewünschten Darstellung führen. Der einheitliche Raumbezug erfolgt hierbei durch die Position. Der Gegensatz zum Ebenenprinzip ist das Objektklassenprinzip.

E-Mail elektronische Post, die sekundenschnell weltweit verschickt werden kann.

Entzerrung, „Rectification", ist eine Methode der Rastervorverarbeitung, mit der verzerrte Rasterdaten mit Hilfe von Referenz- oder Passpunkten in ein übergeordnetes Koordinatensystem entzerrrt werden. Als Bezugspunkte müssen im Referenzsystem und im zu entzerrenden Bild mindestens je 3 jeweils übereinstimmende Passpunkte vorhanden sein.

EVAP ist die Abkürzung des Vierkomponenten-Modells eines GIS hinsichtlich seiner Aufgaben: Erfassung, Verwaltung, Analyse und Präsentation.

Exploit ist ein Programm, das eine bestehende Sicherheitslücke im Zielrechner ausnutzt, etwa um dem Angreifer Zugang zu verschaffen.

Fachdaten Anwendungsspezifische Daten eines Fachanwenders, z. B. Leitungsdaten eines Versorgungsunternehmens, die in der Regel in einer entsprechenden Fachdatenbank gehalten werden.

Fachschale anwendungsbezogene Komponente eines Geoinformationssystems. In der Regel ist eine Fachschale ein eigenständiges Modul für ein Basis-GIS-System.

Fernerkundung ist die Methode, Informationen über die Erde mit Hilfe von Sensoren, die sich nicht auf der Erdoberfläche, sondern an Bord von Flugzeugen oder Satelliten befinden, zu beziehen. Die Daten werden unter Verwendung von sichtbarem Licht, Infrarotlicht oder Radar erfasst. Die Fernerkundung ist eine wichtige Datenquelle für GIS.

Firewall, Personal Firewall Im Unterschied zum Personal Firewall arbeitet ein „richtiger" Firewall auf einem speziell dafür eingerichteten Rechner. Er dient dem Zweck, ein- und ausgehenden Verkehr zu anderen Rechnern (meistens im Internet) zu überwachen und unerwünschte Verbindungen zu unterbinden. Ein Personal Firewall hingegen ist ein Programm, das auf dem Rechner aktiv ist, mit dem gearbeitet wird.

Flächenpunkt ist der Schwerpunkt eines *Polygons*, dem auch oft die Information von *Attributen* über einen Bereich, wie z. B. ein Volkszählungsbezirk, zugeordnet werden. Der Schwerpunkt kann mathematisch bestimmt oder vom Benutzer definiert werden. Er muss sich jedoch immer innerhalb des Polygons befinden.

Flächenverschneidung ist ein Verfahren, bei dem aus zwei oder mehreren räumlich überlappenden Geometriemengen (Flächen, Linien oder Punkten) durch Zerlegung eine neue Menge gebildet wird. „Echte" Flächenverschneidung von Polygonen oder Polygonoverlay war lange das Kriterium für die Qualität von GIS-Softwareprodukten (siehe auch **Verschneidung**).

Flood, Flooding Oberbegriff für einen Angriff auf die Verbindung eines Rechners zu einem bestimmten Service im Internet. Es gibt verschiedene Arten von Floods; zu der harmlosen Variante gehören Text-Floods: Hier werden große Mengen von Textzeilen schnell hintereinander an den Client des Opfers geschickt. Eine bösartigere Variante ist das *Packeting*, das direkt auf die *IP-Adresse* des Opfers zielt.

ftp File Transfer Protocol, ein Client/Server-Protokoll, das zur Übermittlung von Dateien über *TCP/IP* dient.

Gauß-Krüger Projektion in Deutschland, Österreich und Schweiz gängige Kartenprojektion für großmaßstäbige Abbildungen vom Typ transversale Mercator.

GB steht für (Gigabyte) und bezeichnet ein Maß für Datenmengen. 1 GB = 2^{30} Bytes = 1024 MB.

Genauigkeit im Bereich GIS der Grad der Reproduzierbarkeit bzw. Exaktheit von „räumlicher" Information. Wird meist als Lagegenauigkeit verstanden und gibt an, wie groß die Abweichung der digital gespeicherten Lagekoordinaten eines Objektes von der Realität ist. Gemessen entwerder als „statistische" mittlere Abweichung oder Maximalwert durch die allgemein numerische Genauigkeit der Speicherung von Werten (z. B. Koordinaten) als 16bit, 32bit usw. Daten. Im Bereich der Raster-GIS-Daten auch Auflösung, Größe der Pixel.

Geobasisdaten Geodaten, die für viele GIS-Anwendungen benötigt werden und deren Basis bilden. Hierzu gehören Bezugssysteme und Grundlagennetze, Höhendaten, Topographiedaten, Verwaltungsgrenzen auf nationaler, regionaler und lokaler Ebene, wie Flurkarten und Luftbilder. Unter amtlichen Geobasisdaten in Deutschland wird der Datenbestand verstanden, der von den Vermessungsverwaltungen der Länder erfaßt und geführt wird und in den amtlichen Geoinformationssystemen ALK, ALB und ATKIS enthalten ist.

Geocode ist das Element in einer Datenbank, mit dem der Standort eines bestimmten Eintrags, z. B. eine Postleitzahl, identifiziert wird. Der Prozess der Geokodierung ähnelt dem der Adressenzuordnung darin, dass eine Datendatei mit einer Datei von „Geocodes" und ihren zugeordneten Koordinaten verglichen wird.

Geodaten unter raumbezogenen Daten versteht man Informationen, die durch eine Position im Raum direkt oder indirekt referenzierbar sind. Der Raum ist dabei definiert durch ein Koordinatensystem, das den Bezug zur Erdoberfläche herstellt. Geodaten werden in der Regel grafisch als Karte oder am Bildschirm präsentiert.

- Geometrie (Position und geometrische Ausprägung) sowie deren
- **Präsentation** (graphische Ausprägungen wie Signaturen, Farbe, Typographie)
- **Sachdaten** (alphanumerische Daten zur Beschreibung der Semantik)

Geodatenbank-Server: Verwaltet Geoobjekte in einem kommerziellen DBMS und stellt Geooperatoren über eine dokumentierte und von Anwendungsentwicklern nutzbare Schnittstelle zur Verfügung - als Softwarekategorie im GIS-Report – ein GIS-Programm mit interaktivem GUI – (z. B. Mapinfo SpatialWare, ESRI Spatial Data Engine, Autodesk MapGuide, IBM geoManager).

Geodätisches Datum ist ein Parametersatz, der Koordinatensysteme für die gesamte oder Teile der Erde definiert. Diese Daten wurden im Laufe der Zeit verfeinert. NAD27 ist das Nordamerikanische Datum für 1927, ED50 ist das Europäische Datum für 1950 und WGS84 bedeutet World Geodetic System für 1984. Variierende Daten werden benutzt, um eine lokale Anpassung eines Rotationsellipsoiden zur eigentlichen Form der Erde - des Geoids - zu erstellen.

Geodaten Server sind eigenständige Programme, die Nachrichten von Client-Programmen empfangen und dann entsprechende Funktionen ausführen können.

Geodaten-Management zur Verwaltung von umfangreichen Geodatenbeständen von Organisationen werden für die Vermarktung von Geodaten und die Kommunikation zwischen Datenanbietern und Datennutzern speziellle Geodaten-Managementsysteme eingesetzt, um die Übernahme, Pflege, Verwaltung und Bereitstellung von Geodaten und Metadaten zu möglichen.

Geographisches Informationssystem (GIS) bezeichnet ein System, dass aus *Hardware*, *Software* und Verfahren besteht, welches raumbezogene Daten (*Sachdaten*, *Geometriedaten*) erfaßt, speichert, manipuliert, analysiert, modelliert und ausgibt (*EVAP*), um komplexe Planungs- und Managementaufgaben zu bewältigen.

Geometriedaten sorgen für den Raumbezug sowie die geometrische Definition eines raumbezogenen Objekts. Für die geometrische Darstellung können sowohl *Vektordaten* als auch *Rasterdaten* dienen. Die äußere Geometrie (Metrik) sorgt für die maßstabsgerechte Abbildung, wobei die innere Geometrie (*Topologie*) Nachbarschaftsbeziehungen aufzeigt.

GIS Geographisches Informationssystem bzw. Geo-Informationssystem, verwaltet räumliche Informationen.Es erlaubt die Ablage, Abfrage, Auswertung und Verknüpfung kartographischer Daten. Als „GIS-Softwarekategroie" im GIS-Report, GIS-Programm mit voller GIS-Funktionalität, wie Flächenverwaltung und Analyse (z. B. SMALLWORLD GIS, Arc/Info, SICAD/open, ALK-GIAP).

GIS-Komponentensoftware: als Softwarekategorie im GIS-Report – ein GIS-Programm mit interaktivem GUI, Softwareentwicklungs-Umgebung (z. B. C-Bibliothek, Active-X Controls, Java Beans, CORBA-Objekte), mit deren Hilfe spezifische GIS-Anwendungen entwickelt werden können (z. B. MapObjects, MapX)

GIS-Ergänzung: als Softwarekategorie im GIS-Report – ein GIS-Programm mit interaktivem GUI, Programm-Module, wie Konverter, die ergänzend zu GIS-Programmen entwickelt wurden (z. B. ENVI/IDL, CAD.DIA.ESP, Sound PLAN, NuLoc)

GIS-Fachschale: als Softwarekategorie im GIS-Report – ein GIS-Programm mit interaktivem GUI, Benutzeroberfläche und Programmerweiterung von GI-Systemen einer Berufsgruppe zu einer Fachapplikation (z. B. SMALLWORLD Fachschale Strom, Ingenieurbüro Dr. Ing. Stein, AGIS GeoAS-Baum)

GPS oder **Global Positioning Systems** sind Ortspeilungssysteme, die mit Hilfe von Radioempfängern Signale von Spezialsatelliten empfangen und Koordinaten für den Empfänger berechnen. Die Genauigkeit hängt von der Leistungsstärke bei der Verarbeitung und der verfügbaren Empfangszeit ab. Die Echtzeitnavigation mit GPS bspw. in Flugzeugen erreicht eine Genauigkeit von +/- 100 m. Verarbeitete Daten aus mehreren Stunden Beobachtung sind bis auf wenige Zentimeter genau.

GUI oder **Graphical User Interface** sind grafische Benutzeroberflächen von Programmen. Mit Hilfe von GUI-Methoden kann der Anwender den Computer mit einem Zeigegerät wie der Maus über bildliche Schaltflächen (Symbole) und Befehlslisten bedienen.

Grafikdaten erhält man aus der Geometrie, indem grafische Beschreibungen hinzugefügt werden. Beispiele für grafische Beschreibungen sind Symbole, Schraffur, Grauwerte und Texte. Früher waren die Anweisungen zur Erzeugung von Grafikdaten in Zeichenvorschriften vorhanden.

Hacker sind Computerspezialisten, die teilweise auch in fremden Systemen nach Sicherheitslücken suchen, diese aber nicht nutzen, um sich selbst zu bereichern.

Hardware ist der Sammelbegriff für die physikalischen Komponenten eines Computersystems. Bei GIS wird ebenso die gesamte Peripherie vom Digitizer bis hin zum Filmbelichter unter diesen Ausdruck subsumiert.

Homepage „Leitseite", die erste Seite einer Website bzw. einer Adresse im Internet. Sie ist über die *URL* zu erreichen.

Host engl.: „Gastgeber"; ein Rechner, der über hohe Rechner- und Speicherkapazität verfügt und diese in einem Netzwerk anderen Rechnern zur Verfügung stellt.

HSDA ist die Abkürzung für das Vierkomponenten-Modell eines GIS hinsichtlich seines Aufbaus: Hardware, Software, Daten und Anwender.

HTML Hyper Text Markup Language, Formatierungssprache für Dokumente im *WWW*.

HTTP ist die Abkürzung für Hypertext Transfer Protocol. Dies ist das wichtigste Datenübertragungsprotokoll auf der Basis von *TCP/IP* im *WWW*. HTTP ist ein verbindungsloses Protokoll, d.h. jede Transaktion ist unabhängig vom Vorgänger und vom Nachfolger.

Hybrides GIS verwaltet sowohl Vektor- als auch Rasterdaten. Im hybriden Modell können die Vorteile beider Modelle kombiniert werden.

Hyperlink sind anklickbare Querverweise (hervorgehobener Text, anklickbare Grafiken = clickable images) und führen zu anderen Web-Seiten im Internet.

ICMP Internet Control Message Protocol, erlaubt das Versenden von Fehlermeldungen sowie Test- und anderen Informationspaketen. Es wird häufig zum *Packeting* missbraucht.

IMAP Internet Mail Access Protocol, das das Speichern und Verwalten von elektronischen Postnachrichten auf einem zentralen Mailserver ermöglicht. IMAP ist zugleich auch die englische Übersetzung von *EVAP* und kennzeichnet die Aufgaben eines GIS: Input, Management, Analysis and Presentation.

Implementierung bedeutet im weiten Sinne Durchführung oder Vollzug. Im engeren Sinne wird damit das Problem der Durchsetzung von Innovationen, der Umsetzung von Planungen oder der Einführung von neuartigen Aufgaben (z.B. auch Software) bezeichnet.

Informatik bezeichnet die wissenschaftliche Studienrichtung der Informationsverarbeitung, die sich insbesondere mit dem Einsatz von digitalen Rechenanlagen (Computern) auseinandersetzt. Innerhalb der GIS kommt ihr eine besondere Rolle zu, da sie u.a. ?Datenbanken und dazugehörige Abfragesprachen entwickelt.

Informationssystem (IS) ist ein Frage-Antwort-System zum rechnergestützten Behandeln und Analysieren von Daten und Informationen. Seine Funktionen können durch ein Vierkomponentenmodell wiedergegeben werden: Aufnahme, Speicherung, Verarbeitung und Wiedergabe der Daten und Informationen.

Internet bezeichnet internationale, miteinander verbundene Computernetzwerke von staatlichen, universitären und privaten Stellen, also ein Netzwerk von Netzwerken. Rechner im Internet kommunizieren mittels der Internetprotokolle *TCP/IP* miteinander.

Internet-GIS: als Softwarekategorie im GIS-Report – ein GIS-Programm mit interaktivem GUI, Client-Server GIS-Anwendung, die mit einem Web-Browser als Benutzer-Frontend über Internet-Protokolle auf einen Applikationsserver zugreift (z. B. GeoMedia WebMap, Autodesk MapGuide, ArcView Internet Map Server, Mapinfo MapXtreme/J)

IP-Adresse Numerische Adresse zur Identifizierung von Rechnern in einem *TCP/IP*-Netz. Die 32 Bit grosse IP-(V4)-Adresse wird in vier Oktetten dargestellt (etwa 192.168.0.0.). Sie besteht grundsätzlich aus zwei Teilen, der netid (Adresse des logischen Netzwerks) und der hostid (Adresse eines *Hosts* innerhalb des logischen Netzwerks, siehe Netzklassen).

IP-Masquerading Sonderform von *NAT*, bei der mehrere private *IP-Adressen* auf eine einzige öffentliche Adresse umgesetzt werden.

IRC steht für Internet Relay Chat und bezeichnet das Protokoll, das für die Datenübertragung bei Online-Unterhaltungen genutzt wird ISDN-Karte verbindet den Computer mit einem digitalen Telefonnetz. Die Übertragungsgeschwindigkeit wird dabei in Bits per seconds angegeben.

ISDN-Karte verbindet den Computer mit einem digitalen Telefonnetz. Die Übertragungsgeschwindigkeit wird dabei in Bits per seconds angegeben.

Java ist eine objektorientierte Programmiersprache, die von der Firma SUN Microsystems entwickelt wurde (ISO-Standard ist in Arbeit). Mit ihr können normale Anwendungen (Applications) und automatisch in einen geeigneten *Browser* ladbare *Applets* entwickelt werden. Java ist auf allen Rechnerplattformen lauffähig.

JavaScript eine von Netscape entwickelte, nicht mit Java verwandte Script-Sprache, die den Aufbau von interaktiven Web-Seiten ermöglicht. Das Script wird direkt in den HTML-Quellcode der Website eingegeben und vom Browser-internen Interpreter ausgeführt.

JPEG (Joint Photographics Experts Group) bezeichnet ein Verfahren zur verlustbehafteten Kompression von digitalen Bild- bzw. Rasterdaten. JPEG-kodierte Bilddaten können von den gängigen *WWW*-Browsern direkt dargestellt werden.

Kartenmaßstab gibt das Größenverhältnis zwischen der Realität und der Darstellung an. Der Maßstab wird normalerweise als Bruchteil der realen Entfernung dargestellt, z. B. 1 : 50 000. Theoretisch besitzt ein (digitaler) Datensatz im Gegensatz zu einer Karte keinen Maßstab, aber der Begriff „Maßstab" wird sinnbildlich für Auflösung und Inhalt verwendet. Als Faustregel gilt, dass bis zu dem fünffachen eines Maßstabssprunges ohne Generalisierung in einer GIS-Kartenausgabe zusammen dargestellt werden kann.

Kartenprojektion ist ein mathematisches Modell, mit dem die dreidimensionale Realität in eine zweidimensionale Form zur Darstellung auf Karten oder innerhalb einer zweidimensionalen GIS-Datenbank konvertiert wird. Alle Kartenprojektionen haben bestimmte Vorteile, jedoch auch gewisse Beschränkungen. Für die GIS-Bearbeitung ist die jeweils günstigste Projektion - i.d.R. das Landeskoordinatensystem zu wählen.

Kataster sind Daten- bzw. Kartensammlungen oder Datensätze mit Informationen über Landeigentum und -rechte. Ein Kataster enthält Karten und Beschreibungen einzeln identifizierter Landparzellen.

Knoten sind im GIS-Sprachgebrauch elementare räumliche Einheiten innerhalb des Vektordatenmodells, das den Anfang oder das Ende eines Segments darstellt. Ein Knoten kann auch entstehen, wenn eine Reihe von Segmenten zusammentreffen. Ein Knoten in einem Straßennetz kann z. B. ein Autobahnkreuz darstellen.

Koordinaten sind Zahlen, die den Standort eines Punktes im Verhältnis zu einem Ursprungspunkt angeben. Kartesische Koordinaten drücken den Standort zwei- oder dreidimensional als senkrechte Entfernung von zwei oder drei orthogonalen Achsen aus.

Klassifizierung ist eine Methode der Bildverarbeitung, die dazu dient, in Rasterbildern Flächen mit gleichen Eigenschaften zu ermitteln. Bei der Klassifizierung von Fernerkundungsdaten können so Wälder, Wasserflächen u. a. Nutzungstypen ausgewertet werden. Die Klassifizierung kann automatisch „unüberwacht" oder halbautomatisch interaktiv „überwacht" durchgeführt werden. Für die „unüberwachte" Klassifikation werden zuvor einheitliche Trainingsgebiete bestimmt.

Konvertierung In einer Programmsprache für einen bestimmten Rechner geschriebene Programme oder Schnittstellenformate werden mit Hilfe eines Konvertierungsprogramms für einen neuen Rechner umgesetzt.

Längen-/Breitengrad stellt ein mögliches räumliches Referenzsystem für die Erdoberfläche dar. Geografische Breite bestimmt das Winkelmaß eines Ortes nördlich oder südlich des Äquators. Geografische Länge bestimmt das Winkelmaß eines Ortes östlich oder westlich des Nullmeridians in Greenwich, England.

LAN Local Area Network, ist der Begriff für ein lokales Netzwerk, in das verschiedenartige Rechner zwecks gemeinsamer Ressourcennutzung und Datenaustausches eingebunden werden.

Landinformationssysteme (LIS) sind eine besondere Ausprägung von GIS. Sie werden von den Vermessungsbehörden aufgebaut und geführt, wobei sie sich in erster Linie auf die vermessungstechnische Abbildung der Erdoberfläche in der Form von digitalen Karten und Eigentumsnachweisen beziehen.

Landschaftsinformationssysteme bilden die physischen und strukturellen Eigenschaften der Landschaft in verschiedenen Ebenen ab und dienen als wesentliche Datengrundlage für die Landschaftsplanung, Landschaftsanalyse und –bewertung sowie für Umweltverträglichkeitsprüfungen in verschiedenen Maßstäben.

Liegenschaftskataster ist das amtliche Verzeichnis der Grundstücke als Bestandteil des Grundbuchs. Es enthält grafische und beschreibende Informationen zu Grundstücken und Eigentumsverhältnissen, die u.a. in Liegenschaftsbuch und Liegenschaftskarte nachgewiesen sind. In digitaler Form sind dies ALB und ALK. Große Gebietskörperschaften entwickeln zusätzlich organisationsspezifische Liegenschaftskataster.

MAC-Adresse Hardware-Adresse einer Netzwerkkarte. Sie ist für jeden Adapter fest auf der Karte gespeichert und weltweit eindeutig. Alle logischen Adressierungsarten im Netz (etwa über

IP-Adressen) müssen immer auf die MAC-Adresse umgesetzt werden.

Makro sind eine Reihe von Programmbefehlen oder Anweisungen, die in einer Datei gespeichert werden und auf Wunsch wieder aufgerufen werden können. Makros werden im Allgemeinen zum individuellen Anpassen von einzelnen Anwendungen in GIS-Toolkits und anderen Anwenderprogrammen verwendet.

MB steht für Megabyte und ist ein Maß für Datenmengen. 1 MB = 2^{20} Byte = 1024 Kilobyte (KB).

MEGRIN (Multipurpose European Ground Related Information Network) ist ein Metainformationssystem über raumbezogene Daten der Vermessungsverwaltungen in Europa. Über Online-Verbindungen (z.B. durch das Internet) können Informationen über die Datenbestände der Staaten Europas abgerufen werden.

MERKIS Die Maßstabsorientierte Einheitliche Raumbezugsbasis für Kommunale Informations-Systeme wurde vom Deutschen Städtetag entwickelt und hat zum Ziel, alle Geometriedaten der Topographie und der fachlichen und rechtlichen Objekte des Gemeindegebietes so zu speichern, dass sie untereinander und mit den relevanten Fachdaten verknüpf- und auswertbar sind.

Meta-Datenbank enthält Daten über Daten. Metadaten umfassen die Informationen, die den Inhalt eines für eine Fragestellung relevanten Informationssystems beschreiben. Beispiele für Meta-Datenbanken sind das *MEGRIN* und der *UDK*. Die Meta-Daten sollten mindestens eine Kurzbeschreibung des Inhalts, Informationen zum Grad der Flächendeckung der Informationen, zu den Modalitäten der Datenabgabe, den möglichen Schnittstellen sowie zur Aktualität und Qualität der Daten enthalten.

Mobil-GIS: als Softwarekategorie im GIS-Report – ein GIS-Programm mit interaktivem GUI. Für den mobilen Einsatz auf einem Pencomputer entwickelte GIS-Software mit dem Schwerpunkt der Datenerfassung und –aktualisierung (z. B. ArcPad)

Multispektral bedeutet in der *Fernerkundung* ein Aufnahme mit zwei oder mehreren Spektralbändern.

NAT Network Address Translation, Umsetzung der in der Regel privaten *IP-Adressen* eines *LANs* auf andere, meist öffentliche IP-Adressen. Neben der Möglichkeit, mehrere Rechner über eine einzige, vom Provider gelieferte IP-Adresse ins Internet zu bringen, verschafft NAT schon einen gewissen Schutz gegen Angriffe aus dem Internet auf Rechner im LAN.

Netzabbildungen in einem GIS sind miteinander verbundene Elemente, durch die etwas übertragen werden oder fließen kann. In GIS wird dies durch eine Reihe von Knoten, die durch Segmente verbunden sind, dargestellt. Jedes dieser Segmente weist Attribute auf, die Flussmerkmale darstellen, z. B. ein Straßen- oder Leitungsnetz.

Netzklassen IP-Adressen sind in die fünf Netzklassen A bis E unterteilt. Dies dient einer effizienteren Verwendung der IP-Adressen durch die Festlegung der in jeder Klasse adressierbaren Hosts. In Class-A-Netzen (IP-Adressen zwischen 1.0.0.0. und 126.255.255.255, Subnetzmaske 255.0.0.0) können jeweils über 16 Millionen Hosts aktiv sein, Class-B-Netze (IP-Adressen von 128.0.0.0 bis 192.255.255.255, Subnetzmaske 255.255.0.0) unterstützen über 65 000 Rechner, Class-C-Netze (IP-Adressen zwischen 192.0.0.0 und 223.255.255.0 , Subnetzmaske 255.255.255.0) unterstützen bis zu 254 Hosts. Adressen über 223.255.255.255 sind für Mulitcast-Netze der Klasse D reserviert, die Klasse E wird momentan nicht benutzt.

Objekt ist die Bezeichnung für ein raumbezogenes Element - auch Geoelement genannt, dem eine Geometrie und Thematik zugeordnet werden kann. Jedes Objekt gehört zu einer *Objektklasse*, deren Eigenschaften das Objekt kennzeichnen.

Objektklassenprinzip kennzeichnet eine Methode des thematischen Modellierens in der raumbezogenen Datenhaltung. Dabei gibt es eine Hierarchie zwischen Objektklasse, *Objekt* und Objektteil, die nach oben offen ist. Diese Hierarchie kann streng eingehalten werden, was zu einem thematischen Baum führt, oder aber es werden netzwerkartige Verknüpfungen zugelassen - dies resultiert in dem thematischen Netzwerk.

Objektorientiertes Programmieren ist eine Technik in der Informatik, die nicht mehr zwischen Daten und Methoden unterscheidet. Ein *Objekt* besteht hierbei aus einem Datensatz und einer Anzahl von Anweisungen, die es ausführen kann. Objektorientierte Programmiersprachen (z.B. C++, Java, Smalltalk, Eiffel) unterstützen den objektorientierten Softwareentwurf.

Objektschlüssel realisiert den umkehrbar eindeutigen Zugriff zwischen der geometrischen und thematischen Beschreibung. Er muss EDV-gerecht ausgewählt werden. Objektschlüssel werden in so genannten Objektschlüsselkatalogen vorgehalten.

Online ist ein Verfahren der unmittelbaren Verbindung und des direkten Datenaustausches zwischen Peripheriegeräten und der Zentraleinheit (*CPU*). Ebenso wird als Online der direkte Zugriff auf Datenbestände in einer *Datenbank* bezeichnet.

Offline ist der Gegensatz zu *Online*, d.h. es besteht keine unmittelbare Verbindung bzw. direkter Datenaustausch zwischen der Zentraleinheit und der Peripherie. So kann z. B. ein Drucker, abgekoppelt von der Zentraleinheit, einen Selbsttest durchführen.

OGC Open GIS Consortium, Internationaler Zusammenschluß von Herstellern und Anbietern von Geoinformationssystemen und Geodaten.

OGIS Open GIS, „Offene" bzw. interoperable Geoinformationssysteme; die Schaffung interoperabler GIS ist Ziel des Open GIS Consortiums (OGC).

OLE „Object Linking and Embedding", OLE ist ein Begriff von Microsoft und ist eine Erweiterung bzw. der Ersatz von DDE. Die inzwischen verbreitete OLE-Technik hat zum Ziel, Dokumente verschiedener Applikationen besser integrieren zu können. Wird ein Objekt als „Link" eingefügt, handelt es sich nicht um einen Kopiervorgang, sondern um die Referenz auf eine externe Datei. Änderungen des Originals führen zur Aktualisierung der Darstellung in allen Dokumenten, in denen ein „Link" realisiert wurde. Wird ein Objekt eingebettet, wird eine Kopie des Originals Bestandteil des Zentraldokuments. Änderungen des Originals führen nicht zu Änderungen der Kopie. Modifikationen solcher kopierten Objekte sind jedoch nach wie vor und nur mit Hilfe der Applikation möglich, mit der das Objekt erzeugt wurde.

Orthophoto sind durch Transformation auf ein orthogonales Koordinatensystem entzerrte Luftbilder.

Packeting ist eine spezielle Form des *Flooding*: Es werden massenhaft *ICMP*-Pakete an die *IP-Adresse* des Opfers geschickt.

Pager ist ein Chat-Programm, das eine Kontaktliste führt und somit immer anzeigt, welche Bekannten sich gerade online oder offline befinden.

PAP Point Authorization Protocol, Authentifizierungsmethode für *PPP*. Im Unterschied zu *CHAP*, das mit *Host-Namen* arbeitet, beruht PAP auf Benutzernamen und überträgt Passwörter unverschlüsselt.

Peripheriegeräte sind Hardwarekomponenten zur Ausführung bestimmter Funktionen. Zu den gängigen Peripheriegeräten eines GIS gehören Eingabegeräte wie Digitalisiertabletts und Ausgabegeräte, wie Plotter und Drucker. Bei der Wahl der GIS-Software soll darauf geachtet werden, dass bereits existierende Peripheriegeräte verwendet werden können.

Pixel werden die Bildpunkte eines Rasterbildes genannt, wie sie auf dem Bildschirm oder in einer Rasterzeichnung dargestellt werden.

Plug-In ist ein ergänzendes Programm, das z.B. den installierten Web-Browser um neue Funktionalitäten ergänzt.

Polygon ist die Darstellung einer geschlossenen Fläche, die durch ein oder mehrere Segmente definiert wird und die Grenzen des Polygons bilden. Polygone können Attribute aufweisen, die das Gebiet, das sie darstellen, beschreiben, wie die Bevölkerung eines Wahlbezirkes oder die Arten eines Biotops.

POP Post Office Protocol, ein Übertragungsprotokoll zum Zugreifen und Verwalten von E-Mail auf einem POP-Server von Mail-Clienten aus.

Port *TCP/IP*-Anwendungen kommunizieren mit Partnern auf anderen Rechnern über eine Kombination aus *IP-Adresse* und Port-Nummer. Diese spezifiziert den Dienst auf dem Zielrechner, der angesprochen werden soll – unter einer IP-Adresse sind schliesslich unter Umständen mehrere Dienste wie ein Web-Server oder ein ftp-Daemon erreichbar. Für diesen Mechanismus gibt es so genannte well known ports, etwa Port 80 für *HTTP* oder die Ports 20 und 21 für *ftp*.

PostScript bezeichnet eine Seitenbeschreibungssprache der Firma Adobe, mit der sich grafische Geräte (z.B. Drucker, Belichter, Bildschirme, Plotter) ansteuern lassen. Mit dieser Sprache können beliebige Darstellungen erzeugt werden; außerdem ist es möglich, nicht nur einzelne Bildpunkte, sondern auch Objekte zu definieren und auszugeben.

PPP (Point to Point Protocol) ist ein serielles Übertragungsprotokoll, das unter anderem die Einwahl in das Internet ermöglicht

Provider (to provide = bereitstellen) sind Firmen, die gegen eine Gebühr Kunden den Internet-Zugang ermöglichen.

Proxy sind Server (im Internet), die zur Zwischenspeicherung von Daten dienen. Wird bspw. eine Website von einem entfernten Rechner aus geladen, so wird diese auch auf dem Proxy abgelegt. Bei einem erneuten Aufrufen wird die Seite dann vom Proxy geladen, was den Ladevorgang deutlich verkürzt.

Projektion mathematisch definierte Abbildungsvorschift von sphärischen Koordinaten, wie der Erdoberfläche, in ein planares Koordinatensystem für eine Karte.

Puffer sind Zonen um einen Punkt, eine Linie oder eine Fläche, die vom Benutzer definiert wurde. Die Erstellung von Puffern zur Bestimmung der Nähe von Merkmalen ist eine häufige Anwendung der *räumlichen GIS-Analyse*. Sie kann bspw. dazu dienen, alle Gewerbebetriebe in weniger als 1,5 km Entfernung von einer Bushaltestelle zu finden.

Punkt stellt eine der möglichen räumlichen Ausprägungen eines GIS dar. Ein Punkt ist das einfachste geografische Element. Im Vektordatenmodell wird der Punkt als einzelne X-, Y-Koordinate und im Rastermodell als einzelne Zelle dargestellt. Dem Punkt können Attribute zugeordnet werden, die das Element, welches er darstellt, beschreiben, z. B. die Bezeichnung einer Umweltmessstelle.

Quadtree ist eine regelmäßige Unterteilung eines Basisquadrats. Er dient der flächenhaften Strukturierung von *Rasterdaten* sowie als Zugriffsmechanismus in *Datenbanksystemen*. Ein Quadtree ist definiert durch die sukzessive Viertelung des Basisquadrats, d.h. ein Vater hat vier Söhne, jeder Sohn hat wiederum vier Söhne usw.

QIC steht für (Quarter Inch Committee) und beschreibt eine Gruppe von Standards zum Format von 1/4 Zoll Magnetbandkassetten. QIC-525 legt z. B. das physikalische Format von Kassetten mit einer Kapazität von 525MB fest.

QTVR Eine Quicktime-Virtual-Reality besteht aus interaktiven digitalen Filmen mit Verzweigungsmöglichkeiten zu unterschiedlichen Kamerastandpunkten. Der jeweilige Kamerastandpunkt ermöglicht dabei die Betrachtung eines 360°-Panoramas mit stufenloser Skalierung. Die Szenen können computer- oder fototechnisch generiert sein.

Rasterdaten bezeichnen die Art der geometrischen Darstellung von raumbezogenen *Objekten*, bei denen das Objekt äquidistant diskretisiert und dann quantisiert wird. Das Grundelement ist das *Pixel* als kleinstes, nicht mehr unterteilbares Gebiet homogener Bedeutung. Hauptanwendungen der Rasterdatenerfassung liegen in der digitalen Fotogrammetrie, der Fernerkundung, der Mapalgebra und der thematischen Kartografie.

Rastergrafik ist eine Form der Computergrafik. Das atomare Element ist das Pixel. Durch die hohe *Auflösung* der Rasterbildschirme werden diese heute überwiegend bei der passiven und der interaktiven Visualisierung eingesetzt.

Raster/Vektor-Konvertierung ist ein Verfahren der Bildverarbeitung, um Rasterdaten in Vektordaten zu überführen. Das erfolgt in der Regel in zwei Schritten: Zuerst werden die Rasterdaten vektorisiert erzeugt. Anschließend wird versucht, mit unterschiedlichen Methoden die Struktur der Vektoren zu erkennen, z. B. Grundstücke, Symbole oder Schrift (Texterkennung).

Raumbezogenes Informationssysteme (RIS) werden in der Regel durch staatliche Ämter aufgebaut, die räumliche Informationen verarbeiten. Sie dienen dazu, die vorhandenen räumlichen Informationen für den Nutzerkreis aufzubereiten und bereit zu stellen.

Räumliche Analyse ist der Prozess, in dem raumbezogene analytische Auswertungen an Datensätzen mit geografisch bezogenen Informationen durchgeführt werden. Geografische Informationen werden hierfür im ersten Schritt oft extrahiert. Die weitere räumliche Analyse kann zur Darstellung von komplexen geografischen Wechselwirkungen führen und beispielsweise zur Bestimmung der Eignung eines Standortes dienen oder zur Prognose zukünftiger Ereignisse.

Referrer Datensatz im *HTTP*-Request, der einem Web-Server mitteilt, über welche man auf seine Seite gestossen ist und wie man sich auf seinen Seite hin- und herbewegt. Wird oft von Web-Administratoren in Logfiles gesammelt und ausgewertet.

Relationale Datenbank enthält Sachdaten in verschiedenen Dateien, wobei gleichartige Datensätze in Relationen (Tabellen) stehen, die untereinander logische Verknüpfungen ermöglichen.

Relationales Modell ist ein logisches Datenmodell zur Strukturierung von *Datenbanksystemen*. Dabei werden gleichberechtigte Tabellen aufgebaut, deren Spalten (Domänen) über die Spaltennummern und deren Zeilen (Tupel) über die Zeilennummern erreicht werden können. Das relationale Modell wird wegen seiner Mächtigkeit gerne in der raumbezogenen Sachdatenhaltung eingesetzt. Zugang zu relationalen DBMS gewährt die Sprache *SQL*.

RISC steht für Reduced Instruction Set Computer und bezeichnet eine Computerarchitektur mit einem eingeschränkten, dafür aber schnelleren Befehlssatz, z.B. Digital Alpha, IBM Power und SUN Sparc (Gegensatz: *CISC* - Complex Instruction Set Computer).

Routing Vermittlung von Datenpaketen zwischen zwei unterschiedlichen IP-Teilnetzen. Ein Datenpaket, das nicht für das lokale Subnetz des sendenden Clients bestimmt ist, wird in den nächstgelegen Router weitergeleitet. Kennt dieser die Zieladresse, schickt er das Paket direkt weiter. Ansonsten wird es so lange an andere Router durchschoben, bis es eine Maschine erreicht, die im gleichen Subnetz wie der angesprochene Zielrechner liegt.

Runlength-Kodierung ist eine Datenkomprimierungstechnik, die gleiche Eigenschaften der abzuspeichernden Daten ausnutzt. Dadurch können aufeinander folgende Funktionswerte zu Gruppen zusammengefasst und somit komprimiert gespeichert werden. Anwendung findet die Runlength-Kodierung in der Rasterdatenverarbeitung.

Sachdaten geben den thematischen Inhalt eines raumbezogenen Objekts wieder und stellen somit die Klasse der nichtgeometrischen Daten dar. Hiermit können verschiedene thematische Zuordnungen z.B. eines Flurstücks beschrieben werden: Lage, Eigentümernachweis etc. Andere Bezeichnungen für Sachdaten sind mit den *Attributen* und thematischen Daten gegeben. Sachdaten besitzen i.d.R. keine Hierarchie und lassen sich daher sehr gut in relationalen Datenbankmodellen abbilden.

Satellitenbild Rasterbild, das durch von Satelliten, wie Landsat oder SPOT aus großer Höhe erfaßt und digital übertragen wird. Im Gegensatz zu Luftbildern liegen diese Daten somit bereits digital vor und können direkt bearbeitet werden. Die Satellitenbilder liegen je nach Satellit in unterschiedlichen Spektralbereichen vor. Auch die Auflösung hängt vom Satelliten ab (0,5-120 Meter/Pixel). Hohe Auflösungen stehen zunehmend zivilen Nutzungen zur Verfügung, sind aber noch relativ teuer.

Scannen ist eine automatische Technik zur Datenerfassung, die Informationen von einer Vorlage auf Papier oder Film in digitale Rasterdaten konvertiert. Der Prozess ist schnell, jedoch hat der entstehende Rasterdatensatz nur Farben, Graustufen oder Schwarz/Weiß-Attribute und verfügt möglicherweise nicht über die für GIS-Analysen erforderliche Intelligenz. Das Ergebnis des Scannens ist ein Pixelbild der Vorlage.

Segment ist eine elementare räumliche Einheit und Grundlage für räumliche Modelle. Ein Segment wird von einer Reihe geordneter Koordinaten (Scheitelpunkten) geformt, die wiederum die Form eines geografischen Objekts ergeben. Anfangs- und Endpunkte eines Segments sind *Knoten*.

Server ist ein Rechner, der einem *Client* Daten zur Verfügung stellt. Jeder Rechner wird zu einem Server, sofern entsprechende Programme darauf laufen, wie beispielsweise ein *ftp*-Server.

Shell Für gewöhnlich ist eine Shell ein Rechner, der ständig mit dem Internet verbunden ist (abgeleitet von der „Shell" als Kommandointerpreter unter Unix). Über *Telnet* kann der Benutzer Kontakt zu der Shell aufnehmen und je nach Benutzerrechten dort Programme ausführen oder sie schlicht als Datenspeicher verwenden.

SMTP Simple Mail Transfer Protocol, das Standardprotokoll zum Übermitteln von E-Mail im Internet.

Schnittstellenformat Beschreibt die Codierung der Daten, die in einer Schnittstelle transportiert werden sollen. Die meisten Systeme bedienen ASCII-Dateien, die les- und editierbar sind. Am weltweiten Markt haben sich einfache Schnittstellen, DXF-Format und Shape durchgesetzt. Durch die Vermessungsverwaltung sind EDBS und ALK-GIAP in Deutschland eingeführt.

Social Engineering Dabei wird ein Opfer durch eine vorgebliche Autorität überrumpelt oder trickreich überredet, Informationen herauszugeben oder „ungesunde" Kommandos in seinen Rechner einzugeben. Typische Beispiele sind Passwörter oder Kreditkartendaten.

Socket ist ein Mechanismus für virtuelle Verbindungen zwischen einzelnen Prozessen (ursprünglich auf UNIX-Systemen).

Software ist der Sammelbegriff für die logischen Komponenten eines Computersystems, die erst den Umgang mit der *Hardware* ermöglichen. Die Software enthält alle Verarbeitungsanweisungen und Prozeduren, um das Vierkomponentenmodell eines GIS so effizient wie möglich auszufüllen.

Spaghetti-Daten ist ein Ausdruck in der raumbezogenen Datenhaltung für lange, dünne Listenstrukturen, die lediglich die Koordinaten der Knoten enthalten.

Spam Unaufgefordert verschickte Massenwerbung, oft per E-Mail.

Stand Alone ist eine Bezeichnung für Arbeitsplatzrechner, die alle Operationen autark durchführen können. Dies bezieht sich auf Minicomputer, Grafik-Arbeitsstationen und PC, die über eine entsprechende Peripherie verfügen.

Structured Query Language (SQL) bezeichnet eine Datendefinitions- und -manipulationssprache relationaler Datenbanksysteme. Gängige Begriffe sind dabei: SELECT, FROM, WHERE, AND u.a., mit denen neue Tabellen erzeugt und das gewünschte Ergebnis extrahiert werden kann.

TCP/IP Abkürzung für Transmission Control Protocol/Internet Protocol. Bezeichnet eine Familie von Datenübertragungsprotokollen, auf der das heutige *Internet* basiert.

Telnet Das Internet Standardprotokoll für die Einloggen auf entfernten Rechnern. Telnet benutzt *TCP/IP* mit erweiterten Optionen.

Thematische Karte In einer digitalen thematischen Karte in einem GIS-System sind sowohl Geometrien als auch thematische Sachdaten auswertbar. Eine thematische GIS-Karte ist oft wesentlich themenbezogener, als eine klassische topographische Karte, bei der es sich um eine allgemeine Karte handelt, die landschaftliche Merkmale, wie Flüsse, Straßen, Landmarken und Elevation, als komplexe Darstellung enthält.

TIF-Format (TIFF) ist ein standardisiertes Austauschformat für Rasterdaten und beinhaltet verschiedene Rasterformate. Es werden unterschiedliche TIF-Formate, je nach verwendeter Speicherung unterschieden. (z.B. packed bit, CCITT, etc.). Außerdem verwendet TIFF eine Reihe von Parametern („tags"), die Angaben über die Art der Speicherung, die Anzahl der Zeilen und Spalten, die Auflösung etc. enthalten. Nicht enthalten sind jedoch Angaben zur Geo-Referenzierung. Diese Information muß separat mitgeliefert werden.

TIN „Triangulated Irregular Network" ist eine Methode zur Erstellung einer digitalen Geländedarstellung aus Punktdaten im Vektordatenmodell. Das TIN wird durch eine willkürliche Verteilung von Punkten erstellt, die so verbunden werden, daß sie Dreiecke formen. Jeder Punkt verfügt über eine X- und eine Y- Koordinate und ein oder mehrere Attribute (z. B. Höhe).

Topologie ist eine Fachrichtung der Mathematik, die sich mit den Eigenschaften geometrischer Gebilde beschäftigt, die bei umkehrbar eindeutigen stetigen Abbildungen invariant bleiben. Die metrischen Verhältnisse spielen dabei keine Rolle; es kommt lediglich auf die gegenseitige Lage der Figuren zueinander an.

Topologische Datenmodellierung beschreibt die innere Geometrie von Objekten unter Zugrundelegung der Graphentheorie. Dadurch werden Aussagen über die Nachbarschaftsbeziehungen der Objekte möglich. In topologischer Modellierung werden Punkte als Knoten, Linien als kanten, und Flächen als Maschen bezeichnet.

Topologisch-relationales Datenmodell kombiniert das relationale Datenmodell der Sachdatenverwaltung mit dem Vektormodell zur Verwaltung der Geometrien. Die Verbindung zwischen geometrischem Objekt (Punkt, Linie, Polygon) und Sachdatenbank wird über eine Weiservariable (Pointer) hergestellt. Das Datenmodell ermöglicht die Datenbankauswertung und ihre raumbezogene Darstellung (siehe *Räumliche Analyse*).

Transformation ist ein Prozeß, der die jeweiligen Positionen von Merkmalen innerhalb eines Datensatzes in einer nicht linearen oder nicht einheitlichen Art und Weise angleicht. Er wird zum Transformieren von Kartenkoordinaten mit verschiedenen Maßstäben, Ausrichtungen oder Koordinatensystemen verwendet.

Treiber - auch Handler oder Driver genannt - sind nichts anderes als Hilfsprogramme, um Peripheriegeräte zu betreiben. Damit ist die Software gemeint, die beispielsweise einen speziellen Drucker, Plotter oder eine Grafikkarte ansteuert. Der Treiber dient somit als Übersetzungshilfe, um Kodes umzusetzen, Signale an die Peripheriegeräte anzupassen und die Datenübertragung zu steuern.

Trojanisches Pferd (oft kurz Trojaner) Programm, das insgeheim Spionage- oder Schadensfunktionen enthält.

UDK Der Umweltdatenkatalog (UDK) ist eine Gemeinschaftsinitiative des Bund-Länder-Arbeitskreises Umweltinformationssysteme (BLAK-UIS) und enthält als Meta-Informationen über die in den Verwaltungen vorhandenen umweltrelevanten Datenbestände. Ziel ist eine vollständige Übersicht und damit der erleichterte bzw. effektivere Zugriff auf die beschriebenen Datenbestände (siehe auch *UIS*).

UDP User Datagram Protocol, auf IP basierendes Protokoll, das im Unterschied zu *TCP* keine direkte Verbindungsaufnahme des Senders mit dem Empfänger notwendig macht (verbindungsloses Protokoll). UDP gewährleistet nicht die korrekte Übertragung der Datenpakete.

Umweltinformationssysteme (UIS) sind Informationssysteme der Umweltbehörden wie z.B. des Umweltbundesamtes (UBA) in Berlin oder des Umwelt- und Verkehrsministeriums Baden-Württemberg. Ihre Aufgaben erstrecken sich von der Erfassung von Radioaktivität über die Kontrolle von Luft, Wasser und Boden bis hin zu Biotopkartierungen. Sie dienen der Notfallvorsorge, dem Verwaltungsvollzug und der Bürgerinformation im Umweltbereich.

UTM Universal Transversal Mercator Projektion, Grundlage von Landes-Koordinatensystemen.

UNIX ist inzwischen das Standard-Betriebssystem für Multi-User / Multi-Task Rechnersysteme. Ursprünglich wurde es für Minicomputer entwickelt - heute läuft es überwiegend auf Grafik-Arbeitsstationen und PC.

URL ist die Abkürzung für Universal Resource Locator. Mit ihm werden Objekte im *WWW* eindeutig bezeichnet.

Vektordaten im Gegensatz zu Rasterdaten eine Abbildungsform von Geometrien. Jedes Merkmal wird durch eine Reihe von Koordinaten dargestellt, die seine Form definieren und verknüpfte Informationen besitzen können. Hoch entwickelte Vektordatenmodelle schließen Topologie mit ein. (siehe auch Vektorgrafik, Rasterdaten)

Vektorgrafik ist die älteste Form der Computergrafik. Ihre Grundprimitive sind der Punkt (Knoten), die Linie (Kante) und die Fläche. Da der Punkt wie auch die Fläche Sonderfälle einer Linie darstellen, spricht man auch von Liniengrafik.

Verschneidung oder „overlay" sind grundlegende GIS-Funktionen, die ein digitales Zusammenführen von Lage- und Attributinformationen mehrerer Schichten ermöglichen. Durch Boole'sche Operatoren wird die Art der Zusammenführung genauer spezifiziert. (Siehe auch Flächenverschneidung)

Virus Selbstreproduzierendes Programm, das sich in Bootsektoren oder Dateien einnistet.

VRML Die Virtual Reality Modeling Language ist das standardmäßige Dateiformat für dreidimensionale Multi-Media-Darstellungen und gemeinsam nutzbare virtuelle Welten im Internet

Wingate Eine besondere Art von *Proxy*, der auf Windows-Rechnern läuft.

Workflow bezeichnet die arbeitsplatzübergreifende Automatisierung von Geschäftsprozessen und die Bereitstellung von Informationen zur richtigen Zeit am richtigen Ort.

WORM steht für Write Once Read Many. Damit werden optische Speichermedien bezeichnet, die einmal beschrieben und dann beliebig oft gelesen werden können.

Würmer Eigenständige Programme, die sich selbstständig über Netzwerkverbindungen vermehren, aber keine anderen Dateien befallen.

WWW steht für World Wide Web, ein netzwerkweites Hypermedieninformationssystem, das *HTTP* auf der Basis von *TCP/IP* für den Transfer von Dokumenten benutzt.

Fax - Mediadatenanforderung
0721/9 44 02-30

E-Mail: info@harzer.de

In der Neuausgabe

Buhmann/Wiesel
GIS-Report 2003
Software - Daten - Firmen

soll unser Unternehmen aufgenommen werden:

Bitte senden Sie uns ein ausführliches Angebot für die Aufnahme in die Rubriken:

- Softwareprodukte

- Firmenprofile

- GIS-Datenkatalog

Die Unterlagen senden Sie bitte an folgende Adresse:

Firma: _____

z.Hd.: _____

Strasse: _____

PLZ/Ort: _____

Telefon: _____

Fax: _____

E-Mail: _____